XUNWU YEARBOOK 2018

寻乌年鉴

（2018）

《寻乌年鉴》编辑部 编

方志出版社
Publishing House of Local Records

图书在版编目（CIP）数据

寻乌年鉴. 2018 /《寻乌年鉴》编辑部编. -- 北京：方志出版社，2019.10

ISBN 978-7-5144-3804-8

Ⅰ. ①寻… Ⅱ. ①寻… Ⅲ. ①寻乌县—2018—年鉴 Ⅳ. ① Z525.64

中国版本图书馆 CIP 数据核字（2019）第 246015 号

寻乌年鉴（2018）

编　　者：《寻乌年鉴》编辑部
责任编辑：李　静

出 版 者：方志出版社
地址　北京市朝阳区潘家园东里 9 号（国家方志馆 4 层）
邮编　100021
网址　http://www.fzph.org
发　　行：方志出版社图书经销中心
电话　（010）67110500
经　　销：各地新华书店
排　　版：北京中文天地文化艺术有限公司
印　　刷：北京中科印刷有限公司

开　　本：889 × 1194　　1/16
印　　张：20
字　　数：743 千字
版　　次：2019 年 10 月第 1 版　2019 年 10 月第 1 次印刷

ISBN 978-7-5144-3804-8　　　**定价**：260 元

序

贫困问题一直是困扰人类社会发展的重大问题。中国作为世界上最大的发展中国家，为解决贫困问题进行了长期不懈的努力。改革开放以来，特别是党的十八大以来，以习近平同志为核心的党中央把脱贫攻坚作为全面建成小康社会的底线任务和标志性指标，纳入“五位一体”总体布局和“四个全面”战略布局，以前所未有的力度推进精准扶贫、精准脱贫，扶贫开发成就举世瞩目，显著改善了贫困地区和贫困群众生产生活条件，具有重大的现实意义和深远的历史意义。身处中华民族几千年发展历史上将首次整体消除绝对贫困现象的伟大时代，如何更好地发挥地方志的存史、育人、资政的作用，是新时代全国地方志系统必须深入研究和着力解决的重大课题。

党的十八大以来，在党中央国务院的正确领导下，全国地方志系统深入学习贯彻习近平新时代中国特色社会主义思想，紧紧围绕党和国家事业发展需要，深入推进地方志改革创新发展，凝心聚力，稳扎稳打，勇于担当，主动作为，全国地方志形势和地方志工作者的精神面貌发生了深刻变化，取得了优异成绩。其中，为贯彻落实《全国地方志事业发展规划纲要（2015—2020 年）》，经中国地方志指导小组领导批准，中国地方志指导小组办公室于 2015 年、2017 年先后启动民族地区与贫困地区志书、年鉴出版资助工程（以下简称“志鉴出版资助工程”），对国家级贫困县（区、旗、县级市），中西部地区、少数民族边疆地区面临出版经费困难的志书和综合年鉴给予出版资助。实施志鉴出版资助工程是紧扣时代脉搏、坚持创新发展、传承弘扬中华优秀传统文化的一项创举，不仅有力推动了“两全目标”的实现，而且数十部资助出版的志书、年鉴及时记述了民族地区与贫困地区在全面建成小康社会伟大征程中取得的新成绩和新经验、出现的新情况和新问题、涌现的优秀人物和典型事迹，留住地方文化的“根”和“魂”，为这些地区的经济社会发展、地域文化传播、爱国主义教育、精神文明建设等提供了历史借鉴和智力支持，对全面提升民族地区与贫困地区文化建设水平、确保民族地区与贫困地区和全国其他地区同步全面建成小康社会具有重要意义。

尤为可喜的是，志鉴出版资助工程促成了一批扶贫志书的编纂出版，在文化脱贫攻坚中发挥了独特的作用。例如，《贵州省减贫志》全面系统客观记述了从 1978

年至2015年贵州省扶贫、减贫工作的历程及取得的经验，为贵州省实施大扶贫战略提供了有力的资政辅治参考，集中体现了地方志工作因时而动、顺势而为的新作为。前不久，由福建省地方志编委会和人民网共同编纂的《闽宁扶贫协作图志》，是全国首部扶贫协作图志，图文并茂、直观立体、全方位地展现闽宁扶贫协作波澜壮阔的历程，弘扬“闽宁一家亲”“携手奔小康”的深厚情谊和滴水穿石、久久为功的精神，是贯彻落实习近平总书记扶贫工作重要论述精神，服务国家精准扶贫、精准脱贫战略的有力举措。希望各地以此为鉴，编纂出版更多、更好的扶贫志书、年鉴，助力国家精准扶贫、精准脱贫战略的实施，充分展现地方志的独特价值和作用。

当前，我国脱贫攻坚已进入全面决战决胜的关键时期，尚未脱贫的贫困地区集中分布在中西部深山区、极端干旱山区、高寒阴湿地区等，文化建设还比较薄弱，文化产品还不够丰富，文化精品更是少之甚少。同时，这些地区往往是民族文化、历史文化、红色文化、生态文化富集区，具有发展文化旅游、推进文化扶贫的巨大潜在优势，也是繁荣发展地方志事业的巨大文化宝库。要发挥好文化扶贫凝聚人心的优势，善于利用方志文化优势为贫困地区“赋能”，在脱贫攻坚中做出方志人应有的贡献。要发挥好中国名镇志文化工程、中国名村志文化工程的引领作用，大力加强乡镇村志编纂，让百姓记得起乡情、记得住乡愁，凝聚贫困乡镇村庄的强大民心，补齐贫困乡镇村庄的文化短板，以“扶智”的方式“扶志”，践行习近平总书记强调的“扶贫先扶智，扶贫必扶志”的重要理念。

求木之长者，必固其根本；欲流之远者，必浚其泉源。扶贫扶起的是志气骨气，传承的是家国情怀，守护的是绿水青山。扶贫既要富口袋，也要富脑袋。必须坚持文化脱贫和物质脱贫两手抓，筑牢贫困地区文化之基，补足信仰精神之钙，引领脱贫发展之舵。全国地方志系统要围绕中心、服务大局，坚决投入脱贫攻坚这场必须打赢的硬仗，积极参与脱贫攻坚战，发挥优势和特长，深入挖掘文化资源，着力补齐文化短板，努力帮助民族地区与贫困地区的文化建设实现较大的发展提升，在全面建成小康社会、实现中华民族伟大复兴中国梦的征程中贡献方志人的力量。

是为序。

中国社会科学院院长
中国地方志指导小组组长　谢伏瞻

民族地区与贫困地区年鉴出版资助工程领导小组

组　　　长：高　翔

常务副组长：冀祥德

副　组　长：高京斋　邱新立

民族地区与贫困地区年鉴出版资助工程领导小组办公室

主　　　任：冀祥德

副　主　任：邱新立

成　　　员：于伟平　刘永强　冷晓玲　李　静

寻乌县地方志编纂委员会

名誉主任：柯岩松

主　　任：杨永飞

副 主 任：李德伟　严志林　何小萍　汪上红　钟　杰

委　　员：凌　斌　黄卫东　杨维彪　凌云南　刘忠斌　邝永红　凌红武
袁才军　彭　键　赵春霞　王珍生　曾令忠　蓝振洲　陈杰辉
何红梅　邝琳琳　韩　晓　林石泉　邝作勤　刘传健　刘向东
王松源　林佛招　赖学洪　赖义红　王曦辉　赖平川　谢　丰
邱运林　严考泉　谢小菁　古叶松　梅荣辉　罗国芳　古清华
王军刚　李文峰　罗国庆　刘志沂　李　建　古春林　袁建斌
陈永红　陈远程　刘旭群　罗文洲　刘世全　谢文峰　韩世栋
刘　碧　侯礼军　侯文生　陈德金　刘文丙　陈　斌　袁晓红
陈长鑫　曾文浩　黄金盛　赖伟民　曾祥金　郭　俊

《寻乌年鉴》编辑部

总 编 辑：刘　斌

责任编辑：刘求进　刘承训　钟玉华　谢永贵
刘世春　刘春涛　韩世银　温康平

工作人员：刘泽平　陈　缘　朱容微　骆淑芬　凌艳萍

编 辑 说 明

一、《寻乌年鉴》以马克思列宁主义、毛泽东思想、邓小平理论、“三个代表”重要思想、科学发展观、习近平新时代中国特色社会主义思想为指导，坚持辩证唯物主义和历史唯物主义的立场、观点和方法，系统记述寻乌县自然、政治、经济、文化、社会等方面情况，为各级领导提供决策依据，为各行各业提供信息服务，为各方人士提供县情咨询，为编史修志积累历史资料。

二、《寻乌年鉴》是按年度连续出版的政府公报性质的地方综合年鉴。寻乌县地方志办公室（《寻乌年鉴》编辑部）具体实施年鉴编纂、出版和发行工作。

三、《寻乌年鉴》采用分类编辑法，按类目、分目、条目三个层次设置，条目为年鉴内容的基本记述单位。类目依次为：特载、大事记、寻乌概貌、中共寻乌县委员会、寻乌县人大常委会、寻乌县人民政府、政协寻乌县委员会、群众团体、法治、军事、经济管理、农林水利、工业、交通·邮电·通信、城建·环保、财税·金融、商贸·旅游、教育·文化·科技、卫生·体育、社会保障、乡镇、人物·荣誉、附录等。除内文外，还设置彩页栏目，用图片反映寻乌经济社会发展的新举措、新成就、新风貌。

四、《寻乌年鉴（2018）》记述内容以现有行政区为范围，以2017年1月1日至12月31日为限。但为完整反映某件事物的全貌，在彩页和个别条目中有所突破。

五、《寻乌年鉴（2018）》资料由县直各部门（单位）、各乡（镇）和驻县单位提供，并经各自单位领导审核。年鉴资料撰稿人和编辑审稿人标署于相关条目、分目之后。

六、书中所列数据，除统计部门正式公布的外，均由各有关部门和行业提供。由于统计口径和统计方法的不同，不同部门提供的同项数据可能不尽一致，采用时请予以注意。领导班子名录根据各部门（单位）提供的资料编辑，排序不作其他任何参考。

时任中宣部常务副部长、中央文明办主任黄坤明（左五）到寻乌调研脱贫攻坚工作

十八届中央委员、中华全国供销合作总社党组书记、理事会主任王侠（左一）到寻乌调研扶贫工作，并主持定点扶贫推进会

省委常委、省委宣传部部长赵力平（左四）就农村精神文明建设、脱贫攻坚、基层党建等工作到寻乌调研

全国人大常务委员会委员、中国工程院院士、华中农业大学校长、国家柑橘体系首席专家邓秀新（左三）到寻乌调研指导柑橘生产

中央党校马克思主义学院教授李宏伟受邀在寻乌党的十九大精神宣讲报告会做报告

1 月 23 日，中共寻乌县委十五届三次全体（扩大）会议召开

2 月 10 日，寻乌县第十八届人民代表大会第二次会议召开

2 月 8—9 日，中国人民政治协商会议寻乌县第十三届委员会第二会议召开

2 月 24 日，全县三级干部总结表彰大会暨七大攻坚动员部署大会召开

12 月 13 日，全县脱贫摘帽誓师大会召开

11 月 9 日，江西汉诺斯压缩机科技有限公司等 4 家企业在石排工业园区举行项目集中开工仪式

7 月 6 日，“强军战旗红”——纪念中国人民解放军建军 90 周年央视“心连心”艺术团慰问演出（寻乌分会场）在寻乌调查纪念馆举行

12 月 16 日，大型电视剧《毛泽东寻乌调查》在寻乌调查旧址开拍

12 月 26 日，县采茶歌舞演艺有限公司编排的大型赣南采茶剧《寻路》在赣州公演成功

全县计划生育工作乡（镇）综合一等奖——长宁镇

县委书记柯岩松（右二）到城北村走访慰问老党员

党的十九大精神宣讲报告会

全县综合治理工作乡（镇）第一名——留车镇

政府办公楼

秀美村庄

全县现代农业攻坚工作乡（镇）第一名——南桥镇

东江源田园综合体景观

省委常委、省委宣传部部长施小琳（左五）到南龙村新时代传习所指导工作

全县党建工作乡（镇）第一名——文峰乡

两岸园景一角

山水林田湖草生态修复

全县农村生活垃圾专项治理一等奖——三标乡

村庄风貌

环境整治

全县生态建设攻坚工作乡（镇）第一名——龙廷乡

茶叶扶贫示范基地

文化广场

全县低质低效林改造工作先进乡（镇）——丹溪乡

清溪村采茶活动

举办丹溪乡首届美食节活动

中共寻乌县委员会老干部局

局长邝作勤（左二）走访慰问贫困户

全县离退休干部形势报告会

“大手牵小手”文艺汇演

县老年大学师生看发展看变化活动

寻乌县人民检察院

孔小毛检察长在县人代会作检察工作报告

省检察院原检察长刘铁流到寻乌调研

县检察院驻环保检察室揭牌

组织“法制进校园”活动

寻乌县人民法院

江西高院党组书记、院长葛晓燕（左三）视察澄江法庭

全院干警集体学习中共十九大精神

宪法宣传日

寻乌县交通运输局

“两学一做”学习教育

落实公路建设三年行动计划

交通振兴和精准扶贫座谈

交通运输系统安全生产工作会

寻乌县环境保护局

生态环境部一行到寻乌调研

县委主要领导柯岩松（右二）调研环保工作

学习贯彻党的十九大会议精神

广东省人大环资委主任苏一凡（右五）一行到寻乌考察生态环境保护工作

封山育林成效

九曲湾水库生态修复工程

寻乌县房地产管理局

新开发楼盘

棚户区改造区域

寻乌县文化广播新闻出版局

2017 年寻乌县春节联欢晚会

寻乌县第四届健身舞蹈大赛

送戏下乡

寻乌县人民医院

医院全景

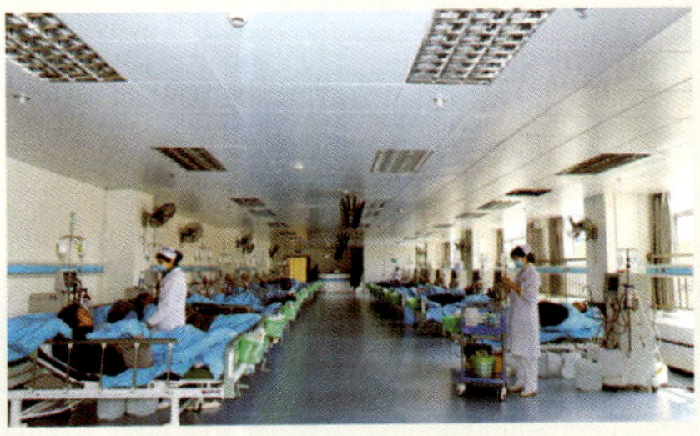

整洁舒适的血液净化大厅

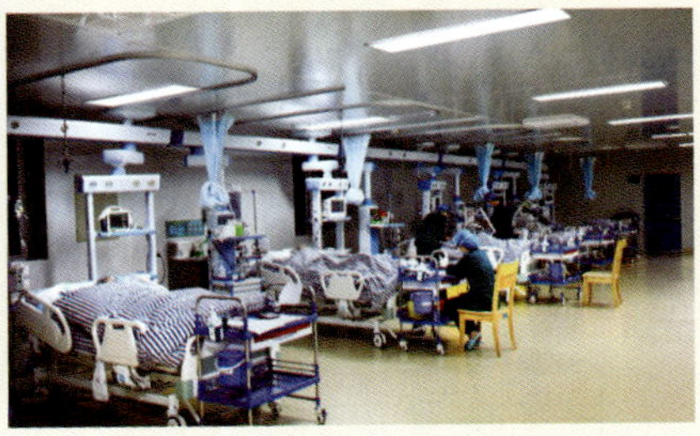

夜幕中坚守的重症医学科

寻乌县佛法寺

佛法寺诵经堂

明刚法师在全县宗教工作会上作总结

目 录

中共寻乌县委员会

综　述

重要会议

主要活动

重大决策

县委办公室

组织工作

宣传工作

统战工作

老干部工作

县直机关工委工作

机构编制

信访工作

接待工作

机关事务管理

党校工作

党史工作

纪检　监察

寻乌县人大常委会

寻乌县人民政府

县政府办公室

人力资源与社会保障

扶贫和移民

地方志工作

档案工作

行政服务中心管理

苏区振兴发展工作

政协寻乌县委员会

综　述

重要会议

主要工作

群众团体

总工会

共青团

妇女联合会

工商业联合会

科学技术协会

哲学社会科学学会联合会

文学艺术界联合会

残　联

归国华侨联合会

计生协会

红十字会

法　治

政法委及综治

公　安

检　察

交通　邮政　通信

交通管理

交通运输

公路管理

邮　政

电　信

移动通信

联合网络通信

城建　环保

城乡规划建设

烟草专卖

盐 业

石油经营

旅 游

教育 文化 科技

教 育

文化艺术

图 书

广播电视

公共就业人才服务

社会保险

医疗保险

住房公积金管理

乡　镇

长宁镇

晨光镇

留车镇

南桥镇

特　载

弘扬唯实求真精神　决战决胜脱贫摘帽
为加快寻乌振兴发展而努力奋斗

——在县委十五届五次全体（扩大）会议上的讲话

柯岩松

一、要坚持以习近平新时代中国特色社会主义思想为指导

党的十九大最重大的历史贡献就是明确了习近平新时代中国特色社会主义思想的历史地位，并通过党章确立为我们党必须长期坚持的指导思想，这是贯穿党的十九大的主线和灵魂。学习贯彻党的十九大精神，最根本的就是要以习近平新时代中国特色社会主义思想为指导，紧密结合寻乌实际，在学懂弄通做实上下功夫，把寻乌打造成为新时代坚持和发展中国特色社会主义红色样板。

1. 要坚持党对一切工作的领导，确保寻乌各项事业沿着正确方向前进。党政军民学，东西南北中，党是领导一切的。坚持党的领导，最关键、最重要的是坚决维护习近平总书记的核心地位，维护党中央权威和集中统一领导。在党的十八大以来的伟大斗争、伟大实践中，习近平总书记展现出卓越智慧、雄才大略、担当精神、务实作风、为民情怀和深厚文化底蕴，是全党拥护、人民爱戴、当之无愧的党的领袖。我们要牢固树立“四个意识”，把维护习近平总书记党的领袖和核心地位作为第一位的政治要求，始终在思想上政治上行动上与以习近平同志为核心的党中央保持高度一致，以党的意志为意志，以党的方向为方向，以党的旗帜为旗帜，不折不扣贯彻执行党中央和省委、市委的决策部署，不断增强思想自觉、政治自觉和行动自觉。

2. 要紧扣社会主要矛盾的变化，坚定不移加快寻乌振兴发展。党的十九大作出了中国特色社会主义进入新时代，我国社会主要矛盾已经转化为人民日益增长的美好生活需要和不平衡不充分的发展之间的矛盾的重大政治判断，明确了党和国家事业所处的历史方位。我们要深入领会这一重大政治判断，准确把握寻乌发展的阶段性特征，立足欠发达、后发展的基本县情，坚定不移地落实新发展理念，坚定不移地把发展作为第一要务，坚定不移地推动“七大攻坚”，不断开创寻乌各项事业新局面。要坚决贯彻习近平新时代中国特色社会主义经济思想，把握稳中求进工作总基调和推动高质量发展这个根本要求，坚持质量第一、效益优先，打好防范化解重大风险、精准脱贫、污染防治“三大攻坚战”，进一步完善政策、创新举措、补齐短板，加快推动经济发展质量变革、效率变革、动力变革，实现更高质量、更有效率、更加公平、更可持续发展，积极探索追赶跨越的新思路、新方法，走出一条革命老区实现振兴发展的新路子。

3. 要坚持以人民为中心的发展思想，加快实现脱贫摘帽、同步小康。党的十九大报告通篇贯穿了以人民为中心的发展思想，充分展示了我们党不忘初心、为人民谋幸福的宗旨意识和执政取向。我们要把振兴发展的过程，作为践行以人民为中心发展思想的过程，始终坚持人民立场，始终把人民利益摆在至高无上的地位，把各项工作做到群众心坎上，不断满足人民日益增长的美好生活需要。要坚持把脱贫攻坚作为头等大事和第一民生工程，下大力气补齐民生短板，集中力量坚决打赢脱贫攻坚战，确保全面小康一个都不少。要始终坚持人民主体地位，充分调动广大人民群众的积极性、主动性和创造性，凝聚最大合力共同推动“活力、富裕、生态、平安”寻乌建设。

4. 要贯彻新时代党的建设总要求，推动全面从严治党向纵深发展。打铁必须自身硬。党要团结带领人民进行伟大斗争、推进伟大事业、实现伟大梦想，必须毫不动摇坚持和完善党的领导，毫不动摇把党建设得更加坚强有力。我们要牢牢把握新时代党的建设总要求，把抓好党建作为最大的政绩，全面落实管党治党“两个责任”，严肃党内政治生活，加强党内监督，不断提高党的执政能力和领导水平。要把党的政治建设摆在首位，统筹推进党的思想建设、组织建设、作风建设、纪律建设、制度建设，深入推进反腐败斗争，建设风清气正的政治生态。

同志们，近年来寻乌振兴发展所取得的巨大变化，主要得益于习近平新时代中国特色社会主义思想在寻乌的实践，得益于党中央、国务院尤其是习近平总书记对赣南等原中央苏区的关心厚爱。近期，习近平总书记在中宣部呈报的《弘扬脱贫攻坚精神，推动农村物质文明和精神文明协调发展——寻乌扶贫调研报告》上作出重要批示，这对寻乌而言，既是重要的精神财富，也是巨大的鞭策鼓舞，更是我们做好今后工作尤其是脱贫攻坚工作的重要指引。因此，做好2018年和今后一段时期工作，我们必须以学习宣传贯彻党的十九大精神为主线，以习近平新时代中国特色社会主义思想为指导，认真贯彻落实总书记重要批示精神，加快实现脱贫摘帽，奋力迈出寻乌振兴发展的新步伐，以实际工作成效诠释对党的绝对忠诚、对习近平总书记的感恩拥戴。

二、要做好2018年工作，推动党的十九大精神在寻乌落地生根

2017年是我县攻坚压力最大的一年，也是攻坚效果最好的一年。一年来，在市委的坚强领导下，我们团结带领全县干部群众，以七大攻坚为主抓手，负重拼搏，全力打好“五个翻身仗”，全县各项工作取得了明显成效，寻乌振兴发展迈出了坚实步伐。借此机会，我代表县委，向在座的同志们，向为寻乌振兴发展付出艰辛努力的党员干部群众，表示衷心感谢和崇高敬意！

2018年，是贯彻党的十九大精神的开局之年，是脱贫摘帽的决战之年，也是振兴发展的攻坚之年。做好2018年工作，重点是要完成六件需要交账的任务：一是脱贫摘帽；二是主攻工业三年翻番；三是义务教育均衡发展国家验收；四是农村公路五年行动计划三年完成的重大任务；五是农村垃圾清运国家验收；六是出境水质断面达标。再加上七大攻坚的其他工作，任务非常繁重，全县上下务必要统一思想、协调行动，坚定信心、保持定力，继续苦干实干，接续创新创业，推动党的十九大精神在寻乌落地生根，打造新时代坚持和发展中国特色社会主义的红色样板。

2018年工作的总要求是：全面贯彻党的十九

大精神，以习近平新时代中国特色社会主义思想为指导，认真落实习近平总书记重要批示精神，落实中央经济工作会议、省委十四届五次全会和市委五届四次全会精神，坚持稳中求进工作总基调，坚持新发展理念，坚持以供给侧结构性改革为主线，坚持以脱贫攻坚为引领，坚持以七大攻坚为主抓手，做到“五个牢牢把握”①，统筹推进稳增长、促改革、调结构、惠民生、优生态、防风险各项工作，全面加强党的建设，奋力迈出“活力、富裕、生态、平安”寻乌建设新步伐。

按照上述指导思想，立足实现高质量发展，县委常委会建议2018年全县主要经济和社会发展计划指标为：地区生产总值增长9.2%；财政总收入增长12.5%，其中一般公共预算收入增长10.5%；规模以上工业增加值增长10.3%；固定资产投资增长15%；社会消费品零售总额增长13%；出口总额增长4%；实际利用外资增长11%；城镇居民人均可支配收入增长9.5%，农村居民人均可支配收入增长12.5%。

实现以上目标，2018年必须重点抓好以下五个方面的工作：

（一）要牢牢把握核心任务，坚持脱贫引领。认真落实习近平总书记重要批示精神，坚持以脱贫攻坚统揽经济社会发展全局，以脱贫摘帽为核心任务，围绕2018年实现高质量、一次性脱贫摘帽这个目标，全力冲刺完成各项工作任务，打造脱贫攻坚红色样板。

1.坚持龙头摆位。要认真落实《关于贯彻习近平总书记扶贫开发战略思想以脱贫攻坚统揽经济社会发展全局的意见》，毫不动摇地把脱贫攻坚摆在全县各项工作的龙头位置，实施“三集中”、一边倒地开展工作。一要集中项目资金。围绕户脱贫、村退出、县摘帽的需要，全面整合涉农资金，加大融资力度，尽快完成脱贫所需资金的筹集工作，确保脱贫攻坚资金一分不少，全力保障贫困户精准帮扶、新八大体系项目建设需要；同时执行好“绿色通道”政策，按照项目“即报即审”、资金“即到即分”的要求，精准安排、全力推进，快速拨付项目资金，破解扶贫项目实施进度慢的问题，降低项目资金滞留率。二要集中政策措施。要坚持和完善精准扶贫政策体系，不断创新扶贫工作思路，并以问题为导向，全力落实“1+1+N”系列帮扶政策，做好精准识别与管理、产业扶贫、住房安全保障、文化扶贫、整村推进等各项补短板工作，确保各项政策措施取得实效。三要集中干部力量。要加大力量投入，实行全党动员、全员上阵、全面压上，从县四套班子领导开始，各级干部都要聚焦脱贫攻坚，把主要的时间和精力用在脱贫攻坚上，全县上下要协调一致地推进工作落实。要充分发挥五个工作组的作用②，加强统筹协调，强化工作调度，进一步压实县领导“帮户包村扶乡”责任、乡村主体责任、行业扶贫责任和干部结对帮扶责任，全面改进各级干部作风，确保工作做实做细，提升脱贫质量。

2.聚焦指标任务。要聚焦产业（就业）全覆盖和收入过线、“两不愁三保障”“三率一度”、省定新八大指标体系等脱贫指标，全面冲刺完成各项指标任务。一要实现“两不愁三保障”。这是贫困户脱贫退出的最基本要求，也是我们脱贫攻坚工作的靶心所在。要把精准到户到人的工作做实做细，逐户排查贫困户致贫原因，实行靶向施策，重点解决好贫困群众基本生活困难、住房安全没有保障到位、饮水安全没有保障到位，以及基本医疗保障和适龄儿童因贫失学辍学等问题，使贫困群众全面实现“两不愁、三保障”。尤其

① 即：牢牢把握核心任务，坚持脱贫引领；牢牢把握基本县情，坚持发展第一要务；牢牢把握工作重点，坚持“七大攻坚”主抓手；牢牢把握民生宗旨，坚持共建共享；牢牢把握正确方向，坚持党建领航。

② 即：攻坚推进工作组、资金保障工作组、督查和预评估验收工作组、监督执纪问责工作组、专项扶贫工作组

要确保100%住房安全，保质保量完成农村危房改造、农村保障房建设和易地搬迁等任务。同时，要关注非贫困户、边缘户是否存在类似问题并积极整改。二要促进持续增收。产业、就业是贫困群众增收的根本，务必牢牢抓住，全力确保贫困家庭人均收入稳定超过国家脱贫标准，力争贫困人口年均收入达到4000元以上。要坚持把产业扶贫摆在首要位置，全面落实“五个一”机制，确保实现两个全覆盖，即扶贫产业覆盖到所有贫困户，龙头企业、产业基地或合作经济组织覆盖到所有行政村。并解决好利益联结不紧密的问题，因地制宜建立合作社分红、劳动力就业、资金入股、资源（资产）入股等利益联结模式，确保贫困群众能够从产业发展中获利。要完善就业扶贫机制，培训和提高贫困人口劳动技能，引导和扶持贫困家庭劳动力实现稳定就业。要在贫困劳动力有组织外出就业、园区就业、扶贫车间就业、产业基地就业、开发公益性岗位就业五个方面有新的成效。三要关注“三率一度”，这是脱贫退出的核心指标。要坚持目标导向，确保把全县综合贫困发生率控制在0.7%以内，力争漏评率、错退率为零，群众满意度达到95%以上。要紧绷“精准识别”和“精准退出”两根弦，严格按照“七步法”“八步法”程序办事，严格落实“七清四严”要求，做到应进则进、应退尽退，确保对象精准、程序规范、结果公正、群众认可。要重点关注当前各村不同程度存在的漏评、错退问题。四要改善农村面貌。当前我县农村整体观感普遍差，有的甚至是“千疮百孔”，与脱贫退出的要求格格不入。要以整村推进为主抓手，全力打好新八大指标体系建设攻坚战，加快改善贫困村及非贫困村生产生活环境。要结合“整洁美丽、和谐宜居”新农村建设，统筹推进产业发展、基础设施、社会事业、环境整治、乡村治理等工作，按照缺什么、补什么的要求，优化项目安排，实施整体提升。五要落实“五净一规范”。从全面改善贫困群众居住环境入手，按照“院内净、卧室净、厨房净、厕所净、个人卫生净和院内摆放规范”的要求，动员和帮助贫困户清扫庭院、整理家务，做到干干净净、整整齐齐，彻底解决贫困户家庭“脏乱差”的问题。

3. 补齐精神短板。要认真落实习近平总书记关于在精准扶贫中补齐“精神短板”的重要批示精神，紧扣打造全国文化扶贫示范县这一目标，围绕破解当前农村普遍存在的陈规陋习、“等靠要”思想、阵地弱化等问题，加快实施文化扶贫，推动农村物质文明和精神文明协调发展。一要完善公共文化。深入开展国家公共文化服务体系示范县建设，积极推进村综合文化服务中心、“农家书屋 + 电商”建设，开展好文化下乡、百姓舞台、百村百节等文化活动，解决好“重设施建设、轻管理使用”的问题，提高公共文化设施的综合利用水平，不断完善公共文化服务体系。二要树立文明乡风。持续推进乡风文明行动，更好地发挥红白理事会作用，加大农村环境、“新人住新房，老人住老房”、红白喜事大操大办、薄养厚葬、封建迷信、赌博败家、“三沿六区”乱埋乱葬等问题整治力度，深化“六星创评”、“身边好人”评选等活动，加强农村精神文明建设，推动移风易俗、文明进步。三要激发内生动力。要制定扶志、扶智管用有效的办法，多采用生产奖补、劳务补助、以工代赈等机制，树立“扶勤不扶懒”的鲜明导向。要加强政策引导和典型引路，扎实开展“光荣脱贫户”“脱贫红旗村”评选及正面典型宣传等活动，激发贫困群众自我发展、自我脱贫的动力，促进物质精神“双脱贫”。

4. 改进工作作风。要大力弘扬寻乌调查的唯实求真精神，大力倡导务实的工作作风，做实做细各项工作，以冲刺的干劲，确保实现高质量脱贫。一要深入调查研究。要坚持把调查研究作为破解难题的钥匙，采取解剖麻雀的方式，以甘当小学生的态度，深入贫困村组、贫困户家中，认真开展脱贫攻坚调查研究，坚决反对调研中的形式主义、官僚主义，坚决防止“应景式”“被安排式”调研，坚决避免以点概面、以偏概全，真正把存在的问题搞清楚、分析透，为解决问题、破解难题、制定措施奠定基础。二要真心实意帮扶。实现脱贫退出，既需要真金白银的投入，更需要真情实意的帮扶。各级帮扶干部尤其是驻村工作队、第一书记要增强宗旨意识，坚持“真扶贫、扶真贫”，带着感情、带着责任开展好帮扶工作，实实在在帮助贫困户解决困难，想方设法帮助贫困户脱贫增收。同时，所有干部还要联系非贫困户，入户宣传扶贫政策、帮助解决困难问题，实现所有农户都有干部联系帮扶、所有农户户内人口都知晓扶贫政策“两个全覆盖”。三要执行最严纪律。坚持对“精准识别、工程廉洁、工程质量、项目精准、干部作风”等问题实行零容忍，严惩重处扶贫领域腐败行为，坚决查处精准识别和退出程序不到位、结果不公正等问题，加强对重点项目和扶贫资金使用的管控，严肃查处扶贫工作中干部不作为、慢作为、乱作为等作风问题，以严肃问责保障脱贫实效。

（二）要牢牢把握基本县情，坚持发展第一要务。党的十九大作出了“我国社会主要矛盾已经转化为人民日益增长的美好生活需要和不平衡不充分的发展之间的矛盾”的重大判断，就寻乌而言，发展不充分问题尤为突出，是比较典型的发展滞后县。因此，发展是寻乌今后长时期的中心任务，做好明年的工作，首要任务还是要抓住发展第一要务，做到“六个更加”：

1. 更加注重按市场规律办事。要准确把握经济运行中出现的新趋势、新特点，积极培育新动能，稳中求进促增长，不断提高精准施策水平，坚决克服一般化、粗放型的领导方式和工作方法，注重运用市场经济规律推动工作。一要推动高质量发展。推动高质量发展，是我国经济发展进入新时代的基本特征，是当前和今后一个时期确定发展思路、制定经济政策、实施宏观调控的根本要求，也是遵循经济发展规律的必然要求。我们要认真落实中央经济工作会部署的八项重点工作①，一方面，要围绕做大总量，坚定不移打好“七大攻坚”，加快推动经济增长，努力缩小发展差距；另一方面，要围绕提高质量，按照经济发展“质量变革、效率变革、动力变革”的要求，加快构建现代产业体系，努力实现高质量、有效益的发展。二要发挥市场作用。要注重发挥市场在资源配置中的决定性作用，政府只加强必要的市场监管和政策引导，减少不必要的干预，让企业按照市场需求自主组织生产经营，提高劳动生产率和经济效益；让农民根据市场效益自主选择发展蔬菜、甜柿、猕猴桃等特色产业，坚决避免政府大包大揽等行为，加快推动我县产业转型升级。同时，出台激励、引导性政策，让优质资源向优势产业、优质企业倾斜，推动人才、技术、资金、土地等各类要素向通用设备制造首位产业、柑橘产业、蔬菜产业等优势产业倾斜，扶持优势产业、优质企业不断做大做强。三要树立市场思维。干部不仅要懂行政，更要懂经济。要着力提升干部抓市场运作、资本运作的能力，遇到问题多从市场的角度去想办法、找出路，让尊重市场规律、运用市场手段解决问题，成为干部的普遍共识和自觉行动。

2. 更加注重发挥特色优势。按照向特色优势要竞争力的要求，充分挖掘我县特色，发挥特色、扬优成势，加快提升县域综合竞争力。一要发挥区位优势。寻乌是江西唯一的赣闽粤三省交汇地，是整个中部地区与珠三角、闽三角空间距离最近的地方，也是江西对接珠三角、海西经济区的“桥头堡”。我们要积极发挥这一区位优

① 八项重点工作即：深化供给侧结构性改革，激发各类市场主体活力，实施乡村振兴战略，实施区域协调发展战略，推动形成全面开放新格局，提高保障和改善民生水平，加快建立多主体供应、多渠道保障、租购并举的住房制度，加快推进生态文明建设。

势，全力推进瑞梅铁路和南桥至龙川高速公路开工建设，积极策应赣龙厦高铁规划，打通寻乌未来发展的“生命线”，加快融入区域发展，在开放与合作中打造内陆双向开放高地，让昔日的偏远之地成为今日承接产业转移、赣粤（闽）合作的首选之地。二要发挥后发优势。虽然“欠发达、后发展”是目前寻乌最大的县情，是一种落后状态，是一种劣势；但如果辩证地、发展地看问题，后发则未尝不是一种优势。后发，可以更加准确地找到发展的定位；后发，可以更高起点地谋划产业；后发，可以更好地借鉴先发展地区的经验与教训。比如，我县的工业从近乎零开始，短短一年时间就初步形成了通用设备制造产业链，这就是有力的证据。经过近几年的努力，寻乌的发展已经积累了良好的基础，积蓄了强大的动能。我们一定要坚定信心、保持定力，吸取借鉴先进经验，少走弯路，多走捷径，全力突破交通、产业链、人才、用工等发展瓶颈，做到硬件不足软件补、资源缺乏政策补、政策不优服务补，确保在新一轮竞争中后发赶超。三要发挥绿色优势。绿色生态是我县最大的优势，但是一直以来我们都没有很好地把这一优势转化为经济优势。我们要以江西建设国家生态文明试验区为契机，积极将“生态 +”理念融入发展的全过程，严格执行生态准入制度，主动融入会寻安生态经济示范区建设，加快发展绿色经济，推动稀土、陶瓷建材等传统产业升级改造，引导企业落实节能减排措施，推广资源循环利用，大力发展通用设备制造产业，构建生态产业体系，推动形成绿色发展方式、生活方式和消费方式，加快将生态优势转化为经济优势。

3. 更加注重实体经济。当前，受外部经济环境、“重虚轻实”“脱实向虚”等因素影响，加上我们本身存在的土地、劳动力、资本、技术等要素制约，我县实体经济在发展中遇到了不少困难，普遍在产业的中低端徘徊、内生发展动力不足，并且一些企业抗风险能力弱、盈利能力下降，等等，直接影响到了我县国民经济的增长。我们要坚决按照中央的部署，把发展经济的着力点放到实体经济上来，坚持质量第一、效益优先的方向，推动质量变革、效率变革、动力变革这三大变革，加快振兴实体经济。一要加强发展环境建设。要持续深入开展降成本优环境专项行动，用好产业引导基金、贫困县 IPO 绿色通道等政策，加强服务企业工作，完善企业帮扶 APP 平台运行机制，落实“保姆式”服务，帮助企业解决好招工难、物流成本高、人才短缺等问题。要严厉整治破坏发展环境行为，大力整治工程建设领域招投标市场，严厉打击围标、串标及强揽工程等违法行为，维护市场公平正义。二要加快发展智能制造。要以赣州市建设“中国制造 2025”试点示范城市为契机，落实“互联网 +”战略，推动互联网、大数据、人工智能和实体经济深度融合，打好企业技术改造、企业管理提升、工业园区功能完善提升“三大战役”，鼓励现有通用设备制造产业企业建设智能化生产线，促进我县通用设备制造产业向智能化、高端化方向发展。三要大力发展民营经济。要大力弘扬实业精神，全面实施市场准入负面清单制度，清理废除妨碍统一市场和公平竞争的各种规定和做法，支持民营企业依法平等进入清单之外领域，投资兴办实业，激发社会资本的活力。

4. 更加注重创新驱动。我们要实现弯道取直、跨越式发展，就必须把创新摆在发展全局的核心位置，深入实施创新驱动发展战略。一要全面深化改革。近年来，虽然我县推进落实了一批重点改革事项，制约发展的体制机制问题得到了有效破解，但一些重点领域的改革还是不够彻底，有些重点改革事项还存在落实不到位的问题。我们必须坚持将改革进行到底，全面梳理改革不彻底、不到位的问题，不折不扣地落实好上级的各项改革部署，完成好“规定动作”，并结合寻乌发展需要，加快探索实施一批关键性、突破性的改革举措，开展先行先试，以此引领创新发展。要紧紧围绕深化供给侧结构性改革这条主线，坚定不移地抓好“三去一降一补”，提高供给质量和效益，培育发展新动能。重点是要深化“放、管、服”改革，按照“最多一次办结”的要求，推行“互联网 + 政务服务”，建立快捷高效的网上办公平台和办事平台，彻底解决审批难、审批慢等问题，尽快实现“一枚公章”管审批，让企业和群众“最多跑一次”。二要推进创新创业。围绕深入实施“大众创业、万众创新”战略，加快制定完善扶持创新创业的政策体系，不断做强做大新英智谷、“创客 +”“文化众创”等创新创业平台，扶持发展网络经济、新服务经济、智慧经济、分享经济等新业态，激发全社会的创新创业活力。三要鼓励企业创新。坚持以企业为主体，加强政府引导，鼓励企业提高研发投入，建设研发中心，实现自主创新；鼓励企业引进、吸收、消化先进技术，建设技术转移中心、成果转化基地，实现嫁接创新；鼓励企业与高等院校、科研院所建立战略合作关系，建设院士工作站、博士后工作站，实现协同创新，加快形成以企业为主体、市场为导向、产学研深度融合的技术创新体系。四要广泛集聚人才。深入实施人才发展战略，实行多管齐下、引育并举，想方设法引进各类人才，统筹推进各类人才队伍建设，尤其是要突出首位产业发展、现代农业发展、教育、医疗等重点领域，落实好《寻乌县支持机电机械产业发展人才集聚政策 19 条（试行）》等政策措施，集中力量引进紧缺人才、培育急需人才，为发展提供专业型、技能型、创新型人才支撑。

5. 更加注重乡村振兴。严格按照“产业兴旺、生态宜居、乡风文明、治理有效、生活富裕”的要求，坚持农业农村优先发展，大力实施乡村振兴战略。一要深化农业农村改革。要以农业供给侧结构性改革为主线，大力发展设施农业，全面发展蔬菜产业，适度规模发展猕猴桃、甜柿、蓝莓等特色产业，谋划推进林下经济发展，着力构建现代农业产业体系、生产体系、经营体系。要深化农村承包地“三权分置”、集体产权制度等改革，落实第二轮土地承包到期后再延长三十年的政策，完善农村产权流转体系，解决好农村土地流转难、大面积撂荒的问题，拓宽农民增收渠道。二要建设美丽乡村。要围绕解决农村“远看美如画，近看脏乱差”的问题，认真按照“六统 · 四联创”的要求，加强农村环境建设，下大力气整治农村生活垃圾、农村生活污水、超高超大建房、圩镇环境秩序等，提升乡村风貌，推进秀美乡村建设。要坚决彻底整治农村“空心房”、工具房和“老人住老房”等，做到依法依规、应拆尽拆，在今年上半年全面完成扫尾工作，并对拆除后的土地及时整理、合理利用。要严格落实农村建房管理办法，加强对农村建房行为的常态长效管理，坚决遏制新增“两违”，防止形成新的乱象。三要加强乡村治理。要加强和创新农村社会治理体系建设，建立健全党组织领导下的村务监督机制，管理完善村民理事会等村民自治组织，促进基层治理法治化，引导农民共同办好自己的事情。要提高农民组织化程度，充分发挥农村基层党组织、村民自治组织和合作经济组织的作用，把农民有效地组织起来，切实解决农民生产活动分散、盲目、抗风险能力不足的问题。要加大力度培育壮大村级集体经济，全面盘活农村集体资源资产，确保所有村的集体经济收入再增长 30% 以上。

6. 更加注重开放发展。受基础条件差、历史欠账多、思想不解放等多方面因素制约，与沿海地区，甚至与南康、龙南、石城等兄弟县市相比，我县的开放程度仍有较大差距，开放水平远远落后于沿海，甚至落后于全市整体水平。我们要在新一轮扩大开放中，抓住机遇、有所作为，就必须继续坚定不移地推进开放合作，构建扩大开放的新格局。一要深入解放思想。进一步深入解放思想，对照开放合作的要求，积极学习发达地区先进经验，大胆尝试探索、敢于创新实践，切实破除固步自封、因循守旧的思想，树立放权让利、互利共赢的理念，推进宽领域、多层次、全方位的开放。二要积极“北上”。加强与中宣部、国家统计局、国家供销总社等对口支援部委的联系，积极“北上”争资争项，尤其是要以此次习近平总书记在《寻乌扶贫调研报告》上作出重要批示为契机，主动向上对接汇报，推动国家、省、市在政策、资金、项目、人才等方面给予我们更大的支持。三要融入区域发展。近年来，国家先后推进实施了“一带一路”、粤港澳大湾区、海西经济区建设等战略，省委、省政府更是支持赣州建设省域副中心城市、“一带一路”重要节点城市，我们要主动策应这些区域发展战略，尤其是要义无反顾地“南下”，积极融入珠三角的发展大势，坚持“引进来”与“走出去”并重，用好苏区振兴发展、沿海地区产业梯次转移等机遇，加强与粤港澳大湾区对接合作，加大招商引资力度，避免再次错失发展良机。

（三）要牢牢把握工作重点，坚持以七大攻坚为主抓手。要在坚决打赢脱贫攻坚战的基础上，进一步突出抓重点、补短板、强弱项，继续坚持以七大攻坚为主抓手，凝聚攻坚合力，强化攻坚保障，加快弥补发展差距，夯实发展基础。

1. 坚持主攻工业。围绕2018年全面完成“主攻工业、三年翻番”任务，坚持主攻工业战略不动摇，全力推动工业快速、高效发展，让工业成为寻乌发展的主引擎。一要聚力首位产业。要坚持以通用设备制造产业集聚为首要任务，制定通用设备制造产业发展规划，明确主攻方向，指导首位产业科学有序发展。按照“首位产业、首位支持、首位服务、首位发展”的思路，将政策、资金、土地等向通用设备制造倾斜，设立10亿元产业引导基金，加速首位产业集聚，力争年内实现首位产业企业集聚超过60家，为2019年实现百亿产业集群奠定坚实基础。二要夯实发展平台。要坚持以园区平台建设为一号项目，按照“一园三区”的布局，完善石排园区和杨梅园区，兼顾黄坳园区建设，将石排园区和杨梅园区打造成为通用设备制造产业集聚区，将黄坳园区打造成为广寻商会企业返乡创业基地。今年工作的重点是要积极做好园区调区扩区工作，推进石排园区东扩、北拓，推进杨梅园区“三通一平”，力争平台供地1万亩左右，其中新增5000亩，全力保障企业落户用地需求。同时，加快园区绿化、亮化、美化等设施建设，完善配套公共服务，加快建成园区综合体、公共服务中心、科技大楼、商贸中心、物流中心等，提升园区承载能力和生活便利度。三要强攻招大引强。要按照建链、补链、强链的思路，围绕通用设备制造首位产业，瞄准重点区域、重点企业，扎实开展精准招商行动，千方百计引进标杆性、引领性、示范性企业，力争年内引进若干龙头企业。要坚持县领导带队外出招商制度不动摇，将招商任务分解到各县领导和责任单位身上，夯实招商引资责任，提高招商引资的质量和水平。四要推进产城融合。坚持以产兴城、以城带产，把建城与建园结合起来，通过发展壮大工业产业增强城市经济活力和实力，实现产业与城市的融合发展，打造产业集聚区和居住集聚区，形成园区15平方千米与城区15平方千米“双核”驱动的发展格局。

2. 坚持全面协调。在坚持脱贫引领、突出主攻工业的基础上，统筹推进其他攻坚，进一步完善攻坚机制，加强协调调度，强化协同配合，系统谋划各攻坚行动，整体推进各攻坚工作。现代农业方面，要以果蔬产业发展为首要任务，以东江源田园综合体建设为一号项目，以高标准农田建设为契机，加快土地有序流转，发展适度规模经营，全面推进蔬菜产业发展，将蔬菜产业覆盖到每个乡镇，在每个乡镇建设一个200亩以上的蔬菜基地，在每个贫困村建设一个10—20亩的蔬菜基地，并建立贫困户稳定增收的利益联结机制。要持续抓好柑橘黄龙病防控，坚持生态建园标准，建设柑橘恢复种植示范点，示范引领群众科学复种。同时，要以沟域经济为主要形态，以“百村百园”建设为主要载体，培育壮大龙头企业、专业合作社、家庭农场、种养大户等新型农业经营主体，带动群众多元发展甜柿、猕猴桃、百香果等特色产业，加快我县现代农业发展。现代服务业方面，要以旅游业发展为首要任务，以东江源温泉养生小镇或青龙岩旅游度假区建设为一号项目，加快推动全域旅游发展。加强旅游规划策划工作，打造精品旅游线路，塑造寻乌旅游产业品牌，并逐步完善现代旅游配套设施，不断健全“吃、住、行、游、购、娱”六大要素，构建“快旅慢游”的旅游服务体系。同时，要统筹抓好电商、金融、物流、养老等服务业发展，按照“互联网+”的思路，全力打造“国家级电子商务示范基地”，并用好用活贫困县IPO绿色通道政策，推动企业新三板挂牌，力争企业上市有新突破。城镇建设方面，要围绕建设精致宜居城市这一目标，坚持推进以人为核心的新型城镇化，以城市“双修”为首要任务，以客家风情小镇建设为一号项目，坚持规划引领，逐步按照城市“双修”的理念改造老城区，持续推进山体复绿、水体治理等工程，加快棚户区改造，截污管网、集贸市场、停车场、小游园以及学校和医院的建设等，重点推进南山公园（岳家庄公园）建设，不断完善功能配套和基础设施，让人民群众在城市生活得更方便、更舒心、更美好。要继续开展好城镇环境整治行动，彻底解决城镇环境“脏乱差”的现象，下大力气推进“两违”整治、背街小巷整治、老旧小区提升改造和拆墙透绿增绿等工作，全面拆除城区屋顶乱搭乱建的铁皮棚和临街立面的防盗网等，鼓励和引导居民开展防渗漏治理，严格管控好城区风貌，做到干干净净、整整齐齐，提升城市整体形象。要协调推进南桥、澄江、吉潭等建制镇建设，尤其是南桥示范镇建设。基础设施建设方面，要坚持交通基础设施先行，以改善交通基础设施条件为首要任务，以寻乌南桥至龙川上坪高速公路建设为一号项目，推进瑞梅铁路建设，实施好道路升级改造PPP项目，加大境内G206、S317等国省道升级改造力度，完成农村公路三年行动计划，加强农村公路破损路面修建及危桥改造等工作，全面提升我县国省道和农村公路通行状况。同时，统筹推进饮水安全、西气东输、供电设施、通信网络等工程，加快城乡天然气、石排工业园110KV变电站、项山风电场等项目建设，全面提升我县基础设施支撑能力和保障水平。生态建设方面，要抓住东江流域上下游横向生态补偿试点的机遇，以加快稀土废弃矿山治理和提升出境断面水质为首要任务，以山水林田湖草为一号项目，综合运用“封、治、管、打”等措施，继续落实好全县封山育林政策，实施好废弃稀土矿山治理、低质低效林改造等工程，发挥好生态综合执法局的作用，严厉打击非法养殖、乱砍滥伐、私采滥挖和稀土“收尾水”等违法行为，推动我县生态环境质量升级。特别是要按照“山水林田湖草是一个生命共同体”的理念，全力推进文峰乡柯树塘废弃矿山环境综合治理与生态修复工程，将其打造成为全国山水林田湖草综合治理样板工程。

3. 坚持攻坚项目化。继续举全县之力争项目、引项目、建项目，把七大攻坚的目标和着力点落实到具体项目上，把项目作为全年攻坚工作的着力点，以项目建设牵引七大攻坚整体推进。一要突出重点。2018年，我县拟安排七大攻坚项目116个，总投资375.61亿元，其中2018年计划投资153.45亿元。要继续坚持“四个一”推进机制，做到早谋划、早部署、早推动、早落实，尤其是要重点抓好各攻坚首要任务的落实，突出推进各攻坚一号项目建设，完善重大项目协调推进制度，不断加强重大项目的协调调度，完成年度投资任务，确保达到形象进度。二要注重落地。紧盯项目“进度、质量、安全”，推行项目全程包干制，每个重点项目都由县领导与责任单位包干到底，实行全程跟踪服务，及时解决项目资金、征地、拆迁、环境、人才、用地、用工等问题，全力服务保障项目落地。春节前、最迟3月底，各攻坚重中之重项目尤其是一号项目必须开工建设。三要推行一线工作法。要将推进重点项目建设作为锻炼干部的重要平台，积极引导广大党员干部尤其是领导干部走出办公室，主动沉下去，跑现场、抓进度，践行“一线工作法”，做到问题在一线发现、在一线调度、在一线解决，提高项目建设效率。

（四）要牢牢把握民生宗旨，坚持共建共享。坚持以人民为中心的发展思想，深入贯彻共享发展理念，不断提升群众的获得感、幸福感、安全感。

1. 坚持教育优先。要以办好人民满意教育为宗旨，优先发展教育事业，不断满足人民群众对优质教育的期盼。一要推进义务教育均衡发展。这是今年我县的一项重点交账任务，全县上下务必对照国家教育督导评估要求，抓紧查缺补漏，全力以赴做好迎国检各项工作，确保顺利通过国家评估验收。重点要认真对照省定基本办学标准和薄弱学校20条底线要求，在确保工程质量的前提下，推行EPC模式，选择有实力的施工单位，加快推进48所迎国检学校校舍及其配套设施建设，确保项目按期建成投用。同时，要全面提升迎检水平，着力打造特色亮点，大力发展校园文化，整治校园环境，以良好的精神状态和校园形象迎接国检。二要提升教学质量。要牢固树立“质量立教”的理念，深入实施名师成长工程，充分发挥“名师”在教师队伍建设中传、帮、带作用，打造若干个一流教研、教学团队；完善教师交流、引进、招聘机制，加快建立紧缺学科教师和全科教师长效补充机制，加大师资培训力度，优化教师队伍的年龄、专业和知识结构；强化师德师风建设，通过多种形式和途径提高教师的思想素质和敬业精神，不断增强教师教学质量荣辱感和培养人才责任感、使命感。三要浓厚尊师重教氛围。要广泛动员社会各方力量，积极开展好捐资助学、关爱留守儿童等活动，形成全社会兴学办学、支持教育的浓厚氛围，让尊师重教成为社会各界的自觉意识和自发行动。同时，通过电视、手机报、微信公众号等媒体平台，大力宣传我县的教育事业，以及最美教师、优秀教师和优秀教育工作者，在全社会大力弘扬尊师重教的良好风尚。四要规范教育管理。要按照公平公正、层级管理的要求，严格落实好《寻乌县教育系统干部人事管理工作暂行办法》，确保教师招聘（选调）与分配、在职教师管理、教育系统干部管理等方面程序规范、公正透明。

2. 着力提升就业水平。随着柑橘黄龙病的蔓延，现在大量的劳动力闲置在村里无所事事，甚至三五成群聚在一起赌博。我们现在面临的矛盾是，一方面是大量农村剩余劳动力需要转移就业，另一方面是通用设备制造等产业企业却普遍面临着熟练工、技术工“招工难”的问题，这就要求我们必须进一步重视和做好就业保障工作。一要实现更充分的就业。要落实好社会保险补贴、公益性岗位补贴、见习补贴等政策，以及《鼓励城乡劳动力向石排工业园区集聚政策17条（试行）》，积极引导劳动力在园区就业、在园区发展。要落实好乡镇服务企业招工责任制度，做好园区企业用工需求调查工作，加大园区企业用工招工服务力度，帮助园区企业解决用工难问题。要统筹推进高校毕业生、下岗失业人员、农民工等就业困难群体的稳定就业。二要实现更高质量的就业。要落实好劳动技能培训、人才培训、雨露计划等政策，提升劳动力的职业技能素养，提高其就业能力和工作能力，实现更高质量的就业。要落实与南昌工程学院、南昌环境工程学院、江西应用技术学院、赣州技师学院等院校的合作协议，加快产业熟练工、技术工的培训进度，为首位产业提供源源不断的劳动力大军。三要实现更和谐的就业。要高度重视拖欠农民工工资的问题，强化劳动保障监察执法，全面清查农民工工资支付情况，坚决严厉打击恶意欠薪行为，保障农民工的合法权益。要继续推进劳动人事争议仲裁机构标准化建设，加强仲裁能力建设，提高劳动人事争议仲裁调解率，避免小矛盾演化成大问题。

3. 完善社会保障体系。要按照兜底线、织密网、建机制的要求，全面提升覆盖全民、城乡统筹、权责清晰、保障适度、可持续的多层次社会保障体系。一要建设健康寻乌。扎实推进医药卫生体制改革，加快分级诊疗、现代医院管理、全民基本医保、药品供应保障和综合监管五项基本制度建设，实施卫生计生服务能力三年行动计划，广泛开展全民健身和爱国卫生运动，不断提升人民健康水平。要抓好医养结合试点，实施健康养老产业发展三年行动计划，推动运动健康、医疗保健、养老养生等产业发展。要落实好贫困群众“四道保障线”政策，用好非贫困人口医疗暖心基金，进一步减轻群众医疗负担，防止因病致贫、因病返贫。二要实施全民参保。组织实施好全民参保登记计划，让基本养老保险覆盖全体职工和适龄城乡居民，基本医疗保险覆盖全民，失业保险、工伤保险、生育保险基本覆盖所有法定群体，实现各类人员参加社会保险制度的权利公平、机会公平、规则公平。三要保障住房需求。要坚持房子是用来住的、不是用来炒的定位，坚决完成城市棚户区改造“三年任务、两年完成”计划。加快推进农村危房改造和保障性安居工程建设，确保在2018年7月底之前全面完成保障房建设。大力发展住房租赁市场，精准实施房地产市场调控政策，促进房地产市场平稳健康发展，满足各类群体的住房需求。

4. 加强文化建设。坚持新时代文化建设的指导方针，发挥文化引领作用，激发文化创新创造活力，加快打造文化建设示范县。一要强化阵地意识。要把意识形态工作摆在首位，严格落实意识形态工作责任制，加强阵地建设和管理，强化网络舆情监管，营造清朗的网络空间，旗帜鲜明地反对和抵制各种错误观点。二要创建文明城市。要以创建市级文明城市为目标，广泛开展群众性精神文明创建活动，大力弘扬社会主义核心价值观，持续开展移风易俗，提升社会文明程度，为参评2019年市级文明县城打下扎实基础。要按照习近平总书记关于“厕所问题不是小事情，是城乡文明建设的重要方面”的指示要求，大力推进“厕所革命”，规范化建设一批公厕，提升如厕文明，带动群众生活方式变革。三要发展文化产业。深入挖掘优秀传统文化内涵，保护好我们的古村落、古民居，以及“迎故事”、挑积等非物质文化遗产，大力推动“文化＋旅游”融合发展，繁荣发展特色文化，培育一批骨干文化企业，唱响寻乌调查、客家文化等品牌，积极推动寻乌文化“走出去”，不断提升我县文化产业竞争力。四要增强基层宣传文化载体手段效能。要集聚手机报、电视台、微信公众号等宣传文化载体，借助信息化手段，打造面向全县干部群众的综合性全媒体中心；要全面完成“三馆一中心”的改造和建设，更好地满足人民群众多样化的精神文化需求；要全面推动村一级“传习所”建设，使其成为传播宣讲十九大精神和习近平新时代中国特色社会主义思想、培育农村文明风尚的阵地，有效解决党的声音传进千家万户“最后一千米”问题。

5. 加强和创新社会治理。加快完善党委领导、政府负责、社会协调、公众参与、法治保障的社会治理体制，不断提升社会治理系统化、科学化、智能化、法治化水平。一要继续推进依法治县。要全面加强“法治寻乌”建设，推进严格执法、公正司法、全民守法，推动政府工作全面纳入法治轨道，切实提升运用法治思维和法治方式推动工作、化解矛盾的能力和水平。要深化司法体制改革，全面落实司法责任制，提升司法公信力和满意度，努力让人民群众在每一个司法案件中感受到公平正义。二要深入建设平安寻乌。要加强预防和化解社会矛盾机制建设，认真做好信访维稳和矛盾纠纷排查化解工作，深入推进立体化社会治安防控体系建设和“雪亮工程”建设，依法打击各类违法犯罪活动，提高预测预警预防和应急处置能力。要严格落实安全生产责任制，强化重点领域安全专项治理，坚决遏制重特大安全事故发生。

（五）要牢牢把握正确方向，坚持党建领航。按照新时代党的建设总要求，坚持和加强党的全面领导，扎实推进党的各项建设，不断提升各级党组织和党员干部的执政能力和工作水平，为寻乌振兴发展提供坚强保证。

1. 把政治建设摆在首位。要把政治建设作为党的根本性任务，贯穿于党的建设的全过程，牢固树立“四个意识”，站稳政治立场，把握政治方向，切实增强讲政治的思想自觉和行动自觉。一要坚决维护党中央集中统一领导。要严格执行中央《关于加强和维护党中央统一领导的若干规定》，严守党的政治纪律和政治规矩，将“四个意识”铸入灵魂、融入血脉，坚决维护以习近平同志为核心的党中央权威，坚决服从党中央集中统一领导，自觉把地方工作放到党和国家工作全局中去思考、谋划和推动，不折不扣贯彻执行党中央的决策部署。二要加强和规范党内政治生活。要严格执行新形势下党内政治生活若干准则，认真学习党章、自觉遵循党章、切实贯彻党章、坚决维护党章，严格落实“三会一课”、党员领导干部双重组织生活、谈心谈话、民主评议党员等制度，全面加强和规范党内政治生活，按照民主集中制原则办事。三要抓好学习教育。要大力弘扬忠诚老实、公道正派、实事求是、清正廉洁等价值观，加强积极健康的党内政治文化建设。要认真组织开展好“不忘初心、牢记使命”主题教育，推进“两学一做”学习教育常态化制度化，把学习贯彻习近平新时代中国特色社会主义思想作为主要内容，不断提高党员特别是党员领导干部的政治觉悟和政治能力。四要发展民主政治。充分发挥县委统揽全局、协调各方的领导核心作用，支持和保证人大、政府、政协、法院、检察院、人民团体等依照法律和章程独立负责、协调一致地开展工作，巩固发展爱国统一战线，进一步做好民主党派、无党派人士、党外知识分子、新社会阶层人士工作，做好民族宗教工作，营造团结奋进的良好氛围。

2. 建设高素质专业化干部队伍。新时代肩负新使命，新使命需要好干部。一要坚持正确用人导向。要坚决落实“信念坚定、为民服务、勤政务实、敢于担当、清正廉洁”的好干部标准，突出把好政治关、廉洁关，注重培养选拔坚决维护党中央权威、全面贯彻党的理论和路线方针政策、忠诚干净担当的干部，注重选拔在基层一线历练、在七大攻坚中业绩突出的干部。二要提升专业化水平。围绕增强“八种本领”，大兴学习之风，大兴调查研究之风，更加注重培养干部的专业能力和专业水平，注重干部的个性化专业能力培训，注重多岗位、多部门、多领域培养锻炼干部，努力让各级干部成为所从事工作的行家里手，提高各级干部的履职尽责能力。

3. 夯实基层战斗堡垒。党支部建设作为最重要的基层建设，要高度重视发挥党支部作用，全面提高党的基层组织凝聚力战斗力。一要提升组织力。要以提升组织力为重点，突出政治功能，加大软弱涣散党组织整治力度，统筹抓好企业、农村、学校、社会组织等领域党建工作，切实解决一些基层组织弱化、虚化、边缘化问题，把基层党组织建设成为宣传党的主张、贯彻党的决定、领导基层治理、团结动员群众、推动改革发展的坚强战斗堡垒。要高度重视农村党员年龄老化、文化层次低、后备力量缺乏等问题，深入推进农村党员“1893”培养发展和村级后备力量“333”培养工作，加大对农村中青年的吸收力度，不断扩大农村的党员占比，优化农村党员队伍结构。二要强化工作保障。要牢固树立一切工作到支部的鲜明导向，加强基层党组织规范化建设，完善基层党建工作考核体系，推动基层党建工作责任制全面落实。要加大力量投入，关心关爱基层干部，改善基层工作条件，并以村（社区）“两委”换届为契机，加强基层党组织带头人队伍建设，真正把有思路、有激情、有能力的人选出来，确保基层党组织有人管事、有钱办事、有场所议事、有制度理事。

4. 持续建设风清气正政治生态。作风建设永远在路上。要全面正风肃纪，进一步巩固和拓展作风建设成果，始终坚持与人民同呼吸、共命运、心连心。一要持之以恒改进作风。要严格执行《中共中央政治局贯彻落实中央八项规定的实施细则》，聚焦“四风”问题新表现新动向，进一步深化“改作风、提效率”行动，继续深入落实中央八项规定精神，继续整治“四风”问题，对在七大攻坚中不敢担当、不敢作为的，对有令不行、有禁不止的，严肃问责，坚决查处，并在抓常抓细抓长上下功夫，使之成风成俗。二要坚定不移惩治腐败。要扎实推进监察体制改革，组建县监察委员会，实现对所有行使公权力的公职人员监察全覆盖。要有效运用监督执纪“四种形态”，注重标本兼治，深化巡察工作，推动反腐向基层延伸，大力整治基层“微腐败”，加大“小官大贪”以及侵害群众利益问题的查处力度，加快建设风清气正的政治生态。

政府工作报告

——在县十八届人大三次会议上

（2018 年 2 月 3 日）

杨永飞

2017 年工作回顾

一年来，面对繁重的发展任务，在县委的坚强领导下，在县人大、县政协的监督支持下，县政府团结和依靠全县人民，以脱贫攻坚为统领，以七大攻坚为抓手，以担当实干为导向，经济发展在稳中求进中开创新局面，各项事业在全面发展中彰显新亮点，连续三年被省委、省政府评为“科学发展综合考核评价先进县”。

——主要经济指标继续保持稳中向好的态势。全年完成财政总收入 8 亿元，增长 16.6%，一般公共预算收入 4.89 亿元，增长 1.2%，增幅分别居全市第 2 位、第 8 位；实现生产总值 70.82 亿元，增长 9.3%，增幅居全市第 9 位；固定资产投资 49.9 亿元，增长 14.8%，增幅居全市第 4 位；社会消费品零售总额 21.85 亿元，增长 12.2%；农村居民人均可支配收入 9474 元，增长 12.2%；城镇居民人均可支配收入 24116 元，增长 9.5%。

——与百姓息息相关的出行条件大幅改善。G236 公路县城至虎石段、南桥高速出口、城南出口路中正广场至石排园区、长安大道、新东大道改造拓宽等道路工程建成通车，G358、S458 公路，向阳大道、城北三路、中山西路以及河角至留车等 4 条县道升级改造工程有序推进，南桥至龙川高速公路获批启动前期工作，全年完成通组路建设82.3千米，新建入户便道285.7千米，全县公路等级、路网密度和通达程度不断提升。

——群众高度关注的安全饮水取得重大进展。投入5亿元实施了“两个半村”移民搬迁，完成搬迁515户2100人，为保障大湖水库一湖清水奠定了坚实基础。大湖水库大坝提前实现封顶，新自来水厂开工建设，新铺设供水管道30.7千米，今年底沿线的近20万群众将喝上干净优质的大湖水。实施农饮巩固提升工程70个，5.32万人直接受益。

——制约寻乌发展的节点难点得到有效破解。一年来，我们克服了资金不足、用地指标紧缺、征地拆迁等系列难题。争取各类资金27.48亿元，增长32.4%，增幅居全市第一位。全年政府性资金投入达81.87亿元，增长75.4%。全年实施PPP、EPC项目13个，总投资达24.5亿元。完成土地征收20231亩、房屋征收2146栋，迁坟2213穴，争取用地指标3702亩，新增耕地占补平衡指标8353亩，均为历年之最。

——挺起工业脊梁的首位产业项目加速集聚。一年来，我们集中政策、资源、财力扶持通用设备制造首位产业，全年共签约项目32个，签约金额171亿元，其中首位产业项目22个，签约金额124亿元，占签约项目总数的69%，在谈项目高达18个，首位产业项目如雨后春笋般涌现，寻乌工业发展驶入了“快车道”。

一年来所做的工作及成效主要体现在以下八个方面：

（一）脱贫攻坚成效凸显。始终把脱贫攻坚作为最大政治任务来抓，举全县之力打好脱贫攻坚战，全年退出贫困村55个，减少贫困人口13879人。全面开展精准识别“回头看”，新增贫困户2518户10022人，清退错评农户3195户12484人。下足“绣花”功夫，推动扶贫政策应享尽享。累计发放“产业扶贫信贷通”贷款3.6亿元，发放产业奖补资金1266万元，资助建档立卡贫困学生10529人（次），发放“四道医疗保障线”[①]资金1.1亿元，贫困户住院自付比例降至5%左右。大湖新村顺利交房，改造危房3179户3044栋，238套农村保障房投入使用，新建移民进城进园安置房1749套。184个村级光伏扶贫电站全部并网发电。对照贫困村退出新八大指标体系，筹集资金6.82亿元，下达村级项目2427个，村庄基础设施和公共服务设施得到明显改善，广大群众从脱贫攻坚中普遍受益。大力实施文化扶贫，激发了贫困群众内生动力。

（二）工业发展势头强劲。坚持“主攻工业、三年翻番”目标不动摇，工业经济实现量质齐升。完成规模以上工业增加值13.24亿元，增长10.2%；预计主营业务收入57亿元，增长18.1%；外贸出口5400万美元，增长9.17%；实际利用外资2441万美元，增长10%；工业固定资产20亿元，增长25%，提前一年实现翻番目标。全年新增规模以上企业22家总数达59家。扎实推进“一园三区”[②]建设，完成园区投入6亿元，新建标准厂房67.7万平方米。石排园区新增工业用地932亩、杨梅园区新征土地3000亩。深入开展“降成本、优环境”活动，全年为企业减负3.23亿元，解决企业诉求120条。

（三）现代农业提质增效。农业产业结构调整取得阶段性成效，累计新增蔬菜、猕猴桃、甜柿、蓝莓、百香果等特色产业种植面积6万亩。全力推进东江源田园综合体建设，引进企业12家，现代农业无论是规模还是层次均取得了突破性进展。新建沟域经济示范点57个。新增蔬菜面积6247亩，其中搭建钢架大棚1940亩，超额完成市级下达的建设任务。持续抓好柑橘黄龙

① “四道医疗保障线”即：城乡居民基本医疗保险、城乡居民大病保险、重大疾病医疗商业补充保险、医疗救助。
② “一园三区”即：寻乌工业园，石排工业园区、黄坳民营创业园区、杨梅园区。

病防控，清理病树270余万株。柑橘恢复种植有序推进，新建标准示范园26个，出圃柑橘无毒苗木320万株，我县获批国家级出口食品农产品（脐橙、蜜橘）质量安全示范区。开工建设高标准农田1.15万亩。农村土地承包经营权确权登记颁证工作顺利通过省级验收，全年流转土地2万亩。

（四）城乡面貌日新月异。基本完成了9个城市专项规划编制和13个乡镇、131个村规划编制，实现乡村规划编制全覆盖。扎实推进精致宜居城市建设，**啃掉了一批硬骨头**，拆除“两违”建筑13万平方米，拆除屋顶违章搭建7.48万平方米，拆除主要出口路两侧大型果品仓储库35栋7.5万平方米。出台了农村及县城规划区居民建房管理办法，城乡居民建房步入了规范化、法制化轨道。**改出了一片新天地**。完成棚户区改造1499套，拆除面积28.64万平方米，拆除率达98.5%。**建成了一批好设施**。新建停车场4个、小游园5个，高标准实施了一批城市亮化工程、绿化工程、人行道改道、节点路段景观提升工程，建设品位有了新提升。**整出了一片新面貌**。扎实推进新农村建设“七改三网”①、“8+4”②项目建设，拆除“空心房”173.9万平方米，完成民房立面改造4551栋138万平方米，完成改水1764户、改厕1559户、改沟95千米，农村面貌焕然一新。

（五）第三产业迸发活力。资本市场加快发展，与光大证券、国盛证券成功签订结对帮扶合作协议，引进拟上市挂牌企业12家。为113家企业发放还贷周转金2.4亿元，发放“五个信贷通”11.9亿元。电商产业园及163个村级电商服务站投入运营，全年电商交易总额超10亿元。综合物流园投入运行，红土地物流被中国物流与采购联合会授予“4A级物流企业”称号。东江源温泉养生小镇、青龙岩景区开工建设，石崆寨景区被评为全省AAA级乡村旅游点。培育市级众创空间2家，全年新增企业973家，新增注册资本37.5亿元，新增个体工商户1446户，新增从业人员17283人。

（六）绿色发展纵深推进。完成森林抚育1.75万亩、低质低效林改造1.49万亩，我县被评为全市“2016—2017年度低质低效林改造工作先进县”。森林防火工作连续三年荣获全市一等奖。成功争创省级生态文明示范县。8个中央环保督察反馈问题基本整改到位。石排工业园区污水处理厂开工建设，新建城镇污水管网56千米，5个乡（镇）污水处理站投入使用，污水收集率和处理率稳步提升。全年新治理废弃稀土矿山3.1平方千米，治理水土流失面积20平方千米。打造了“河长制”升级版，率先在全省创建县级APP寻河通，国控、省控10个水功能区监测断面达标率100%。东江流域上下游横向生态补偿项目、山水林田湖草项目进展顺利，斗晏库区水质从9月份开始由Ⅲ类向Ⅱ类转变。扎实开展扬尘治理、秸秆焚烧整治，淘汰黄标车313辆。查处生态涉刑案件8起，依法关闭非法排污企业9家，关停畜禽养殖场47家。

（七）社会事业协调发展。高质量完成了省市90件民生实事。筹集资金4亿多元启动了义务教育均衡发展“迎国检”，对157所农村义务教育学校实施营养改善计划。总投资2.3亿元的职业教育基地开工建设。高考再创佳绩，全县一本上线189人，二本以上上线1008人。开发公益性岗位1031个，发放创业担保贷款7817万元。新（改）建低压线路182.4千米，治理低压用户7410户。机关事业单位养老保险基本完成。建成“农

① “七改三网”即：改路、改水、改厕、改房、改沟、改塘、改环境，建设电力、广电、电信网络。

② “8+4”即：建设公共服务平台、卫生室、便民超市、农家书屋、文体活动场所、垃圾处理设施、污水处理设施、公厕，建设小学、幼儿园、金融服务网点、公交站。

家书屋+电商”服务站点119个，大型赣南采茶戏《寻路》成功公演，电视剧《毛泽东寻乌调查》顺利开拍。安全生产、信访形势、食品药品安全总体平稳，社会保持和谐稳定，我县被评为全国信访工作“三无”县。

（八）自身建设全面加强。认真学习宣传贯彻党的十九大精神，深入推进“两学一做”学习教育制度化常态化，严格执行中央八项规定精神。大力开展政府系统改作风、提效率工作，行政效能不断提升。持续深化“放管服”改革，行政审批事项精简率达7%，取消和调整县本级行政权力事项62项。公布“最多一次办结”事项74项，企业和群众办事更加便捷。法治政府建设不断加强，实现“双随机一公开”监管工作全覆盖，行政执法三项制度改革试点全面完成。国土局被评为“全国国土资源行政复议应诉成绩突出单位”。自觉接受人大法律监督和政协民主监督，建议、提案办结率、满意率达100%。

各位代表，2017年是我县建设大提速、城乡大变样、民生大改善、质效大提升的一年，是我县经济社会发生深刻变化的一年，在振兴发展征程中留下了浓墨重彩的一笔。如今的寻乌，活力四射，信心满怀，蓄势待发，正以崭新的姿态迈向新时代！这些成绩来之不易，是县委科学决策、坚强领导的结果，是全县人民苦干实干、克难奋进的结果。在此，我代表县政府，向各位人大代表、政协委员，向真诚理解和鼎力支持我们的老领导、老同志，向奋斗在全县各条战线上的广大干部群众，向所有关心帮助寻乌发展的各界人士，致以崇高的敬意和衷心的感谢！

在看到成绩的同时，经济社会发展也存在不少问题：**一是**经济总量仍然偏小，人均GDP、人均财政总收入、城乡居民人均可支配收入等指标与全面小康的要求还有较大差距，加快振兴发展的任务艰巨繁重；**二是**稳增长压力仍然不小，新经济、新业态发展较为缓慢，高新技术、高附加值、成长性好的大项目、大企业少，支撑经济增长的大盘不够牢固；**三是**制约因素仍然较多，工业用地极为紧张，资金保障压力巨大，资源环境约束不断趋紧；**四是**民生改善仍需加强，城乡公共服务不均衡，脱贫退出进展不平衡，乡村振兴亟须发力。针对这些问题，我们将不回避、不掩饰，不等不靠，主动作为，全力解决。

2018年工作安排

今年是全面落实党的十九大精神开局之年，也是脱贫攻坚决战之年，做好今年的政府工作意义重大。今年政府工作的总体要求是：全面贯彻党的十九大精神，以习近平新时代中国特色社会主义思想为指导，认真落实习近平总书记重要批示精神，落实中央经济工作会议、省委十四届五次全会和市委五届四次全会、县委十五届五次全会精神，坚持稳中求进工作总基调，坚持新发展理念，坚持以供给侧结构性改革为主线，坚持以脱贫攻坚为引领，坚持以七大攻坚为主抓手，做到“五个牢牢把握”①，统筹推进稳增长、促改革、调结构、惠民生、优生态、防风险各项工作，奋力打造新时代中国特色社会主义红色样板。

今年全县经济社会发展主要预期目标是：实现GDP增长9.2%，规模以上工业增加值增长10.3%，财政总收入增长12.5%，一般公共预算收入增长10.5%，固定资产投资增长15%，社会消费品零售总额增长13%，实际利用外资增长11%，出口总额增长4%，城镇、农村居民人均可支配收入分别增长9.5%和12.5%。

做好今年的政府工作，要着力抓好以下八个方面：

① “五个牢牢把握”即：牢牢把握核心任务，坚持脱贫引领；牢牢把握基本县情，坚持发展第一要务；牢牢把握工作重点，坚持七大攻坚主抓手；牢牢把握民生宗旨，坚持共建共享；牢牢把握正确方向，坚持党建领航。

（一）以脱贫摘帽为统揽，突出高质量、可持续，坚决打赢攻坚战

脱贫攻坚是硬任务，必须举全县之力，集全县之智，全面打赢这场硬仗，确保如期实现精彩脱贫、光荣摘帽。

一是目标再明确。围绕2018年一次性通过国家第三方评估验收，着力主攻“三率一度”①，按照“应进则进、应出尽出”的原则，开展村不漏组、组不漏户、户不漏人的排查筛选，把好关口，严格程序，完善资料，做到不漏一人、不错一户，确保全县漏评率、错退率为零，全县综合贫困发生率控制在0.7%以内，群众满意度达到95%以上。聚焦“两不愁三保障”，力争全县所有贫困人口人均可支配收入达4000元以上，完成5个贫困村退出、9427人的脱贫任务。

二是施策再精准。坚持因户因人分类施策，让脱贫政策应享尽享，确保实现“三个全覆盖、两个100%、一个达标”的目标。加快推进“1+X”产业（就业）扶贫机制落实，确保每个乡镇新建一个200亩以上的大棚蔬菜产业扶贫示范基地，65个贫困村各建一个10—20亩的村级蔬菜大棚，实现扶贫产业覆盖所有贫困户，龙头企业、产业基地或合作经济组织覆盖所有行政村。全面落实从学前教育到高等教育资助政策，确保教育扶贫政策全覆盖。完善“四道医疗保障线”，探索重大疾病、慢性病、精神病护理保险制度，建立贫困人口门诊治疗与住院治疗同步报销制度，实现贫困家庭医生签约服务全覆盖。按照“移民搬迁一批、修缮加固一批、拆旧建新一批、交钥匙兜底一批”的方式解决群众住房安全保障问题，确保在今年7月底前所有农户住房安全达到100%。实施边远山区贫困村农饮巩固提升及农村供水工程水质提升整改工程，确保所有贫困户100%喝上干净水。大力实施整村推进再提升工程，确保所有村新八大指标体系全部达标，贫困户家庭环境卫生达到“五净一规范”②要求。充分发挥专项扶贫的主体责任和职能优势，对照行业扶贫要求，逐条逐项逐人解决到位。强化项目资金倾斜，确保26个深度贫困村基础条件全面改善。扎实推进村级光伏扶贫扩面工作，确保所有村集体经济收入再增加30%以上。

三是标准再提高。以争创文化扶贫示范县为契机，实现村综合文化服务中心、“农家书屋 + 电商”全覆盖。持续推进乡风文明行动，深化“六星创评”③、“身边好人”评选，规范提升红白理事会，加大“三沿六区”坟墓搬迁力度，推动移风易俗、文明进步，打造一批文化扶贫示范点。建立县乡村三级“新时代传习所”。树立“扶勤不扶懒”鲜明导向，扎实开展“光荣脱贫户”评选、正面典型宣传等活动，激发贫困群众自我发展、自我脱贫的动力，促进物质精神“双脱贫”。深入推进精准脱贫示范村创建，高标准建设一个高质量脱贫核心区和三条脱贫精品示范线，打造脱贫攻坚示范县。

四是责任再压实。发挥好考核“指挥棒”作用，严格执行脱贫攻坚“一票否决制”。全面落实脱贫攻坚五个工作组④职责，推动全县脱贫责任全覆盖、再夯实。坚持“一边倒”抓扶贫，确保所有干部在联系贫困户的基础上，再联系非贫困户，实现所有农户都有干部联系帮扶、所有农户户内人口都知晓扶贫政策“两个全覆盖”。加大脱贫督查力度，实行场所、队伍、对象三固定，改抽查为排查，盯住“两不愁三保障”、“三率一度”和收入过线要求，确保全县行政村、贫

① “三率一度”即：贫困发生率、漏评率、错退率，群众满意度。

② “五净一规范”即：院内净、卧室净、厨房净、厕所净、个人卫生净和房前屋内摆放规范。

③ “六星创评”即：遵规守法星、诚实守信星、孝老爱亲星、尊师重教星、清洁卫生星、脱贫致富星。

④ 五个工作组即：攻坚推进工作组、资金保障工作组、督查和预评估验收工作组、监督执纪问责工作组、专项扶贫工作组

困户及非贫困户逐村逐户过滤、户户过关。高悬问责利剑，严惩不作为、慢作为、乱作为，以执纪问责推动脱贫攻坚落地见效。

（二）以首位产业为引领，围绕强招商、优服务，加速培育产业群

坚持强攻工业不动摇，抓住机遇、乘势而上，推动通用设备制造首位产业做大做强，促进工业经济量质齐升。

一是聚焦首位产业促集聚。按照“首位产业、首位支持”的思路，进一步完善首位产业扶持政策，提高政策的时效性和针对性。加大建链、补链、强链力度。瞄准粤港澳大湾区、海西经济区等重点区域，组织专业化小分队登门招商、蹲企招商，大力开展协会招商、以商招商，重点引进智能装备制造、工程机械生产、通用设备及核心部件、基础零部件和原材料及应用、通用电子产品及应用等目标企业，确保全年引进标杆性、引领性、示范性企业3家以上，投资5—10亿元企业2—3家。力争全年引进首位产业企业40家以上、总数突破60家，2年内基本形成百亿元产业集群。做大工业经济总量，确保全年规上工业增加值增长10.3%；规上工业主营业务收入突破80亿元，工业固投突破25.7亿元，力争超额完成主攻工业“三年翻番”任务。

二是聚焦平台建设抓完善。按照“一园三区”布局，加强规划、加大投入、加快配套，推进园区规模和功能双提升。重点实施石排园区调区扩区工作，争取新增工业用地5000亩，实现“一园三区”规划面积15平方千米。加快杨梅园区建设步伐，力争8月底完成园区土方平整，年底前基本成型，打造成高新技术园区。促进广寻商汇小区落户企业加快建设，争取年底基本建成。新建标准厂房20万平方米。建成园区综合体、公共服务中心、商贸中心和物流中心等配套设施，提升园区承载力。加大“僵尸企业”、停产半停产企业及低效闲置工业用地整治力度，促进土地集约高效利用。

三是聚焦落户企业优服务。全面落实“四个一”帮扶机制，健全企业帮扶“APP”平台运行机制，着力解决企业用工难、人才引进难、物流成本高、融资难等突出问题，助推企业发展壮大。大力推动“个转企、小升规、规改股、股上市”，确保全年新增规上企业20家以上。大力引进企业总部经济，推动互联网、大数据、人工智能与实体经济深度融合。打好传统产业转型升级、企业管理提升、工业园区功能完善“三大战役”。积极优化发展环境，设立10亿元产业引导基金，坚决兑现各项承诺，全力为落户企业提供“一站式”“保姆式”服务，推动落户企业省心省力省钱。深入开展“降成本、优环境”专项行动，全年为企业降低成本减轻负担2亿元以上。

（三）以乡村振兴为突破，注重调结构、强产业，持续挖潜促增收

坚持农业农村优先发展，建设“产业兴旺、生态宜居、乡风文明、治理有效、生活富裕”的美丽乡村，推动农业农村现代化。

一是做强特色产业。坚持“柑橘为主、多元发展”的思路，以沟域经济为主要形态，在持续抓好柑橘黄龙病病树清除的基础上，按照生态建园①的模式，高标准抓好2个市级、20个县级柑橘恢复种植示范点建设，繁育柑橘无病毒苗木200万株以上，恢复柑橘种植3万亩以上。以百村百园为主要载体，重点扶持发展蔬菜、猕猴桃、百香果、甜柿、三黄鸡、养蜂等特色农业产业，推进以诚农业“三个中心”②建设，谋划推

① 生态建园即：山顶戴帽、山脊隔离、山腰种果、山脚穿鞋、园路绿化。

② “三个中心”即：蔬菜育苗中心、蔬菜冷链中心、种植技术培训中心。

进林下经济发展。坚持质量兴农、绿色兴农，加快建设一批绿色农业生产基地，扩大“三品一标”①认证总量规模，不断提高绿色农产品的市场竞争力。

二是推动融合发展。加快农业供给侧结构性改革，积极培育壮大农业龙头企业、种养大户、家庭农场、农民合作社等新型农业经营主体，完善土地经营权入股、资金技术入股等利益联结机制，充分释放农业发展新动能。全面推进高标准农田建设，积极探索土地托管、土地经营权入股、农业产业化经营等方式，发展农业适度规模经营，实现小农户和现代农业有机衔接。扩大农产品电子商务、农超对接、展示展销等新型业态，培育蜜橘、蜂蜜、灵芝鸡蛋等一批电子商务示范产品。引导和鼓励农民工返乡就业创业，培养造就一支懂农业、爱农村、爱农民的“三农工作队伍”。

三是建设美丽乡村。深入推进“整洁美丽，和谐宜居”新农村建设，大力开展“六统·四联创”②活动，重点培育美丽示范农户庭院1000户，创建美丽示范乡镇1个、示范村庄7个、示范风景线3条。实施农村人居环境整治三年行动计划，重点开展农村破损路面修复、卫生环境整治、河道治理。集中精力推进东江源田园综合体暨乡村振兴试验示范区建设，努力打造成东江源流域及南方丘陵地区首个具有代表性的城乡农业旅游共同体。

（四）以城市“双修”为主线，着力强建管、提品位，创建精致宜居城

进一步优化布局、完善功能、精致管理、提升品质，让人民群众在城市生活得更方便、更舒心、更美好。

一是在城市“双修”上创特色。扎实推进城市生态修复，完成县城规划区山体复绿2660亩及城区公共绿地、高速出口等重点区域绿化提升改造，实现城区山体绿化全覆盖。启动客家风情小镇、北山公园、南山公园及一批小绿地建设，提升城市建设品位。认真实施城市功能修补，新建东江源大道延伸段、向阳大道二期（北段），打通环城西路果欣大道、武装部门前中山街与滨河西路等断头路，畅通城市微循环。实施老城区风貌管控，深入开展城区屋顶铁皮棚拆除工程。加快推进建筑材料、汽车拆解、废品收购等专业市场建设，形成布局合理、功能完善的市场体系。完善垃圾中转站、公厕、农贸市场、学校医院等一批公共服务配套设施，建设一批停车场、街头小游园等民生工程，让群众切实感受到城镇攻坚带来的便利与舒适。

二是在精细管理上促提升。深入开展城乡环境整治攻坚年行动，大力整治乱停乱放、占道经营、违章搭建、建筑扬尘等问题，扎实开展市级文明城市创建。加大圩镇环境整治力度，重点实施环境卫生、市容秩序、农贸市场等专项整治，着力解决圩镇脏、乱、差问题。加强农村公共区域及“八乱”③现象整治，推动城乡环境干干净净、清清爽爽。扎实推进“两违”整治，科学管控城乡建筑风貌。推行城乡生活垃圾“全域一体化”第三方治理，切实提高城乡环境卫生管理水平。加快智慧城市建设，完善数字城管系统建设，促进城市管理网格化、智能化、人性化。

三是在基础支撑上用真功。坚持交通先行发展，完成G358、S458、河角—留车等道路建设，启动G206、S317及11条县乡村道改造，积极策

---

① “三品一标”即：无公害农产品、绿色食品、有机农产品和农产品地理标志。

② “六统·四联创”即：统一组织、统配定点、统管规划、统建项目、统筹资金、统揽管护及创建美丽示范农户庭院、美丽示范村庄、美丽示范乡（镇）、美丽示范县。

③ “八乱”即：乱倒乱拎、乱搭乱建、乱堆乱放、乱挂乱贴。

应赣龙厦高铁规划，力争瑞梅铁路、南桥—龙川高速公路开工建设。推进城乡供水一体化建设，争取大湖水库4月份下闸蓄水，确保年底前供水。进一步规范征地拆迁秩序，争取全年征收土地1万亩以上。加大“灾毁园地”开发力度，新增耕地占补平衡指标5000亩。扎实推进农网升级工程，加快石排工业园新增110kV变电站、留车至长宁110kV线路工程建设，争取西气东输会昌至寻乌段主网线开工建设，进一步提升能源保障水平。

（五）以繁荣三产为抓手，持续旺业态、扩消费，激发增长新动能

围绕满足群众多层次消费需求，加快补齐服务业短板，推动现代服务业总量扩张、结构优化，力争全年服务业增加值增长12%，占GDP比重达43%。

一是促进全域旅游提速。加强远景规划和整体布局，启动实施县全域旅游规划。按照“突出重点、打造亮点、完善要素、补齐短板”的思路，加快东江源温泉养生小镇、青龙岩旅游度假区建设，开工建设中国越野车赛事基地，推进旅游公路、星级酒店、特色民宿等旅游设施建设，打造南桥—留车—龙廷、三标—桂竹帽—晨光两条精品旅游线路，力争全年新增2个以上省AAA级乡村旅游点，接待游客突破100万人次。用好寻乌调查等红色资源，规划设计红色旅游精品线路，争取《毛泽东寻乌调查》电视剧10月份正式上映、采茶戏《寻路》在省市巡演。实施“旅游+”，促进旅游与脱贫攻坚、现代农业、文化创意等深入融合，争取形成“一业兴百业旺”的生动局面。

二是促进金融业发展壮大。完善金融网点布局，力争恢复设立农发行寻乌支行、中国银行寻乌支行，全力引进江西银行、九江银行进驻寻乌。稳妥发展民间借贷服务公司，积极推动小贷公司转制为民营银行。通过市场办法和手段，统筹用好政府之手、市场之手和合作之手，采用PPP、产业基金、发行债券以及EPC、TOT、BTB等方式筹集资金，扩大社会资本投入范围。加大“五个信贷通”投放力度，争取全年新增贷款增长15%。用好用活贫困县IPO机制，争取年内实现1家企业主板上市、2家企业新三板挂牌。

三是促进消费市场繁荣。完成电商产业园、脐橙产业电子商务基地建设，进一步完善电商乡（镇）服务中心和村级服务站。拓宽电商运营模式，推广线上线下相结合交易模式，扩大优势农产品销售渠道。扎实推进综合物流园项目建设，确保11月底前全面投入使用。加快出让土地的开发进度，增加住房有效供给，确保房地产市场健康平稳发展。大力发展文化、体育、教育培训、物业管理、家政服务、健康养老等新型服务业，培育新型消费业态。着力改善消费环境，优化商业网点布局，促进商贸流通业加快发展。

（六）以改革创新为驱动，不断转职能、释红利，彰显体制新活力

以纪念改革开放40周年为契机，加快实施一批关键性、突破性、引领性改革举措，迈出改革创新新步伐。

一是加快转变政府职能。深化“放管服”改革，打好简政放权“组合拳”。清理、合并一批管理内容相近的行政权力事项。全面公布乡镇政府权责清单，实现县、乡两级政府权责清单“全覆盖”。加强清单执行监督检查，确保清单之外无权力。推行政务服务事项标准化建设，编制规范标准的政务服务办事指南，推行政务服务事项编码管理。推进中介机构规范管理。大力推广“互联网+”政务服务模式，全面推行网上办公与网上受理审批，公布“一次不用跑”和“跑一次办结”事项，提升“一次不用跑”事项比重，真正做到“建好一张网、办成所有事”。

二是深化重点领域改革。全面落实“三去一降一补”[①]任务，加大减税、降费、降低要素成本力度。深化“多证合一”改革，推进登记注册全程电子化和电子营业执照改革。深化农业农村改革，全面完成房地一体的农村宅基地和集体建设用地使用权登记发证工作，实施“两权”抵押贷款试点，推动“三权分置”[②]政策落实。提前谋划、积极落实第二轮土地承包到期后再延长30年制度。推进供销合作社综合改革。深化投融资体制改革，大力促进社会投资，推进融资平台市场化转型。

三是优化创新创业环境。实施质量强县战略，大力发展智能制造，支持洛锡实业、埃尔空压机等企业建设智能化生产线，促进首位产业向智能化、高端化方向发展。深入实施人才发展战略，落实首位产业、现代农业及教育卫生事业人才引进各项政策措施，全力引进各类紧缺人才。新建200套人才公寓。鼓励企业新建院士工作站、博士后科研工作站及研发机构，设立通用设备制造研发中心，带动科技型中小企业实现裂变式增长。实施创新创业引领计划，推进创新寻乌建设，做强新英智谷、“创客+”、文化众创等创新创业平台，扶持发展网络经济、新服务经济、智慧经济、分享经济等新业态，努力把寻乌打造成为创业洼地、创新沃土。

（七）以生态建设为基础，全力抓源头、重治理，厚植发展新优势

像保护眼睛一样保护生态环境，努力把寻乌这片绿水青山建设成为人人共享、代代受益的“绿色银行”。

一是在“建”上求实效。完成低质低效林改造3.55万亩。加强两个半村移民搬迁后土地、山林的管理，完成8000亩山地复绿。建成3个水质全自动监测站。加快澄江、留车垃圾填埋场建设，实现全县城乡生活垃圾填埋全覆盖。认真实施东江流域上下游横向生态补偿项目，扎实推进柯树塘废弃稀土矿山环境综合治理与生态修复工程，力争打造成全国山水林田湖草的示范样板。大力发展低碳经济、循环经济，探索建立“会寻安”生态经济示范区。

二是在“治”上出实招。启动城镇生活污水处理厂二期建设，确保工业园区污水处理厂4月份试运行。新建各建制乡污水管网及污水处理站，切实提升城乡污水处理能力。全面实施城市雨污分流工程，统筹农村改水及“厕所革命”，强化畜禽养殖管控，从源头上减少污水直排现象。深化“河长制”升级版建设，确保不稳定河段地表水氨氮、总磷、铅等污染因子浓度全面下降，全面消除Ⅳ类水质，确保团丰桥和斗晏电站断面水质稳定达标。

三是在“管”上动真格。坚持全县封山育林不动摇，全面落实《寻乌县大湖水库集中式饮用水水源保护区生态环境保护暂行办法》。严格执行建设项目环境影响评价制度，坚决拒绝重金属、过剩产能等高污染、高能耗项目落户。持续抓好“四尘三烟三气”[③]整治，加快生物质发电综合项目建设，推进秸秆综合利用，全面禁止露天焚烧，打赢蓝天保卫战。发挥生态综合执法局职能作用，严厉打击非法开采稀土、“收尾水”及其它矿产无序过度开发等生态违法行为。

（八）以服务民生为宗旨，倾力办实事、暖民心，增强群众获得感

落实以人民为中心的发展思想，坚持一手抓发展、一手抓民生，做到发展与民生同步部署、

① “三去一降一补”即：去产能、去库存、去杠杆、降成本、补短板。

② “三权分置”即：实行农村土地所有权、承包权、经营权分置并行。

③ “四尘三烟三气”即：工地扬尘、道路扬尘、运输扬尘、堆场扬尘，餐饮油烟、烧烤油烟、垃圾焚烧浓烟，汽车尾气、工业废气、燃煤烟气。

发展质量与民生质量同步提升，不断满足人民日益增长的美好生活需要。

一是认真办好民生实事。围绕保障和改善民生，办好省50件、市40件民生实事。有序推进老旧住宅小区综合整治、危旧住房改造，完成1256套棚户区改造任务。加大就业帮扶力度，争取发放创业担保贷款6000万元。完善城乡居民基本医疗保险和大病保险制度，推动社会保障扩面提标、城乡一体，让人民群众共享改革发展成果。

二是大力发展社会事业。坚持教育优先发展，新建文峰中小学、城东小学，改扩建城南小学二期、寻乌三中、县属3所小学及部分乡（镇）中小学，补齐迎国检学校校建类、电教装备类、校园文化建设类三大短板，确保今年顺利通过国家义务教育均衡发展督导评估。抓好普惠性幼儿园建设，新建城南幼儿园，扩建石田心县幼儿园，启动5个1500人以上行政村村级幼儿园建设。加快职业教育基地建设，力争今年秋季开学投入使用。深化医药卫生体制改革，推进乡（镇）、村卫生服务机构标准化建设，实现每个行政村至少有1所标准化村卫生计生服务室。完成县医疗康复养生中心建设，确保中医院医技大楼投入使用，新建县妇保院，积极改善群众就医条件。实施重度残疾人、特困群体关爱工程，让每一位身处困境者都能沐浴社会关爱的阳光。

三是全面加强社会治理。深入推进法治寻乌建设，深化司法体制改革和信访制度改革，畅通群众诉求渠道，完善预防和化解社会矛盾机制。推进灾害预警、防震减灾、救援演练体系建设，提高灾害防范和应急处置能力。严格落实安全生产责任制，坚决遏制重特大安全事故发生。纵深推进国家食品安全示范城市创建工作，保障群众舌尖上的安全。加强社会治安防控体系建设，依法打击违法犯罪活动，提高平安寻乌建设水平。

各位代表，开创新时代、推动新发展、实现新进步，必须加强政府自身建设。我们将牢固树立“四个意识”，坚决维护党中央权威和集中统一领导，积极主动落实上级的各项决策部署，服从县委领导不动摇、不懈怠、不折腾，巩固风清气正的政治生态。深入开展“不忘初心、牢记使命”主题教育活动，推进“两学一做”学习教育常态化制度化。我们将牢固树立法治意识，把法治思维和法治方式贯穿于政府工作全过程，确保政府法定职责必须为、法无授权不可为。深化行政执法体制改革，坚持规范公正文明执法，严格依法科学民主决策，自觉接受人大监督、政协民主监督、社会监督和舆论监督。我们将牢固树立效率意识，严格落实市委、市政府“一个意见、两个办法”，组织开展“大众评公务”活动，坚决整治庸政懒政怠政行为，以敢担当、提水平为主题，纵深推进改作风、提效率。健全机制抓落实，深入推进“互联网+政务服务”，推动政务服务提速、提质、提效。我们将牢固树立廉洁意识，坚决把全面从严治党新要求落实到政府各项工作和各个环节，落实落细全面从严治党主体责任，严格落实中央八项规定实施细则，坚定不移反对“四风”。织密扎紧“制度笼子”，加强行政监察和审计监督，切实管好公务人员、公共资源、公共权力和公共资金。坚持反腐败无禁区、全覆盖、零容忍，坚决查处侵害群众利益的不正之风和腐败问题。

各位代表！同志们，实现脱贫摘帽、过上小康生活，人民充满期待，政府重任在肩，干部责无旁贷。让我们在县委的坚强领导下，不忘初心、不辱使命、不负重托，在新的征程中始终心系发展、情牵民生、担当实干，努力让全县人民生活得更加殷实、更加体面、更加自豪，为全面建成小康社会奠定坚实基础！

大事记

1月

3日　在文峰乡杨梅村正式启动第三次全国农业普查信息采集录入工作。

4日　全市“六大攻坚”流动现场会在寻乌召开。

10日　省发改委主任吴晓军到寻乌走访调研脱贫攻坚工作。

同日　省军区政委杨笑祥到寻乌调研人民武装工作。

同日　寻乌县与北京理工大学生命学院举行合作协议签约仪式，加强双方在科技、成果转化、教育等方面的合作，积极探索新形势下高校和地方合作新模式。

同日　江西省农村致富技术函授大学贫困地区创业致富带头人科技培训暨寻乌县猕猴桃科学种植管理培训班开班。

12日　位于三标乡西的基隆嶂风电项目全部风机成功并网发电。该项目总投资8.33亿元，共安装51台单机容量为2000千瓦的风力发电机组，同步新建一座110千伏升压站。

18—20日　新华社、中央电视台、人民日报等媒体记者到项山乡卢屋村、南桥镇南龙村，采访文明新风培育、环境卫生治理、村容村貌打造等工作。

19日　2017年全市柑橘苗木生产管理工作会在桂竹帽镇召开。

23日　中共寻乌县委十五届三次全体（扩大）会议召开。会议主要学习贯彻中央、省市有关会议精神，落实县第十五次党代会部署，总结2016年工作，分析当前经济形势，部署2017年经济发展任务。

同月　省盐业体制改革实施方案出炉。取消食盐准运证，放开食盐生产批发区域限制，放开食盐出厂、批发和零售价格，由企业自主确定。

2月

8—9日　中国人民政治协商会议寻乌县第十三届委员会第二次会议召开。大会通过了县政协十三届二次会议议程，作出了“七大攻坚”重要战略部署。

9—10日　县第十八届人民代表大会第二次会议召开。会议表决通过了《关于寻乌县人民政府工作报告的决议》《关于寻乌县2016年国民经济和社会发展计划执行情况与2017年国民经济和社会发展计划的决议》《关于寻乌县2016年财政预算执行情况和2017年财政预算的决议》《关于寻乌县人大常委会工作报告的决议》《关于寻乌县人民法院工作报告的决议》《关于寻乌县人民检察院工作报告的决议》。

9—10日　十八届中央委员、中华全国供销合作总社党组书记、理事会主任王侠到寻乌，就定点扶贫工作进行调研，并主持召开全国供销合作总社定点扶贫推进会。

14日　省委常委、秘书长刘捷到寻乌进行调研。

19—20日　国家开发银行江西省分行行长吴守华一行到寻乌开展贫困村基础设施建设、油茶产业精准扶贫专题调研工作。

21日　举行县图书馆工程开工仪式。县委常委、宣传部长谢清泉、县人大常委会副主任王平、县政协副主席钟杰出席仪式。

24日　召开全县三级干部总结表彰暨“七大攻坚”动员部署会议。

25日　环保部华南环科所所长吴国增一行到寻乌，就山水林田湖生态保护修复工程实施情况进行调研。

3月

8日　省政协常委、教科文卫体委员会副主任史蓉蓉率调研组到寻乌，就“大力推进教育扶贫”工作进行专题调研。

13日　经济日报社副总编辑张磊率采访调研组到寻乌，采访调研寻乌脱贫攻坚工作中的特色做法和亮点等。

14日　副省长、省公安厅厅长郑为文到寻乌调研东江源生态补偿资金项目安排情况。

16日　全县党管武装工作会议召开。总结2016年度全县武装工作、部署2017年工作，县人武部政委古春洪传达军分区党委（扩大）会议精神。

同日　水利部水文局研究员吴礼福率调研组到寻乌，就东江源区水生态研究基地建设及废弃稀土矿山治理工作进行调研。

17日　召开全县防汛抗旱工作会议，总结2016年工作，部署2017年工作。

同日　全县组织工作会议召开。会议传达全国、全省、全市组织部长会议精神，部署2017年组织工作。

22日　光大证券股份有限公司党委副书记、监事长、扶贫工作领导小组副组长刘济平到寻乌调研，并代表公司与县政府签订结对帮扶寻乌县、助力脱贫攻坚合作协议。

24日　县第六次归侨侨眷代表大会召开。审议通过寻乌县第六次归侨侨眷代表大会决议，并选举产生新一届县侨联领导班子。

27日　召开“十三五”贫困村党组织第一书记培训会。全县“十三五”贫困村党组织第一书记，各乡镇分管扶贫的人员参加会议。会议通报“十三五”贫困村党组织第一书记及帮扶干部考核情况，宣读《关于7起履行脱贫攻坚责任不力问题的通报》。

同日　中国普天信息产业股份有限公司项目负责人苏品心率考察团到寻乌，就土壤治理修复项目进行考察调研。

28日　市委环保督察组组长杨会清率督察组到寻乌，专题督察寻乌落实中央环保督察组反馈意见问题整改工作。

同日　县人民医院重症医学科（ICU）正式开科，结束寻乌无重症医学科的历史，标志着寻乌急、危、重患者的抢救、监护和治疗水平迈上新台阶。

31日　“总理脐橙款”捐赠给中国农业博物馆仪式在寻乌举行。中国农业博物馆信息中心主任柏芸出席捐赠仪式，藏品部副主任张建红代表中国农业博物馆接受捐赠，并向寻乌长利果业有限公司董事长陈忠欧颁发收藏证书。

4月

4日　寻乌获得农发行总行投放的全国第一批网络扶贫专项贷款5000万元，用于网络扶贫工程建设，在全省率先铺就“网络＋产业”扶贫模式。

5日　国家林业局场圃总站副处长李世峰及世界自然保护联盟中国代表处专家组一行到寻乌，就国有林场GEF项目开展专题调研。

6日　全县政法工作会议召开。会议传达学习习近平总书记关于政法工作的重要指示精神和中央、省、市政法工作会议精神；各乡镇、部分综治责任单位向县委、县政府递交社会治安综合治理目标管理责任书，向县禁毒委递交禁毒工作责任状。

同日　赣粤跨界河流水污染联防联控联席会议在寻乌召开。

同日　地康药业有限公司的“地康”、龙廷阳天茶场的“龍庭”2件注册商标被续认江西省著名商标；恒顺生物科技开发有限公司的“康宝”、东江源珍稀食用菌厂的“步提”、华丰蛋鸡场的“华丽丰”、桔源果业专业合作社的“桔源翔”4件注册商标获认赣州市知名商标。

11日　中国标准化研究院高新技术与信息标准化研究所副研究员孙兆洋一行，到寻乌调研指导农村电商标准化工作。

同日　赣南医学院第一附属医院10余名专家到寻乌县中医院开展义诊咨询活动。

13日　召开天然林保护工作推进会，传达学习《江西省林业厅关于加强天然林保护工作的实施意见》，安排部署寻乌县天然林保护工作。

同日　县委全面深化改革领导小组第八次全体（扩大）会议召开。会议书面传达学习中央、省委、市委全面深化改革领导小组会议精神，听取县委全面深化改革领导小组第六次全体（扩大）会议明确交办事项进展情况汇报，审议并原则通过《县委全面深化改革领导小组2016年工作总结报告》《县委全面深化改革领导小组2017年改革工作要点》《县委2017年全面深化改革重点改革事项责任分解表》。

17日　寻乌邀请南昌大学公共管理学院教授刘建生，就如何推动脱贫攻坚工作作专题讲座。

18—22日　央视财经频道《生财有道》栏目摄制组来寻乌采访拍摄电商精准扶贫主题专题节目。

19日　中国农业科学院柑桔研究所副所长吴厚玖到寻乌，考察调研柑橘无病毒苗木繁育基地建设工作。

21—22日　中央组织部人才局巡视员、副局长李志刚到寻乌，就艰苦地区、基层一线如何做好人才工作开展调研。

25—28日　华中农业大学教授蔡礼鸿、罗正荣到寻乌指导农业产业结构调整工作。

27日　寻乌县甜柿协会成立并举行揭牌仪式。

同日　召开全县环境保护工作会议，学习贯彻中央、省、市环境保护工作会议精神，总结全县上一年度工作，部署2017年工作。

5月

2—4日　省委常委、省委宣传部部长赵力平就“降成本、优环境”、农村精神文明建设、脱贫攻坚、基层党建等工作到寻乌调研。

4日　抚州市东乡区考察组到寻乌考察学习大湖水库征地移民安置工作，交流工作经验。

7日　省委理论学习中心组就推进脱贫攻坚工作举行专题学习会。会议邀请国务院扶贫办主任刘永富作辅导报告。

9日　县十八届人大常委会第四次会议召开。县人大常委会主任黄志高主持会议，会议审议并通过《寻乌县人大常委会2017年工作要点（征求意见稿）》；听取和审议并通过《寻乌县人民政府关于提请审议同意批准将寻乌县美丽乡村建设项目购买服务资金纳入财政中长期跨年度预算的议案》；审议并通过县人大常委会任命的“一府两院”工作人员2016年度工作履职报告和人事任免议案。

10—11日　省地震局局长王建荣到寻乌调研防震减灾和定点帮扶贫困村工作。

15日　省环保厅厅长陈小平一行到寻乌调研环境保护工作。

17日　县四套班子扩大会议召开。会议宣读《关于新型城镇化和基础设施建设攻坚失职失责问题的通报》《关于4起脱贫攻坚失职失责问题的通报》《关于对水源乡等6个乡镇空心房整治不力问题的通报》《关于精准识别“回头看”专项督查情况的通报（二）》《关于3起教育扶贫失职失责问题的通报》。

同日　省水利厅建管处副处长邹军贤率调研组到寻乌调研灾后水利薄弱环节建设、新增中小河流治理项目建设情况。

18—19日　省环保厅生态处副处长赵克率省级生态县指标测评专家组一行到寻乌，就寻乌县创建省级生态县工作有关指标进行测评。

19—23日　省委常委、宣传部长赵力平一行到寻乌调研，并出席全省农村精神文明建设经验交流暨移风易俗推进会、寻乌县脱贫攻坚工作推进会、全省“农村书屋+电商”经验交流会。

23日　在石排工业园区举行“七大攻坚”9个项目集中开工仪式。

24日　省委网信办组织采风团到寻乌开展“脱贫攻坚看成效”采风活动。

25日　市政协副主席邹军率由部分市政协常委和委员组成的调研组到寻乌，就推进“大众创业、万众创新”工作进行专题调研。

26日　县科协联合县卫生、地震、气象等单位在长宁镇城北村委会开展科技活动周暨首个“全国科技工作者日”宣传咨询活动。

27日　省委“深入学习贯彻习近平总书记重要论述，扎实推进全省人才发展体制机制改革”宣讲团在赣州市举办宣讲报告会。

31日　举行首批员额法官、员额检察官宪法集体宣誓仪式。经省法官检察官遴选委员会审议和省高级人民法院党组、省人民检察院党组研究，遴选出寻乌首批20名员额法官、14名员额检察官。

同日　举办脱贫攻坚工作培训班，对各级帮扶干部分8期进行全方位培训，进一步提高帮扶干部精准扶贫业务水平和工作能力，增强帮扶工作的针对性和实效性。

6月

1日　省脱贫攻坚第一检查督导组副组长王俊雄率检查督导组成员到寻乌检查督导脱贫攻坚工作，并召开脱贫攻坚检查督导汇报会。

同日　寻乌与北京网库信息技术股份有限公司（中国网库）签订脐橙产业电子商务基地项目合作协议，共同打造在国内具有较大影响力的脐橙产业集群电子商务聚集区和电子商务培训基地，带动产业转型升级。

7日　寻乌方言（属客家方言）列入2017年度国家语言保护工程。

8日　江西省农业大学党委委员、副校长曾志将到寻乌开展智力扶贫培训班授课。

9日　国家发改委公布全国第二批PPP项目典型案例，寻乌大湖水库PPP项目入选全国第二批PPP典型案例，为江西省唯一。

同日　省纪委驻民政厅纪检组组长刘英城到寻乌调研基层民政能力建设工作。

16日　县委书记柯岩松主持召开调度会，专题调度三标乡东江源村、图岭村和长安村部分村小组饮用水源保护区移民搬迁土地房屋征收工作。

21日　召开三标乡东江源村、图岭村和长安村部分村小组移民搬迁工作推进会议。

同日 省人大教科文卫副主任委员傅克刚率调研组到寻乌调研防震减灾工作。

22日 省投资集团公司党委委员、赣能股份有限公司总经理张惠良率相关负责人及驻南桥镇古坑村扶贫工作队一行到寻乌调研，并向古坑村捐赠村级光伏电站。

26日 国务院安委会第七巡查组安全生产巡查情况反馈会在南昌主会场召开。

27日 召开县政府第20次常务会议。会议审议并原则通过《关于审议〈2017年“七大攻坚”重中之重、干一年看三年项目推进计划清单〉的请示》《2017年统筹整合财政涉农扶贫资金分配管理使用方案》《关于提请审议〈寻乌县鼓励建档立卡贫困劳动力务工政策20条（试行）〉的请示》《关于万亩现代农业示范园区有关扶持政策的请示》等议题。

28日 寻乌182个村级光伏扶贫电站全部实现并网发电。全县村级光伏扶贫电站项目总装机容量26.5兆瓦总投资1.85亿元，建设资金通过融资解决。

同月 南桥镇、澄江镇列入全国重点镇。

7月

6日 “强军战旗红”——纪念中国人民解放军建军90周年央视“心连心”艺术团慰问演出（寻乌分会场）在寻乌调查纪念馆举行。

7日 召开全县生态文明建设领导小组会议暨县级总河长会议。会议传达省生态文明建设领导小组2017年第一次会议、2017年省级总河长会议和2017年市生态文明建设领导小组会议暨市级总河长会议精神，通报生态文明建设工作及河长制工作，并为全县生态秀美乡村授牌，通报有关问题。

同日 以山东省出入境检验检疫局处长李少骞为组长的国家质检总局考核组到寻乌，就寻乌创建国家级寻乌蜜橘、赣南脐橙出口质量安全示范区工作进行验收考核。

11—19日 中宣部政策法规研究室到寻乌开展以“弘扬脱贫攻坚精神，推动农村‘两个文明’协调发展”为主题的调研。

14—15日 省国土资源厅党组成员、副厅长侯克常率专家组到寻乌，评审验收石排稀土矿山地质环境治理示范工程（2012年度）项目。

20日 赣州技师学院院长钟昭锋到寻乌开展技能人才培养合作交流。

同日 市督查组到寻乌督查调研北上争资争项工作。

26日 国家林业局驻福州专员办处长江正铨率检查组到寻乌，就工程建设项目使用林地行政许可开展监督检查。

27日 县委召开中心组学习（扩大）会，会议邀请省委宣传部常务副部长、省委网信办主任郭建晖作《强化互联网思维牢牢掌握网络意识形态工作主动权》专题讲座。

28日 召开饮用水源保护区“两个半村”移民搬迁相关政策培训会。

同日 桂竹帽镇首个敬老院揭牌成立并投入使用。该敬老院位于桂竹帽镇圩镇，总投资逾250万元，占地约5亩，建筑面积600余平方米，设床位20个，主要面向该镇五保户、孤寡老人。

8月

2日 赣州市科技信息企业推广应用服务及应用工程师片区培训会在寻乌举办。

同日 华中农业大学教授罗正荣到寻乌指导种植户甜柿标准化建园，并举办甜柿栽培技术培训班。

6日 全国人大常委、中国工程院院士、华中农业大学校长、国家柑橘体系首席专家邓秀新，到寻乌调研指导柑橘产业发展工作。

同日 大湖水库工程大坝封顶仪式在水源乡大湖村工程建设现场举行。

同日 举行集中宣讲省委常委会（扩大）会议和市委常委会（扩大）会议精神报告会。市委党校科研处主任、教授胡宗洪作宣讲报告。

同日 召开全县消灭Ⅳ类水推进河长制工作会议。县领导罗承彩、汪上红出席会议。

11日 县委十五届四次全体（扩大）会议召开。会议学习习近平总书记、李克强总理等中央领导人关于赣南苏区振兴发展工作的重要批示精神，以及省委十四届三次全体（扩大）会议和市委五届三次全体（扩大）会议精神，总结上半年工作，部署下半年工作。

13日 县人民法院对县内首例涉刑事环境保护公益诉讼案进行公开宣判，一审以非法采矿罪判处张某有期徒刑9个月，并处罚金20000元，赔偿国家复垦造林资金12480元。

17日 中宣部常务副部长、中央文明办主任黄坤明到寻乌调研考察。

21日 召开三标乡“两个半村”移民搬迁工作会议。县长杨永飞通报三标乡“两个半村”恢复实施饮用水源保护区土地房屋征收项目的相关情况。

22日 省地震局副局长柴劲松一行到寻乌调研防震减灾和南桥镇冠洲村脱贫攻坚工作。

23日 江西农业大学园艺专业教学实践基地在桂竹帽镇华星村柑橘无病毒苗木繁育基地挂牌。

24日 举行2017年度“科瑞助学”慈善助学金集中发放仪式。县委常委、宣传部长谢清泉出席仪式并讲话。全县有24名优秀贫困学子（建档立卡扶贫户20人，低保户4人）共获得“科瑞助学”慈善助学金14.4万元资助，其中7人获得8000元的资助，10人获得6000元的资助，7人获得4000元的资助。

25日 召开全县基本解决执行难联席会议暨“涉特殊主体案件”执行推进会。县领导罗承彩、李建华出席会议并部署相关工作，县人民法院院长吕纲翔通报全县案件执行工作情况。

26日 中国邮储银行“三农”金融事业部寻乌县营业部揭牌成立，标志着邮储银行寻乌支行在发展普惠金融特别是支持“三农”事业发展方面将更加专业化、系统化。

30日 市政协副主席姚勇率督查组到寻乌，就贯彻落实《中共赣州市委关于进一步加强政协工作充分发挥政协协商民主重要作用的若干意见》情况进行督查。

31日 寻乌与桂林拓达机电工程有限公司举行年产3000套电气自动化控制系统及配套制造项目签约仪式。

同日 由赣州市委宣传部联合市委讲师团、市扶贫和移民办发起的“我的脱贫故事”百姓宣讲团到文峰乡作巡回宣讲报告会。

9月

7—9日 江西省农业函授大学在寻乌举办为期三天的柑橘主导产业升级培训班。省农函大副校长闵琪，副县长辜青青出席开班仪式。全县各乡镇的种植大户、果农共160余人参加培训。

9日 召开2017年教师节表彰暨义务教育均衡发展迎国检工作推进会。

9—11日 省委常委、市委书记李炳军到寻乌实地调研脱贫攻坚、生态文明建设和旅游产业发展等工作。

12—15日 开展为期四天的秋季柑橘木虱飞机防治作业。飞防作业以澄江镇、吉潭镇为中心，覆盖罗珊乡、项山乡的果园核心区（果园集中连片区），总防治面积约12.5万亩。2个飞机临时起降点分别位于澄江镇谢屋村牛坪岽和吉潭镇镇政府门坪。作业时间为每天早上7:00至下午7:00。

15日　由国家体育总局篮球运动管理中心、中国篮球协会主办，江西省篮球协会、寻乌县人民政府承办的2017年李宁全国青年女子篮球联赛（江西寻乌赛区）闭幕。比赛历时5天，有广东、广西、湖北、山西和黑龙江5支省级青年女子篮球队参加。湖北队、广东队、广西队分获前三名。

同日　寻乌市民彭某某前往广州市中山大学附属第三医院就医，并从该院直接使用社保卡即时结算医疗费。是寻乌首例跨省异地就医住院医疗费用直接刷卡结算的案例，标志着寻乌率先在全市实现参保人员跨省异地就医直接结算。

19日　市委农工部副调研员李光健率督查组到寻乌督查新农村建设、交通沿线村点建筑立面整治提升、农村生活垃圾专项治理等工作。

25日　全县卫生健康暨医改及计划生育工作推进会召开。

28日　召开全县森林防火工作会议，总结2016—2017年度工作，安排部署2017—2018年度工作。

29日　赣州市副市长高世文率督查组到寻乌县督查开放型经济工作，就前三季度开放型经济工作开展专项督查。

同日　召开农民专业合作社联合社成立大会。会议审议并通过《寻乌县农民专业合作社联合社章程（草案）》，经会员代表表决通过理事、监事、秘书长等人选。

30日　第四个国家烈士纪念日。在县革命烈士纪念馆举行公祭活动。

10月

14日　省检察院党组书记、检察长刘铁流到寻乌调研公益诉讼、司法改革等工作落实情况，并召开座谈会。

14—22日　中国国际电视台《旅游指南》栏目组到寻乌拍摄旅游专题片《珠江溯源》。

23日　召开2017年国家重点生态功能区县域生态环境质量考核自查工作会。

同日　市“六大攻坚战”和生态环保等工作综合督查组到寻乌督查相关工作。

26日　省食品药品监督管理局副巡视员黄富强到寻乌调研食品药品安全监管工作。

28日　东莞市江西宁都商会会长、东莞市中启教育科技服务有限公司董事长刘建国率东莞市江西宁都商会回赣投资考察代表团一行到寻乌考察投资环境，寻求合作商机。

28日　中央电视台7套军事·农业频道《每日农经》栏目组来寻乌采访拍摄猕猴桃产业种植发展情况。

28日　江西省寻亲DNA数据库正式上线。

11月

1日　省水利厅副厅长蔡勇到寻乌调研水利扶贫工作。

3日　南昌海关党组副书记、政治部主任辛建民率全省海关处级领导干部到寻乌开展“不忘初心，牢记使命”主题学习教育活动。

5日　学习贯彻中共十九大精神中央宣讲团在江西南昌举行报告会。中央宣讲团成员，国务院法制办党组书记、副主任袁曙宏作宣讲报告。

同日　根据赣州市果业局对全市赣南脐橙采样检测结果以及市气象部门短期气候预测等因素的综合分析，确定该日为2017年赣南脐橙最早采摘时间。

6日　14时22分寻乌境内（北纬24.80°，东经115.62°）发生3.0级地震，震源深度6千米，距离县城17千米。无人员伤亡和房屋倒塌报告。

同日　召开全县文明城市创建第一次工作调度暨迎接2017年度省、市科学发展（公共文明指数测评、移风易俗）考核工作任务交办会。

8日　中国环境科学研究院生态保护中心主任张惠远到寻乌调研山水林田湖草生态保护修复试点工作。

9日　江西汉诺斯压缩机科技有限公司、江西荣霸机械有限公司、江西力玛机电科技有限公司、江西东磊精密铸造有限公司等4家企业在石排工业园区举行项目集中开工仪式。

13日　召开部署迎接2017年国家重点生态功能区县域生态环境质量考核现场核查、省级生态县验收暨省环境保护综合督查工作调度会。

16日　县残疾人康复体育训练中心揭牌成立。

19日　上海银科公益基金会在寻乌中学举办"红色助学"放款活动，资助贫困学子27名，发放助学金72000元。

19—20日　省环保厅监测处处长李莹率考核组到寻乌县，就国家重点生态功能区县域生态环境质量开展现场核查工作。

20日　全省市厅级主要领导干部学习贯彻中共十九大精神专题研讨班在南昌开班。

21日　中国电子商务协会副秘书长、工信部信息中心企业网络安全促进委员会副主任、商务部农村电商专家、农业部农业电商专家李建华一行到寻乌举办电子商务进农村、推进农特产品上市专题讲座。

同日　中央电视台7套军事·农业频道《每日农经》栏目播出《寻乌黄心猕猴桃一般大》，介绍寻乌猕猴桃产业种植发展情况及突出特点。

22—23日　国家统计局服务业统计司副司长刘富江到寻乌调研，就营商环境调查指标体系和调查方案征求地方各相关部门的意见建议。

23日　召开三标乡"两个半村"移民搬迁工作调度会。副县长王晓东通报近期工作情况并部署下一步工作。

24日　省政协党组副书记、副主席蔡晓明率省政协民主监督组到寻乌开展专题民主监督并调研扶贫专项资金使用情况。

同日　省国土资源厅应急中心总工程师彭金星率专家组一行到寻乌，就石排废弃稀土矿山地质环境示范工程第一、三期工程进行抽查和绩效评价。

25日　国家水利部长江委副主任杨谦率督导组到寻乌督导检查全面推行河长制工作。

27日　以中国疾病预防控制中心改水中心主任陶勇为组长的水利部督导检查组到寻乌，督导检查农村饮水安全巩固提升工程工作。

30日　国家统计局城市司司长赵茂宏到寻乌调研对口支援和精准扶贫工作。

12月

1—3日　广州广一集团、广州威林精密铸造有限公司、广州钜源泵业、东莞大正机电设备有限公司等企业负责人到寻乌考察。

4—5日　全市领导干部学习贯彻中共十九大精神专题研讨班在赣州举办，省委常委、市委书记李炳军作辅导报告。

5—6日　副省长吴晓军一行到寻乌县调研脱贫攻坚工作。

7日　由红军后代组成的赣州市"红军后代宣讲团"到寻乌中学开展中共十九大精神巡回宣讲进校园活动。

12日　召开全县低质低效林改造工作暨县城规划区山体复绿工程会，总结2016—2017年度低质低效林改造工作，部署2017—2018年度低质低效林改造工作暨县城规划区山体复绿工程建设等林业重点工作。

16日　电视连续剧《毛泽东寻乌调查》新闻发布会在毛泽东寻乌调查纪念馆举行。新华社、中央电视台、江西日报、中国江西网、赣南日报、赣州广播视台、客家新闻网、县内媒体，以及相关单位参加发布会。

同日 在浙江省杭州市萧山瓜沥文体中心体育馆举行的2017赛法斗世界锦标赛决赛中，寻乌籍运动员袁鹏代表中国参赛取得冠军，是中国男子选手首次夺得世界赛法斗锦标赛冠军。

18—22日 央视财经频道《生财有道》栏目摄制组到寻乌采访拍摄电商精准扶贫主题专题节目。

20日 赣州市政府原副市长、市“六大攻坚战”指挥部办公室负责人刘建萍一行到寻乌开展全市“六大攻坚战”流动现场会踩点工作。

21日 省苏区办副主任、市振兴办主任薛强率调研组到寻乌就赣南苏区振兴发展工作开展实地调研。

同日 召开全县深化医药卫生体制改革、健康扶贫、人感染H7N9禽流感疫情防控等工作调度会。

25日 召开全县村（社区）“两委”换届选举工作会议。部署全县村（社区）党组织和第十届村（居）民委员会选举工作。

同日 寻乌县百香果协会成立。协会成立仪式结束后，举行百香果生产种植技术、产业现状及发展对策等技术讲座。

26日 市人大常委会副主任郑世飘到寻乌督导湘水河长制暨重点旅游项目工作情况。

28—29日 省委常委、市委书记李炳军，市委副书记、市政府市长曾文明一行到寻乌调研深度贫困村，并召开座谈会。会议的主题是学习贯彻习近平总书记重要指示，弘扬唯实求真精神，大兴调查研究之风，深入推进脱贫攻坚，实现高质量脱贫。

寻乌县概览

自　然

【位　置】 寻乌位于江西省南部，赣州市东南端，闽、赣、粤三省交界，北纬24°30′40″—25°12′10″、东经115°21′22″—115°54′25″之间。东毗福建武平县、广东平远县，南邻广东兴宁、龙川县，西连安远、定南县，北接会昌县。县境南北长78千米，东西宽61千米，面积2351.55平方千米。距赣州市政府驻地章贡区117千米，距省会南昌市413千米。

【沿　革】 明朝万历四年（1576）前，寻乌属安远县。万历四年析安远黄乡、双桥、南桥、八富、腰古、项山、劳田、滋溪、石痕、寻邬、大墩、桂岭、水源、三标、石溪15堡建县，取长宁久安之义，定名长宁县，择石溪堡的马蹄岗为县治所在地，属赣州府辖。民国3年（1914）冬，废州府为道，属赣南道领辖。是年，因避四川省同名的长宁县，县名改为寻邬。民国17年（1928），寻邬县属赣粤革命根据地之一。民国19年（1930）5月，成立县苏维埃政府，属江西省苏维埃政府管辖。民国20年（1931）合并为蕉（广东省蕉岭县）平（广东省平远县）寻（寻邬）县，属闽粤赣苏区特支东江西北分委。民国21年（1932），复称寻邬县，属江西省管辖。民国22年（1933）9月，属粤赣省。民国23年（1934）2月，寻邬、安远合并为寻安县，属粤赣省。民国23年（1934）9月，寻邬、会昌、安远合并为会寻安县，直属中央苏维埃政府办事处。同年底，复回寻邬县。民国21年（1932），国民政府把江西划分为13个行政区，寻邬属第十三行政区。民国24年（1935），寻邬属第四行政区。冬，原属安远的雁门堡（今罗珊乡），划归寻邬县管辖。

1949年8月27日，寻邬解放，成立寻邬县人民政府，属宁都分区。1952年9月6日，撤销宁都分区，并入赣州专署。1954年5月25日，撤销赣州专员公署，成立赣南行政公署，寻邬属之。1957年，经国务院批准，县名“寻邬”改为“寻乌”。1964年5月15日，撤销赣南行政公署，恢复赣州专员公署，寻乌隶之。1971年1月，改称赣州地区，寻乌隶之。

1999年7月1日，赣州撤地设市，寻乌隶属赣州市。

【区　划】 2017年，寻乌县辖长宁镇、吉潭镇、澄江镇、南桥镇、留车镇、晨光镇、桂竹帽镇7个镇和文峰乡、三标乡、水源乡、罗珊乡、项山乡、丹溪乡、龙廷乡、菖蒲乡8个乡。全县共有179个村民（居）委员会（其中少数民族村2个）、2092个村民小组、100个居民小组。县人民政府驻长宁镇。

【人　口】 2017年末，全县总户数95392户、330601人，其中女性156931人。非农人口66695

人、少数民族人口3898人。全县有170余个姓氏。县内人口以汉族为主，少数民族有16个，其中畲族人口占少数民族人口的95%以上。

【地 形】 寻乌地势呈东北、西北与东南高，向西南倾斜，地形似撮箕状。中山、低山、丘陵、岗地呈阶梯状分布，以山地丘陵为主，沿河两岸呈狭小谷地。从东到西大致分为武夷山、基隆峰两个隆起带和南部红层盆地上午沉降带。

境内海拔标高500—1000米，相对标高200—500米。最低标高南部斗晏西河谷，海拔180米。最高标高东部项山甑，主峰海拔1529.8米。县城河床海拔272米。山间谷地占总面积的2.38%，岗地占总面积的7.68%，丘陵占总面积的14.3%，山地占总面积的75.62%。

【山川及河流】 寻乌地处南岭东西向复杂构造带中，东南连武夷山余脉，西北接九连山支脉。境内重峦叠嶂，大小山峰耸立，是典型的山区县。海拔400米以上的山峰有908座，其中1000米以上的山峰有30座。有大小河流547条（其中集雨面积10平方千米以上的73条），河道总长1901.71千米，河网密度为0.82千米/平方千米，水域达25.48平方千米，占全县总面积的1.12%。流域水系有东江水系、贡江水系和韩江水系，较大的河流有寻乌河、晨光河（水金河）、罗塘河。其中阿髻钵山为东江水系的源头。

【矿产资源】 已发现的矿种有钨、锡、钼、铜、铅、锌、稀土、铌钽、铁、钴、金、煤、泥炭、石灰石、石材、磷、钾、石膏、黏土、水晶、硫铁矿、矿泉水、铀等。其中稀土金属是县内的主要矿产资源，矿床规模大、品位高、埋藏浅，潜在资源储量大于100万吨，有矿区矿化点111处。

【旅游资源】 主要旅游景点有寻乌调查旧址、青龙岩、云盖崠、仙羊岩、仙华堂、万安石、周田围屋、斗晏水库、椏髻钵山、项山甑、麟石背温泉、河角温泉、石崆寨等。

【动物资源】 有国家一级保护动物有云豹、豹、黑麂、蟒蛇，二级保护动物有黑冠鹃隼、黑鸢、苍鹰、赤腹鹰、游隼、燕隼、褐翅鸦鹃、草鸮、雕鸮、斑头鸺、白鹇、猕猴、穿山甲、豺、小灵猫、斑灵猫、金猫、水鹿、苏门羚、斑羚、虎纹蛙。省级保护动物有鸬鹚、中华鹧鸪等35种。

【植物资源】 有国家一级树种南方红豆杉、银杏，二级树种有观光木、半枫荷、花榈木、榉树、苦梓、香樟、杜仲、闽南、红豆树、黄连等，三级树种有金手狗、八角莲、马蹄香、草珊瑚、金豆、巴戟天、柳杉、华南栲、天竹桂、沉水樟、楠木、伞花木、海南石梓、银钟树、江南油杉、凹叶厚朴、宝花玉兰、红花木莲、紫茎、银鹃树、红楝子、长苞铁杉。属江西珍贵、稀有、濒危树种有三尖杉、青钩栲、伯乐树、紫树、金豆等。

【土地资源】 土地总面积235155公顷。其中：耕地面积13931.67公顷，占5.9%；林业用地面积191994.1公顷，占83.1%；水域面积3149.87公顷，占1.36%。

【气 候】 2017年全县年平均气温比2016年略高，全年降水量比2016年偏少，年日照时数比2016年偏多。年平均气温为20.0℃，比历年平均值（19.1℃）高0.9℃，比2016年平均值（19.9℃）高0.1℃。年内最高气温为37.4℃，出现在7月29日、9月27日，比2016年最高气温（36.9℃）高0.5℃。最低气温为零下0.5℃，出现在12月21日，比2016年最低气温（零下3.4℃）高2.9℃。

年总降水量1561.50毫米，比1981—2010年平均值（1605.7毫米）少44.2毫米，比2016年平均值（2646.0毫米）少1084.5毫米。各月降水量分布相对均匀，全年有明显强降水过程。降水主要集中在3—8月，占全年降水量的86.67%，其他各月降水量与历年相比分布相对均匀。雨量时间上分布1—3月297.9毫米，4—6月779.1毫米，7—9月雨量385.0毫米，10—12月雨量

99.5毫米。全年共出现8次暴雨日，其中1次大暴雨日，出现在7月31日。暴雨蓝色预警11次、暴雨黄色预警3次。其中5月15日，全县普降大到暴雨，局部大暴雨；6月1—4日，出现连续性暴雨，部分大暴雨、强降水天气；6月12—16日，出现连续性暴雨，部分大暴雨、强降水天气。年内任意1小时最大降水量43.6毫米，出现在6月3日；任意24小时最大降水量为138.6毫米，出现在7月31日。雷暴日70天，雷暴初日出现在3月7日，终日出现在10月4日。无霜期310天，比2016年（311天）少1天。

全年日照时数为1778.9小时，比历年平均值（1667.2小时）多111.7小时，比2016年平均值（1435小时）多343.9小时。年日照百分率为40%，比2016年（32%）多8%。最大风速为7.7米/秒，出现在7月6日，风向东南，比2016年（西南偏南风，4.6米/秒）快3.1米/秒；极大风速为13.8米/秒，出现在8月21日，风向北，比2016年（西北偏北风8.7米/秒）快5.1米/秒。

经济和社会发展状况

【概　况】 2017年，全县实现地区生产总值（GDP）708160万元，比上年增长9.3%。其中，第一产业增加值212126万元，增长5.2%；第二产业增加值212917万元，增长9.2%；第三产业增加值283117万元，增长12.1%。第一产业增加值占地区生产总值的比重为30.0%，第二产业增加值比重为30.1%，第三产业增加值比重为39.9%。非公有制经济实现增加值339752万元，增长8.2%，占GDP比重为48.0%。全年人均地区生产总值23966元，比上年增长13.3%。

2017年，全县户籍总人口330601人，比上年末增加87人。全年出生人口6853人，出生率为20.7‰；死亡人口5372人，死亡率为16.3‰；自然增长率为4.4‰。年末常住人口296234人，常住人口城镇化率为42.68%，比上年末提高1.64个百分点。户籍人口城镇化率为20.17%，比上年末提高2.11个百分点。

2017年年末人口数及其构成

表1

指　标	年末数（人）	比重（%）
全县总人口	330601	100.0
城镇	66695	20.2
乡村	263906	79.8
男性	173670	52.5
女性	156931	47.5

全年财政总收入80008万元，比上年增长16.6%，其中，一般公共预算收入48851万元，

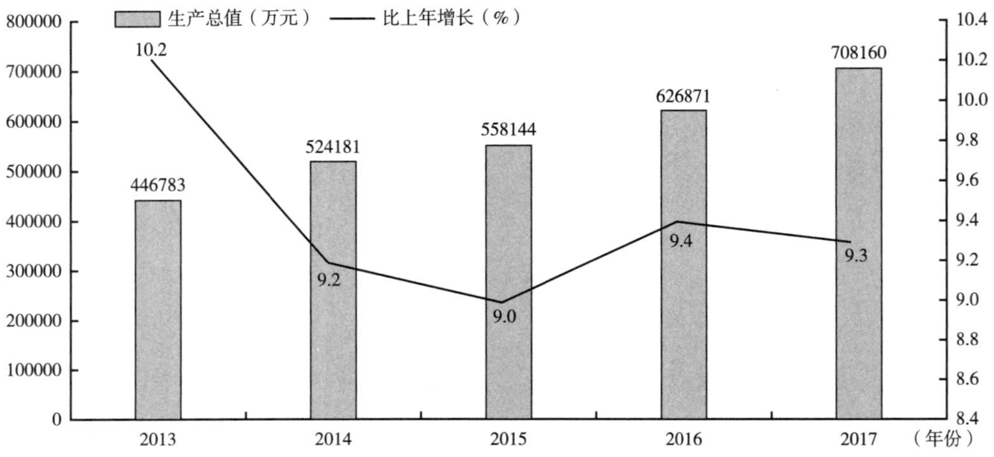

图1　2013—2017年生产总值及其增长速度

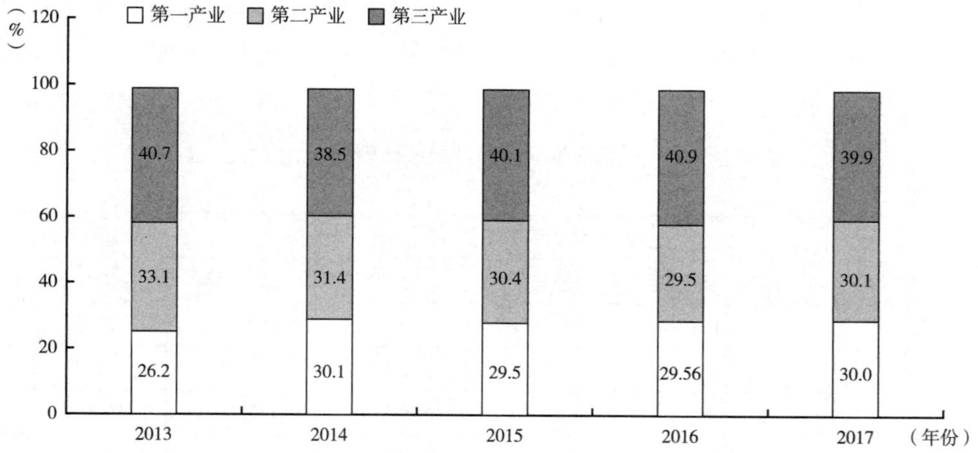

图2　2013—2017年生产总值及其增长速度

比上年增加599万元，增长1.2%。财政总收入占GDP的比重达11.3%，比上年提高0.4个百分点。全年各项税收收入76364万元，增加22107万元，增长40.7%。一般公共预算支出261000万元，增长8.7%，其中民生类支出124440万元，增长13.9%，占一般公共预算支出的比重达47.7%，比上年提高2.2个百分点。

【农　业】 全年粮食种植面积347744亩，比上年增加19276亩。其中，稻谷种植面积318588亩，比上年增加15119亩；玉米种植面积7853亩，比上年增加428亩。豆类种植面积10997亩，比上年增加1014亩。薯类种植面积10306亩，比上年增加2715亩。油料种植面积12418亩，比上年增加23亩。蔬菜种植面积47486亩，比上年增加2109亩。瓜果类种植面积8963亩，比上年增加1302亩。年末果园面积296886亩，比上年减少35522亩，其中脐橙167611亩，比上年减少15302亩。实有茶园面积2379亩，比上年增加939亩。

全年粮食产量120586吨，比上年增加7944吨，比上年增长6.59%。其中，早稻产量52649吨，比上年增长2.7%；中稻及一晚产量9023吨，比上年增长5.06%；二季晚稻产量52230吨，比上年增长2.32%。全年谷物产量115667吨，比上年增产6.07%。其中，稻谷产量107033吨，比上年增长6.03；玉米产量1765吨，比上年增长8.33%。油料产量2426吨，比上年增长0.25%。蔬菜产量62606吨，比上年增长8.77%。瓜果类

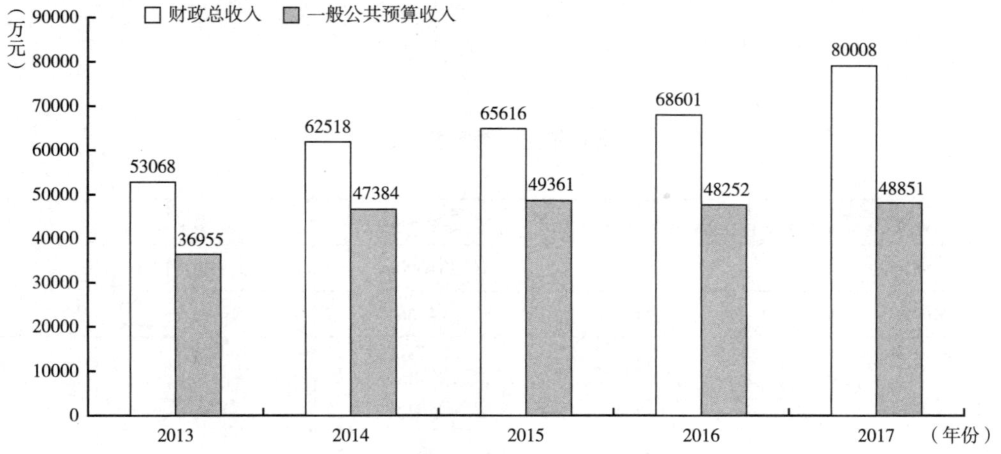

图3　2013—2017年财政总收入、一般公共预算收入

产量12282吨，比上年增长15.27%。水果总产量328543吨，比上年增长2.02%，其中，脐橙总产量238585吨，比上年增长6.57%。茶叶总产量115吨，比上年增长26.09%。

农作物面积和产量统计表

表2

	播种面积（亩）			产量（吨）		
	2017年	2016年	±%	2017年	2016年	±%
总计	416791	394211	5.42	197946	182652	7.73
一、粮食作物	347744	328468	5.54	120586	112642	6.59
（一）谷物	32641	310894	-852.5	115667	108651	6.07
1. 稻谷	318588	303469	4.75	113902	107033	6.03
（1）早稻	150260	139272	7.31	52649	47447	9.88
（2）中稻及一晚	25900	23891	7.76	9023	8566	5.06
（3）二季晚稻	142428	140306	1.49	52230	51020	2.32
2. 玉米	7853	7425	5.45	1765	1618	8.33
（二）豆类（大豆）	10997	9983	9.22	2653	2381	10.25
（三）薯类	10306	7591	26.34	2266	1610	28.95
二、油料（花生）	12418	12395	0.19	2426	2420	0.25
三、烟叶（烤烟）	210	310	-47.62	46	69	-50.00
四、蔬菜（含菜用瓜）	47486	45377	4.44	62606	57114	8.77
五、瓜果类	8963	7661	14.53	12282	10407	15.27

全年肉类总产量28883吨，比上年增长1.18%。其中，猪肉产量19620吨，比上年增长0.87%；牛肉产量2265吨，比上年增长3.75%；羊肉产量364吨，比上年下降9.89%；兔肉产量515吨，比上年下降33.98%；禽肉产量6069吨，比上年增长4.08%。禽蛋产量14466吨，比上年增长1.84%。蜂蜜产量180吨，比上年增长44.44%。生猪、牛、羊分别出栏231000头、16890头、18200头，分别比上年增长0.82%、下降0.83%、增长3.41%。兔、家禽分别出栏32.9万只、42885百羽，分别比上年增长3.34%、18.39%。年末生猪存栏13.96万头，比上年增长1.13%。全年水产品产量9375吨，比上年增长4.43%。其中，养殖水产品产量9150吨，比上年增长4.45%；捕捞水产品产量225吨，比上年增长3.69%。

畜牧业生产情况统计表

表3

	单位	2017年	2016年	±%
一、生猪出栏	头	231000	229110	0.82
二、禽蛋产量	吨	14466	14200	1.84
三、蜂蜜产量	吨	180	100	44.44
四、肉类总产	吨	28883	28541.2	1.18
1. 猪肉	吨	19620	19450	0.87

续表 3

	单位	2017 年	2016 年	± %
2. 牛肉	吨	2265	2180	3.75
3. 羊肉	吨	364	400	-9.89
4. 兔肉	吨	515	690	-33.98
5. 禽肉	吨	6069	5821.2	4.08
五、生猪存栏	头	139578	138000	1.13

【工业和建筑业】 全年全部工业增加值 19.25 亿元，比上年增长 9.3%，其中规模以上工业增加值增长 10.2%。规模以上工业企业实现总产值 57.38 亿元，比上年增长 18.1%；实现主营业务收入 56.62 亿元，比上年增长 16.9%；实现利税总额 9.07 亿元，比上年增长 4.9%；实现利润 6.70 亿元，比上年增长 23.1%。

全县规模以上工业企业主要产品产量有升有降。其中，发电量 20905 万度，比上年下降 27.3%；水泥 31.57 万吨，比上年下降 6.1%；商品混凝土 28.25 万立方米，比上年增长 1.6%；纸制品 4.155 万吨，比上年增长 5.9%；齿轮 1462 吨，比上年下降 1.7%；砖 11850 万块，比上年增长 1.0%。

全年全社会建筑业增加值 20445 万元，比上年增长 8.6%。全县具有资质等级的总承包和专业承包建筑业企业 6 家，其中新增 3 家，分别为赣州市创亿建设工程有限公司、江西水源建设有限公司、寻乌兴达公路工程有限公司；实现生产总值 79106 万元，比上年增长 39.0%。

【固定资产投资】 全年 500 万元以上固定资产投资 48.96 亿元，比上年增长 14.8%。分产业看，第一产业投资 0.61 亿元，比上年增长 165.2%；第二产业投资 18.98 亿元，比上年增长 29.0%；第三产业投资 29.36 亿元，比上年增长 6.0%。全年完成基础设施投资 24.83 亿元，比上年增长 10.2%，占固定资产投资的比重为 50.7%。民间固定资产投资 26.65 亿元，比上年增长 6.1%，占固定资产投资的比重为 54.4%。

全年房地产开发投资 58030 亿元，比上年下降 35.5%。全年商品房施工面积 19.35 万平方米，比上年增加 2.92 万平方米。商品住宅销售面积 58.38 万平方米，比上年增加 2.17 万平方米。商品房销售额 24.58 亿元，比上年增加 1.45 亿元。

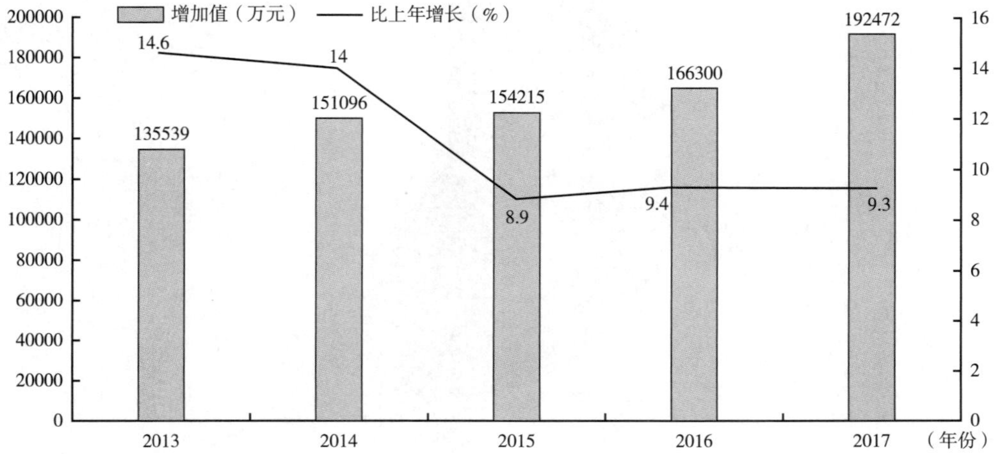

图 4　2013—2017 年工业增加值及其增长速度

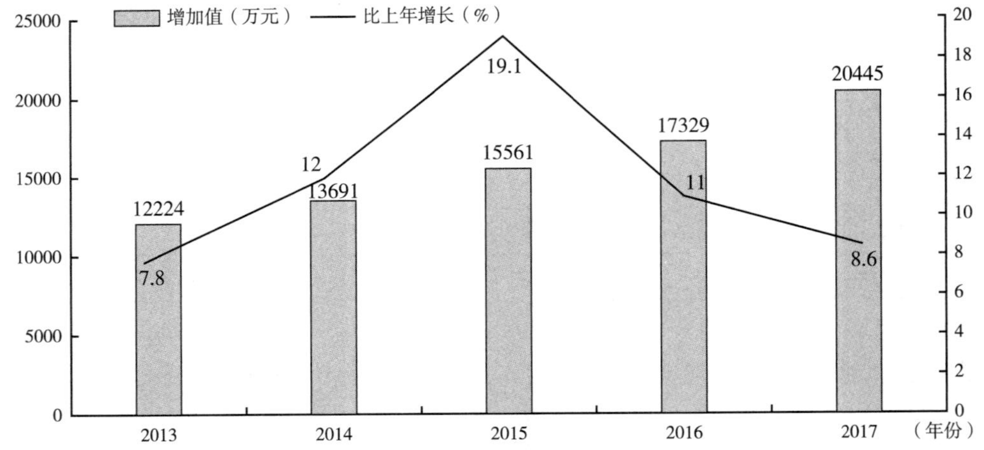

图5　2013—2017 年建筑业增加值及其增长速度

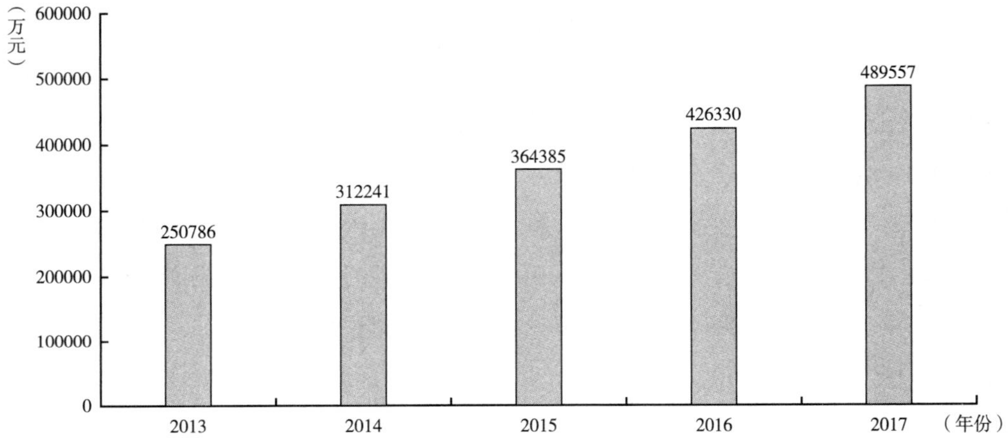

图6　2013—2017 年固定资产投资

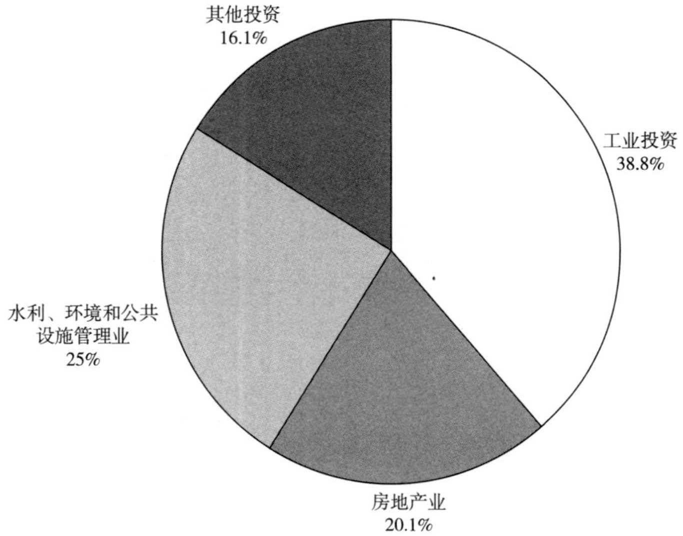

图7　2017 年固定资产投资占比情况

2017 年分行业固定资产投资及其增长速度一览表

表 4

指标名称	本年合计（万元）	增长速度（%）
一、固定资产投资完成额	489557	14.8
第一产业	6100	165.2
第二产业	189838	29
第三产业	293619	6
# 房地产开发	58030	–35.9
6、按国民经济行业分		
（一）农、林、牧、渔业	13133	64.2
（二）采矿业		
（三）制造业	95489	50.4
（四）电力、热力、燃气及水生产和供应业	94349	12.8
（六）批发和零售业	16484	371.5
（七）交通运输、仓储和邮政业	31880	–35.7
（十一）房地产业	98237	–15.5
（十四）水利、环境和公共设施管理业	122461	32.9
（十六）教育	8160	48.6
（十七）卫生和社会工作	4377	67.1
（十八）文化、体育和娱乐业	2027	50.6
（十九）公共管理、社会保障和社会组织	2960	

【国内贸易】 全年社会消费品零售总额 21.73 亿元，比上年增长 11.6%。按经营地统计，城镇消费品零售额 15.70 亿元，比上年增长 12.3%；乡村消费品零售额 6.03 亿元，比上年增长 9.7%。按消费类型统计，商品零售额 19.93 亿元，比上年增长 11.4%；餐饮收入额 1.80 亿元，比上年增长 14.0%。

2017 年年末个体户达 14524 户，比上年末增加 739 户，增长 5.4%；私营企业 3073 户，比上年末增加 537 户，增长 21.2%；个体户从业人员达 34811 人，比上年年末增加 1850 人，增长 5.6%，私营企业 36802 人，比上年年末增加 7751 人，增长 26.7%；个体户注册资本达 156228 万元，比上年年末增加 19205 万元，增长 14.0%，私营企业 887248 万元，比上年年末增加 275798 万元，增长 45.1%。

【对外经济】 全年进出口总额 5340 万美元，比上年增长 16.6%。其中出口 5339 万美元，比上年增长 16.6%，增幅居全市第 6 位。

全年引进省外资金（5000 万以上项目）20.12 亿元，比上年增长 11.3%，其中，亿元以上项目资金 19.38 亿元，比上年增长 19.0%。实际利用外资 2430 万美元，比上年增长 10.0%。

【交通、邮电和旅游】 全年交通运输、仓储及邮政业增加值 46562 万元，比上年增长 6.1%。全年公路货物运输总量 345 万吨，比上年增长 0.58%。公路货物运输周转量 62602 万吨千米，比上年增长 5.5%。全年公路旅客运输总量 243 万人，比上年增长 1.25%。旅客运输周转量 315495 万人千米，比上年增长 4.25%。全县通车里程数达 2548 千米，

2017 年房地产开发和销售情况及其增长速度一览表

表 5

指　标	单　位	绝对数	比上年增长（%）
房地产开发投资	万元	58030	–35.5
房屋施工面积	平方米	193452	37.1
新开工面积	平方米	131200	13.2
商品房销售面积	平方米	583778	4.0
现房销售面积	平方米	583778	4.0
商品房销售额	万元	245784	6.0
现房平均销售价格	元	4957	15.9

图 8　2013—2017 年社会消费品零售总额

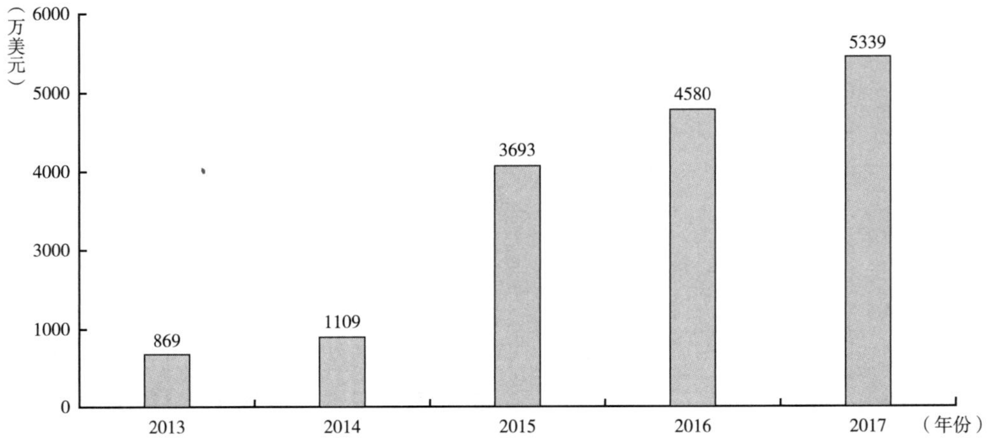

图 9　2013-2017 年出口总量

比上年增长 2.7%，其中，水泥路面 1288 千米，比上年增长 21.8%；柏油路面 201 千米，比上年增长 106.8%（高速公路 129.2 千米，增长 4%）。

年末全县汽车拥有量 20523 辆，比上年年末增长 12.1%，年末摩托车拥有量 63997 辆，比上年增长 8.8%。

全年完成邮政业务总量 3071 万元，比上年增长 47.4%。邮政业全年完成平信业务 18.38 万件，快递业务量 667683 件，快递业务收入 561 万元。

全年完成电信业务总量 4224 万元，比上年增长 7%。年末固定电话装机数 30102 部，比上年下降 0.1%；年末手机装机数 47820 部，比上年末增长 31.4%。

2017 年公路货运、客运情况及其增长速度一览表

表 6

指　标	单　位	绝对数	比上年增长（%）
货物运输总量	万吨	345	0.58
货物运输周转量	万吨千米	62602	5.5
旅客运输总量	万人次	243	1.25
旅客运输周转量	万人千米	15495	4.25

全年县内游客72.995万人次，比上年增长40.2%，旅游收入29694万元，比上年增长41.3%。

【金 融】 年末金融机构人民币存款余额116.84亿元，比年初增加18.20亿元。金融机构人民币贷款余额70.67亿元，比年初增加14.66亿元。其中，短期贷款余额34.58亿元，比年初增加4.02亿元；中长期贷款余额35.23亿元，比年初增加10.58亿元。

2017年年末全部金融机构人民币存贷款余额及其增长速度一览表

表7

指 标	年末数（万元）	比上年末增长（%）
各项存款	1168366	18.45
其中：单位存款	498288	15.28
个人存款	648413	19.60
#储蓄存款	644020	19.50
各项贷款	706703	26.18
其中：短期贷款	345763	13.17
中长期贷款	352296	42.89

说明：#表示其中

全年保险公司保费收入13976万元，比上年下降30.1%。其中，寿险业务保费收入4609万元，财产险业务保费收入9367万元。支付各类赔款及给付8081万元。其中，寿险业务给付1680万元，财产险业务赔款3401万元。

【人民生活和社会保障】 全年城镇居民人均可支配收入24068元，比上年增长9.3%；农村居民人均可支配收入9424元，比上年增长11.6%。城镇居民人均消费支出13097元，比上年增长10.3%；农村居民人均消费支出7676元，比上年增长12.2%。全县居民恩格尔系数为39.0%，比上年下降3.9个百分点。

年末，全县城镇职工养老保险参保人数（含离退休人员）达36363人，比上年年末增加1988人。参加城乡居民基本养老保险143189人，比上年年末增加9467人。参加城镇基本医疗保险324231人，比上年年末增加1000人。其中，参加职工基本医疗保险17188人，比上年年末增加152人；参加城镇居民基本医疗保险307043人，比上年年末增加500人。年末参加失业保险10700人，比上年年末增加135人。年末全县领

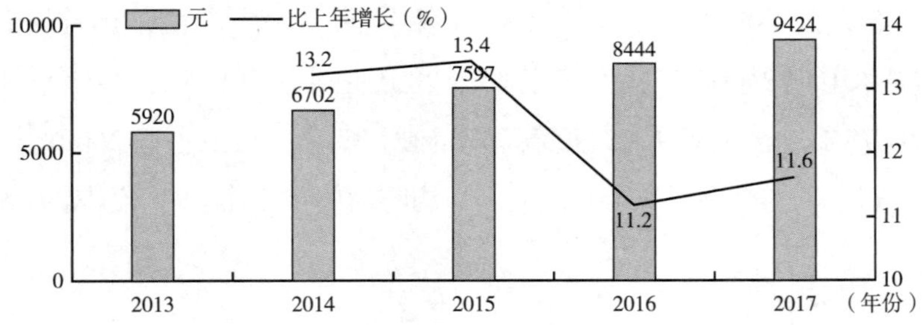

图10 2013—2017年农村居民人均可支配收入及其增长速度

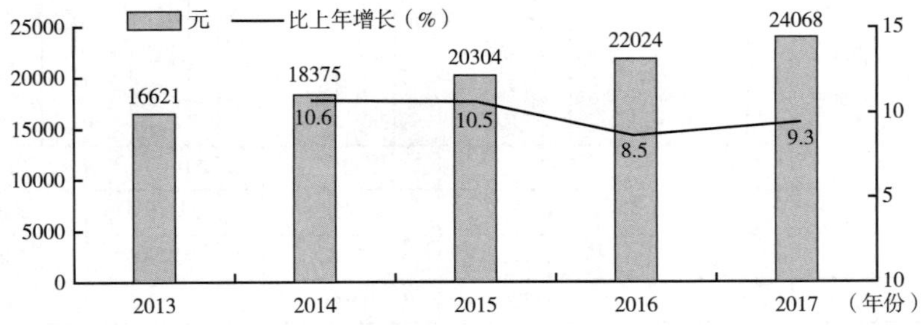

图11 2013—2017年城镇居民人均可支配收入及其增长速度

取失业保险金225人。年末参加生育保险10144人，比上年年末增加100人。年末全县享受城市居民最低生活保障2052人，享受农村居民最低生活保障16744人，享受农村特困人员救助供养1036人。按照年人均2300元（2010年不变价）的农村贫困标准计算，2017年年末农村贫困人口11079人，比上年年末减少13961人。

【教育、科学技术、文化、体育】 全年中等职业教育在校生233人，比上年增加108人；普通高中在校生8126人，比上年增加266人；初中在校生12465人，比上年增加280人；普通小学在校生24816人，比上年减少410人；特殊教育在校生23人，比上年增加5人。学前教育在园幼儿11462人。中小学专任教师3080人，比上年增加28人，幼儿园教师732人，比上年增加107人。小学、初中入学率均为100%，学前教育三年毛入学率为88%。

全年研究与试验发展（R&D）经费支出12314元，比上年增长63.8%，与国内生产总值之比为1.74%。全年受理专利496件，授予专利权156件。年末有效专利749件，其中有效发明专利1件，每万人口发明专利拥有量0.03件。

年末，全县文化系统共有艺术表演团体1个，博物馆（纪念馆）1个，公共图书馆1个，文化馆1个。有线电视实际用户24000户。年末广播节目人口覆盖率为99.78%，电视节目人口覆盖率为100%。

年末，全县已批复综合文化服务中心建设项目146个，占全县184个村（居）的80%；其中，菖蒲、龙廷两个乡申报并批复的项目已经覆盖所有的行政村，达到了100%，南桥和文峰申报并批复的项目分别只占行政村的55.6%和64.7%。

2017年体育事业较快发展。在赣州市青少年散打搏击冠军赛中，取得了2金3银4铜的好成绩，并被授予发展散打搏击事业优秀贡献奖。在赣州市第二届花样跳绳（交互绳）公开赛暨第四届上海国际交互绳大奖赛中获得三等奖。在2017年赣州市锦标赛比赛中，寻乌县获得团体总分第三名。其中，篮球项目第五名；足球项目第七名；田径项目取得第二名1个、第四名3个、第五名2个、第六名2个、第七名2个、第八名2个；游泳项目取得第一名3个、第二名4个、第三名4个、第四名2个、第五名1个、第六名2个、第八名1个。

【卫生和社会服务】 年末全县共有医疗卫生机构334个，其中二级综合医院、二级中医院、二级妇幼保健院、皮肤病防治所（皮肤病医院）、疾病预防控制中心、卫生监督所、计划生育服务站各1个，乡镇卫生院16个，民营医院2个，社区卫生服务中心（站）6个，门诊部1个，个体诊所37个，村卫生室260个，医务室4个，结核病防治门诊1个。年末卫生技术人员1108人，其

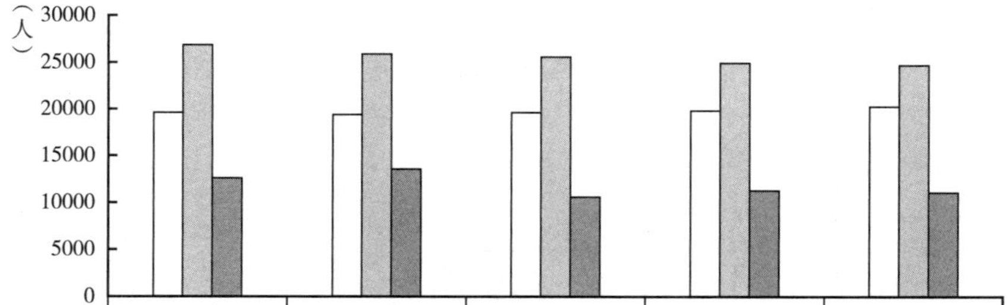

	2013年	2014年	2015年	2016年	2017年
□普通中学（人）	19964	19612	19961	20045	20591
▩小学（人）	27028	26112	25882	25226	24816
■幼儿园（人）	12943	13826	10985	11733	11462

图12　2013—2017年各类学校在校生人数

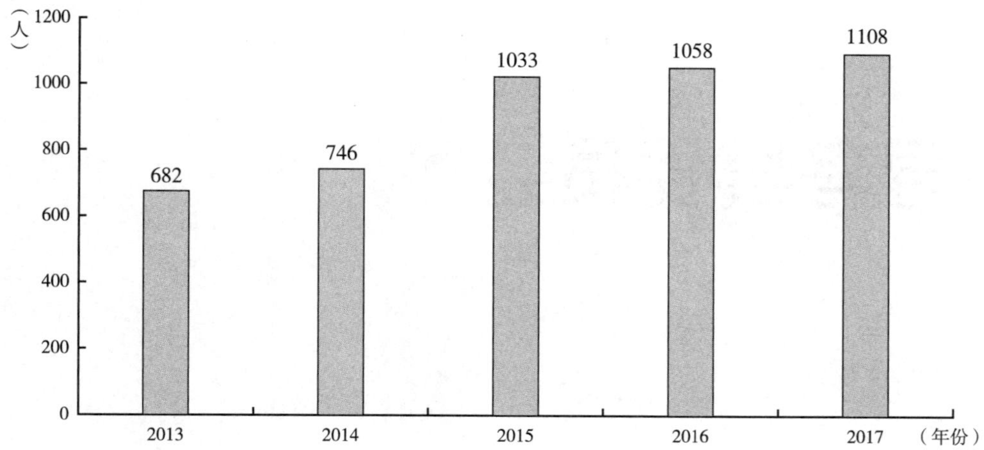

图 13　2013—2017 年卫生技术人员人数

中，执业医师和执业助理医师 317 人，注册护士 445 人。医疗卫生机构床位 1134 张，其中，医院 590 张，乡镇卫生院 398 张，民营医院 86 张，社区卫生服务中心 60 张。全年总诊疗人次 1181951 人次，出院人数 36816 人。

【资源、环境和安全生产】 全年水资源总量 21.46 亿立方米。全年平均降水量 1461.2 毫米。全年总用水量 1.48 亿立方米，比上年增长 35.8%。其中，生活用水 0.36 亿立方米，工业用水 0.055 亿立方米，农业用水 0.955 亿立方米，生态补水 0.11 亿立方米。万元国内生产总值用水量 218 万立方米，比上年下降 15.5%。万元工业增加值用水量 31.8 万立方米，下降 38.8%。

全年完成造林面积 1000 公顷，其中人工造林面积 1000 公顷，占全部造林面积的 100%。森林抚育面积 7667 公顷，新增封山育林面积 667 公顷。新增水土流失治理面积 118.24 千公顷。

初步核算，全年能源消费总量 58.80 万吨标准煤，比上年增长 2.42%，其中电力消费量 42518.6175 万千瓦时，比上年下降 19.46%。全县万元国内生产总值能耗下降 6.28%。

全年平均气温为 20.0℃，比历年平均水平升高 0.9℃，比上年上升 0.1℃。共有影响全县暴雨的 2 个台风登陆。

全年寻乌县共发生各类事故 2564 起，死亡 33 人。其中：道路交通事故 2561 起，比上年增加 158 起，死亡 30 人，比上年减少 2 人；建筑施工行业事故 2 起，死亡 2 人；工矿商贸行业事故 1 起，死亡 1 人；其他行业（领域）未发生死亡事故。

中共寻乌县委员会

综　述

【概　况】2017年，在中央、省委和市委的坚强领导下，中共寻乌县委团结带领全县广大党员和干部群众，深入学习贯彻中共十九大精神和习近平新时代中国特色社会主义思想，以“七大攻坚”（脱贫攻坚、现代农业攻坚、工业攻坚、现代服务业攻坚、新型城镇化攻坚、基础设施攻坚、生态建设攻坚，以下简称“七大攻坚”）为主抓手，负重拼搏，全力打好“五个翻身仗”，以强烈的使命担当和奋发进取的精神状态，解决了一批长期想解决而没有解决的难题，办成了一批过去想办而没有办成的大事，寻乌振兴发展迈出坚实步伐。全县完成财政总收入8亿元，同比增长16.6%，一般公共预算收入4.89亿元，同比增长1.2%；实现生产总值70.82亿元，同比增长9.3%；固定资产投资48.96亿元，同比增长14.8%；社会消费品零售总额21.7亿元，增长11.6%；农村居民人均可支配收入9424元，增长11.6%；城镇居民人均可支配收入24068元，增长9.3%。寻乌县连续三年被省委、省政府评为“科学发展综合考核评价先进县”。

重要会议

【县委十五届全体会议】 县委十五届三次全体（扩大）会议，1月23日召开。会议书面传达全省农村工作会议暨新农村建设现场推进会精神、全市经济工作会议暨“六大攻坚”（脱贫攻坚、现代农业攻坚、工业攻坚、现代服务业攻坚、新型城镇化攻坚、基础设施攻坚，以下简称“六大攻坚”）工作总结部署会议精神，讨论通过《中共寻乌县委常委会2016年工作报告（审议稿）》。县“七大攻坚”各领导小组组长（或常务副组长）围绕2016年工作开展情况及存在问题、2017年工作思路作发言。

县委十五届四次全体（扩大）会议。8月11日召开。会议书面传达省委十四届三次全体（扩大）会议、市委五届三次全体（扩大）会议精神，书面通报《2017年上半年县委常委会抓党建工作情况的报告》《2017年1–6月“七大攻坚”项目实施推进情况通报》；审议通过《关于深入贯彻习近平总书记扶贫开发战略思想以脱贫攻坚统揽经济社会发展全局的意见》《关于贯彻落实〈国家生态文明试验区（江西）实施方案〉的意见》；表决通过《中共寻乌县委全会工作规则（试行）》；总结上半年工作，并部署下半年工作。

【县委常委会议】 十五届县委常委会第13次会议。1月18日召开。会议书面传达学习中共江西省委常委会工作规则；传达学习全省党校工作会议精神、全省宣传部长会议精神、全市经济工作会议暨“六大攻坚”工作总结部署会议精神、全省住房城乡建设工作会议精神以及省委常委、市委书记李炳军在全市城市工作会议上的讲话，研究贯彻落实意见；书面通报省、市领导对原省委常委、省纪委书记周泽民《寻乌县五个村脱贫调查》的批示；讨论关于寻乌县2017年“七大攻坚”项目计划、2017年寻乌县“七大攻坚”重中之重项目、2017年寻乌县脱贫攻坚工作思路、寻乌县“两违”整治工作问责暂行办法、寻乌县2016年国民经济和社会发展主要指标完成情况及2017年主要经济指标安排建议、关于明确各乡（镇）党委负责统一战线工作的委员的请示、中共寻乌县委常委会领导班子对照检查材料及其他事项。

十五届县委常委会第14次会议。1月22日召开。会议讨论审议《中共寻乌县委常委会2016年工作报告（讨论稿）》。

十五届县委常委会第15次会议。1月25日召开。会议传达学习十八届中央纪委七次全会、省纪委十四届二次全会、市纪委五届二次全会精神；组织观看中共中央组织部摄制的警示教育片《警钟——辽宁拉票贿选案警示录》；讨论《中共寻乌县委关于省委第四巡视组巡视反馈意见整改情况的报告》《中共寻乌县第十五届纪律检查委员会第二次全体会议上的报告（讨论稿）》、县委主要领导在县纪委十五届二次全会上的讲话；听取县城管局“三集中、三到位”整改工作验收情况的汇报。

十五届县委常委会第16次会议。2月3日召开。会议研究召开县“两会”相关事宜；讨论《寻乌县人民政府工作报告》《寻乌县人大常委会工作报告》《政协寻乌县常务委员会工作报告》《寻乌县人民法院工作报告》《寻乌县人民检察院工作报告》等讨论稿；传达学习全市特色小镇建设工作布置会精神，研究贯彻落实意见。

十五届县委常委会第17次会议。2月17日召开。会议传达学习中华全国供销合作总社党组书记、理事会主任王侠到寻乌调研时所作的指示精神，研究落实省委常委、市委书记李炳军到寻乌调研交办事项及分工安排；传达学习全省工业和信息化工作座谈会议精神、2017年全市棚户区改造工作会议精神、省第十七次检察工作会议精神，研究贯彻落实意见；讨论通过2016年目标管理考核结果、2016年度全县优秀科级正职领导干部、优秀科级副职领导干部和优秀干部职工评选情况、中共寻乌县委2017年工作要点；研究布置全县重点工作。

十五届县委常委会第18次会议。3月10日召开。会议书面传达全省工业崛起奖励表彰暨深化降成本优环境专项行动大会会议精神，研究贯彻落实意见；传达学习原省委常委、省纪委书记周泽民指示精神，省委常委、市委书记李炳军在宁都、于都调研座谈会上的讲话精神，全市农业农村重点工作座谈会精神，省、市科协2017年度工作会议精神，中央、省、市政法工作会议精神，2017年全国、全省和全市组织部长会议精神，全市宣传部长会议精神，第一轮巡察工作动员部署会议精神，研究贯彻落实意见；讨论关于重新修订寻乌县重大决策社会稳定风险评估实施办法。

十五届县委常委会第19次会议。3月24日召开。讨论关于寻乌县党外知识分子联谊会第三届理事会领导班子建议人选的请示、关于寻乌县归国华侨联合会第六届常务委员会成员建议人选的请示、寻乌县全面推进“乡风文明行动”工作方案、寻乌县“城乡环境整治年”活动实施方案、关于进一步加强乡（镇）统计站规范建设实施方案、寻乌县人大常委会2017年工作要点、关于召开乡（镇）人民代表大会会议的请示、关于对公共基础设施PPP项目派驻项目公司人员的意见、中宣部党员干部“三个基地”建设工作方案、寻乌县信访工作责任追究办法（试行）、国开行基础设施建设贷款资金分配方案；传达学习全省统计工作会议精神；通报七起履行脱贫攻坚责任不力问题的调查情况；布置全县重点工作。

十五届县委常委会第20次会议。5月4日召开。会议书面传达学习习近平总书记关于安全生产重要指示精神和《中共中央国务院关于推进安全生产领域改革发展的意见》，关于深入贯彻中央八项规定精神进一步改进作风的若干意见、关于落实党政主要负责人履行推进法治建设第一责任人职责规定的实施办法、江西省法治政府建设考核评价办法、关于赴广东省学习考察和招商引资情况的通报；传达学习市生态文明建设领导小组会议暨市级总河长会议精神、致全市各县（市、区）委书记、县（市、区）长的一封信，研究贯彻落实意见；讨论关于寻乌县生态环境损害责任追究实施办法（试行）、寻乌县美丽乡村建设项目贷款的请示、关于县财政局等单位机构编制事项的请示；研究审议脱贫攻坚相关议题；研究有关人员违纪问题相关事项。

十五届县委常委会第21次会议。5月8日召开。会议传达学习全省第三期县域义务教育均衡发展专项研修班主要精神、全市民族宗教会议精神、全市农村环境整治工作现场推进会议精神，研究贯彻落实意见；讨论关于调整财政扶持政策的，关于“六单一网”（权力清单、责任清单、行政事业收费清单、前置审批事项清单、行政审批中介服务事项清单、公共服务事项清单、江西政务服务网寻乌分厅）建设工作检查情况汇报，关于职业教育学校项目建设有关事宜；研究有关人员违纪问题相关事项。

十五届县委常委会第22次会议。5月16日召开。会议讨论关于寻乌县农村公路建设“三年行动计划”实施方案、关于支持县城规划区内村集体发展集体经济的若干意见（试行）的请示、寻乌县国开行基础设施建设贷款资金项目申报情况；研究对相关人员违纪问题进行立案的请示及其他事项。

十五届县委常委会第23次会议。6月23日召开。会议书面传达学习中共中央宣传部副部长孙志军在《江西省寻乌县关于贯彻落实刘奇葆在寻乌调研期间重要指示精神有关情况的报告》上的重要批示精神、李炳军在2017年5月22日《人民日报》上的署名文章《将讲政治落实到每一个工作细节》《江西省贯彻〈中共共产党问责条例〉实施办法》《省纪委〈关于骆开提、徐爱文等同志违反中央八项规定精神问题的通报〉》《赣州市人民政府〈关于对三起工作落实不力典型问题的通报〉》、原省委常委、省纪委书记周泽民和省委常委、省委宣传部部长赵力平对寻乌脱贫攻坚工作的指示精神、《中共中央〈关于祁连山国家级自然保护区生态环境问题督查处理情况及其教训的通报〉》；讨论《关于调整“七大攻坚”部分项目责任县领导的报告》《对“七大攻坚”部分项目进行优化的请示》《关于调整基础设施建设攻坚牵头单位的请示》《寻乌县2017年度目标管理综合考评方案》。

十五届县委常委会第24次会议。6月27日召开。会议讨论关于全县清理收缴党费的使用工作方案、寻乌县推进“两学一做”学习教育常态化制度化实施方案，关于“七一”表彰“一先双优”有关事宜、调整县级领导班子分工及县领导挂点联系乡镇事项。

十五届县委常委会第25次会议。7月28日召开。会议书面学习《中共中央关于修改〈中国共产党巡视工作条例〉的决定》、省委十四届三次全会精神；书面通报2017年二季度税收收入情况分析；传达学习全国扶贫领域监督执纪问责电视电话会议精神、习近平总书记在深度贫困地区脱贫攻坚座谈会上的讲话；通报全市“六大攻坚战”第二季度督查组到寻乌督查反馈情况、2017年上半年“七大攻坚”项目实施推进督查情况；讨论关于寻乌县创建赣州市文明城市实施方案及其他事项。

十五届县委常委会第26次会议。8月10日召开。会议讨论关于2017年上半年县委常委会抓党建工作情况的报告、关于深入贯彻习近平总书记扶贫开发战略思想以脱贫攻坚统揽经济社会发展全局的意见、关于贯彻落实国家生态文明试验区（江西）实施方案的意见、中共寻乌县委全会工作规则（试行）；通过寻乌县2017年从全县事业单位工作人员中公开选拔乡镇副科级领导干部人选工作方案。

十五届县委常委会第27次会议。8月15日召开。会议传达学习关于进一步做好当前信访工作为中共十九大胜利召开营造和谐稳定社会环境的通知；讨论关于寻乌县从事业单位科级领导干部中竞争性择优调任科级干部竞职演说和量化考察方案（讨论稿）、关于竞争性选拔县法院副院长和科级干部的实施方案及其他事项。

十五届县委常委会第28次会议。8月30日召开。会议传达贯彻中宣部常务副部长黄坤明在寻乌调研期间交办的具体事项；学习贯彻省委常委、宣传部长赵力平在寻乌县脱贫攻坚推进会上的讲话精神；传达全省农村精神文明建设经验交流暨移风易俗工作推进会精神、全市开放型经济工作2017年“双过半”推进会议精神，研究贯彻落实意见；讨论关于2017年寻乌县专项扶贫实施主体单位精准扶贫工作考评方案、寻乌县2017年乡（镇）、县直（驻县）单位履行教育职责考评办法、寻乌县2017年度柑橘产业升级发展实施方案（试行）及其他事项。

十五届县委常委会第29次会议。9月11日召开。会议传达省委常委、市委书记李炳军在寻乌调研期间的重要讲话精神，对其具体交办事项进行研究落实；传达学习关于严明换届考察期间有关纪律要求的通知；讨论关于寻乌县中小学教师第一届名师评选结果、关于完善学校基本办学条件加快推进义务教育均衡发展攻坚行动方案、关于加快市级特色小镇创建工作有关问题的请示及其他事项。

十五届县委常委会第30次会议。9月30日召开。会议传达学习巡视工作相关文件、关于纵深推进赣南等原中央苏区振兴发展实现与全国同步全面小康的意见、关于深入推进脱贫攻坚工作的意见、全市党建工作会议主要精神，研究贯彻落实意见；通报第二十三次全省法院工作会议精神，讨论关于寻乌县深化文化扶贫工作的意见、寻乌县农村集体“三资”（即资金、资产、资源）管理办法及其他事项。

十五届县委常委会第31次会议。11月3日召开。会议传达学习中共十九大精神及全省、全市领导干部会议精神、全省县乡人大工作和建设经验交流会议精神；书面通报2017年科学发展综合考核评价有关情况、全省工业现场推进及安全生产工作会议精神、全市扶贫领域监督执纪问责工作座谈会精神；讨论关于实行农村环境治理工作县委、县政府领导包片责任制的通知、寻乌县脱贫攻坚重点工作责任分工表等；部署全县重点工作。

十五届县委常委会第32次会议。11月22日召开。会议传达学习全市学习宣传贯彻中共十九大精神主题部署会议精神，全国、全省、全市推开国家监察体制改革试点工作动员部署会议精神、全省城市生态修复城市修补工作现场推进会主要精神，研究贯彻落实意见；讨论关于东江源田园综合体建设方案、寻乌县山水林田湖草生态保护修复项目实施方案、寻乌县县乡两级残联换届选举工作实施方案、关于召开共青团寻乌县第二十一次代表大会有关事项的请示、关于做好省十三届人大代表初步人选推荐工作的请示、推荐江西省第十二届政协委员初步人员；研究人事安排问题。

十五届县委常委会第33次会议。12月12日召开。会议讨论关于2018年脱贫摘帽计划安排、关于将寻乌县列入2018年脱贫退出滚动计划的请示、寻乌县2018年脱贫攻坚行动计划、关于进一步完善脱贫攻坚组织体系的意见、关于进一步加强帮扶力量压实攻坚责任的意见；传达并研究省政协党组副书记、副主席蔡晓明到寻乌调研期间交办事项贯彻落实意见；研究县级党政班子成员分工进行部分调整及其他事项。

十五届县委常委会第34次会议。12月21日召开。会议传达学习习近平总书记关于进一步纠正“四风”、加强作风建设重要批示精神，全市村（社区）“两委”换届选举工作会议主要精神，研究贯彻落实意见；讨论关于增补县政协第十三届委员会委员、常委的请示；研究人事安排工作及其他事项。

【县委常委会（扩大）会议】 9月12日召开。会议传达学习省委常委、市委书记李炳军9月10日在寻乌调研期间的重要讲话精神，通报有关违纪问题的查处情况，部署贯彻落实中央八项规定精神有关事项。

【脱贫摘帽誓师大会】 12月13日召开。会议传达全市脱贫攻坚推进会会议精神，通报脱贫攻坚有关问题问责情况，布置相关工作；扶贫工作领导小组四个工作组相关负责人、乡镇党委书记代表、专项扶贫牵头单位代表作表态发言；扶贫工作领导小组四个工作组，各乡镇、单位以及专项扶贫工作牵头单位递交责任状。

主要活动

【中央媒体到寻乌采访活动】 1月18日—20日，新华社、中央电视台、人民日报等中央主要媒体记者到寻乌，深入项山乡卢屋村、南桥镇南龙村等地，采访文明新风培育、环境卫生治理、村容村貌打造等工作。

【举行2017年“七大攻坚”项目集中开工活动】 2月—5月，每月举行全县2017年“七大攻坚”项目集中开工仪式，总投资合计69.15亿元。

【举行“总理脐橙款”无偿捐赠给中国农业博物馆仪式活动】 3月31日，举行“总理脐橙款”无偿捐赠给中国农业博物馆仪式，长利果业有限公司董事长陈忠欧把李克强总理从北京捎来的100元脐橙款无偿捐赠给中国农业博物馆。

【召开“七大攻坚”流动现场会暨举行项目集中开工活动】 4月28日，召开“七大攻坚”流动现场会暨举行项目集中开工仪式。组织与会人员参观南桥镇蔬菜主题文化园、洛锡高效能电机生产、新东大道提升改造等项目建设现场，详细介绍各项目规划设计、建设进展、经验做法等情况。现场会后，在环城西路改造工程现场举行项目集中开工仪式。此次集中开工项目总投资达14.63亿元，涉及工业、新型城镇化、现代服务业、生态、恒源科技二期、环城西路改造、东江源温泉养生小镇及生态公园旅游开发、东江源国家湿地公园等9个项目。

【开展“南下招商”百日会战活动】 从6月起，围绕“七大攻坚”和“主攻工业、三年翻番”决策部署，采取“走出去”与“请进来”相结合的方式，利用100天时间，开展“南下招商”百日会战活动。重点围绕机电机械产业，在“珠三角”“长三角”和海西经济区等发达地区开展点题招商。

【央视“心连心”艺术团慰问演出活动】 为庆祝中国人民解放军建军90周年，7月6日，以“强军战旗红”为主题的中央电视台“心连心”艺术团分会场演出在寻乌调查纪念馆举行。演出实况于8月1日在中央电视台综合频道、综艺频道黄金时段播出。

【中国人权发展基金会帮扶活动】 8月5日至6日，中国人权发展基金会项目办主任贾蕙霞率中国人权发展基金会玉芳教育基金专家，到寻乌开展教学培训、走访慰问等帮扶活动。来自北京、杭州、广东等地的10位玉芳教育基金专家在寻乌二中开展教学培训，分别开设中小学英语、数学骨干教师、骨干班主任、心理健康教育辅导教师等专项培训班，为寻乌600余名教育工作者送上宝贵的教学经验。培训结束后，徽煲集团向寻乌县捐赠价值50余万元的办公用品。

【举行电视剧《毛泽东寻乌调查》新闻发布会】 12月16日，重大革命历史题材大型电视连续剧《毛泽东寻乌调查》新闻发布会在寻乌调查纪念馆举行。该剧以1929年至1930年间红军转战赣南闽西创建革命根据地为背景，紧紧围绕毛泽东为寻找中国革命的正确道路，深入开展调查研究这一主线，全景式展现毛泽东在寻乌开展调查研究和指导中国革命的历史画面。

【大型赣南采茶戏《寻路》首演活动】 12月26日，大型赣南采茶戏《寻路》在县文化艺术中心首演，并进行专家评审。《寻路》采取赣南采茶戏的形式和以寻乌山歌为创作元素的音乐风格，以毛泽东寻乌调查为历史背景，在当时苏维埃政权如何正确对待城市商业策略引发的矛盾中展开剧情，讲述普通的共产党人如何以深入唯实的作风投身革命进程，以真实而富有表现力的人物关系、戏剧冲突，诠释“寻乌调查”以及“没有调查，没有发言权”的精神内涵。

重大决策

【县委巡察工作】 3月15日，印发《中共寻乌县委巡察工作规划（2016—2021年）》。《规划》要求牢固树立政治意识、大局意识、核心意识、看齐意识，把纪律执行情况作为巡察重点，践行“四种形态”，把纪律挺在前面，坚决维护党的领导核心和党中央权威，保障政令畅通，把党内监督的触角延伸到基层，打通全面从严治党“最后一千米”。计划2021年县乡领导班子换届前，每年从巡察工作“人才库”中抽调人员组建若干巡察组，开展不少于2批次的巡察。根据年度巡察工作计划，完成对巡察对象的全覆盖，采取“1+N”（1个巡察组对多个被巡察对象）的模式开展巡察。

【信访工作】 4月6日，印发《寻乌县信访工作责任追究办法（试行）》。明确责任追究内容和追究方式，落实信访工作责任，预防和减少信访问题发生，推动信访问题及时就地解决，促进社会和谐稳定。

【党建工作】 5月23日，印发《关于加强和改进机关党建工作的实施意见》。《意见》包含三方面十三条，涵盖机关党建职能、党内政治生活、党组织规范管理、党员教育、党风廉政建设等方面内容。

【政协工作】 6月20日，印发《关于进一步加强政协工作充分发挥政协协商民主重要作用的意见》。规范政协协商民主工作，加强政协民主监督、委员队伍建设和管理，改善党对人民政协的领导，发挥人民政协在发展协商民主中的重要作用。

【以脱贫攻坚统揽经济社会发展全局】 8月17日，印发《关于深入贯彻习近平总书记扶贫开发战略思想以脱贫攻坚统揽经济社会发展全局的意见》。学习贯彻习近平扶贫开发重要战略思想，做到深学、细照、笃行；以落实脱贫举措带动经济社会发展全局、以有效机制保障全面打赢脱贫攻坚战。坚持脱贫攻坚与改善农村面貌协同推进，坚持脱贫攻坚与促进持续增收有机结合，坚持脱贫攻坚与提升公共服务有效衔接，坚持脱贫攻坚与完善保障体系深度融合。

【国家生态文明试验区（江西）工作】 8月26日，印发《关于深入贯彻落实〈国家生态文明试验区（江西）实施方案〉的意见》。全面落实党中央、国务院关于生态文明建设的总体部署，特别是习近平总书记关于“奋力打造美丽中国‘江西样板’”的重要指示，贯彻省委十四届三次全体（扩大）会议、市委五届三次全体（扩大）会议精神，主动承担国家生态文明试验区建设的重大政治责任，聚焦生态文明创建，努力打造生态文明寻乌。

【深化医药卫生体制改革工作】 9月13日，印发《关于进一步深化医药卫生体制改革实施方案》。坚持正确的卫生与健康工作方针，促健康、转模式、强基层、重保障，实现发展方式由以治病为中心向以健康为中心转变，防止“因病致贫、因病返贫”，提高人民健康水平。

【农垦改革发展工作】 12月30日，印发《关于进一步推进寻乌县农垦改革发展的实施方案》。贯彻落实中共十九大精神，围绕中央、省、市有关农垦改革发展的决策部署，坚持问题导向，解决农垦管理体制不顺、资源利用不足、产业发展不强等问题，推进体制理顺、资源资产整合、产业优化升级，到2020年，建成一批稳定可靠的水果、蔬菜、茶叶、毛竹、油茶、水稻、养蜂等绿色生态农产品生产加工基地，形成较为完备的现代农业产业体系、生产体系和经营体系。

（刘建莹　陈荣华　刘　蔚）

县委办公室

【概　况】 年内，上报舆情450条，采用舆情信息157条。向中办、省办、市办上报各类信息135条（篇），其中，省办采用4条（篇），市办采用10条（篇）。开展综合性专项督查20多项，重点工作督查35次，调查办结领导批示97件，办理省市“民声通道”转办件6件，办结率100%。开展调研20余次。撰写主要领导讲话稿92篇，各类汇报材料110余篇。做好办文、办会、办事。办理上级来文1453件，“OA”系统上传明电61份、密电49份。

【机构队伍】 县委办公室内设秘书科、综合科、行政科、信息科，县委督查室为县委办公室内设副科级行政单位；县委办公室下属事业单位有县电子政务内网管理办公室（县密码通信管理中心）、党务公开网站管理办，县委台湾工作办公室、县委机要局、县国家保密局、县委政策研究室、县委深化改革领导小组办公室为县委办合署办公机构，县委办公室管理的单位有县委县人民政府信访局、县委县政府接待办公室、县机关事务管理局。共有编制37名，其中行政编制24名、工勤编制3名、事业编制10名，年末在岗26人。

【文秘工作】 承办县委全委扩大会、全县三级干部总结表彰暨七大攻坚动员部署大会、全县脱贫攻坚工作会议等109次。办理上级密件140件，按上级文件要求做好办公室密级文件的清退、归档工作。办理上级来文470余件、本县请示件97件、群众来访件261件，印发《中共寻乌县委常委会工作规则》《关于加强和改进机关党建工作的实施意见》等文件384件。

【督查工作】 围绕“七大攻坚”首要任务及一号工程等重要事项，深入各乡镇、各项目建设点开展现场督查20余次，并形成督查汇报。督办办结县委主要领导批示97件、交办事项238件，督办办结中央、省市领导交办事项63件。发放点对点督办函65份，办理省市“民声通道”转办件6件，人民网留言5件，办结率100%。

【信息工作】 全年舆情信息被市委办信息室采用157条，处理反馈市委办信息室《舆情抄告单》16期。编撰《今日寻乌汇要》249期,《半月要情汇报》24期，获得省、市领导批示5条，完成省、市信息工作任务。

【保密工作】 落实党政领导保密工作责任，签订保密责任书和保密承诺书；完善保密管理制度。加强保密宣传教育。加强涉密人员管理。更新涉密人员动态电子台账。开展保密自查自评督查，防止窃密泄密事件的发生。抓好高、中考保密检查工作，杜绝试卷失泄密事件的发生。对各大网站进行保密情况搜索和检查，防止互联网上发表和传输敏感信息和涉密文件。

【密码工作】 年内，收发电报1498份，实现全年通讯畅通，安全无事故，完成国家贫困县密码通信保障能力提升工程。落实省、市关于建设电子政务内网要求，实现电子政务内网省、市、县三级联通。

【政策研究工作】 开展脱贫攻坚、扶贫项目工程质量监管、扩权强镇、“空心房”整治、农村老人独居土坯房、光伏产业发展等专题调研，撰写调研报告8篇。其中，总结上报的“空心房”整治、农村老人独居土坯房等经验做法得到市委领导充分肯定。

【深化改革工作】 落实改革事项55项，出台改革文件80余个。其中，大湖水库项目成为江西省唯一入选国家发改委第二批43个PPP项目的典型案例，寻乌被国家工商总局批准为“国家级出口食品农产品（脐橙、蜜橘）质量安全示范区”。

【对台工作】 年内，走访台企4次，协调解决各类问题6个；受理台胞台属来信来访3批7人次，均给予及时回复；走访困难台属8户12人次；征求台胞、台属对经济发展的意见和建议9条。

【党务公开网】 党务公开网全年发布各类信息3651条，其中，县本级资讯1773条，上级动态1487条，公开县委文件63个，其他328条；加强与县手机报、县电视台、微博、微信、客户端等多种媒介互动传播，及时发布通知、公告、信息等。

（陈荣华　刘　蔚）

组织工作

【概　况】 县委组织部内设办公室、干部科、干部监督科、组织科、人才科、电教中心、“三送”信息与服务中心，合署办公单位有县委组织员办公室（以下简称“县委组织员办”）、县委农村基层组织建设办公室（以下简称“县委村建办”）、县委非公有制经济组织和社会组织工作委员会（以下简称“非公工委”），归口管理单位有县委老干部局、县直属机关工作委员会（以下简称“县直工委”）。共有编制20名，其中行政编制13名、事业编制7名。年末在职人员17人。全县15个乡（镇）党委（除罗珊乡外），均配备组织委员（副科级）。在全县年度综合考评中，被评为“绩效考核综合先进单位”“脱贫攻坚先进单位”“社会治安综合治理”和“平安建设工作先进单位”“招商引资先进单位”。

【干部工作】 2017年，选派91名科级后备干部在一线挂职锻炼。其中，担任村第一书记53名，参与征地拆迁31名，信访维稳、驻外招商、“七大攻坚”等中心工作7名。调整科级干部7批209人次。其中，提拔51人，重用7人，交流40人，转任非领导职务1人，兼职7人，挂职5人，免职、免兼职和调离免职64人，机构更名重新任职34人。在科级干部调整中，提拔重用脱贫攻坚表现突出的村第一书记8人、帮扶干部34人，征地拆迁干部10人，服务重点企业优秀干部1人。择优调任3名优秀事业编制科级领导干部进入公务员队伍，公开选拔15名优秀事业单位工作人员进入乡（镇）领导干部队伍；通过竞争上岗对县公安局副政委等2个科级领导职位进行择优竞职；通过公推公选对县委政研室副主任等11个科级领导岗位进行择优竞职，4名干部成功竞职。新招录公务员10名，其中公安局8名、森林公安局2名。完成13名正科级领导干部、40名副科级领导干部、79名科级非领导职务干部的超职数配备干部整改消化任务。

【人才工作】 制定出台《寻乌县支持机电机械产业发展人才集聚政策19条》，在户籍迁转、住房优惠、人才津贴、医疗保障、子女就读、职称评定、税收返还、科研平台建设、校企合作等方面给予专业型技能型人才、机电机械企业、职业学校、培训中介等机构相应的扶持和奖励。从县内学校遴选5名具有较强科学研究和创新潜能的拔尖人才进行为期3年跟踪培养，培养期内每人每年给予2万元科研课题项目经费补助。为全县

422名高层次人才颁发“寻乌县人才证”，持证人才每月享受300元的高层次人才津贴。引进高校毕业生260人，其中，自主招聘县以下事业单位人员107人，“三支一扶”大学生17人，大学生村官7人，教师及卫技人员110人，面试合格聘用的硕士研究生19人。

年内，有7家企业与北京理工大学、江西农业大学、江西理工大学等科研院校建立校企合作关系，设立博士服务站2个，柔性引进高层次人才71人。对口支援的中央、国家机关选派4名优秀干部到寻乌挂职，江西农业大学安排1名高层次人才到寻乌挂职。与广东省江西寻乌商会签订协议，在寻乌规划园区用地面积3200亩，总投资20亿元，共同兴建返乡创业创新园，签约落户11家企业。定向委托培养实用人才，向赣南师范大学、赣南医学院、江西水利职业学院、江西环境工程学院选派30名委培师范生、15名委培农林水专业人才、5名委培医学人才，进行定向委托培养，解决人才紧缺难引进问题。选派和组织教师参加“国培计划”、省、市级教师培训166人次，选派25名优秀教师到发达地区学习考察，邀请“玉芳教育基金”专家对600名乡村教师进行培训。组织132名卫生技术人才到上级医院脱产培训1年。实施“一村一名大学生工程”。完成2017年农大招生35名、远程教育45名招生培养任务。采取“集训”和“送课下乡”等形式，培训农民1073人。

【基层组织建设】 建立基层党组织599个。其中，党（工）委25个，党总支33个，基层党支部541个。全县共有党员10596人，其中：农村党员5722人，占54%；女党员1883人，占17.8%；45岁以下党员3544人，占33.4%；大专及本科学历党员3644人，占34.4%；研究生学历党员80人、占0.76%。建立乡（镇）党委书记和县直有关单位抓农村基层党建工作“两个责任清单”，约谈落实党建责任不力的党组织书记和副书记4名、组织委员5名。

“七一”期间，表彰15名优秀村第一书记，对14起履行脱贫攻坚责任不力问题进行通报，提醒、警示、诫勉谈话19人。安排1743万元用于基层党建工作，其中：安排337.8万元用于提高村（居）干部工资待遇报酬、208.8万元用于村第一书记和驻村工作队员生活补助、173万元用于解决村第一书记每年1万元的工作经费。抓好16个县级“党建+扶贫”示范点建设。制定出台《发展壮大村级集体经济实施意见》，融资2.2亿元，在全县184个村（居）安装光伏电站；采取“村集体+公司”“村集体+合作社”等模式，为每个贫困村安排100万元产业扶贫贷款，发展村级集体经济；2017年，全县村（居）集体经济总收入达3304.6万元，同比增长427.2%，全面消除“空壳村”。采取资产划拨、支持新建、无偿使用等方式，解决长宁镇等3个乡（镇）8个居委会办公场所问题，桂竹帽镇桂峰居委会办公场所已建成并投入使用，全面消除党组织活动场所“空白居委会”。安排100万元解决37个村（居）危旧狭小村级组织活动场所维修改造。以“一村一策、一村一队”的办法，解决18个软弱涣散村党组织实现转化提升。成功承办全市第18次机关党建工作交流暨2017年度机关党建理论研讨会在寻乌召开。

【“两学一做”学习教育】 以“两学一做”学习教育为基本内容，以党支部为基本单位，以“三会一课”为基本制度，以“3+X”为主要集中学习模式，深入学习中共十九大精神和中共十九大修改后的党章，把学习习近平总书记系列重要讲话精神作为日常学习教育的必修课。开展学习讨论5142次，讲党课2178次，订购红色家书1477本，发表红色诵读6篇。年内，对“三会一课”落实不规范、“两学一做”学习教育开展不正常的98个党支部进行批评教育、限期整改，对健康扶贫领域巡察发现的突出问题进行专项整改，对在机关党建巡察中发现问题较多的14个单位主要负责人进行约谈。

（古　松）

宣传工作

【概　况】 县委宣传部内设秘书科、干部科、理论科、宣传科，归口管理机构有县委报道组（副科级行政机构），合署办公机构有寻乌县文学艺术界联合会（正科级群团组织）、寻乌县哲学社会科学联合会（正科级群团组织）、寻乌县精神文明建设指导委员会办公室，下属全额拨款事业单位有寻乌县互联网信息办公室。核定行政编制13名（含文联、社联、文明办）。年末在职人员10人。县互联网信息办公室配有事业编制9名。年末在职人员8人。全县各乡（镇）党委均配有宣传委员（副科级）。县委宣传部被评为赣州市第九届“文明单位”、全市“宣传信息工作先进单位”，全县“绩效考评综合先进奖第一名”“平安寻乌建设暨社会治安综合治理目标管理先进单位”“全面深化改革工作先进单位”“争项争资工作先进单位”，县委宣传部和县文明办被评为全市“精神文明建设先进集体”。

【理论武装工作】 县委中心组举行15次集中学习研讨，中心发言67人次，撰写心得体会文章540篇，下基层指导联系点879人次。8月4日，邀请市委宣讲团成员、市委党校教务处主任胡宗洪到寻乌作省委常委会（扩大）会议和市委常委会（扩大）会议精神宣讲报告会；9月12日，邀请中国社会科学院马克思主义研究院研究员李建国到寻乌作“学习习近平总书记‘7·26’重要讲话精神”宣讲报告会；11月10日，邀请北京大学哲学博士，中央党校马克思主义学院硕士生导师、教授李宏伟到寻乌举办中共十九大精神宣讲报告会。

【新闻舆论宣传】 邀请《人民日报》、新华社、《经济日报》《光明日报》、中央人民广播电台、中央电视台、中国新闻社、《江西日报》《赣南日报》等中央、省、市主流媒体共23批次、20家媒体百名编辑记者到寻乌，开展集中采访调研和“走转改”等活动。中央各媒体、网站全年共刊发、转载相关稿件1000多篇次，其中《人民日报》在头版头条刊发《大路修进深山里》的报道，实现《人民日报》头版头条零的突破。年内，在《人民日报》上稿12篇，中央电视台播出10条，《光明日报》上稿7篇，《经济日报》上稿6篇，《新华每日电讯》播出2篇，中央人民广播电台播出2条，中国新闻社上稿12条；《江西日报》上稿72篇，江西电视台播出41条，《赣南日报》上稿178篇，赣州电视台播出183条。年内，江西手机报寻乌版实现联通、移动、电信全覆盖，每期发送量突破15万，在县级手机报中居全省前列，影响力指数长期居全省第一。“寻乌宣传”微信公众号在全市政务微信影响力排行榜中靠前，曾两次进入全省县（市、区）政务新媒体影响力排行榜前十名。

邀请《人民日报》、新华社、中央人民广播电台、中央电视台、《经济日报》《光明日报》、人民网、《农民日报》等中央主要媒体记者来寻深入项山乡卢屋村，南桥镇南龙村等地，采访乡风文明等工作，所刊发文章在新华网、人民网、央视网、中央人民广播网、中国经济网、光明网、新浪网、搜狐网等国内各大网站，以及在新华社客户端、《人民日报》社客户端等媒体推送、转载共100多篇，《中央媒体来寻乌县集中采访文明新风培育工作》被评为全省1月正面重大舆情热点；香港回归20周年，央媒及赣粤省媒聚焦东江源头，《新华每日电讯》第2版《守护，一滴清水漂流入港记》，新华视频《一滴东江水漂流入港记》，被央广网、人民网、中国网、环球网、光明网、新浪网、中国青年网、凤凰网、南方网、深圳新闻网、中国江西网、客家新闻网等100多家国内网站转载刊发，被评为全省6月正面重大舆情热点。编报《舆情专报》44期。

【精神文明建设】 出台“1+N”系列文件，安排资金1100万元。查处“黄赌毒”案件123起、处罚449人次。全县184个村（居）建立红白理事会，建设一批文化墙，新建南桥镇南龙村史馆，打造南桥镇南龙村、项山乡卢屋村两个全市乡风文明示范点。寻乌作为先进典型，在全市乡风文明调度会上作交流发言；全市乡风文明调度会在寻乌召开，现场参观南桥镇南龙村示范点。寻乌县在全国农村精神文明建设经验交流会上作书面交流。制定印发《寻乌创建赣州市文明城市实施方案》，成立组织领导机构，明确工作目标和工作职责，启动市级文明城市创建。新增2个全国文明村镇（南桥镇南龙村、古坑村），1个省级文明村镇（南桥镇南龙村），1个省级文明校园（城关小学），6个市级文明村镇（文峰乡、菖蒲乡、留车镇飞龙村、晨光镇岭背村和金龙村、项山乡卢屋村）。截至年底，全县共有全国文明单位2个，全国文明村镇3个；省级文明单位9个，省级文明村镇3个；市级文明单位23个、市级文明村镇13个。创新打造南桥镇南龙村“文明小院”，其经验做法在中宣部《每日要情》刊登。开展“六星”创评，年内，有1人入选“中国好人榜”、1人入选“江西好人榜”、4人入选“赣州好人榜”。截至年底，全县共有5人荣登“中国好人榜”、11人荣登“江西好人榜”、14人荣登“赣州好人榜”；在江西志愿服务网注册志愿者达22113人，总服务时间长达280649小时。东江源志愿者协会入选全国宣传推选学雷锋志愿服务“四个100”先进典型；全县15个乡（镇）均建立乡村学校少年宫。寻乌县荣获2017年赣州市童谣节“优秀组织奖”。

【文化扶贫】 年内，建成村综合文化服务中心100个，在建46个，占全县173个村的84.3%。加强“农家书屋+电商”服务站建设，重点打造南桥镇南龙村、项山乡卢屋村、吉潭镇黎坑村、菖蒲乡徐溪村等一批县级示范点。全省“农家书屋+电商”流动现场会上，寻乌县作经验做法典型发言，并入选中宣部《2017年宣传思想文化工作案例选编》。完成119个示范点建设，占全县173个村的68.8%。实现广播电视网络全覆盖。推进“二馆一中心”建设，图书馆新建项目2月开工建设；文化馆提升工程4月底完工；文化艺术中心改造7月上旬完成。送电影下乡2600场次、送戏下乡、举办乡风文明行动等专题文艺晚会190场，观众达5万人次；开展各类文体志愿服务活动。橘乡文体志愿服务、县级文体服务导师队伍开展活动100次，并对2200名乡村文体爱好者进行培训；开展“百村百节”“百姓舞台”群众性文艺活动，“不忘初心　继续前行”歌咏比赛、“不忘初心　牢记使命”寻乌县学习宣传中共十九大精神文艺晚会等主题系列文艺活动，以及“我的脱贫故事”百姓宣讲、送春联、广场舞大赛、现场演奏会、千人千作现场书法大赛、重阳诗会等群众性文艺活动。央视心连心艺术团7月6日在寻乌开展“强军战旗红”纪念中国人民解放军建军90周年慰问演出。中国硬笔书法协会到寻乌举办“党在我心中，实事求是”学习贯彻中共十九大精神主题笔会。

实施“寻乌调查”重点文艺精品创作工程：出版发行大型纪实文学《1930年，毛泽东在寻乌》；大型电视连续剧《毛泽东寻乌调查》开拍并已进入制作阶段；一台以《寻乌调查》为背景的大型赣南采茶戏《寻路》启动二度创排，市委宣传部已将该戏作为赣州市唯一项目推荐申报“2017年度江西省优秀舞台艺术专项资助项目”。由知名词曲作家专门为寻乌县创作的形象歌曲《寻梦东江源》（词作家苏虎作词，作曲家胡旭东作曲，青年歌唱家王庆爽演唱）在央视CCTV-15“喜迎党的十九大唱响幸福歌”文艺扶贫歌曲创作汇报音乐会上亮相。

【对口支援工作】 中宣部常务副部长、中央文明办主任黄坤明深入寻乌项山乡卢屋村、石排工业园、南桥镇南龙村、澄江镇周田村等地，围绕“弘扬脱贫攻坚精神，推动农村‘两个文明’协调发展”主题进行细致调研，并召开2次座谈会，对寻乌脱贫攻坚、文化扶贫、精神文明建设、乡风文明等工作给予充分肯定。习近平总书记在中央宣传部呈报的《寻乌扶贫调研报告》上作重要批示。江西省委常委、宣传部部长赵力平多次到寻乌调研，配合中宣部开展对口支援寻乌工作，对寻乌文化建设特色做法给予充分肯定。

（范绞金）

统战工作

【概　况】 县委统一战线工作部（以下简称县委统战部）内设办公室、党外干部科、联络科、知联会科。有编制10名，其中行政编制8名、工勤编制2名。年末在职人员10人，县民族宗教事务局整合划入县委统战部，对外保留牌子。设立县民族宗教事务服务中心，为县委统战部下属正股级全额拨款事业单位，人员编制4名。年末在职人员3人。县归国华侨联合会，为正科级群团组织，与县委统战部合署办公，行政编制1名。年末在职人员2人。

【党外人士队伍建设】 印发《关于报送党外代表人士名单的通知》，掌握152名党外代表人士基本情况。提拔党外科级干部5名，其中正科1名。选派2名非公有制经济代表人士，参加赣州市委党校举办的2017年非公有制经济代表人士培训班。选派县党外知识分子联谊会秘书长和县创业者联合会会长参加全市新社会阶层人士、无党派代表人士培训班学习。

【非公经济】 开展招商考察和项目对接，主动与“珠三角”“长三角”、厦（门）漳（州）泉（州）等地商界人士以及外出务工者联系、沟通，吸引外商到寻乌投资和更多的外出成功人士回乡创业。建成广寻商贸现代物流园一期并试运行；建立非公经济发展环境监测评估机制，建立市级监测点3个；做好规模以上非公企业调研，积极参与全省最佳优化民营经济发展环境县推选和宣传。

【党外知识分子活动】 召开县党外知识分子联谊会第三次会员代表大会。会议听取和审议第二届知联会理事会工作报告，通过新的《寻乌县党外知识分子联谊会章程》，选举产生新一届理事会和理事会领导班子，县政府副县长汪上红为新一届会长。组织会员到菖蒲乡开展“三下乡”活动，为群众义诊800多人次，赠送药品价值9000余元；科技组给群众送去一大批科普书籍，发放科普资料1000余份。

【民族宗教】 统战部“三定”方案重新进行修订，统战部下设正股级全额拨款事业单位“民族宗教事务服务中心”，人员编制由2名增加到4名。成立乡（镇）民宗工作机构。印发《关于在乡（镇）社会事务办公室增挂民族宗教事务所牌子的通知》，各乡（镇）均成立民族宗教事务所，由统战委员兼任所长，明确1—2名兼职民族宗教工作人员。争取省民族宗教局帮扶资金66万元，省、市、县对口帮扶资金524万元。其中国开行帮扶汶口畲族村508万元。汶口畲族村列为全省民族地区精准扶贫示范点，从2017年起，5年内安排帮扶资金100万元。县财政安排少数民族发展资金从2016年的6万元增加到2017年的19.5万元。

在县佛法寺举办培训班1期，培训宗教团体人员、宗教场所负责人和信教公民等80余人。依法管理宗教事务，防止佛、道教过度商业化倾向，避免商业资本介入投资承包经营寺庙、宫观，干预宗教活动场所内部事务。中秋前夕，组织佛法寺、关帝庙、城隍庙等寺庙及宗教界爱心人士，开展中秋走访慰问活动，为3个乡

（镇）敬老院和82户贫困户送去油、米和月饼等物资。

【海外统战】 寻乌县归国华侨联合会召开第六次归侨侨眷代表大会。按照侨联章程，选举产生县侨联第六届常务委员会主席1名，副主席3名，秘书长1名，常务委员6名。加强与归侨侨眷的联系沟通，看望慰问归侨、侨眷8人次；接待来访2人次；接待华侨回乡探亲15人次。做好赣州海外联谊会第二届理事会理事推荐，共推荐3名理事。组织参加第十八届世界华人学生作文大赛，获得大赛组委会颁发的组织奖。参赛学生中，获得一等奖1名、二等奖2名、三等奖7名。

（林品秋）

老干部工作

【概　况】 县委老干部局内设县关心下一代工作委员会办公室、县老干部活动中心、县老年大学办公室、县老年体协办公室。共有编制9名，其中行政编制2名、事业编制7名（县关工委办公室1名、县老年体协2名、县老干部活动中心3名、县老年大学办公室1名）。年末在职人员6人，另有退休人员6人。邝作勤被省委老干部局评为“全省先进老干部工作者”。

【离退休干部党支部建设】 召开全县离退休干部党支部书记、离退办主任会议。总结2016年工作，部署2017年任务。开展创建“五好”支部活动。把离退休干部党支部工作列入县委党建工作目标考核内容。县委组织部继续按规定返还党费用于离退休干部党支部建设。

【落实老干部政治待遇】 春节期间，走访慰问130人次，送去慰问金8万元。“七一”期间，县委书记柯岩松、县长杨永飞等领导分别到县城城区、澄江镇、吉潭镇等地走访慰问老干部、老党员27人，并送去慰问金2万元。为全县每位老干部征订《老友》一份；订有《中国老年报》《新华每日电讯》《江西日报》《赣南日报》《老年健康报》等10多种党报党刊和生活杂志。接待来访老干部56人次。召开全县离退干部形势报告会，通报全县经济社会发展和县重点项目建设情况；组织15名副县级以上离退休干部代表，到石城县参观学习。

【落实老干部生活待遇】 及时发放离休干部生活费和各项政策性补贴（护理费每人每月3000元、个人账户医疗费每人每年3000元）。对特殊困难离休干部给予及时救助。组织全县离休干部、副县级以上退休干部（含享受待遇）进行一年一次的身体检查，人均体检费370元。其他干部由各单位负责出资进行体检。看望生病住院副县级以上离退休干部30人次，送去慰问金2万元。

【发挥老干部作用】 发挥关工委、老年体协、钓鱼协会、老年大学、老科技工作者协会等老干部群团（众）组织的作用，组织引导老干部为寻乌“三个文明”建设奉献余热、发挥作用。组织老干部开展对招商引资、产业转型、城镇建设、精准扶贫等工作进行督导；征求老干部对河角温泉、青龙岩旅游项目等工作的意见和建议。年内，在离退休干部党支部中开展“我看这五年——讲故事、说变化、提建言，迎接党的十九大胜利召开”主题活动，拍摄一部微电影——《永不停歇的脚步》，电影由故事主人公县农粮局离退休干部党支部书记刘云龙本色出演。

县人大离退休干部党支部书记陈炳炎被省老干部局评为全省离退休干部“正能量之星”。

【老干部活动】 “三八”节前夕，组织离退休妇女干部代表举行庆“三八”歌舞联欢活动；“五一”“七一”期间，与县老年体协联合举行象棋、乒乓球、门球、草地滚球等比赛；在中秋节、重阳节前夕，组织县级退休干部钓鱼活动；组织部分老干部参加“寻乌烈士纪念日”公祭活动。

【县关工委工作】 以县委名义召开全县关心下一

代工作会议。开展“大手握小手，听党话、跟党走，‘双万’工程”活动。争取省关心下一代基金会帮扶帮教资金3万余元，资助贫困家庭学生38名；“六一”期间，县关工委为县特殊学校的全体学生送上资助金每人100元；县关工委主任刘人献等看望慰问县城小学50名贫困学生，送上资助金每人100元。开展“大手牵小手，听党话、跟党走”文艺汇演。出资办理300张新华书店读者俱乐部学生会员卡，赠送给县城中小学爱阅读且品学兼优的学生。长宁镇关工委被赣州市关工委评为模范乡（镇），长宁镇城北村、文峰乡黄坳村被评为示范村。

【县老年大学】 县老年大学，设有7个专业8个班，共有学员600余人。刊出老年大学校报2期和诗书画集1期；组织30余名教师、班干部参观大湖水库工程建设和澄江镇周田村古屋群；利用歌舞、快板、小品等形式把党的政策送进社区、乡村。

【县老年体协】 组织老年人举行太极团体表演赛；“五一”期间，举行象棋、乒乓球、地掷球比赛；举办第七届老年人健身体育运动会。县老年体协换届，李隆茂当选县老年体协主席，凌育杰、彭玲莉为副主席。

（谢全文）

县直机关工委工作

【概　况】 县直属机关工作委员会（以下简称县直工委）共辖138个党组织，其中，党总支18个（下属94个党支部）、直属党支部26个；共有党员1831人，其中，在职党员1223人、退休党员577人、其他党员31人，预备党员14人，女性党员313人，少数民族党员11人。县直工委下设直属机关党员教育培训中心（正股级全额拨款事业单位）。配有编制4名，其中行政编制2名、事业编制2名。年末在职人员4人。县直属机关工作委员会被市直属机关工委评为“2017年度先进机关工委”，被县委评为“2016—2017年度先进党（工）委”。

【组织建设】 机关基层党组织严格按照基层党组织建设目标要求，规范“三会一课”、党组织活动、党日活动开展。涌现出县检察院、县国税局、县法院等一批先进典型。承办全市第18次机关党建工作交流暨2017年度机关党建理论研讨会，并在会上作工作交流发言。

【作风建设】 按照作风建设抓常抓细抓长的要求，严查党员干部中作风突出问题，对10名违反工作纪律和党章党纪的机关党员给予党纪处分。

【发展党员】 按照“控制总量、优化结构、提高质量、发挥作用”的总要求，发展新党员13名，审批转正预备党员17名。

（蓝振洲）

机构编制

【概　况】 县机构编制委员会办公室（以下简称县编委办）挂寻乌县事业单位登记管理局牌子，内设秘书股、业务股、监督股。下辖寻乌县事业单位登记管理中心，为副科级全额拨款事业单位。配有行政编制5名。年末在职人员5人。县事业单位登记管理中心配有事业编制5名，年末在职人员3人。

【机构编制管理】 2017年，收回职能弱化、机构整合及空余闲置事业编制25名，分别分配到党的建设、脱贫攻坚、“两违”整治等工作任务重和人手短缺的单位。招录的公务员、招聘的事业人员及单位之间调整人员均实行进人核编管理，实现人员调出有下编、人员调进有上编、在岗在编，杜绝“吃空饷”现象。做好医疗系统编制调研，给县人民医院、中医院增加编制194名；优化整合县妇幼保健和计划生育技术服务机构；开展一年一次教师核编调研。完成县政府领导批示20件的调研工作。按管理权限上报市编委办审批副科级以上机构设置事项。按程序升格县政府办应急管理中心（副科级）、成立县土地房屋征收管理办公室（正科）。

【机构编制和在职人数】 全县有172个行政机构，其中，正科级101个（含县人大、县政协、县纪委等内设机构，以及县委办、县委组织部、县委政法委、县纪委等合署机构），副科级65个（含县公安局、县检察院、县法院、县司法局等单位的内设或派出机构），股级6个；全县群团机构12个，其中，行政正科级10个，事业正科级1个，事业股级1个；全县事业机构431个，其中，正科级34个，副科级51个（含内设机构），股级343个，副股级3个。行政编制1314名，其中，县直机关937名，乡（镇）377名；全县事业编制6742名；全县工勤编制34名。年末行政编制在职人员1247人，其中，县直机关928人，乡（镇）319人；全县事业编制在职人员5328人，其中，县直事业4930人，乡（镇）事业398人；全县工勤编制在职人员30人。

【行政审批制度改革】 印发《寻乌县人民政府关于取消和调整一批行政权力项目等事项的通知》《寻乌县人民政府关于取消和调整一批行政权力事项的决定》《关于调整2项行政审批项目的决定》《寻乌县人民政府办公室关于取消和调整一批行政权力项目等事项的通知》，全县保留行政审批事项246项，精简率7%。

【清理乡镇权责清单】 全县乡（镇）政府权责清单共129项，其中，行政处罚4项、行政强制5项、行政征收1项、行政给付1项、行政裁决3项、行政确认5项、行政奖励11项、行政调解3项，其他行政权力—审核转报21项、其他审批权3项、行政监督检查17项、备案4项、内部管理8项、其他43项。

【权责清单动态管理】 全县保留行政权力4829项，其中，行政许可246项、行政处罚2906项、行政强制215项、行政征收55项、行政给付57项、行政裁决11项、行政确认138项、行政奖励102项，其他行政权力1099项。

【事业单位分类改革】 完成事业单位分类改革工作，制定寻乌县事业单位分类指导目录，对全县431个事业单位进行分类，其中公益一类394个，公益二类37个。

【事业单位登记管理】 加强事业单位法人证书使用管理。规范登记内容，发挥《事业单位法人证书》法律效力。办理变更登记37项、设立登记6项。

（李丽萍　汪　娟）

信访工作

【概　况】 县委、县政府信访局（以下简称县信访局）内设机构有办公室、接访股、办信股和督查股4个正股级机构，下设“寻乌县县长手机信箱办公室”和“寻乌县人民来访接待中心”2个正股级事业单位，分别与办信股和接访股合署办公。新建信访大楼1栋。共有编制10名，其中行政编制5名、事业编制5名。年末在职人员6人。寻乌县被国家信访局评为“全国信访工作‘三无’县”；被省信访联席会议评为“全省信访工作‘三无’县”，被市委、市政府评为“全市信访工作综合先进县”。

【领导信访接待日】 继续实行县领导每个工作日值班接访制度。每日安排1名县级领导接访，县直或驻县单位派1人参与接访，每周一、二安排律师或法律工作者1人陪同接访。全年接待来访群众178批783人次。

【县领导包案】 落实县级领导包案，实行滚动式管理与“销号”，全年共落实县级领导包案49件，化解20件，化解率40.8%。

【网上信访】 通过“赣州信访网上服务中心平台”，转交办信访件475件，受理率为100%，办结率为100%，满意率为100%，并多次受到上级的表扬。

【视频接访】 健全省、市、县三级视频接访系统，完善视频硬件系统，与省、市联通视频接访，运行正常，多次接受省、市的视频接访与督查。

【信访信息】 坚持日短信、周例会、月通报、信访专报等信访信息工作模式。每日对发生的信访事项以短信的形式报告给县委书记、县政府县长和县委、县政府分管信访工作的领导及当日接访的县级领导；每周一召开例会，汇总、分析研判上周发生的信访事项，主要信访事项及时向县委、县政府主要领导和分管领导汇报并及时列入县级领导包案；每月通报，对一个月的信访事项的调处情况进行通报，好的进行表扬，没有及时调处到位的进行批评，并列入年终单位综合考评和干部绩效考核的主要依据；对重要来访信息，及时形成专报，报送给县委书记、县政府县长。

【信访事项统计】 受理群众来信来访920件次，与2016年1129件次相比，减少209件次，下降15.5%。其中来信475件，与2016年622件相比，减少147件，下降24%；来访445批、1957人次，与2016年336批、1657人次相比，批次减少109批，下降30.4%，人次减少300人次，下降18.1%。

【信访联席会议】 调整县信访工作联席会议成员，调整后的组成人员如下：联席会议总召集人：县委副书记，联席会议召集人：县委常委、政法委书记，县政府副县长、县公安局局长。成员：县委办、县政府办、县纪委（监察局）、县委组织部、县委宣传部、县委维稳办等44个单位。年内，召开8次信访联席会议。

【信访事项复查复核】 设立一事一办的县信访事项复查复核工作小组。受理3件复查复核信访事项，出具复查复核意见书3份。

（钟琼琚）

接待工作

【概　况】 年内，接待来宾423批6013人次，其中：国家、省、市调研组43批1032人次；党政考察团17批428人次；中央、省、市领导到寻乌187批2078人次（含随从人员）；到寻乌投资考察的重要客商78批592人次；大型接待12批1423人次。

【严守八项规定】 每一批接待有接待公函、清单；对于来寻考察的重要宾客做好电话记录单；做到无公函不接待，落实公函制、清单制。不同城宴请，不公款报销。简化接待陪餐，未经县委、县政府统一安排的人员一律不陪餐。不超标准安排住房，房间内不摆放鲜花、香烟、水果、土特产等，不超标准安排用餐。

（刘　放）

机关事务管理

【概　况】 县机关事务管理局为正科级全额拨款事业单位，内设办公室、财务股、基建设备管理股、车管股、公务用车服务中心。有事业编制12名。年末在职人员10人。根据工作需要，聘用临时人员90人，其中，公务用车服务中心驾驶人员48人，保安人员25人，会务管理人员3人，水电人员3人，卫生人员9人，办公室2人。被评为“省、市公共机构节能优秀单位。”

【公共机构节能】 全县总能耗2341.46吨标准煤，与2016年同期相比总能耗下降2.27%、人均综合能耗下降8.44%、单位建筑能耗下降12.1%、人均水耗下降8.01%，完成赣州市下达的节能目标管理任务，并获得省、市优秀单位称号。

【公务用车管理】 做好公务用车的更新配置相关工作。服务中心实行24小时值班制度，工作日白天全体人员正常上班，工作日下班时间和节假日实行轮班制度。公务用车服务共计出车8418车次，安全行驶 1358682.6 千米。

【办公用房管理】 根据《党政机关办公用房管理办法》等相关规章制度，按照分级负责，各负其责、齐抓共管的原则，做好办公用房使用的监督管理工作。清理腾退办公用房 146 平方米，整改 6 起。

【安全保卫】 加强对保安人员安保培训教育，增强安保意识，落实安全目标责任制和责任追究制度，与股室签订社会治安目标责任书和消防安全工作责任书。配合信访、公安部门，及时处置群体性上访问题，协助处理上访事件 104 次。

【会务管理】 加强对会务管理人员的日常教育，注重对各会议室设备的维护和更新，以良好的工作状态和干净整洁的妆容仪表做好每一次会务工作。全年办理会务 213 次。

【食堂管理】 改革食堂运行机制，推行固定菜谱管理和主厨荐菜制，维持价格合理稳定。严格食品卫生和源头管理，倡导文明就餐、节约、节俭的饮食理念，抵制“舌尖上的浪费”。安装监控视频，增加餐巾、卫生桶，方便干部职工就餐。根据市场物价的上涨，增加就餐人员中餐费补助标准，由原每人 220 元 / 月增加到每人 330 元 / 月。

（刘建农）

党校工作

【概　况】 中共寻乌县委员会党校（以下简称县委党校），内设办公室、教务处、总务处。配有事业编制 12 名，其中参照公务员 7 名。年末在职人员 9 人，其中，研究生学历 1 人，本科学历 4 人，专科学历 4 人。

【干部培训】 精心设置培训内容和培训班次，全年举办 7 期培训班，培训人数 1547 人次，其中：5—6 月，举办 5 期全县脱贫攻坚工作培训班，培训人数 1319 人次。6 月 5 日，举办堪舆文化行业从业人员培训班，培训人数 138 人次。11 月 29 日，举办入党积极分子和预备党员培训班，培训人数 90 人次。

【宣讲活动】 组织宣讲 47 场，参加听讲人数 4200 人次。其中：8 月，开展“省委、市委（扩大）会会议精神暨全面推进河长制宣讲报告”22 场，听众人数 1200 人次。11 月，在全县各单位、各乡（镇）开展中共十九大会议精神宣讲报告会 25 场，听众 3000 人次。

【师资队伍建设】 5 月，选送常务副校长刘传健参加中央党校举办的国家扶贫开发工作重点县党校校长培训班。8 月，选送办公室主任赵乘斌参加中央党校举办的国家扶贫开发工作重点县、集中连片特困地区县党校师资培训班。11 月，选送总务处主任胡永忠参加全省党校行政学院系统学习贯彻中共十九大精神专题师资培训班。

【改善办学条件】 会议室安装云视讯高清会议远程视频系统，年使用费为 45780 元。购置办公室电脑 6 台，改善办公楼水电设施，美化办公环境。

（赵丽珍）

党史工作

【概　况】 县委党史工作办公室（以下简称县委党史办）内设秘书股、征研股、业务股。6 月以前，与县委办合署办公。6 月，与县委办分开独立办公。有事业编制 5 名。在职人员 6 人。

【党史编研】 开展《中国共产党寻乌历史（第一卷）》的编撰工作。对当年圳下战斗、罗塘谈判、毛泽东寻乌调查等有重大影响的革命活动进行寻访，收集整理老干部和当地知情群众口头讲述情况；利用现有条件查阅相关历史史料，充实县本级党史资料。年末，完成《中国共产党寻乌历史（第一卷）》的整理编撰初稿审定。

【党史宣教】 征集、整理和研究党的历史，宣传党的历史。寻乌是红色故土，发生过影响中国革命的几件大事、要事，学习党史，缅怀革命先烈，学习革命先烈的精神成为当前一种时尚。做好到寻乌考察调研、参观学习、缅怀革命先烈的各级领导、专家、学者、革命先辈后人接待工作。

（刘栋梃）

纪检　监察

【概　况】 县纪委监察局机关内设办公室、组织宣传部、信访室、党风政风监督室、第一纪检监察室、第二纪检监察室、案件监督管理室、案件审理室8个职能科室和1个下属正科级行政单位（县委巡察办公室），其中党风政风监督室、第一纪检监察室、县委巡察办公室为正科级。编制28名（含县委巡察办公室），其中，行政编制24名，后勤服务编制4名。设纪工委、监察分局7个，纪工委与监察分局合署办公。其中，面向县直单位4个，面向乡（镇）3个，纪工委为正科级机构，监察分局为副科级机构。共有行政编制28名（每个纪工委、监察分局4名）。年末在职人员22人。

乡（镇）纪委。全县15个乡（镇）党委设立纪委，配备纪委书记、副书记、纪检干事各1名；182个村（居）党支部配备纪检委员。

纪检组（纪委）。县直单位设有3个派驻机构（县法院纪检组、县检察院纪检组和县监察局派驻县公安局监察室），10个县直及驻县单位设纪检组织（县公安局、县国土资源管理局、县供电有限责任公司、县烟草专卖局、人民银行寻乌县支行、县农村信用合作联社、农业银行寻乌县支行、县国家税务局、县地方税务局、县矿产资源管理局）。

【县纪委十五届二次全会】 1月26日召开，会议书面传达中纪委十八届七次全会、省纪委十四届二次全会和市纪委五届二次全会精神，县委副书记、县长杨永飞代表县委作讲话。听取并审议县委常委、县纪委书记李建华代表县纪律检查委员会常务委员会作题为《坚持挺纪在前　深化标本兼治　推动全面从严治党向纵深发展》的工作报告；会议回顾总结2016年的工作，部署2017年党风廉政建设和反腐败工作任务。

【党建工作】 围绕县委、县政府重大决策部署，紧扣重点领域、关键环节、重要节点的监督检查。为“七大攻坚”战提供有力的纪律保障。运用签字背书、民主测评、约谈、检查考核等形式，落实全面从严治党政治责任，层层传导压力。出台《2017年寻乌县党风廉政建设和反腐败工作任务分工意见》，明确时间表、责任人、任务书。在县电视台及微信平台开设落实全面从严治党主体责任“书记访谈”专题。坚持有责必问、问责必严，以追责倒逼责任落实。全县通报2个管党治党不力的党组织，纪律处分14名失职失责人员，给予5人诫勉谈话。对新提拔、重用及交流任职的84名科级领导干部开展任前廉政教育活动。建立健全科级干部廉政档案931份，同时在4个乡镇开展建立村干部廉政档案试点。抓好领导干部报告个人重大事项、操办婚丧喜庆事宜“两报告一承诺”等制度落实，有132名科级领导干部按规定报告个人相关事项。

【正风肃纪】 出台《关于深入贯彻中央八项规定精神，进一步改进作风的实施意见》《关于切实抓好巡察发现倾向性问题整改，严格落实中央八项规定精神的通知》，严防“四风”问题反弹。抓住重要时间节点，紧盯“四风”突出问题，采取明察、暗访、查处、追责、曝光等多管齐下，共查处违反中央八项规定精神案件9起9人，其中，给予党纪政纪处分5人，诫勉谈话3人，警示谈话1人。对县教育局电教室原主任凌钱贤顶风收受红包等违纪问题移送司法机关处理。查处为官不为问题35起47人，其中，对19人给予党纪政纪处分，对7人按容错减责免责规定处理。查处菖蒲乡徐溪村交通扶贫项目质量监管失职失责问题，对9条质量不合格的扶贫公路，分别责成4个乡（镇）返工重修，并举一反三，出台《关于进一步加强扶贫领域项目工作质量监管的意见》，夯实乡镇、行业主管部门的监管责任。查处围标串标石排废弃稀土矿山环境治理项目25家企业，刹住工程建设领域不正之风。制定《寻乌县纪委关于把握运用监督执纪“四种形态”实施意见（试行）》。在“四种形态”（即第一种形态，开展批评与自我批评，党内关系正常化；第二种形态，党内轻处理和组织处理成为大多数；第三种形态，对严重违纪重处分，作出重大职务调整应当是少数；第四种形态，严重违纪涉嫌立案审查的，只能是极少数。）中运用第一种形态的345人（次），第二种形态的64人（次），第三种形态的5人（次），第四形态的7人（次），把“四种形态”贯穿予监督执纪全过程。

全年受理各类信访举报件358件（次），与2016年同期相比增长55%；处置问题线索203件，与2016年同期相比增长57.4%；立案70件，与2016年同期相比增长22.8%（其中乡科级9件，与2016年同期相比增长28.6%）；结案71件，与2016年同期相比增长16.4%；处分72人，增长14.3%。其中，乡镇纪委立案31件，与2016年同期相比增长14.8%。加强追逃追赃工作，将外逃16年的县财政局预算外资金管理股原股长钟某抓捕归案。

【重点领域专项治理】 对扶贫领域的突出问题进行大排查，受理扶贫领域问题线索170件，查处166件、190人次，其中，运用第一种形态处理157人次，给予纪律轻处分28人、重处分4人、移送司法机关处理1人。将三标乡大小湖岽村原村主任刘某挪用扶贫资金违纪违法案件，作为全县各级党组织“三会一书两报告”廉政警示教育内容。对项山乡农田水利项目质量监管失职失责问题进行查处，责成中标单位返工重修，对监理单位予以行政处罚。

【体制机制改革】 深化巡察监督，探索运用大数据提高巡察质效，组建3个巡察组，对16个县直单位启动政治巡察，共发现在党的领导、党的建设和全面从严治党方面的问题177个，其中违反“六项纪律”方面的问题82个。开展健康扶贫领域专项巡察，除对10个县属医疗单位进行巡察外，还延伸至乡镇卫生院。巡察中发现医疗部门在党的领导、党的建设和全面从严治党方面的问题299个，健康扶贫方面的问题71个，行业不正之风方面的问题99个，其中涉及“六项纪律”方面的问题线索86件，正在初步核实。

【自身建设】 继续开展“两学一做”学习教育常态化，增强纪检干部对党忠诚的思想基础、政治自觉。推进监察体制改革试点，完成县监察委员会组建，实现对所有行使公权力的公职人员监察全覆盖。对县纪检监察网站进行改版，设立“清廉寻乌”微信公众号，畅通群众诉求渠道，传递正能量。倡导“负责任、抓紧办、说真话”的风气，营造比学赶超、争先创优的浓厚氛围。建立执纪审查月调度、季通报、半年督查、年终考核制度，举办首届纪律审查工作标兵评选活动。开展“以案代训”培训，提高乡镇纪检干部纪律业务能力。县纪委监察局被评为全市文明单位。

（陈州富）

寻乌县人大常委会

综　述

【概　况】 年内，召开县人民代表大会1次、县人大常委会会议5次、县人大常委会主任会议14次，听取和审议专项工作报告8个，作出决议、决定11项，开展工作评议2次，执法检查2次，专题调研6次，组织代表视察调研5次。依法任免国家机关工作人员19人次，其中，任命11人次，免职6人，接受辞呈2人。完善国家机关工作人员任前法律知识考试、会议审议、表态发言、颁发任命书等程序，实施宪法宣誓制度，强化任后监督测评，增强新任命人员的宪法意识和依法行政意识，为全县经济社会发展提供组织保证。

机构与队伍

【机构设置】 县人大常委会内设：办公室、内务司法和备案审查工作委员会、预算审查工作委员会、教育科技文化卫生工作委员会、选举任免和代表联络工作委员会、农业和城乡建设环境资源保护工作委员会，均为正科级。

【队伍构成】 县人大常委会机关共有编制21名，其中行政编制20名、工勤编制1名。在职人员36人。

重要会议和重要决议

【县第十八届人大第二次会议】 2月8日—10日召开。大会听取和审议《寻乌县人民政府工作报告》《寻乌县人大常委会工作报告》《寻乌县人民法院工作报告》《寻乌县人民检察院工作报告》。审议《寻乌县2016年国民经济和社会发展计划执行情况与2017年计划草案报告（书面）》《寻乌县2016年财政预算执行情况和2017年财政预算草案报告（书面）》。

【县十八届人大常委会第三次会议】 2月4日召开。审议《寻乌县人大常委会关于召开寻乌县第十八届人民代表大会第二次会议决定（草案）》《寻乌县第十八届人民代表大会第二次会议议程（草案）》《寻乌县第十八届人民代表大会第二次会议主席团和秘书长名单（草案）》《寻乌县第十八届人民代表大会第二次会议议案审查委员会名单（草案）》《寻乌县第十八届人民代表大会第二次会议日程安排（草案）》《寻乌县第十八届人民代表大会第二次会议邀请列席人员名单（草案）》《寻乌县人大常委会工作报告（讨论稿）》；听取和审议县政府关于县第十七届人民代表大会第七次会议、第十八届人民代表大会第一次会议代表建议、批评和意见办理情况的报告；听取县人大常委会选任联工委关于县第十七届人民代表大会第七次会议、第十八届人民代表大会第一次会议代表建议、批评和意见办理情况督查调研报告、县第十八届人大常委会代表资格审查委员会关于个别代表的代表资格的报告。

【县十八届人大常委会第四次会议】 5月9日召开，审议《寻乌县人大常委会2017年工作要点（征求意见稿）》；听取和审议寻乌县人民政府《关于提请审议同意批准将寻乌县美丽乡村建设项目购买服务资金纳入财政中长期跨年度预算的议案》；审议县人大常委会任命的“一府两院”工作人员2016年度工作履职报告、人事任免议案。

【县十八届人大常委会第五次会议】 7月7日召开，听取和审议《关于寻乌县养老情况的调研报告》《关于寻乌县再就业工作情况的视察报告》《关于寻乌县2016年产业发展与扶贫攻坚工作的视察报告》《关于寻乌县教育扶贫工作实施情况的调研报告》《县人大常委会执法检查组关于〈中华人民共和国水土保持法〉执法检查情况的报告》《寻乌县人民政府关于2016年度县人大常委会对各项工作报告审议意见研究处理情况的综合报告》；听取县工信局《关于县人大常委会工作评议审议意见整改落实情况的报告》；审议人事任免议案。

【县十八届人大常委会第六次会议】 9月22日召开，传达全省县乡人大工作和建设经验交流会精神；听取和审议《关于〈水土保持法〉执法检查后整改情况的检查报告》《对县农粮局工作评议的调查报告》《县商务局工作评议的调查报告》《关于寻乌县义务教育均衡发展情况的调研报告》《审计部门关于2016年县级预算执行情况及其他财政收支情况的报告》，批准寻乌县2016年财政决算；听取和审议《2017年上半年国民经济和社会发展计划、财政预算执行情况的报告》、寻乌县人民政府《关于提请审议将寻乌县2017年度棚户区（城中村）改造项目和易地扶贫搬迁安置项目建设资金支出纳入财政中长期预算的议案》、寻乌县人民政府《关于提请审议寻乌县县道升级改造工程X545河角至留车公路实施方案的议案》《关于提请审议寻乌县2016年农村公路县道升级改造工程X549吾良畲至大田公路实施方案的议案》、寻乌县人民政府《关于提请审议寻乌县公共基础设施PPP项目政府支出责任纳入县级财政预算管理的议案》《关于提请撤销县人大常委会关于批准县人民政府关于提请审议将中江信托集合资金信托计划还款资金列入同期年度财政预算议案的决议的议案》；审议人事任免议案。

【县十八届人大常委会第七次会议】 12月19日召开，听取和审议县政府《关于县第十八届人大第二次会议代表建议办理情况的报告》《县人大常委会选任联工委关于县第十八届人大第二次会议代表建议、批评和意见办理情况督查报告》《2017年度县政府关于生态环境状况和生态环境保护目标完成情况的专项报告》《县农粮局工作评议后整改情况的报告》《县检察院关于生态检察工作情况的报告》《乡风文明建设工作的调研报告》《低质低效林改造的调研报告》《对县商务局工作评议后整改情况的报告》《县政府关于“主攻工业、三年翻番”工作情况的专项报告》《县政府关于“七大攻坚”重中之重项目实施情况的专项报告》、寻乌县人民政府《关于提请审议将寻乌县2018年度长宁镇石田心片区周边和文峰乡长举大道周边城市棚户区（城中村）改造项目（一期）建设资金纳入财政中长期预算的议案》《关于提请审议将寻乌县石田心片区周边和长举大道周边城市棚户区（城中村）改造项目建设资金纳入财政中长期预算的议案》；审议《关于提请审议2018年脱贫攻坚资金筹集保障方案的议案（书面）》《关于〈寻乌县大湖水库集中式饮用水水源保护区生态环境保护暂行办法〉的备案审查意见（书面）》《寻乌县人大常委会关于召开寻乌县第十八届人民代表大会第三次会议的决定（草案）》《寻乌县第十八届人民代表大会第三次会议议程（草案）》《寻乌县第十八届人民代表大会第三次会议日程安排（草案）》；补选赣州市第五届人民代表大会代表1名。

【重要决议】 2月10日，县第十八届人民代表大会第二次会议分别对《县人民政府工作报告》《县2016年国民经济和社会发展计划执行情况与2017年计划草案报告》《县2016年财政预算执行情况和2017年财政预算草案报告》《县人大常委会工作报告》《县法院工作报告》《县检察院工作报告》6个工作报告作出决议。

5月9日，县第十八届人大常委会第四次会议，批准寻乌县人民政府《关于提请审议将寻乌县美丽乡村建设项目纳入财政中长期跨年度预算的议案》的决议。

9月22日，县第十八届人大常委会第六次会议，批准寻乌县2017年度棚户区（城中村）改造项目和易地扶贫搬迁安置工程项目建设资金纳入财政中长期预算的决议，批准寻乌县公共基础设施PPP项目政府支出部分纳入县级财政补贴并列入预算管理的决议，批准寻乌县2017年上半年国民经济和社会发展计划和财政预算执行情况的决议，批准寻乌县2016年财政决算的决议。

12月19日，县第十八届人大常委会第七次会议，批准将寻乌县2018年度长宁镇石田心片区周边、文峰乡长举大道周边城市棚户区（城中村）改造项目（一期）建设资金纳入财政中长期预算的决议，批准将寻乌县石田心片区及长举大道周边城市棚户区（城中村）改造项目建设资金纳入财政中长期预算的决议，批准2018年脱贫攻坚资金筹集保障方案的决议。

主要工作

【工作监督】 寻乌县人大常委会坚持围绕计划和预算，先后听取和审议《2017年国民经济和社会发展计划上半年执行情况的报告》《2017年县级财政预算上半年执行情况的报告》《2016年县级预算执行情况和其他财政收支的审计报告》，审查批准2016年县本级财政决算、一般公共预算和政府性基金预算调整方案；听取和审议县人民政府《关于2016年各项审议意见研究处理情况的综合报告》《“七大攻坚”重中之重项目实施情况的报告》《“主攻工业、三年翻番”工作情况的专项报告》《2017年度环境保护目标完成情况专项工作报告》和《县检察院关于生态检察工作情况的报告》；开展对县商务局、农粮局工作评议。

【法律监督】 开展《中华人民共和国安全生产法》执法检查，加强对安全生产重点领域、重点行业、重点人员等方面工作的监督；配合省、市人大常委会执法检查组开展《中华人民共和国防震减灾法》等法律法规的执法检查，对防震减灾情况和法律实施情况进行调查，并提出工作意见和建议。

【专题调研】 对全县重点工程建设、精准扶贫、低质低效林改造、教育专项扶贫、义务教育均衡发展及乡风文明建设等工作情况开展专题调研。通过调查研究，分别提出有情况分析、数字对比、可操作性的意见建议，转给政府和相关主管部门，为县委、县政府决策提供依据。

【代表工作】 县人大常委会始终把人大代表工作放在重要位置，努力搞好服务保障、提升意见建议办理成效，支持代表依法履职。通过短信平台，寄送人大刊物、法律资料，通报全县和县人大常委会重要工作。年内，邀请基层人大代表参与工作评议、执法检查、视察调研80人次；邀请基层人大代表列席县人大常委会会议20人次；联系基层人大代表178人次。专门召开常委会会议、主任会议，梳理、研究代表意见建议，将第十八届人民代表大会第二次会议收到的59件建议转交政府及相关部门进行办理。改进督办方式，征求代表对建议办理工作的意见。

【干部任免】 县人大常委会坚持党管干部的原

则，依照法律法规，严格按照有关法定程序，依法任免国家机关工作人员19人次。

5月9日，县第十八届人大常委会第四次会议决定：

接受：

温琦辞去寻乌县人民政府副县长职务的请求，并报寻乌县第十八届人民代表大会第三次会议备案。

任命：

赵岩为寻乌县人民政府副县长。

7月7日，县第十八届人大常委会第五次会议决定：

任命：

辜青青为寻乌县人民政府副县长；

赖义红为寻乌县教育局局长；

谢丰为寻乌县司法局局长；

古叶松为寻乌县城乡规划建设局局长；

王正中为寻乌县人大常委会预算审查工作委员会主任；

谢小明为寻乌县人大常委会农业和城乡建设环境资源保护工作委员会主任；

朱小燕为寻乌县人大常委会选举任免和代表联络工作委员会副主任；

邝海涛为寻乌县人大常委会预算审查工作委员会副主任。

免去：

黄永明的寻乌县教育局局长职务；

潘其安的寻乌县司法局局长职务；

刘世全的寻乌县城乡规划建设局局长职务；

王正中的寻乌县人大常委会财政经济工作委员会主任职务；

谢小明的寻乌县人大常委会农业农村工作委员会主任职务；

朱小燕的寻乌县人大常委会选举任免联络工作委员会副主任职务。

接受：

谢丰辞去寻乌县第十八届人民代表大会常务委员会委员职务的请求，并报寻乌县第十八届人民代表大会第三次会议备案。

9月22日，县第十八届人大常委会第六次会议决定：

任命：

杨维彪为寻乌县人民政府办公室主任；

凌红武为寻乌县监察局局长。

免去：

杨维彪的寻乌县监察局局长职务；

钟瑞华的寻乌县人民法院审判委员会委员、副院长职务；

凌树平的寻乌县人民法院审判委员会委员、副院长职务；

谢仕凡的寻乌县人民法院审判委员会委员、刑事审判庭庭长职务。

（范淑筠　刘秉伟）

寻乌县人民政府

综　述

【概　况】2017年，寻乌县人民政府面对繁重的发展任务，以脱贫攻坚为统领，以“七大攻坚”为抓手，以担当实干为导向，经济发展在稳中求进中开创新局面，各项事业在全面发展中彰显新亮点。全年完成财政总收入8亿元，同比增长16.6%，一般公共预算收入4.89亿元，同比增长1.2%，增幅分别居全市第2位、第8位；实现生产总值70.82亿元，同比增长9.3%，增幅居全市第9位；固定资产投资48.96亿元，同比增长14.8%，增幅居全市第4位；社会消费品零售总额21.7亿元，同比增长11.6%；农村居民人均可支配收入9424元，同比增长11.6%；城镇居民人均可支配收入24068元，同比增长9.3%。寻乌县被评为“全国信访工作‘三无’县”“全省科学发展综合考核评价先进县”“全市森林防火工作一等奖”。

县人民政府所属一级机构53个，其中，政府工作部门24个（其中县监察局不计入政府机构个数），政府派出机构1个，政府直属事业单位14个，政府工作部门管理的事业单位14个。省、市驻县单位29个。乡（镇）人民政府15个。

重要会议

【第八次常务会议】1月13日召开。主要议题是讨论关于实施公共基础设施PPP项目的意见、关于“七大攻坚”项目计划、关于脱贫攻坚工作、关于园区企业招工难实施意见、关于违法违章建设查处及责任追究暂行办法、关于2016年国民经济和社会发展主要指标完成情况及2017年主要经济指标安排建议、关于益寿桥至石圳桥西岸贯通项目土地房屋征收安置方案，通过关于寻乌县被评为全省“十二五”时期公共机构节能工作优秀县给予干部职工奖励的决定。

【第九次常务会议】1月24日召开。主要议题是传达学习省市领导在原省委常委、省纪委书记周泽民《寻乌县五个村脱贫调查》上的批示，讨论关于寻乌县2017年光伏发电产业扶贫实施方案、村级光伏及屋顶光伏电站产业扶贫项目招投标方案、关于全民健身实施计划（2016—2020）、关于“两馆一中心”建设工程的请示、关于寻乌一中产权回购事项的请示、关于农村公路县道升级改造工程（X549吾良畲至大田、X544吉潭至油房岗）公路监理招标方案及X545河角至留车公路工程施工招标方案、关于提高干部职工中餐补贴及更新机关食堂设施设备的请示。

【第十次常务会议】2月4日召开。主要议题是讨论《政府工作报告》《2016年国民经济和社会发展计划执行情况与2017年国民经济和社会发展计划（草案）》《2017年财政财政收支预算明细安排（草案）》《2016年财政预算执行情况和2017

年财政预算（草案）》。

【第十一次常务会议】 2月16日召开。主要议题是传达学习全市政府系统改作风提效率动员部署会精神，讨论关于2016年度目标管理综合考评结果、关于东江源饮用水源地保护项目事项、关于寻乌县稀土新材料产业基地工业园区路网及配套基础设施施工招标文件、关于2—3月份县城环境集中整治工作方案。

【第十二次常务会议】 3月1日召开。主要议题是讨论关于投融资公司资产划拨的请示、关于贡江流域河道生态综合治理项目采用EPC模式的意见、关于X545河角至留车公路施工监理招标方案、关于无偿划拨黄岗山公园停车场建设工程用地、关于青龙岩上游河道水质综合治理土地征收补偿方案、关于大湖水库工程建设2号料场林地征收方案、关于东江源温泉养生小镇及东江源生态公园旅游开发项目土地房屋征收补偿安置方案，通过关于解除刘文行政警告处分的决定。

【第十三次常务会议】 3月23日召开。主要议题是传达学习习近平总书记在中央政治局第39次集体学习时的讲话，省委常委、赣州市委书记李炳军在宁都、于都调研座谈会上的讲话及全省环保工作会议、市政府中央环保督查反馈意见整改工作推进会精神，学习省政府办公厅《关于加强工业园区污染防治工作的意见》，讨论关于2016年在全市“六大攻坚”战暨经济社会发展指标情况并分析比较寻乌2011年换届后历年主要经济指标占比排位情况、乡镇统计站规范化建设实施方案、关于迎接2018年县域义务教育均衡发展督导评估实施方案、关于推进医疗卫生与养老服务相结合实施方案、促进社会办医加快发展实施方案、关于“城乡环境整治年”活动实施方案、关于青龙岩旅游度假区总体规划（2016—2023年）和控制性详细规划（2016—2023年）、关于美丽乡村建设项目贷款的请示、关于2016年度科技创新奖励和工业企业增产增效奖励的请示、关于提高基层组织建设经费保障标准落实情况汇报。

【第十四次常务会议】 4月12日召开。主要议题是传达学习中共中央国务院《关于推进安全生产领域改革发展的意见》、省纪委《关于对民生资金监督检查工作失职失责问题责任追究情况》的通报、省委常委、赣州市委书记李炳军在全市工业暨开放型经济工作会和全市城乡环境整治暨乡风文明行动推进会上的讲话精神，讨论关于寻乌县生态环境损害责任追究实施办法（试行）、关于2017年乡镇目标管理综合考评方案、县直及驻县单位绩效考核评价工作方案、关于寻乌县企业上市挂牌奖励扶持办法（试行）、关于就业扶贫车间创建工作实施方案、关于工业项目建设用地若干政策措施、关于医药产业发展扶持政策21条、关于规范扶贫项目审批及资金使用管理实施意见、关于城乡贫困人口疾病医疗补充保险制度实施方案、关于对2003年乡镇分流人员按机关事业单位人员予以养老保险数据采集的请示。

【第十五次常务会议】 5月4日召开。主要议题是讨论关于寻乌县脱贫攻坚问题整改工作方案、关于2017年统筹整合财政涉农资金集中投入脱贫攻坚实施意见、关于扶持农业产业发展实施方案（试行）、关于交通沿线村点建筑立面整治提升工作实施方案、关于明确县乡村三级干部履行脱贫攻坚工作职责实施意见、关于加强脱贫攻坚工作督查调度及评估结果运用实施办法、关于争项争资争政策和融资工作考核方案、关于脱贫攻坚工作问责实施细则、关于甜柿产业扶贫工作意见、关于林业生态扶贫专项实施方案、关于推进就业扶贫若干意见、关于脱贫攻坚工作考核方案、关于工业攻坚考核方案、关于全面推开“营改增”试点后调整财政扶持政策意见、关于饮用水源保护区土地房屋征收补偿安置方案，通过关于兑现高层次人才相关待遇和对2016年信访工作“三无”县给予一个月工资奖励的决定。

【第十六次常务会议】 5月12日召开。主要议题是讨论关于寻乌县澳洲茶树油项目产业扶持资金拨付管理办法、关于寻乌县防汛抗旱应急预案、寻乌县山洪灾害防御预案、关于农村公路建设“三年行动计划”实施方案、关于将21个已确定为公益一类、二类自收自支事业单位工作人员纳入机关事业单位养老保险的意见、关于布置国外贷款备选项目申报工作。

【第十七次常务会议】 5月23日召开。主要议题是讨论关于县城棚户区（城中村）改造项目国有土地房屋征收补偿方案、集体土地征收及房屋拆迁补偿安置方案、关于实施公共实训基地项目建设及中等职业技术学校教学楼项目建设有关事项的请示、关于实施吉潭高速出口至新东大道公路沿线风貌打造工程的意见。

【第十八次常务会议】 6月5日召开。主要议题是传达学习市政府《关于对三起工作落实不力典型问题的通报》《关于骆开提、徐爱文等违反中央八项规定精神问题的通报》，讨论寻乌县招商引资优惠政策、关于鼓励城乡劳动力向石排工业园区集聚政策17条（试行）、支持机电机械产业发展人才聚集政策19条（试行）、事业单位工作人员停职领办创办企业的意见、关于农村危房改造实施方案、关于寻乌县电动汽车充电基础设施建设规划（2017—2030）、关于寻乌县金融机构支持地方经济发展考核奖励办法、关于非贫困村贷款资金分配方案、关于国有企业目标管理考核办法和国有企业负责人履职待遇业务支出管理实施意见、关于乡村中小学班主任津贴发放实施方案。

【第十九次常务会议】 6月14日召开。主要议题是讨论关于寻乌县2017年度目标管理相关考评方案、关于河长制系列文件、关于留车陂下河沿岸和龙廷乡稀土矿点污染治理工程项目采用EPC模式的意见、关于易地搬迁扶贫（进城二期）安置点房建及市政配套设施工程项目公开招标的请示意见、关于政府购买服务项目建设运营管理协议。

【第二十次常务会议】 6月27日召开。主要议题是传达学习《关于祁连山国家级自然保护区生态环境问题督查处理情况及其教训的通报》，讨论关于“七大攻坚”项目推进计划清单的请示意见、关于统筹整合财政涉农扶贫资金分配管理使用方案、关于鼓励建档立卡贫困劳动力务工政策20条（试行）、关于欠薪应急周转金管理暂行办法、关于万亩现代农业示范园区有关扶持政策的意见、关于依法收回江西赣南果业股份有限公司国有土地使用权实施方案。

【第二十一次常务会议】 7月7日召开。主要议题是讨论关于寻乌县国有企业投资项目资金管理办法（试行）、关于发展壮大农村集体经济实施意见、关于柑橘扶贫实施方案（试行）、关于寻乌县社会福利中心及残疾人托养中心公建民营招商实施方案、关于2017年棚户区（城中村）改造项目和易地搬迁安置项目建设资金支出纳入财政中长期预算的意见，通过关于干部行政警告处分的决定。

【第二十二次常务会议】 7月24日召开。主要议题是传达学习扶贫领域监督执纪问责电视电话会议精神，讨论寻乌县房地产市场调控工作、关于长宁镇商贸城国有土地房屋征收补偿方案、房屋征收工作经费保障及管理方案、关于完善乡镇国土规划建设管理体制机制的意见、完善有关规划编制工作、关于石排工业园出让国有建设用地使用权公开挂牌出让方案、关于无偿划拨人防应急救援指挥中心建设用地的意见、关于推进公安警力下沉优化警力配置的若干意见，通过关于2016年度年终一次性奖金发放工作、对年度考核结果优秀公务员进行奖励的意见。

【第二十三次常务会议】 7月27日召开。主要议题是传达学习市委办公厅、市政府办公厅《转发〈省委办公厅、省政府办公厅关于我省推选“全国创新争先奖”出现空白的通报〉的通知》精神，讨论关于撤销寻乌县饮用水源保护区项目内耕地进行同步征收意见、关于饮用水源保护区土地房屋征收补偿安置方案。

【第二十四次常务会议】 8月10日召开。主要议题是讨论关于贯彻落实《国家生态文明试验区（江西）实施方案》的意见、关于深入贯彻习近平总书记扶贫开发战略思想以脱贫攻坚统揽经济社会发展全局的意见、关于寻乌县饮用水源区有关扶贫政策的意见、关于2017年农村住房安全保障奖励方法、关于编报工业园区水土保持方案、关于实施寻乌县城区夜色景观亮化工程的意见、关于编制《寻乌至龙川高速公路工程项目工程可行性研究报告》有关工作的意见、加快推进寻乌南桥镇至广东龙川上坪镇高速公路建设项目有关事项，通过关于2016年度被评为“平安赣州建设先进县”给予全县干部职工奖励的决定。

【第二十五次常务会议】 8月21日召开。主要议题是讨论关于深入贯彻中央八项规定精神进一步改进作风的实施意见、抓好巡察发现倾向性问题整改从严落实中央八项规定精神的意见、关于推进户籍制度改革实施意见、关于深化医疗卫生体制改革实施方案、寻乌县县域医疗共同体试点工作实施方案、关于柑橘产业升级发展实施方案（试行）、关于专项扶贫实施主体单位精准扶贫工作考评方案、关于乡镇、县直（驻县）单位履行教育职责考评办法、关于无偿划拨学校建设用地的意见、关于寻乌县城市规划区外农村个人建房审批细则、关于在文峰乡等乡镇设置矿权的意见、关于实施黄岗山公园综合配套设施建设项目的意见。

【第二十六次常务会议】 9月5日召开。主要议题是传达学习省纪委机关、省委组织部《关于严明换届考察期间有关纪律要求的通知》精神，讨论关于文峰乡上甲废弃矿山环境综合治理和生态修复工程项目涉及土地征收补偿实施方案、关于寻乌县公共租赁住房租赁补贴实施办法（试行）、关于留车镇陂下河流域等五个重点流域、河段整治方案、关于2017年扶贫项目资金管理使用情况评估报告、2016年易地扶贫搬迁“回购返租”工作实施方案、关于农村超高超大建房专项整治方案、关于加快市级特色小镇创建工作有关问题的意见、关于完善学校基本办学条件加快推进义务教育均衡发展攻坚行动方案、寻乌县名师评选及管理办法（试行）、关于创建国家食品安全示范城市工作方案、关于优化整合妇幼保健和计划生育技术服务资源的意见，通过关于寻乌获得2016年度县（市区）科学发展综合考评先进县有关奖励事项的决定。

【第二十七次常务会议】 9月19日召开。主要议题是讨论关于做好2017年度科学发展综合考核评价有关工作的意见、关于寻乌县农村集体“三资”管理办法（试行）、关于农村老人居住危旧房专项整治工作实施方案、关于加强扶贫领域工程质量监管的意见、关于寻乌县消灭Ⅳ类水工作方案、关于2017年度退役士兵安置的意见，通过关于解除干部行政撤职处分的决定。

【第二十八次常务会议】 10月12日召开。主要议题是讨论关于寻乌县扶持机电机械制造首位产业发展22条、关于深化文化扶贫工作意见、关于非贫困人口疾病“暖心基金”补偿办法（试行）、关于寻乌县义务教育均衡发展“迎国检”攻坚项目“绿色通道”实施办法（试行）、关于县看守所、拘留所、武警营区整体搬迁项目有关事项、关于安置2015年续聘期满大学生村官的意见、关于寻乌县村级光伏扶贫电站收益分配管理办法（试行）、村极光伏扶贫电站运行维护管理办法。

【第二十九次常务会议】 10月30日召开。主要议题是传达学习省委办公厅、省政府办公厅印发的《关于深入推进脱贫攻坚工作的意见》，讨论关于实施寻乌县城乡供水一体化建设项目的意见、关于怡心家园保障房配售有关事项的意见、关于城区公共绿地提升改造意见、关于寻乌县实施居民生活用水阶梯制度的意见、关于修正《寻乌县乡镇机关事业单位工作人员实行乡镇工作补贴实施办法》有关条款的意见。

【第三十次常务会议】 11月14日召开。主要议题是讨论关于推进"放管服"改革工作意见、实行办事清单管理推进"最多一次办结"改革实施方案、关于寻乌县"1+X"产业（就业）扶贫全覆盖工作实施方案、关于东江源田园综合体建设方案、关于寻乌县山水林田湖生态保护修复项目实施方案、关于实施高速出入口等区域绿化、提升改造工程的意见、关于寻乌县城乡建设档案管理办法。

【第三十一次常务会议】 12月1日召开。主要议题是讨论关于2017年重点工作和项目建设补充考评办法、关于寻乌县道路升级改造PPP项目实施方案、关于寻乌县盐业体制改革实施方案、过渡时期食盐体制改革实施细则（试行）、关于寻乌县城规划区山体复绿工程实施方案、低质低效林改造实施方案、关于义务教育均衡发展市级督导评估反馈问题整改方案、关于明确2017年统筹整合资金推进高标准农田建设项目有关事项的意见、关于"七大攻坚"行动计划，通过关于寻乌县被评为2016年度全市公共机构节能工作优秀县给予干部职工奖励的决定。

【第三十二次常务会议】 12月11日召开。主要议题是讨论关于大力支持深度贫困村脱贫攻坚实施方案、迎接省级党委政府扶贫成效第三方评估和省级交叉检查核查工作方案、2018年脱贫摘帽计划安排、脱贫攻坚工作问责办法、2018年脱贫攻坚资金筹集保障方案、全面推进农村住房安全保障工作实施方案、关于公布规范性文件清理结果的决定、关于加快蔬菜扶贫示范基地建设实施意见、关于寻乌县现代农业招商工作方案、关于寻乌县艰苦边远地区乡村医生生活补贴发放管理办法。

【第三十三次常务会议】 12月27日召开。主要议题是传达学习《消防安全责任制实施办法》，讨论研究脱贫攻坚、文化教育、生态环境保护与治理、人居环境整治、城市建设、公共基础设施建设、国土资源管理、工业生产、财政资金管理与使用、公路建设、招商引资、医疗卫生等方面的相关工作意见、管理办法和政策意见。

重点工作

【脱贫攻坚】 年内，退出贫困村55个，减少贫困人口13961人。开展精准识别"回头看"，新增贫困户2518户10022人，清退错评农户3195户12484人。累计发放"产业扶贫信贷通"贷款3.6亿元、产业奖补资金1266万元，资助建档立卡贫困学生10529人（次），发放"四道医疗保障线"资金1.1亿元，贫困户住院自付比例降至5%。大湖新村顺利交房；改造危房3179户3044栋，238套农村保障房投入使用，新建移民进城进园安置房1749套。184个村级光伏扶贫电站全部并网发电。对照贫困村退出新八大指标体系，筹集资金6.82亿元，下达村级项目2427个。

【工业发展】 规模以上工业增加值增长10.2%，增幅居全市第1位；利用省外项目资金20.12亿元，同比增长11.34%，增幅居全市第6位；外贸出口5339万美元，同比增长16.57%；实际利用外资2430.2万美元，同比增长10%。完成主营业务收入56.62亿元，同比增长16.9%；工业固定投资18.9亿元，同比增长28.8%。全年新增规模以上企业22家，总数达59家。完成园区投入6亿元，新建标准厂房67.7万平方米，石排园区新增工业用地932亩、杨梅园区新征土地3000亩。全年为企业减负3.23亿元，解决企业诉求120条。

【特色农业】 年内，累计新增蔬菜、猕猴桃、甜柿、蓝莓、百香果等特色产业种植面积6万亩。加强东江源田园综合体建设，新建沟域经济示范点57个。新增蔬菜面积6247亩，其中搭建钢架大棚1940亩，超额完成市级下达的任务。持续抓好柑橘黄龙病防控，清理病树270万株。柑橘恢复种植有序开展，出圃柑橘无毒苗木320万株，新建标准示范园26个，寻乌县获批国家级出口食品农产品（脐橙、蜜橘）质量安全示范区。开工建设高标准农田11500.5亩。农村土地承包经营权确权登记颁证工作通过省级验收，全年流转土地19999.5亩。

【城乡建设】 基本完成9个城市专项规划编制和13个乡（镇）、131个村规划编制，实现乡村规划编制全覆盖。抓好精致宜居城市建设，拆除“两违”建筑13万平方米，拆除屋顶违章搭建7.48万平方米，拆除主要出口路两侧大型果品仓储库7.5万平方米。出台农村及县城规划区居民建房管理办法，城乡居民建房步入规范化、法制化轨道。完成棚户区改造1499套，拆除面积28.64万平方米，拆除率达98.5%；新建停车场4个、小游园5个，高标准实施一批城市亮化工程、绿化工程、人行道改道、节点路段景观提升工程；加强新农村建设“七改三网”“8+4”项目建设，拆除“空心房”173.9万平方米，完成民房立面改造4551栋38万平方米、改水1764户、改厕1559户、改沟95千米。

【第三产业】 资本市场加快发展，与光大证券、国盛证券成功签订结对帮扶合作协议，引进拟上市挂牌企业12家。为113家企业发放还贷周转金2.4亿元、“五个信贷通”11.9亿元。电商产业园及163个村级电商服务站投入运营，全年电商交易总额超10亿元。综合物流园投入运行，红土地物流被中国物流与采购联合会授予“4A级物流企业”称号。东江源温泉养生小镇、青龙岩景区开工建设，石崆寨景区被评为全省AAA级乡村旅游点。培育市级众创空间2家，全年新增企业973家，新增注册资本37.5亿元，新增个体工商户1446户、从业人员17283人。

【生态建设】 完成森林抚育17500亩、低质低效林改造14899.5亩，寻乌县被评为全市“2016—2017年度低质低效林改造工作先进县”。森林防火工作连续三年荣获全市一等奖。成功争创省级生态文明示范县。8个中央环保督察反馈问题基本整改到位。石排工业园区污水处理厂开工建设，新建城镇污水管网56千米，5个乡（镇）污水处理站投入使用，污水收集率和处理率稳步提升。全年新治理废弃稀土矿山3.1平方千米，治理水土流失面积20平方千米。打造“河长制”升级版，率先在全省创建县级APP寻河通，国控、省控10个水功能区监测断面达标率100%。东江流域上下游横向生态补偿项目、山水林田湖草项目进展顺利，斗晏库区水质从9月开始由Ⅲ类向Ⅱ类转变。开展扬尘治理、秸秆焚烧整治，淘汰黄标车313辆。查处生态涉刑案件8起，依法关闭非法排污企业9家，关停畜禽养殖场47家。

【社会事业】 完成省市下达的90件民生实事。筹集资金4亿多元，启动义务教育均衡发展“迎国检”，对157所农村义务教育学校实施营养改善计划。总投资2.3亿元的职业教育基地开工建设。高考再创佳绩，全县一本上线189人，二本以上上线1008人。开发公益性岗位1031个，发放创业担保贷款7817万元。新（改）建低压线路182.4千米，治理低压用户7410户。机关事业单位养老保险基本完成。建成“农家书屋+电商”服务站点119个；大型赣南采茶戏《寻路》成功公演；电视剧《毛泽东寻乌调查》顺利开拍。安全生产、信访形势、食品药品安全总体平稳，社会保持和谐稳定，寻乌县被评为全国信访工作“三无”县。

【自身建设】 加强“两学一做”学习教育，严格执行中央八项规定。开展政府系统改作风、提效率工作，行政效能不断提升。深化“放管服”改革，行政审批事项精简率达7%，取消和调整县本级行政权力事项62项。公布“最多一次办结”事项74项。加强法治政府建设，实现“双随机一公开”监管工作全覆盖，完成行政执法三项制度改革试点。县国土资源局被评为“全国国土资源行政复议应诉成绩突出单位”。自觉接受人大法律监督和政协民主监督，建议、提案办结率、满意率达100%。

建议与提案办理

【县第十八届人民代表大会第二次会议建议受理情况】 共收到人大代表建议58件，其中：工交城建类24件，占41.4%，承办单位8个；农林水类17件，占29.3%，承办单位5个；科教文卫类5件，占8.6%，承办单位3个；民政司法类4件，占6.9%，承办单位2个；商贸流通类1件，占1.7%，承办单位1个；综合类7件，占12.1%，承办单位6个。人大代表建议中涉及最多的是交通问题，共11件，占19%；其次是农田水利问题，共7件，占12.1%。办复率100%；满意率100%。

【县政协第十三届第二次会议提案受理情况】 共收到政协委员提案61件，其中：工交城建类24件，占39.3%，承办单位11个；农林水类14件，占23%，承办单位7个；科教文卫类13件，占21.4%，承办单位3个；财政金融类1件，占1.6%，承办单位1个；民政司法类1件，占1.6%，承办单位1个；商贸流通类5件，占8.2%，承办单位2个；综合类3件，占4.9%，承办单位3个。政协委员提案中涉及最多的是产业转型问题、教育教学问题和交通问题，各5件，占24.6%；其次是城市管理问题、道路管理问题、医疗保险问题、文化生活问题和商贸流通问题，各4件，占32.8%。办复率100%；满意率100%。

（陈慧明）

县政府办公室

【概　况】 县人民政府办公室（以下简称县政府办）内设8个职能科、室，分别是：秘书科、综合科、行政科、信息调研科、应急管理科、法制工作科、县政府督查室（副科级）；下属事业单位：县应急管理中心、信息化工作办公室（副科级）。归口管理单位：县旅游局、外侨办。县政府办编制29名，其中，行政编制26名、工勤编制3名；县政府督查室行政编制2名；县信息化工作办公室编制6名；县应急管理中心编制9名。年末在职人员35人。在2017年度目标管理考评中，获全县“绩效综合考评一类单位第三名”“党的建设工作县直先进单位第四名”“社会治安综合治理及平安建设工作先进单位”“争项争资项目超额完成任务奖”“服务‘七大攻坚’工作先进综合服务部门”。

【办文办会】 做好各类公文的起草、审核和制发工作，办理中央、省、市各类文件2098件，下发县政府文件212件、县政府办文件328件。承办会议100次，其中县政府常务会26次、专题调度会41次。

【政务督查】 按照“交必办、办必果、果必报”的要求，编发《寻乌督查》47期、《政务督查》12期、下发督办函99件、撰写督查汇报71篇。

【应急管理】 健全应急值班日常值守、重大信息报送、突发事件处置及3G单兵使用等各项应急管理制度。向市政府报送应急信息119条，未出现迟报、漏报或错报现象。协助处理各类突发事件，参与组织全县性的地震应急避险疏散和自救互救演练、消防安全演练等活动，年内，未发生重大敏感应急事件。

【政务公开】 完善政府网站功能，及时发布、更新政府网上政务信息、公示公告、转办县委书记、县长信箱来信；编发政务公开信息223条，提升政府工作透明度和公信力。

【法制工作】 做好行政执法证件审核注册、规范性文件合法性审查、“双随机一公开”监管等工作，全年新办续办执法证125张，办理行政复议案件6件。

【外事侨务】 严格因公出国（境）的报批制度和审核程序，加强对因公出国（境）人员的外事纪律教育，从严把关，全年共有一批一人次因不符合有关规定而被否决，不予办理出国报批手续；做好企业申办APEC商务旅游卡服务工作，全县有杨氏果业和圣伟实业有限公司两家企业前来申办APEC商务旅游卡业务；做好寻乌县《全市外语人才库》收录工作，收录外语翻译人才66名；加强外事管理工作，调整县外事工作领导小组组成人员。全县有贫困归侨侨眷31人，共发放由省财政下拨的扶助金9.3万元；发放16名老年困难归侨生活补贴1.92万元；做好春节期间走访慰问工作，共慰问困难归侨侨眷10人次，送去慰问金6000元。

（陈慧明）

人力资源与社会保障

【概　况】 县人力资源和社会保障局（以下简称县人社局）内设办公室、公务员管理股、专业技术人员管理股、工资福利股、就业和社会保险管理股、劳动保障监察仲裁股6个职能室股和劳动监察局、职业教育培训中心、人事考试中心、劳动人事争议仲裁院、信息中心5个事业单位，下辖县公共就业人才服务局、社会保险事业管理局、医疗保险事业管理局、农村养老保险事业管理局4个二级事业局。配有编制28名，其中行政编制15名、事业编制13名。年末在职人员24人。2017年，被评为“全省劳动保障监察工作先进单位”，全县县直（驻县）单位“绩效考评先进单位”“脱贫攻坚工作先进单位”“工业攻坚先进单位”“社会治安综合治理及平安建设工作先进单位”“招商引资工作先进单位”“全面深化改革工作先进单位”。

【人事招聘】 全年面向社会公开招聘事业单位工作人员89名，卫生医疗单位工作人员85人，县国有企业管理人员13名，劳动合同制工作人员16名。采用直接考核方式公开招聘高层次人才17名。

【“三支一扶”】 落实“三支一扶”（即支医、支教、支农、扶贫）大学生岗位计划，招募17名“三支一扶”大学生到农村基层工作。并对2015年考取的“三支一扶”大学生进行服务期满考核，凌林等16人经考核合格，安置到原服务单位。

【职称评定】 发文批复2016年度取得高、中、初级专业技术资格353人，其中，高级职称14人，中级职称131人，初级职称208人。

【人事档案】 共藏人事档案12862卷，其中，干部档案1260卷，聘干档案574卷，工人档案5723卷，退休人员档案5305卷。

【工资福利】 完成公务员职级晋升审批工作，有22人晋升职级（其中晋升副科级4人，晋升正科级12人，晋升副处级6人）；年内，为335名机关、企事业单位工作人员办理退休审批手续；开展2017年度机关、事业单位工作人员遗属生活补助对象基本信息审核工作。

【调解仲裁】 坚持劳动人事争议案件柔性调处机制，先调后裁，裁决调解劳动纠纷案件38起，为劳动者追回经济补偿194.2万元。

【劳动监察】 强化劳动保障监察执法，深入企业开展执法检查。年内，检查用人单位92家，协调处理拖欠农民工工资案98件，涉及劳动者1876人，为劳动者追回工资3949万元。

【工伤认定】 依法做好工伤认定工作，年内，共受理工伤案件19起，其中，作出认定18起，不予认定1起。

【就业再就业】 年内，全县城镇新增就业2504人，完成全年目标任务139.1%；城镇登记失业率3.5%。省内工业园区培训人数1460人，完成目标任务数104.3%；电商培训690人，完成115%；家庭服务业从业人员培训420人，完成116.7%。

"4050"人员就业263人，完成158.8%；安排大学生见习260人。新增发放创业担保贷款7837万元，完成130.62%；扶持创业和带动就业3518人次。

【就业扶贫】 出台《寻乌县鼓励建档立卡贫困劳动力务工政策20条（试行）》《寻乌县就业扶贫车间创建工作实施方案》《关于推进就业扶贫的若干意见》等系列政策，构建就业扶贫政策体系。购买、开发1031个适合贫困劳动力就业的公路养护、农村保洁、治安巡逻等公益性扶贫岗位，帮助823名大龄贫困劳动力就地就近就业。落实转移就业扶贫，筛选适合贫困劳动力就业工作岗位8600多个。2月1日、9月30日在县城北广场分别举办春秋两季大型招聘活动，累计带动1851名贫困劳动力实现转移就业。年内，申报创建南桥镇辉达盛传导科技有限公司、晨光镇晨昇电子厂、桂竹帽镇恒利电子厂等46个企业扶贫车间，带动501名贫困劳动力就业；开通贫困劳动力创业贷款"绿色通道"，对吸纳贫困劳动力就业的企业、个体工商户及自主创业的贫困户，在贷款服务上做到优先受理、优先审核、优先放贷。新增扶持能人创业带动贫困户就业49人，带动贫困劳动力就业89人，发放创业担保贷款1830万元；扶持贫困劳动力自主创业30人，发放创业担保贷款249万元。

【健康扶贫"四道保障线"】 4月28日，寻乌率先在全市实现健康扶贫"四道医疗保障线"一卡通即时结算，为全市健康扶贫做出有益探索。全县贫困人口住院22337人次，费用11825.9万元，补偿11160.1万元，补偿比例为94.37%。为方便参保人就医，主动与广东省梅州市人民医院沟通协调，并报市人社局、市医保局同意后，将其纳入市定点医疗机构，实现医疗保险跨省异地就医即时结算，解决百姓看病报销跑腿垫资问题。推行全国异地就医即时结算，有107人次结算成功，结算资金245.96万元。出台《寻乌县非贫困人口疾病"暖心基金"补偿办法（试行）》，对非贫困人口（含干部职工），特别是贫困边缘人口的医疗费用进行再次补偿，防止贫困边缘人口因病致贫返贫。出台《寻乌县健康扶贫"四道医疗保障线"周转金使用管理办法》，由县财政拨付医疗机构周转金800万元，预借644.61万元，用于代付"一卡通"前的"四道医疗保障线"大病保险、补充保险资金，待承保保险公司理赔后归还，实现一次受理、一站式服务、一次性完成"四道医疗保障线"的报销给付。

【社会保障】 全县城镇职工养老保险参保人数（含离退休人员）36363人，同比增长1988人，增长率为5.78%，完成全年任务的107.58%；当期基本养老保险费累计征收34134万元，完成全年任务的149.22%。企业单位参保离退休人数6267人，累计基本养老金支出12435万元。机关事业单位参保离退休人数2583人，累计基本养老金支出10712万元；城乡居民养老保险参保人数143189人，其中16—59周岁续保缴费人数98322人，扩面参保新增9467人，收缴养老保险费1329.72万元。对60周岁以上符合领取条件的35400人，发放养老金3506.02万元，其中发放基础养老金3387.56万元。完成全年民生指标任务139698人的102.49%。全县基本医疗保险参保缴费人数328224人，其中城镇职工参保缴费人数21181人，城乡居民参保人数307043人。基本医疗保险基金收入总额21448.03万元，其中城镇职工基本医疗保险基金收入5149.91万元（征缴收入4647万元），城乡居民基本医疗保险基金收入16298.12万元（征缴收入3398.85万元）。工伤保险参保人数13724人，征缴工伤保险基金346万元；生育保险参保人数10948人，征缴生育保险基金240万元。失业保险参保人数9808人，征缴失业保险基金116.5万元。

（胡跃华）

扶贫和移民

【概　况】 2017年，全县建档立卡贫困人口52055人，减少贫困人口13961人，未脱贫人口11079人，贫困发生率由9%下降到4%，55个贫困村实现脱贫退出。农民人均可支配收入9424元，同比增长11.6%。寻乌县党委和政府脱贫攻坚工作成效考核被省委、省政府综合评价为“好”等次；金融扶贫工作在全省作经验发言；易地扶贫搬迁工作在全市作经验发言。县扶贫和移民办获县直三类单位综合先进。

【机构队伍】 县扶贫和移民办公室为县直属正科级事业单位。内设秘书股、计划财务股、社会扶贫股（对外联络股）、移民扶贫股，共有全额拨款事业编制10名。年末在职人数9人。老建科技培训中心，为县扶贫和移民办下属正股级全额拨款事业单位，人员编制3名，年末在职人数4人。县扶贫和移民办下属单位精准扶贫工作办公室全额拨款事业编制8名，年末在职人数6人。共有人员编制21名，另有中央机关扶贫挂职领导2名，县委县政府高度重视，为突出扶贫工作龙头位置，有力推进精准脱贫工作，抽调干部10名，聘用人员9名，共有人员42名。

【重要会议】 1月4日，召开全县脱贫攻坚工作调度会，做好国家第三方评估及市精准扶贫考评准备，推进省委脱贫攻坚专项巡视整改落实，确保贫困村退出指标体系达标和各项帮扶措施落实到位，如期实现脱贫摘帽。7月10日，召开全县脱贫攻坚工作流动现场会，先后现场察看留车镇飞龙村、吉潭镇圳下村、桂竹帽镇上坪村、三标乡堆禾村。9月8日，在罗珊乡吴畲村、�竹村召开全县脱贫攻坚流动现场会，推动脱贫攻坚工作落实。12月13日，召开全县脱贫摘帽誓师大会，全面推进脱贫攻坚工作，确保2018年实现脱贫摘帽目标。12月19日，召开全县脱贫攻坚工作调度暨业务培训会，传达学习全省脱贫攻坚工作培训会议精神，做好脱贫攻坚工作，提升全县脱贫攻坚队伍业务水平。

【基础工作】 开展回头看，共清退错评农户3195户12484人，新增漏评贫困户2518户10022人，回退错脱贫困户245户865人，家庭成员自然增加2224人，自然减少1977人。完善干部与贫困户结对帮扶工作机制，对新增贫困人口及时安排干部结对帮扶。参照井冈山、吉安模式，更换“一证两册”、贫困户联系牌和脱贫光荣牌，确保做到国办系统、户口簿、一证两册、一户一档资料信息一致。

【计财工作】 通过整合涉农资金、盘活存量资金和融借金融资金的方式，共筹得扶贫资金21.17亿元［整合财政涉农扶贫资金3.03亿元、融资贷款资金9.9亿元（其中：光伏扶贫2.2亿元、基础设施建设资金6.7亿元、网络扶贫资金0.5亿元、文化扶贫资金0.5亿元）、移民搬迁统贷统还资金4.59亿元、美丽乡村建设资金0.12亿元，产业扶贫信贷通贷款3.53亿元］，用于脱贫攻坚工作。发放“产业信贷通”贷款3.6亿元、财政产业奖补资金1266万元，惠及贫困户9831户；以柑橘为主，发展蔬菜、猕猴桃、蓝莓、油茶、百香果、葡萄和生态肉鸡、山羊、藏香猪、养蜂等多元并进的农业产业体系及电商、光伏、旅游等产业，扶贫光伏发电站覆盖全县184个村（居），总安装容量为25934千瓦，贫困户户均年分红收益200—500元。加强项目管理，下达扶贫项目资金6.6亿元，安排项目2347个，贫困村村庄整治项目开工率达100%，完工率为98.3%，资金拨付率为95.6%。

【社会扶贫】 “雨露计划”有力推进，全年补助技能培训436人43.6万元、学历教育129人38.7万元。社会扶贫网累计注册贫困户17842户、爱心人士17010人、村级管理员642人；发起贫困需求数17374次，成功对接15006次；发起爱心捐赠12011次，成功对接11783次。国家级定点扶贫单位1个（中华全国供销合作总社），国家级对口支援单位2个（中宣部、国家统计局），省派定点扶贫单位6个（赣能股份有限公司、省地震局、中国铁塔江西分公司、省广播电视台、建工集团公司、中江国际信托公司）；市直定点扶贫单位9个（赣州市工商局、矿管局、国土局、赣州信用社、市邮政局、环保局、住房保障管理中心、航空服务发展公司、国家统计局赣州调查队公司），中央、省、市定点扶贫单位积极筹措帮扶资金，为挂点村解决实际困难。10月17日，举办县“扶贫一日捐”集中募捐暨“扶贫”超市项目认领活动仪式，全县各单位干部职工和110家爱心企业募捐钱物105.1673万元。

【易地搬迁】 出台《寻乌县易地搬迁工作方案》。进城安置点在全省率先采取EPC运作模式，实行集中统建，确保不触碰“四条线”，工程进度良好，在全市作经验发言。

（刘 阳）

地方志工作

【概 况】 2017年，县地方志办公室继续贯彻落实《国务院地方志工作条例》《江西省实施〈地方志工作条例〉办法》《全国地方志事业发展纲要（2015—2020）》和《江西省地方志事业发展纲要（2015—2020）》以及《赣州市贯彻〈全国地方志事业发展纲要（2015—2020）实施方案》为指导，完成《寻乌年鉴（2017）》编纂出版、省市年鉴资料供稿、旧志整理等工作，完成精准扶贫、移民搬迁等中心工作任务。被市地方志办公室评为“2017年全市年鉴工作先进单位”。

【机构队伍】 县地方志办公室（以下简称县地志办）是主管全县地方志工作的职能部门，内设秘书股、编纂股，配有全额拨款事业编制人员4名。年末在岗10人，其中现职5人、聘请5人。

【年鉴编纂】 3月9日，县委、县政府办公室印发《关于做好〈寻乌年鉴〉(2017）编纂工作的通知》,《通知》要求各乡（镇）、各部门和县直、驻县单位，必须在4月21日前，将年鉴资料稿和单位总结报送县地志办。7月，编辑人员完成分纂稿。8月，总编辑完成书稿总纂。9月，通过政府询价采购确定印刷企业，同时报江西高校出版社申请公开出版书号，次年出版发行。《寻乌年鉴》自2008年创刊以来，已连年编纂十卷。之前均为内部出版，2017年卷实现首次公开出版。

【省、市年鉴稿件编纂】 编写《江西年鉴（2017卷）》《赣州年鉴（2017卷）》寻乌县类目资料，按时完成撰稿任务。完成《赣州市2017年大事记》寻乌资料供稿工作。

【旧志整理】 为保存史籍，承续县脉，县地方志办作出逐年对历次纂修旧志进行整理的计划。年初，着手对光绪二年、光绪十五年两版本旧志进行馆藏拷贝、影印整理，于8月经印刷招标采购后付印，年内刊行。自2012年旧志整理工作开展以来，先后对乾隆十四年、光绪二十七年、康熙十二年（抄本）、光绪三十三年、光绪二年、光绪十五年等6部不同版本的《长宁县志》进行整理、印刷、发行，实现一年一部的工作进度。

【读志用志】 开展《地方志工作条例》宣传和县地志办丛书宣传、咨询活动，旨在拓宽社会各界人士读志用志途径，发挥地方志存史、咨政、育人功能，为县域经济社会发展服务。赠阅发行《寻乌年鉴（2017卷）》近400册。

（刘求进）

档案工作

【概 况】 县档案局（馆）为参照公务员管理的正科级事业单位，与县档案馆实行两块牌子一套人马管理体制。内设4个股室。配有全额拨款事业编制5名。年末在职人员9人。

【档案法律法规宣传】 “6·9”国际档案日，开展系列宣传纪念活动。对全县立档单位的档案工作进行检查和指导，并发放档案宣传资料。制作刊出一期“档案文化宣传长廊”，内容有“县档案局（馆）简介”“什么是档案”“档案的作用”“档案立法”“寻乌县档案数字化发展”五个板块。6月9日，在人口密集的县城中山街设“6·9”国际档案日宣传点，接待群众咨询160人次，发放宣传资料400份。

【档案收藏与保管】 年内，收到各种档案2万余卷，资料6000余册，其中有民国档案、革命历史档案、土地房产证、山林执照、史志谱类档案和部分音响档案等。按照“八防”（防盗、防火、防水、防潮、防尘、防虫、防高温、防强光）要求，抓好安全配套措施，确保档案安全。制订各种档案制度，档案存放有序。

【档案查阅与利用】 年内，接待社会各界档案利用者816人次，查阅档案1968卷（册），为全县山林执照、权利纠纷、土地房屋、编史、修志、落实政策、调解纠纷、核实工龄、学术研究等提供大量详实的第一手资料。

【档案收集、整理、登记】 完善年度立卷归档申报制度，完成年度档案归档工作。帮助县质检站、政府办、工信局、财保公司、老干部局、社保局等单位进行档案立卷归档整理工作。开展县“大湖水库工程”前期档案工作指导、验收。对农村土地确权档案工作进行不定期业务指导，保证档案收集齐全、完整，整理合符规范。加强对长宁镇6个社区，全县15个乡（镇）172个村民委员会档案工作业务指导，促进全县民生档案建设。

【档案库房管理】 现有库房面积1600平方米，库房按照国家档案馆标准设计，新购置标准档案密集架622立方米，库房内配有除湿机、消毒柜、平板车、活动阶梯等，安装火灾自动报警系统、恒温系统、摄像头监控系统，确保档案馆安全。

【综合档案馆升级】 县综合档案馆建设升级达到省一级（国家二级）馆标准。选派2名专业技术人员到省档案局培训，组织相关工作人员到宜春市万载县档案局、九江市武宁县档案局、赣州、南昌等档案部门考察学习，为综合档案馆升级提供队伍保障与信息技术跟进。

（何启程）

行政服务中心管理

【概　况】 年内，受理行政审批事项246项，涉及39个部门单位。全县30个部门、单位198项审批事项，列入综合窗口进行“一窗式”受理，设立3个分中心。服务大厅各窗口共受理办件16087件，同比增长34%，办结率100%，收费7.48亿元。县行政服务中心管理委员会被评为赣州市第九届文明单位。

【机构队伍】 县行政服务中心管委会（以下简称县行管委）是县政府派出机构，内设秘书股、行政服务监管股、公共资源交易监管股、信息管理股。下辖寻乌县公共资源交易中心（副科级）、寻乌县行政审批效能监察中心（正股级）。县行管委有行政编制5名。年末在职人员6人。县公共资源交易中心，属全额拨款副科级事业单位。内设秘书股、政府采购部、招标投标部、产权交易部。有事业编制8名。年末在职人员7人。县行政审批效能监察中心，属全额拨款正股级事业单位。有事业编制5名。年末在职人员4人。县行管委设党委，下设3个党支部，即机关党支部、窗口党支部和公共资源交易中心党支部。有中共党员19人。

【“一窗式”审批】 10月30日，“一窗式”受理工作正式运行，受理办件1838件，办结1838件，办结率100%。接受群众评议459次，其中，很满意评议447次，满意评议10次，不满意评议1次，群众满意率达到99.2%。

【中介监管机制】 出台《寻乌县行政服务中心管理委员会行政审批中介服务超市管理办法》，发布中介服务超市入驻公告。对已提供相关入库资料，并符合管理办法规定条件的中介机构进行建库，年底正式运行中介服务超市。

【“多证合一”】 将原企业（包括个体工商户、农民专业合作社）营业执照、《出入境检验检疫报检企业备案表》等24项证照合并，纳入“多证合一”。核发“多证合一”营业执照15户，企业全程电子登记12户。

【并联审批】 出台《寻乌县行政服务中心管理委员会并联审批管理办法》，成立建设项目并联审批受理中心。政府投资项目前期工作审批时间缩短50%，企业投资项目（核准类）前期工作审批时间缩短40%。成立企业服务股，设立企业办证服务窗口，对重大项目和企业投资项目实行全程代办。年内，已跟踪代办项目10个。

【“容缺受理”管理】 制定《寻乌县行政服务中心管理委员会“容缺受理”管理办法》，对需要的基本条件及主要申报材料齐全，但次要条件或手续有欠缺或瑕疵的事项，可先予“容缺受理”。年内，有30个窗口部门审批事项实行“容缺受理”。

【减证减时利企便民活动】 清理民生领域的各类“奇葩证明”“循环证明”。年内，有3个单位涉及11项公共服务事项取消或兼并，有4个单位涉及8个公共服务事项的证明、盖章类材料得到简化和优化。整合开通市民服务热线。5月，已将原“96333”平台升级整合为“12345”市民服务热线，并进入试运行。自运行以来，收到“12345”群信通有效信息共3913件，回复3909件，回复率达到99.8%，满意度达到93%。

【窗口管理】 开展进驻行政服务中心窗口工作进行“三集中、三到位”检查。年内，已检查县国土资源局、房管局、不动产窗口单位全部达标，对检查情况进行全县通报。开展“红旗窗口”和“服务之星”评比活动，服务大厅评出“红旗窗口”24个，“服务之星”24人，“表现优秀”12人，“末位预警”1人。

【便民服务督查】 定期对各乡（镇）便民服务中心进行督查，对发现的问题下发整改通知，并将情况进行通报。每月定期对乡（镇）便民服务中心运行情况进行视频监察，将监察情况进行定期通报。年内，对各乡（镇）便民服务中心运行情况开展2次大督查。

【公共资源交易】 年内，县公共资源交易中心完成交易项目513宗，交易金额231624.06万元，增收67.81万元，为财政节约支出10682.94万元。其中：工程建设交易项目423宗，成交额144819.13万元，节约金额8700.77万元，节约率5.67%；政府采购公开招标项目49宗，实际采购金额86391.03万元，节约金额1982.17万元，节约率2.24%；产权交易41宗，成交额413.9万元，增值金额67.81万元，增值率19.59%。

（张　盼）

苏区振兴发展工作

【概　况】 县赣南苏区振兴发展工作办公室（以下简称县振兴办）为县委、县政府直属正科级事业单位，内设综合股、政策研究与规划股、执行西部大开发政策股3个职能股。有全额拨款事业编制9名。年末在职人员7人。

【《国务院关于支持赣南等原中央苏区振兴发展的若干意见》五周年纪念活动】 6月27—28日，县委、县政府主要领导以及中宣部、国家统计局在寻乌挂职的领导（含第一批、第二批）出席在赣州举办的“纪念《若干意见》出台实施五周年大型群众综艺晚会”“江西省深入推进赣南等原中央苏区振兴发展工作会议”“‘光荣与梦想’——赣南苏区振兴发展主题展览”等大型纪念活动。总结、评估《若干意见》实施五周年工作情况及各项政策、项目落实情况形成总结材料和评估报告。分成18个专题，开展贯彻习近平、李克强等中央领导对赣南苏区振兴发展工作批示精神主题调研活动，形成《寻乌县经济社会发展情况调查报告》。

【落实重大事项】 恢复设立农发行寻乌支行；抓好瑞梅铁路、寻乌南桥至广东龙川高速公路、设立“国家统计局寻乌调查队”、寻乌县申报国家级现代农业示范区、寻乌调查纪念馆改扩建工程、寻乌县南桥镇新型城镇化建设项目、寻乌县石排工业园东部园区基础设施建设项目、2017年中央预算内投资及专项建设基金项目给予寻乌倾斜支持等9个重大事项；印发《2017年向国家争取的重大苏区振兴发展政策、资金或项目工作责任分工表》，积极向上呈报一批重大恳请事项。

【对口支援】 中央宣传部常务副部长、中央文明办主任黄坤明，国家统计局副局长郑京平先后到寻乌考察调研。围绕中宣部、国家统计局对口支援年度工作计划，出台贯彻落实工作方案，完成16项对口支援重点事项（其中中宣部11项，国家统计局5项）。开拍电视剧《毛泽东寻乌调查》；举办以“强军战旗红”为主题的中央电视台“心连心”艺术团寻乌分会场慰问演出；加强乡村综合文化服务中心建设，建成示范点70个，在建76个；支持寻乌“两馆一中心”建设；中央主流媒体多次宣传报道寻乌县经济社会发展情况，资助25名教师赴北京、湖北学习交流。国家统计局援助寻乌统计工作经费100万元，安排9名统计干部参加全国统计业务培训班，成立国家统计局寻乌调查队；启动省高校对口支援工作，省高校对口支援单位南昌工程学院院长金志农到寻考察调研，出台《南昌工程学院对口支援寻乌县工作方案》，县校双方签订《战略合作框架协议》，完成5项对口支援工作任务，组织专家对寻乌产业发展提供人才技术支持。

【试点示范】 实施试点示范项目，将山水林田湖生态保护修复试点、全国革命老区扶贫攻坚示范区、公共文化服务体系示范区三个试点示范事项列为全市科学发展年终考评内容，完成年度目标任务。习近平总书记在中宣部呈报的《弘扬脱贫攻坚精神，推动农村物质文明和精神文明协调发展——寻乌扶贫调研报告》上作亲笔批示；全市山水林田湖生态保护修复工程现场推进会在寻乌召开；国家公共文化服务体系示范区打造在全国推广的“七个一”寻乌建设标准，在全国文化精准扶贫工作视频会议上作经验介绍。

【争资争项】 4月，县委主要领导参加在北京举办的“‘2017’振兴赣南苏区”赣州（北京）产业推介会。8月24—26日，县政府主要领导赴中宣部、国家统计局、中华全国供销总社汇报对接，拜会中宣部副部长孙志军、国家统计局副局长郑京平、中华全国供销总社副主任杨建平等领导，汇报寻乌苏区振兴发展和脱贫攻坚等有关工作情况，呈报东江源生态保护和横向生态补偿机制延期、规划建设梅赣高铁、设立寻乌县农业产业发展基金等重大呈请事项，得到部委有关领导的大力支持或明确答复。跟踪落实《贯彻落实对口支援国家部委有关意见建议及所涉重点事项责任分工表》。做好县委、县政府主要领导梳理《县主要领导拟赴京、赴昌争取重大事项表》；做好“北上对接”工作，对县直各部门“北上”对接情况定期进行督查并予以通报。截至10月，已向上争取资金24.99亿元。

【产业发展】 开展点题招商等活动，至年底，签约项目18个，金额64.28亿元。1—9月，全县规模以上工业增加值达8.36亿元，同比增长10.3%，居全市第3名；全年工业固定投资20亿元以上；发展规模蔬菜5280亩、猕猴桃13540.5亩；设立市级标准化生态示范园12个；充分利用IPO政策，引进拟上市挂牌企业11家；电子商务产业园投入试运营，荣获“2016年电商消费十佳县”；红土地物流整合全县物流企业，被中国物流与采购联合会授予“4A级物流企业”；东江源温泉养生小镇、青龙岩景区、石崆寨景区等重点旅游项目扎实推进，旅游产业加速发展。

【基础设施】 G236寻乌县城至虎石段年内建成通

车；实施农饮巩固提升工程项目 70 个；大湖水库大坝实现封顶，完成工程量的 91.13%，新自来水厂开工建设。全县新（改）建低压线路 182.42 千米，治理低压用户 7410 户。乱罗嶂风电场、基隆嶂风电、爱康新能源农光互补光伏发电等项目相继投入使用。

【生态建设】 重点实施“一线两路四区”绿化工程，完成造林面积 6000 亩、低质低效林改造 14901 亩。建设污水管网 56.07 千米。争取各类生态资金 5 亿元。投入 2000 万元打造河长制升级版，清理河道垃圾 6000 吨。空气质量达到国家二级标准，饮用水源水质长期稳定在Ⅱ类，出境断面水质稳定达标。

【城乡规划】 围绕“山水客家韵、灵秀寻乌城”定位，投入 3000 万元启动 8 个项目的城市规划编制和 13 个乡（镇）控规编制。强力推进棚户区改造，完成签约 1265 套，签约率达 98.14%。拆除“两违”建筑 768 处 122532 平方米。

【民生福祉】 全年安排项目资金 7.13 亿元，下达项目 2371 个。累计拆除“空心房”25200 平方米，拆除率达 100%。182 个村级光伏扶贫电站，至 6 月底，全部并网发电。投入近 3 亿元，启动义务教育均衡发展“迎国检”攻坚战，改（扩）建农村幼儿园 20 所，157 所农村义务教育学校实施营养改善计划，总投资 2 亿元的职业教学园区开工建设。寻乌县被评为“国家级出口食品农产品质量安全示范区”。

（彭燕燕）

政协寻乌县委员会

综　述

【概　况】 年内，召开县政协会1次、县政协常务委员会6次，听取和审议工作报告3个，作出决议2项，专题协商5次，对口协商7次，民主监督3次，专题调研6次，公益活动2次，协商人事任免6人次及委员辞呈3人。县政协内设机构有办公室、提案委员会、经济科技委员会、教育文化卫生体育委员会、法制社团委员会、人口资源环境委员会。

共有编制18名，其中行政编制15名、工勤编制3名。年末在职人员30人。

重要会议

【县政协第十三届第二次会议】 会议主要听取县委书记柯岩松讲话；听取和审议《政协寻乌县第十三届委员会常务委员会工作报告》《政协寻乌县第十三届委员会第一次会议以来提案工作情况报告》；列席寻乌县第十八届人民代表大会第二次会议，听取和讨论政府工作报告及其他报告；通过政协寻乌县第十三届委员会第二次会议决议。

【县政协第十三届常务委员会会议】 第一次会议。2月5日召开。会议主要通报会议筹备情况；会议协商确定政协寻乌县第十三届委员会第二次会议召开的具体事项。

第二次会议。2月9日召开。会议主要各界别召集人汇报各讨论组讨论情况；协商通过《政协寻乌县第十三届第二次会议提案审查情况报告（草案）》；协商通过《政协寻乌县第十三届第二次会议决议（草案）》。

第三次会议。3月22日召开。会议主要组织学习2017年全国“两会”会议精神；协商审定县政协常务委员会2017年工作要点；协商审定李锦灵、王璐委员辞呈。

第四次会议。6月5日召开。会议主要组织学习中共寻乌县委书记柯岩松在全县脱贫攻坚工作会议上的讲话精神；协商讨论《关于赴安徽休宁县、福建武平县调研考察跨地区流域生态补偿工作的报告》；协商讨论《关于对县交通运输局开展民主监督的实施方案》；协商讨论人事任免。

第五次会议。9月30日召开。会议主要组织学习市委组织部、市纪委转发省委组织部、省纪委《关于严明换届考察期间有关纪律要求的通知》和市委、市政府《关于深入贯彻习近平总书记扶贫开发战略思想以脱贫攻坚统揽经济社会发展全局的意见》以及省委常委、市委书记李炳军在寻乌调研考察期间的讲话精神；听取对交通运输局开展民主监督有关情况汇报；协商委员辞呈；协商讨论人事任免。

第六次会议。11 月 30 日召开。会议主要组织中共十九大精神专题学习。

主要工作

【协商民主】 会议协商。全会期间，通过听取报告、大会发言、分组讨论等形式，组织委员围绕“一府两院”工作报告进行认真讨论协商，特别对全县“七大攻坚”、经济发展、社会民生、社会稳定等方面进行议政建言，共提出意见建议 160 条。

专题协商。围绕工业发展、脱贫攻坚、基础设施建设等“七大攻坚”工作开展专题协商。在听取县工业园区管委会、扶贫和移民办、商务局、农粮局、环保局等单位的工作情况汇报后，提出加快工业平台建设、完善扶贫机制、壮大村集体经济、加大环境保护力度等 26 条意见建议。

对口协商。组织广大委员就脱贫攻坚、城市管理、聚焦首位产业招商、民营经济发展、食品安全监管、新型农村经营主体培育、推动沟域经济发展等课题进行协商，共提出 50 条意见建议。

民主监督。对全县 2016 年以来，扶贫专项资金使用情况进行专题民主监督，梳理全县扶贫专项资金管理、使用监督情况存在的问题，并提出 3 条切实可行的意见建议；对县交通运输局 2016 年以来，履行职责和完成工作目标任务、勤政廉政等情况开展民主监督。

【政协相关工作】 调研视察。组织委员对农村住房安全保障、跨地区流域生态补偿、工业园区发展建设情况、义务教育均衡发展、城市管理、推进“厕所革命”等开展专题调研，听取各方面人士的真知灼见，向县委、县政府报送调研报告 7 篇，提供意见建议 30 条。

社情民意。发挥政协委员的行业优势，关注群众关心的热点、难点问题，报送社情民意信息 10 篇，县委、县政府主要领导阅后进行批示，并及时转交给相关部门抓好办理落实。

文史宣传信息。完成《寻乌文化大观》编纂发行工作。实行宣传信息工作考评奖惩制度，全年共向省、市政协及县电视台和手机报报送信息 40 条，向《光华时报》等报刊投稿发表稿件 10 篇。做好党报党刊订阅及政协报刊订阅工作,《人民政协报》《光华时报》《中国政协》的征订任务全面超额完成。

公益性活动。组织科技界、医卫界委员开展“送医、送药、送科技”活动 2 次，发放科普书籍 1000 份，义诊病人 800 人，发放药品价值 9000 元；组织委员开展“捐资助学”活动，全年共看望贫困学生 20 名，发放救助资金 2 万元。

联络联谊。注重与周边县市政协联谊交流，参加在赣、闽、粤边三省九县政协联系协作会。主动配合兄弟市、县政协来寻开展各类学习、调研、考察活动等。协助省、市政协到寻开展各项调研视察及民主监督活动 9 次。

提案办理。县政协第十三届第二次会议期间共收到委员提案 66 件，经审查立案 61 件。及时召开提案交办会，会同县政府办将全部提案交给相关部门办理。对《关于加大扶持农民专业合作社发展的建议》和《关于保护群众发展产业热情、促进农业产业转型升级的建议》等重点提案开展现场视察督办。

【委员队伍建设】 坚持联系走访委员制度，班子成员和各专委会共走访委员 100 人次。开展委员培训，帮助委员把握大局、增长知识、开阔视野。召开大湖水库建设、城乡一体化供水及新水厂工程等 3 个政情通报会，帮助委员知情明政。开展优秀政协委员和优秀提案评选。

（王显坤）

群众团体

总工会

【概　况】 年内，建立基层工会12家，发展会员1151人，配备专兼职工会干部32人。工业园区21家正常生产企业中，已建会企业20家，建会率95%，共有职工2650人，入会会员2596人，入会率达98%，打造5个企业工会工作示范点。县总工会被省总工会评为“2017年度江西省工会新闻宣传工作先进单位”，被市总工会评为全市工会系统“廉政书画、摄影作品大赛”优秀组织奖；被县委、县政府评为招工工作先进单位（县直招工单位第一名），并被评为“社会治安综合治理平安寻乌建设暨目标管理先进单位”。

【机构队伍】 县总工会内设办公室、基层工作部、职工服务中心、女职工委员会、经审办、职工互保办，下辖二个副科级事业单位：职工学校、退管办。行政编制5名，全额拨款事业编制6名其中，职工服务中心3名；退管办2名；职工学校1名。实有干部职工16人，其中主席1人（兼），常务副主席1人，副主席1人，挂职副主席1人，兼职副主席2人，职工学校校长1人，副科职级干部1人，副主任科员1人，其他人员7人，聘请协理员5人。

【职工技能培训】 组织以“三比”为内容的全县重点工程劳动竞赛，举办建筑行业砌筑工岗位技能竞赛、电力行业专业技术人员技能竞赛，各级工会开展15场次岗位劳动技能竞赛，参与职工达800余人；组织职工参加职工群众技术创新活动，职工创新成果8项，提出各种合理化建议36条。4月，成立寻乌县圆梦技能培训中心，开展订单式、定向式、创业式培训，先后举办职工技能培训班6次，培训职工425余人，帮助56名职工实现创业，介绍315名职工实现就业或再就业。

【劳模管理】 做好2017年省、市“五一劳动奖状（章）”和工人先锋号的推荐工作。县供电分公司陈海清、县爱馨泰电子商贸有限公司陈爱松、县城乡规划设计研究院刘章辉、县人民医院陈文添等4人被授予赣州市“五一劳动奖章”，县地方税务局、寻乌县国家税务局被授予赣州市“五一劳动奖章”荣誉，县国家税务局办税服务厅被授予“赣州市工人先锋号”荣誉。国网江西电力有限责任公司寻乌县供电分公司营销部客户服务中心获“赣州市五一巾帼标兵岗”荣誉；县纪律检查委员会副主任科员李玉芳获“赣州市五一巾帼标兵”荣誉；县机关保育院院长潘云玲获“赣州市女创业带头人”荣誉；县国土资源局党组成员、副局长钟碧辉获“赣州市优秀工会女职工干部”荣誉。打造3个省市级劳模创新工作室。召开劳模座谈会，为寻乌经济社会发展建言献策，提出51条有价值的合理化建议。加强劳模管理，劳模津贴足额发放到位，为劳动模范免费体检。

【组织建设】 12月7—9日，县工会第十二次代表大会召开。选举产生县总工会第十二届委员会和经审委员会。

通过标语、宣传车、宣传栏、宣传资料、微信、网站等载体和形式开展职工入会宣传。印制发放5000余份《寻乌县总工会职工（农民工）入会宣传手册》。加大以园区企业和非公企业建会为重点的基层工会组建力度，开展“建家、强家、暖家、爱家”活动。建立基层工会12家，发展会员1151人，配备专兼职工会干部32人。在工业园区21家正常生产企业中，已建会企业20家，建会率95%，共有职工2650人，入会会员2596人，入会率达98%，打造5个企业工会工作示范点。

【“职工之家”建设】 建立园区工会工作服务站，建好园区职工书屋，配备“三师”工作室，为企业工会建立“一纸一电”档案；与工业园区管委会合作，在工业园区打造高标准的园区“职工之家”。指导各基层工会以“十小”为标准建设“职工之家”，为每个“职工之家”给予1万—2万元资金补助，培育国税局工会等一批模范职工之家示范点，其中县国税局工会、石湾陶瓷有限公司工会被评为“全省模范职工小家”。

【职工维权】 立足“维护职工利益、维护企业和社会稳定”的基本职能，指导职工与企业签订劳动合同，督促企业开展工资集体协商，企业签订率达70%。受理职工来信来访15人次，协调处理纠纷2件次。发放《职工维权法律知识系列口袋书》1000余册。在工业园区建立“三师”（即律师、健康工程师、工资集体协商指导师）工作室和职工劳动争议调解室，聘请专职“三师”深入企业和职工中，开展法律知识、安全知识、健康知识讲座，为困难职工提供法律援助4人次。制定《关于加强厂务公开民主管理保障职工参与管理和监督民主权利的意见》，推进企业民主管理、厂务公开工作，全县国有企业厂务公开建制率达100%，非公企业厂务公开建制率达93%。

【扶贫帮困】 开展“打好攻坚战、工会在行动”活动，印发《寻乌县总工会“助推主攻工业、服务企业发展”十二条措施》《关于在精准扶贫工作中充分发挥工会组织作用的实施方案》。举办2场招聘会，为1200人次提供免费就业服务。结对帮扶留车村，筹措资金20多万元，帮助挂点村改善基础设施、产业发展，为群众办实事24件。开展“春送岗位、夏送清凉、金秋助学、冬送温暖”活动。走访慰问困难职工、困难劳模、农民工436余人，发放帮扶资金35.32万元；走访高温作业企事业单位6家，发放清凉物资3万元；发放助学金8.4万元，帮助56名困难职工子女圆了大学梦。截至11月，职工参加互助保障6435人次，上缴保费50余万元，累计52人次获得互保理赔金额39.5万元。

推进会员普惠落实，与建行合作发行工会普惠龙卡7503张，县内签约合作商家20余户。推进工会工作转型升级，通过互联网、手机等新兴媒体，宣传省内工会会员各项普惠政策，扩大会员普惠服务的覆盖面和影响力。

【工会活动】 1月28日，在市政公园举行贺新春游园活动——端乒乓球行走游戏，共吸引380余名职工（农民工）参加活动。举办第五届全县性的“庆五一”职工文化艺术节，参与职工2000余人次。根据市总工会《关于举办“中国梦·劳动美”赣州市首届职工网上艺术节的通知》精神，向全县征集18件优秀作品参加评选，内容涉及歌唱类、朗诵类、美术类、器乐类、摄影类、生活才艺类、书法类、舞蹈类、语言类、赣州工匠风采展演等方面，并有4件作品获得优秀作品奖，6件作品获得人气奖，县总工会被市总工会授予活动优秀组织奖。在县体育中心举办青年干部职工联谊会，旨在为大龄青年提供良好的交友平台，全县各单位、各企业60多名男女青年前来参加。

【自身建设】 开展“道德讲堂、劳模讲堂、文化讲堂”三堂教育，“中国梦、劳动美”、“劳模风采展播”等主题教育，举办知识竞赛、主题演讲、读书比赛等活动，发挥寻乌工会网站、“工会在身边”微信群、电子书屋等新兴媒体的作用，弘扬新思想、传播正能量、激发新精神。重视职工活动场所建设，在城北新区无偿划拨5333.36平方米国有土地，用于建设县职工活动中心。职工活动中心建筑占地5255平方米，建筑面积4780平方米，概算投资1000万元，配备职工综合服务、教育培训、文体娱乐等多项设施和功能。

（谢海标）

共青团

【概　况】 年内，共有团组织430个，其中团委24个（乡镇团委15个，中学团委19个），团总支10个（县直团支部35个，中学团支部361个）；全县在册团员5000余人，2017年新发展团员1541人；公益组织数3个，联系青年志愿者300余人；共有少先队23个，其中大队7个，中队16个。共青团寻乌县委属群团组织，内设办公室、县实施希望工程领导小组办公室、县综治委预防青少年违法犯罪专项组、县未成年人保护工作委员会办公室。编制4名，在编干部3人，其中书记1人，副书记1人，科员1人。

【团组织建设】 10月16日，下发《寻乌县共青团改革方案》。11月下旬召开共青团寻乌县第二十一次代表大会，并选举和产生第二十一届共青团寻乌县委领导班子。召开“学习总书记讲话，做合格共青团员”教育实践动员部署会议，并制定“1+3+N”工作方案。持续开展“1+100”（1名团干部，联系100名青年）直接联系青年、团干部直接联系团支部活动，全县28名专、兼职团干部，共联系青年3487人。从严落实“三会两制一课”制度，各级团组织共上团课39次，撰写心得体会200余篇，召开组织生活会64次，举办乡镇团干部培训班3期，组织3批乡（镇）团干部赴井冈山参加团市委举办的培训班。10月，团省委“送培训下基层”培训班在寻乌举行。

【青年志愿服务】 1月和8月（寒暑假期间），团县委联合寻乌县农商银行对返乡大学生开展寒、暑假志愿者服务活动，并对他们提供大学生志愿服务时间证明和鉴定意见，服务青年参加就业见习提供保障。春运期间，组织青年志愿者在县南桥交警中队旁搭设便民服务点，免费提供热水、姜汤、食物等，并设立卫生医疗供应点、摩托车免费检修点，为途径寻乌的返乡群众提供便利。

【青少年文化活动】 组织40多名小学生参加全市青少年井冈特训营。开展“泼墨挥毫 · 七彩飞扬”2017少儿艺术节暨寻乌县第三届少儿现场书画大赛，全县323名学生参加大赛。积极参与赣州青年助力全市乡风文明建设“六大行动”、寻乌县乡风文明行动，累计开展各类活动30余场次。

【青年创新创业】 举办首届“青年之声”青春创业茶经会，全县青年创业代表等30余人出席活动，为青年创业者提供脱贫致富平台。南桥镇团委组织青年志愿者在南龙村开展甜柿种植技术培训讲座志愿服务活动，培训人数达70余人。

【“互联网＋共青团”】 建设青年核心网络文明志愿者队伍，团干直接联系掌握不少于5人的青年核心网络文明志愿者。创作新媒体文化精品，精准扶贫、绿色生态、法治宣传、清朗网络等工作，加强话题策划、产品生产，创作寻乌县共青团文化精品。11月，举办“我要上春晚”等少儿才艺大赛5场次。推广“互联网＋”工作模式，建立“青年之声”平台，宣传道路交通安全、防火防灾、净化网络环境、留守儿童心理健康、禁毒等安全知识和自护自救常识。全县各级团干参与“1+100”团干部联系青年活动，27名团干部联系青年3300余名。8月，成立寻乌县大学生流动团支部。

（刘　娜）

妇女联合会

【概　况】 年内，共有妇联组织92个，其中乡镇妇联15个；县直单位妇委会70个；建立妇联组织的企业有6个，公益组织数1个，联系巾帼志愿者500余人；在2269个村小组中，配备2225个妇女小组长。2017年荣获江西省实施妇女儿童发展纲要先进集体。县妇联内设办公室、妇儿工委会、组宣部、儿童部、发展部、权益部。编制5名，实有4人。

【妇联组织建设】 制定《寻乌县全面推行村（社区）妇代会改建妇联工作的实施方案》，规范改建工作流程，加强对村（社区）改建工作指导。通过“会改联”选好配强村妇联主席、副主席和执委，壮大村级妇女干部队伍。优化妇联组织人员结构，在全县打造“1+1+X”乡镇妇联新模式，即每个乡镇一个副科级女党委政府班子成员任妇联主席，一个业务能力强的女干部任专职副主席，三个兼职副主席分别为一个体制内女干部及体制外优秀妇女典型。

【综治维稳】 三八节期间，联合县综治办、司法局、公安局、检察院、法院等单位，开展以《中华人民共和国反家庭暴力法》《中华人民共和国婚姻法》《中华人民共和国未成年人保护法》《妇女儿童发展规划》等内容维权周活动。做好信访接待，处理来信来访20余件，结案率达98%以上。

【妇女儿童民生项目】 向省妇联争取各类妇女儿童民生项目资金35万元，用于妇女创业帮扶、贫困母亲“两癌”救助、贫困妇女维权妇女儿童之家建设等项目。利用“人均一元钱”资金，用于困难妇女工作者救助慰问、县级示范妇女之家建设等项目。做好3000名农村妇女“两癌”免费检查。开展“春蕾十元捐”活动，帮助贫困女童实现求学梦想，发放救助金107900元。

【开展妇女系列活动】 开展“最美家庭”、清洁家庭系列评选活动，引领广大妇女弘扬社会新风尚；开展以“推进移风易俗　树立乡风文明”为主题文艺晚会。每月举办一期“女性大讲堂”培训宣讲，提升现代女性整体素质。三八节期间，组织优秀妇女代表开展看“七大攻坚项目、谈体会、话发展”活动，母亲节“你养我长大、我陪你变老”感恩活动，庆“七一”做文明乡风倡导者暨寻找最美家庭及“妇联改革拓新路，乡风文明吹福中，颂歌献给十九大”文艺晚会。

（刘丽红）

工商业联合会

【概　况】 县工商业联合会与县总商会合署办公，县工商业联合会驻会机关是公务员登记管理的正科级行政单位，内设办公室。配行政编制2名，有驻会在职工作人员2人。

【组织建设】 年内，世纪陶瓷、力美体育文化等6家企业新加入县工商联成为会员。启动餐饮、建材和福建寻乌商会、南桥镇、澄江镇、菖蒲乡商会的筹备工作；加强长三角寻乌商会、广东省寻乌商会、梅州市寻乌商会、赣州市桔都商会等外埠商会的联系。制订商会建设规划、管理制度，工作职责、考核办法等。

【参政议政】 开展民营经济调研活动，提交提案18件、意见建议28条，撰写调研报告3篇，为县委政府制定和发展民营经济决策提供参考。

【两个健康发展】 帮助企业融资，为企业和中邮消费金融有限公司牵线搭桥，给县民营企业提供贷款担保服务，解决企业贷款融资难问题。建立非公经济发展环境监测评估机制，分析评估非公企业的经营环境状况，提出优化发展环境的意见建议；建立市级监测点3个。做好上规模非公企业调研、全省最佳优化民营经济发展环境县推选和宣传。

【扶贫工作】 县委统战部、工商联、扶贫办三家联合下发“百企帮百村”精准扶贫文件，通过手机报、微信公众号、微信群、QQ群等多种媒体宣传企业帮扶好典型、好做法，营造全社会理解、支持、参与脱贫攻坚的浓厚氛围。在2016的基础上，新增9家村企结对帮扶。8月，省工商联汇编的“千企带千村”精准扶贫行动典型案例中刊发岑峰酒业扶贫纪实文章。开展教育扶贫，广东寻乌商会与长三角商会分别筹集善款14万元和10万元帮助百名学子；开展基础设施帮扶，寻乌县爱馨泰电子商贸有限公司为晨光镇溪尾村捐资5万余元，购置办公室桌椅；杨氏果业、红土地物流、定安医院3家企业分别为东团村、石贝村、堆禾村捐资共9.5万元安装太阳能路灯；赣州市桔都商会和赣州市雪漫家居有限公司分别为三标堆禾村捐赠衣物2.3万元和6.45万元；赣州市钢材行业商会为项山卢屋村捐赠家庭养蜂帮扶资金3.6万元以及为村文化活动室捐赠字画一批（约8000元）。10月17日，组织全县63家企业、4个外埠商会、6个行业商会、协会参与社会扶贫“一日捐”活动，共捐款70.1万元，认捐贫困户微心愿132个。开展产业帮扶，寻乌羊角园果蔬有限公司从2015年起，给12个乡镇农户无偿赠送辣椒苗360万株，共计54万元，带动3000多户农户种植辣椒5000余亩（其中贫困户678户）。

（古向峰）

科学技术协会

【概　况】 县科学技术协会为正科级群团组织，内设办公室，行政编制2名，事业编制1名；在岗人员2人。寻乌县果业协会在全国科技助力精准考核中被评为扶贫工作先进团队、李鸿万被评为扶贫工作先进个人；寻乌中学农村科技馆获中国科技发展基金会先进单位；寻乌县果业协会获全国农技协科普奖。

【科技服务】 以65个贫困村为主战场，组织16个科技社团50余名专家参与科技助力精准扶贫工作。培育农村专业技术协会2个，开展农技培训18场次，发放培训资料4000余份，培训农民3000余人次。争取中国科协科技助力精准扶贫项目1个，获奖补资金25万元；争取市科协科技扶贫项目1个、省农函大培训项目2个9万元、省农技协项目资金3万元，扶持脱贫产业、农民培训、农技信息服务。围绕柑橘和新发展的猕猴桃、甜柿产业，积极与中国园艺学会下属的柑橘学会、猕猴桃学会、甜柿协会等国家级学会对接，邀请专家到寻乌实地指导和培训，并成立寻乌县猕猴桃协会和寻乌县甜柿协会。落实驻村帮扶，助力脱贫攻坚。争取和自筹资金5万余元，建立甜柿科普示范基地1个，培养甜柿种植科普带头人1名，完善科普基础设施一批；组织扶贫办和甜柿协会3名专家，开展甜柿种植培训100余人次。助力企业创新发展，培训企业专利应用工程师10人（含企业高管10人），为6家企业注册“专利资源库”，服务企业6家。

【科普工作】 制定《“十三五”全民科学素质行动计划纲要实施方案》，落实《2017年度全民科学素质行动工作要点》，全国科普日举办科普大篷车进校园、专家送科普进社区、科技咨询、送卫生、送书籍等系列活动，科普专题讲座（报告会）4场，发放宣传资料5000余份（册），展出展板、挂图20余幅，医疗义诊200余人次，受益群众6000余人。

（周晓霖）

哲学社会科学学会联合会

【概　况】 县社联属正科级群团组织，与县委宣传部合署办公；县社联有干部1人；下设书香读书学会、凌吉文化研究会、彭祖文化研究会、金融分会、国税分会、地税分会、财政分会、农业和粮食分会、林业分会、水利分会。

【社科活动】 8月4日，邀请市委宣讲团成员、市委党校教务处主任胡宗洪作省委常委会（扩大）会议和市委常委会（扩大）会议精神宣讲报告会。9月12日，邀请中国社会科学院马克思主义研究院研究员李建国作“学习习近平总书记7·26重要讲话精神”宣讲报告会。11月10日邀请北京大学哲学博士、中央党校马克思主义学院硕士生导师、教授李宏伟，到寻乌举办中共十九大精神宣讲报告会。组织“县委宣讲团”，进企业、进农村、进机关、进校园、进社区宣传中共十九大精神。做好2017年度市社科研究课题立项工作，上报的3篇社科类课题均正式立项。

【社科成果】 开展“讲好江西故事，喜迎党的十九大”主题宣传、赣州市第十届社科普宣传周、习近平治国理政新理念新思想新战略报告会、“我的脱贫故事”百姓宣讲、“讲寻乌新事 赞寻乌新貌”主题朗诵、“乡风文明进万家”志愿科普、“不忘初心，继续前行”歌咏比赛、“不忘初心 牢记使命”学习宣传中共十九大精神文艺晚会等系列活动。年内，成立县书香读书学会、彭祖文化研究会和凌吉文化研究学会。

（陈　琪）

文学艺术界联合会

【概　况】 开展采访乡风文明、现场书法大赛和演唱会等活动，发现和培育文艺新人，加强赣闽粤边文艺合作与交流，开展三省五县文学笔会，出版多部文艺精品创作，丰富群众文化精神生活。

【机构队伍】 县文联为正科级群团组织，与县委宣传部合署办公。配主席1名，兼职副主席2名，文联干事1名。下设县诗词学会，县书法协会，县根艺石艺美术协会，东江源客家诗歌协会，县摄影家协会，美术家协会，作家协会，音乐家协会，舞蹈家协会。

【群众文艺活动丰富】 2月底，带领县作协到项山卢屋采风，挖掘当地历史文化；帮助筹备县书协成立事宜，3月，县书协正式成立；开展赣闽粤三省五县文学艺术家“松花寨之韵”文学笔会。10月，组织作协人员挖掘客家文化，协助南龙村建立村史馆和客家农业文明展示馆；组织送春联到扶贫村、广场舞大赛、现场演奏会、千人千作现场书法大赛、重阳诗会等多种群众性文艺活动。

【文艺精品创作】 中国文联组织著名词曲作家为寻乌谱写的《寻梦东江源》在央视亮相；出版发行大型纪实文学《1930年，毛泽东在寻乌》；电视连续剧《毛泽东寻乌调查》已开拍，完成舞台剧公映。

【艺术成果】 寻乌县注册的文艺培训机构86个，受益群体辐射7200余人。在国家级和省市级以上报纸杂志发表作品20余篇，组织参加市以上文艺家协会举办的书法、美术大赛18次，有15人次获奖。

（古雅菲）

残　联

【概　况】 年内，全县残疾人总数21120人，占全县总人口的6.39%，其中：肢体残疾人6336人，占残疾人数的30%；听力残疾人2112人，占残疾人数的10%；智力残疾人634人，占残疾人数的3%；视力残疾人4435人，占残疾人数的21%；精神残疾人422人，占残疾人数的2%；言语残疾人2112人，占残疾人数的10%；多重残疾人3802人，占残疾人数的18%；其他残疾人1267人，占残疾人数的6%。

【机构队伍】 县残联是正科级群团组织，配行政编制1名，事业编制3名，现有行政编制工作人员2人，事业编制工作人员3人。内设办公室和业务股，下设残疾人康复就业服务中心和残疾人法律救助站，全县15个乡（镇）设立残联，配备残疾人专职委员28人，184个村（居）委会成立残疾人协会。

【就业与教育】 2017年，财政代扣残疾人就业保障金66.52万元，地税代征26.88万元，合计93.4万元；安排残疾人公益性岗位28人、农家书屋残疾人管理员101人；开展城乡残疾人实用技术培训2期，培训110人；开展适龄残疾少年儿童入学情况调查，确保"三类"残疾少年儿童入学率达100%；加强扶持残疾人教育工作，从征收的残疾人就业保障金中划拨4.5万元支持特殊教育工作；联系江苏无锡和谐菁英会到县特殊学校开展"爱心助学·精准帮扶"活动，为县特殊学校捐赠价值5.28万元的办公及生活设备；为6名残疾大学生发放扶助奖励资金1.4万元，为6名在园残疾儿童发放书包、文具等学习用品。

【康复工作】 制定《寻乌县残疾人精准康复服务行动实施方案（2016—2020年）》，对残疾人进行康复需求评估和建档，为1454名残疾人提供康复服务；启动贫困地区新生儿疾病筛查项目，共筛查8358名；为8名贫困肢体残疾人免费安装假肢8条（其中大腿4条，小腿4条）、矫形器6例；为130名残疾人发放轮椅、拐杖、浴凳、助听器等各类辅助器具，补偿残疾人功能，方便残疾人生活；开展第一次"残疾预防日活动"，发放各类宣传资料1000余份，悬挂横幅、张贴宣传图片20多幅（块）；邀请县计生服务站专家开展残疾预防康复讲座，参与人数达100余人。

【扶贫解困】 做好2312名贫困残疾人帮扶工作，帮助他们改善基本生活条件，发展生产，增加收入；为40名残疾人发放人均1500元的"阳光家园计划"居家托养服务费；为111名残疾人发放人均260元的机动轮椅车燃油补贴；为2600多名重度残疾人缴纳人均100元的城乡居民养老保险；对3371名符合享受两项补贴政策残疾人发放补贴资金279.24万元。通过多种扶贫途径和措施，有1092人贫困残疾人摆脱贫困，走上富裕道路。

【宣传活动】 开展"推进残疾预防，健康成就小康"为主题的第二十七次全国助残日系列活动，县委常委、副县长赵岩到场指导并看望和慰问贫困重度残疾人及县特殊学校师生；其间，慰问232名困难残疾人，发放慰问金10.82万元、残疾人辅助器具42件（套）；制定《寻乌县2017年残疾人康复体育关爱家庭计划实施方案》，为60户残疾人实施康复体育关爱家庭计划；制定《寻乌县第七届残疾人健身周活动方案》，组织残疾人在力美健身馆参加各类体育健身活动。推荐陈舒扬等3名残疾学生参加省残联文体中心运动员集训班。

【残疾人证办理】 免费办理"残疾人证"679本，办理"二代证"以来，累计办理"残疾人证"6844本，办证合格率、准确率均达到100%。

【工程建设】 新建寻乌县残疾人康复中心，该项目占地面积2266平方米，总投资1200万元，为中央预算内投资项目，设计层数四层、床位数70张，建筑面积6000平方米，内设智力、肢体、言语等康复科目；于6月28日开工建设，12月顺利封顶。

【残联换届】 11月28日，县委印发《寻乌县县乡两级残联换届选举工作实施方案》；11月29日，召开县乡两级残联换届选举工作培训会；各乡镇残联于12月10日前完成换届；县残联于2018年1月23日完成换届工作，产生新一届残联领导机构。

（马历强）

归国华侨联合会

【概　况】 3月24日，县第六次归侨侨眷代表大会召开。选举产生侨联第六届主席1名、副主席3名、秘书长1名及常务委员6名，审议通过寻乌县第六次归侨侨眷代表大会决议。按县群团改革方案，选配挂职副主席1名，增设寻乌县华侨文化服务交流中心，增加事业编制1名。县侨联为正科级群团组织，与县委统战部合署办公，内设办公室。配行政编制1名，有工作人员2人。

【服务侨胞群众】 对生病、去世、家庭困难的侨属进行及时看望慰问。全年共慰问归侨、侨眷8人次；接待来访2人次；接待华侨华人回乡探亲15人次。

【活动开展】 积极参加第十九届世界华人学生作文大赛，共有8437名学生参赛，向大赛组委会选送50篇文章参赛。获得大赛组委会颁发的第十八届世界华人学生作文大赛组织奖，有10名参赛学生获奖，其中一等奖1名，二等奖2名，三等奖7名。

（李秀红）

计生协会

【概　况】 加强人口和计划生育基层基础建设，推进生育及特殊家庭关怀行动。县计生协会内设办公室，干部职工4人。

【生育关怀】 对3501名0—14周岁的农村、城镇独生子女实行爱心保险，参保总额为10.503万元；审核上报69名农村计划生育家庭子女中考加分；对15户农村已扎二女户落实建房补助款13.5万元、独生子女户9户家庭建房补助4.5万元；对896人农村已扎二女户免费办理新农合，县财政垫付参合资金13.44万元。开展“阳光助学”活动，为57名农村已扎二女户家庭女儿每人发放1000元助学金。县财政为579户农村已扎二女户家庭1199人按每人300元的标准缴交新农保保费35.97万元。春节期间，走访124户计生困难家庭，其中，28户37人特殊家庭，为每户发放700元慰问金，共发放慰问金8.68万元。利用“5·29”计生协会纪念日，组织28户计生特殊家庭进行免费体检，为每户计生特殊家庭发放1000元“社会关怀、爱心救助”金。

【特殊家庭关怀】 对所有计生特殊家庭建立帮扶档案，详细收集每户计生特殊家庭相关信息。开展“乐帮”学雷锋志愿服务活动，采取一对一形式，每位干部安排一户计生特殊家庭为结对帮扶对象，每月走访一次，提供生活照料、心理安慰、身体保健等志愿服务。

（张宏彬）

红十字会

【概　况】 县红十字会为正科级群团组织，内设办公室。配备事业编制3名，现有干部3人。2017年，被评为全县业务工作先进单位、平安寻乌建设暨社会治安综合治理目标管理先进单位；荣获全市红十字会综合考评先进单位、造血干细胞、人道资源动员、应急救护培训先进单位三个单项奖；荣获全省红十字会“99公益日”一起捐筹款市、县级先进单位金奖。

【拓展业务】 加强对教育、文化、科技、体育、公路、建筑、电力、旅游、公安、消防等行业有关人员及金融、邮政、电信、税务等行业窗口服务人员、一线作业人员的应急培训，讲解演示外伤处置、心肺复苏等急救知识；开办培训班17期，培训6000多人，其中持证培训1000余人，普及培训5000多人。

创新人道资源动员机制，争取财政拨款69万元，筹集善款153.8万元，募集捐物88.6万元，合计311.4万元。争取江西卫视支持，制作“我是联想王”一档众筹节目，所筹款项全部用于资助全县幼教事业，其中善款8万元资助吉潭镇圳下村建起全省第一所“江西广播电视台博爱幼儿园”。江西广播电视台慷慨解囊捐赠79台松下洗衣机，接收后，对这批洗衣机进行公开拍卖，所得善款用于资助晨光中心幼儿园建设，结余款用于资助其他乡镇中心幼儿园。争取深圳狮子会捐助留车、南桥、菖蒲3所乡镇敬老院和中心校12.4万元，用于购买电脑、洗衣机、音响和厨房设备。联合寻乌米兰婚纱摄影公司在全县农村贫困家庭中开展“红十字会志愿者扶贫济困送爱心惠民”活动。上门走访慰问全县每个行政村贫困家庭1户，共150户（每个行政村一户）、捐助每户价值158元的食用油和大米一份，合计捐助27176元；为全县每村10户幸福家庭和计生专干免费拍摄幸福照一套，每套价值300元（包括相框），合计捐助516000元。争取江西地康药业有限公司捐助药品价值6.2万元，用于市民和村民免费就医取药。争取万年青水泥有限公司捐助罗珊乡30吨水泥价值1.05万元，用于修筑道路。争取县政府支持，每年拨付大病救助款20万元。联合扶贫办开展2017年第四个扶贫日红十字博爱精准扶贫一日捐暨“扶贫超市”项目认领活动，筹集善款102万元。向上申报各类救助基金，为1名儿童白血病患者成功申报5万元的小天使基金。

【人道救助】 在“5·8”红十字纪念日，联合城北新区卫生服务中心和南桥卫生院在县城北广场和挂点的南桥镇下廖村开展无偿献血、造血干细胞捐献、人体器官捐献、艾滋病防治、红十字养老服务等相关知识宣传和送医送药活动，发放宣传资料1200份、药品价值4万多元，义诊400多名。对155名大病患者实施救助行动，救助1386名贫困人口，发放救助款62万元。完成造血干细胞46例，人体器官捐献3例，并按规定做好遗体器官捐献报名登记及慰问工作。

元旦春节期间，组织志愿者开展“爱老敬老、情系夕阳”活动，筹资5.4万元走访慰问留车、南桥、三标、菖蒲、龙廷等乡镇的五保老人，给老人们送上过冬棉被棉衣、油米等物资。重阳节期间，组织30名志愿者携手“99健民养生馆”开展关爱老人活动，为敬老院老人们送上粮油、牛奶等，并免费为老人们进行推拿、按摩、泡脚等保健服务。

【众筹活动】 响应省红十字会发起的“99公益日”一起捐的新型网络筹资活动倡议，发动多方力量奉献爱心，积极投入“让安全占领鄱阳湖”和“家家备个救生圈”活动，3天内共筹得爱心款24530.9元，位居县级红十字会筹款金额榜首，在全国人道动员经验交流会期间召开的全省“99公益日”表彰会上作经验介绍并获得此项活动金奖。在全国红十字系统首届众筹扶贫大赛中，县红十字会和县供销电商公司联合推出的灵芝鸡蛋扶贫项目，成功晋级全国30强的决赛，网上投票获全国第八名，成为省四个之一、市唯一一个进入决赛的众筹扶贫项目。通过初赛决赛环节，通过上线众筹的方式，共销售鸡蛋1283份，销售额88744元。

（潘冬凤）

法 治

政法委及综治

【概　况】县委政法委围绕中共十九大召开以及全国人大、全国政协“两会”等重要敏感时期的稳定，排查和化解社会矛盾纠纷，规范信访秩序，依法处置网络舆情，深入开展严打和专项整治，创新司法救助工作，推进司法体制改革持续开展，普法工作，公众安全感进一步提高，创新法治寻乌建设，政法及综治工作取得新成效。

内设办公室、执法监督室；县国家安全领导小组办公室、社会管理综合治理委员会办公室、县委维稳领导小组办公室与县委政法委合署办公。编制17名，其中，行政编10名；工勤编1名；事业编制6名；实有工作人员17人。

【社会稳定】维护国家政法安全和社会稳定。抓实反恐怖、反邪教等工作。1月，快速破获1起春节期间外地邪教组来寻秘密开展邪教活动的案件，收集网络舆情100条。开展信访维稳工作分析研判81期，组织560人开展集中摸排与集中化解涉稳问题的专项行动，交办重大不稳定隐患和突出信访问题56起，其中及时处置非正常死亡案件46起、48人。不断完善矛盾纠纷多元化解机制，全县共排查山林权属、征地拆迁、环境保护、房地产开发、非正常死亡等矛盾纠纷案件575件，有效化解538件。信访秩序进一步规范，县级领导信访接待日共接访群众445批、1957人次，重大信访案件由县级领导包案解决。6月，寻乌被国家信访局评为2016年度全国信访“三无”县，是江西省3个受表彰县之一。

【平安建设】集中开展打击“盗、抢、骗”新型电信诈骗和“赣剑”等专项行动，共立案各类刑事案件506起，其中，破获330起，抓获（报捕）各类犯罪嫌疑人189人，摧毁犯罪团伙13个报捕96人。查处行政案件1026起，（报捕）抓获处理违法人员975人，其中，抓获涉赌违法犯罪人员547人。

治安防控体系。构建人防、物防、报防三位一体的立体治安防控体系。按大乡（镇）20人、小乡（镇）10人标准组建治安巡防队伍，有条件的村（居）自行建立巡防队伍。澄江镇汶口村巡防队协助公安机关抓获犯罪嫌疑人7名，缴获被盗摩托车13辆。推进智慧城市、天网工程和“三大包围圈”（即环市、环县、环中心城区包围圈）建设，共建19个高清智能卡口、40个高清天网视频监控和150个Wi-Fi数据采集系统，视频监控“天网”系统全面覆盖城区、乡村。“三大包围圈”系统提供查询201次，其中，协助破获各类刑事案件50起；协助查处行政案件80起；协助处理各类交通事故30起；为群众提供服务82次。

公共安全水平。加强道路交通、消防管理、安全生产、食品药品、寄递物流、成品油等监管，开展道路交通安全整治18次，消除消防隐患134处，下发安全生产整改通知书8份，开展食品药品安全检查11次，寄递物流企业检查10次，开展校园及周边环境综合整治18次，清理校园周边流动摊点85处，“僵尸车”15辆。

平安创建活动。组织开展平安家庭、平安医院、平安学校、平安乡村、平安边界等创建活动，为13890户贫困户投保社会治安保险、投保金额55.56万元，其中，赔付综治保险24件，赔付金额9万余元。

【综合治理】 综治中心、综治网络化管理和综治信息化等三项建设稳步推进。县、乡、村三级综治中心逐步完善，乡（镇）党委副书记兼任，乡镇综治中心主任，配齐配强综治干部。综治网络化将人、地、物、事、情、组织等基本要素纳入每一个网格管理，全县601名网格员每月享受60元的话费补贴。网格员共采集、比对、录入综治信息平台数据38.5万多条，信息化对重点人群服务管理、重点行业安全监督和重点领域矛盾纠纷化解等作用日益显现。

“心防”工程建设。配齐县乡两级综治中心心理咨询室设施。分期举办“心防”心理咨询师培训班，邀请南昌大学心理咨询教授授课，有教师、医生、政法和乡镇干部82人参加培训。学校心理咨询室对有心理问题学生开展心理疏导和有效干预18人次。在家长的支持下，筛选7名学生到赣州第十一中学就读。

【司法改革】 完成员额法官（检察官）、司法辅助人员、司法行政人员分类定岗和工资配套改革工作，以及绩效奖金的核定。制定《寻乌县人民检察院绩效考核奖及分配实施方案（试行）》《寻乌县人民法院人员分类管理绩效考核方案》。遴选的首批员额检察官24名、员额法官20名举行宣誓仪式，并明确入额法官、检察官的年度工作量。对检察院43个政法专项编、法院59个政法专项编制上收。以审判为中心的司法体制改革基本到位。庭审从“审卷”向“审人审事”实质化转变，进一步规范审判权运行，对未参与审理案件的裁判文书院长、庭长不再进行签发。改革立案登记制度，规范窗口工作人员行为规范，采取明察暗访等方式促进诉讼服务大厅规范化建设。

（何艳红）

公　安

【概　况】 县公安局紧扣县委、县政府建设“活力、富裕、生态、和谐”新寻乌总目标，以做好中共十九大安保为主线，以维护稳定为重点，以群众满意为目标，狠抓公安信息化建设，开展严打整治，强化队伍教育整顿，维护社会政治和治安的持续稳定。

2017年共立刑事案件585起，同比下降25%；破359起，抓获犯罪嫌疑人244人，同比上升17.3%；刑拘211人，同比上升26.35%；摧毁犯罪团伙31个96人。共受理治安案件1169起，同比下降34.34%，调解695起，行政拘留637人，罚款478人，警告4人，严打整治取得良好成效。

【装备建设】 有各式车辆42辆，其中：警车27辆，防暴处突车1辆，指挥通信车1辆，另有警用摩托车65辆。路由器1台，楼层交换机5台，视频指挥系统1套，视频会议系统1套，应急综合通信平台1套，“110·119·122”三台合一数字报警服务台1个，数字350兆PDT通信终端1套，监室安全监控系统2套。有尿检器材1套，易制毒化学品快速检测箱1个，现场麻醉毒品检验箱1个，看守所医疗设备1套，人像采集设备15套，指纹采集仪13套，证照信息采集设备28个，执法记录仪226部，录音录像3套，工作站采集设备18台。有安检通道式X光机1套，先进刑侦技术装备1批，武器弹药若干。

【公安宣传】 弘扬时代精神和先进典型作为公安

宣传重要任务。通过寻乌公安微博、微信公众号等新媒体，讲好“警察故事”，切实加强对民警亲民为民典型的宣传，树立公安民警良好形象，提升民警在人民群众心目中的知名度和满意度。全年发布“双微”信息150期，发表市级以上报刊宣传稿件500余篇，其中省级以上报刊发表宣传稿件70余篇。

【维护稳定】 始终保持高度的政治敏感和警觉性，加强情报预警工作，做好情报信息的汇总、分析、研判工作，加大对重点人员管控力度，确保敏感节点社会政治稳定。

信息收集。全年共上报各类情报信息433条，被上级部门采用273条。

调处矛盾。结合“民调评警”和“精准扶贫”工作，加强摸排调处力度，特别是对不稳定因素坚持抓早、抓准，消除在萌芽状态，防止因摸排不到位、处理不及时、化解不得力而导致问题激化、局面失控。年内，共化解不稳定因素40余起，调处各类矛盾纠纷695起。办结信访件43件。

应急处突。各警种密切配合，快速反应，积极会同主管部门依法快速稳妥处置各类群体性事件、突发事件和非正常死亡事件54起，确保社会持续稳定。

【打击刑事犯罪】 严打整治。现发3起命案，做到快侦快破，保持14年现发命案全破记录。组织开展打击“盗抢骗”违法犯罪和“赣剑”专项行动，破获侵财型案件248起，抓获犯罪嫌疑人36人，摧毁侵财犯罪团伙6个14人，追缴盗、抢机动车23辆、汽车2部、手机28部。保持对毒品犯罪的凌厉攻势和高压态势，立涉毒案件3起破3起，抓获犯罪嫌疑人15人，缴获毒品6097.3克。办理吸毒案件6起，行政拘留7人，送强制隔离戒毒7人。对传销、非法集资等涉众型经济犯罪，露头就打，各类经济案件11起破8起，抓获犯罪嫌疑人10人，移送起诉10人，涉案金额660万元，挽回损失200余万元。采取全员参战禁赌、积分排名的方式，查处赌博案件127起，抓获涉赌人员550人，赌博举报率同比下降41.6%，禁赌工作名列全市第二。抓获网上逃犯125名（其中抓获历年逃犯20名，抓获外省逃犯13名），此工作名列全市第一。

【治安管理】 加强治安监管。缉枪治爆工作成效显著。全年共查处涉枪涉爆案件11起，刑事拘留6人，行政拘留5人；收缴非法枪支113支、子弹1950发、管制刀具68把、烟花爆竹30余万响，确保无涉暴重大事故和案件的发生。规范行业场所管理。不定期对公共场所开展检查，落实寄递业“3个100%”及旅馆业“四实”（实名验证、实时报送、实名录入、实情填写）登记等管理制度。开展交通违法行为整治，全年共查处各类交通违法行为1017起。监所管理水平明显提升。落实各项安全监管措施，定期开展安全大检查，确保监所绝对安全。按照规定将在押女性送往安远县看守所关押，选派女民警前往做好女子监区相关工作。

【巡逻防控】 年内，出动巡逻警力12600余人次，服务群众312起，调解各类纠纷137起。利用“移动警务通”盘查可疑人员13053人次、可疑车辆11985辆次，抓获各类违法犯罪嫌疑人233人，刑事案件发案585起，同比下降25%，破359起，破案率同比上升17.3%。

【“110”报警服务】 “110”报警服务台共接公民有效报警、求助、投诉等8792起，其中违法犯罪案件2440起，火灾事故11起，交通事故2864起，自杀29起，纠纷1441起，公民求助1446起，走失寻人370起，其他1起。

【民调评警】 各派出所人员入户走访排查化解矛盾纠纷，排查与治安巡逻防控相结合，细化目标任务，加大督导检查，取得良好成效。2017年，县公安局“民调评警”综合测评成绩位列赣州市第5，有2个派出所、2名民警评比进入全市前30名。

【户政管理】 根据年底常住人口统计年报，全县总户数95392户，总人口为330601人，其中男173670人，女156931人。年内流入人口5773人，流出人口13764人，暂住人口5628人。重点人口550人的信息全部录入标准版人口信息管理系统。建立暂住人口管理站16个，有专职协管员20人、兼职协管员4人。年内办理二代身份证28631份，办理临时身份证5926张，办理准迁证登记1518人，办理居住证205份。

【出入境管理】 严格执行现行出入境管理的法律、法规和政策，落实各项便民服务措施、往来港澳政策，严把出境审核关。全年共受理出入（境）申请12352人次，其中：受理赴香港定居6人，批准定居9人，出国护照2790人，赴港澳旅游9159人，赴香港探亲49人，赴香港商务2人，赴台湾旅游324人，赴台湾探亲12人，赴台定居1人。

【法制工作】 法制大队审核刑事案件163起，刑事拘留223人，其中逮捕153人。审核行政案件285起，行政处罚898人，未发生行政诉讼案件和国家赔偿案件。组织执法培训4次，参训200余人次。

【基础建设】 投入151万元改造、修缮14个派出所外观标识，规范派出所信息基础台账和档案管理。投入170万元新建丹溪派出所办公大楼，并于9月交付使用；投入90余万元分别建成寻全高速公路赣闽收费站和济广高速公路出省收费站等2个毒品查缉站。总投入7500万元的看守所、拘留所和武警营区整体搬迁项目已开工建设，投入350万元的吉潭派出所办公用房开工兴建。

【数据强警】 通过应用“五大平台”移动警务系统，督导通报、应用数据竞赛比武等形式，应用警务系统指数在全市排名靠前。在省公安厅“三个1000、五个100”项目评选活动中，有12名民警荣获信息采集能手、岗位应用能手、实战应用尖兵等荣誉称号，创建1个警务创新精品、1个获奖主题宣传作品。

【队伍建设】 严肃警纪，锤炼精兵，提升公安队伍整体素质。狠抓“两个责任”落实，签订责任状，量化考核，确保责任落实。以“两学一做”学习教育为抓手，进一步整肃警风、严明警纪、提振精气神。通过重点工作督察，增强纪律作风意识，监督执纪抓早抓小、重在预防，确保队伍不违法违纪。全年共组织开展督察90余次，下发督察通报19期，责令整改问题87个，被督察扣分49人次。提拔正科级干部1名，副科级干部14名，股级干部15名。提高民警政治待遇，修订《从优待警若干规定》，为民、辅警发放生日蛋糕卡。开展家访慰问活动和“送健康进警营”义诊活动，保障民警健康。

出台《推进公安警力下沉优化警力配置的若干措施》，将新提拔的12名副科级干部、10名股级干部和新招录的8名民警安排到派出所任职。新聘用30名辅警充实到基层一线。安排老民警到基层派出所上班，发挥余热。2017年，共有56名民警充实到基层派出所，基层派出所警力占比达40.36%，有效提高基层一线的实战能力。

【典型案件】 1月18日，破获一起贩卖毒品案，抓获犯罪嫌疑人蓝某林、王某彬（均为寻乌人）。经查，2016年12月27日晚和28日中午，犯罪嫌疑人蓝某林、王某彬分别在澄江镇汽车站和京京宾馆门口卖给范某娟冰毒4.8克。

2月20日，破获一起非法开采稀土案，抓获犯罪嫌疑人张某标（寻乌人）。张某标于2016年至2017年1月份，在未取得采矿许可证的情况下，顾请工人在文峰乡柯树塘沙子角（小地名）山上采用堆浸工艺非法开采稀土，经鉴定造成的矿产资源破坏，价值人民币304200元。

4月24日，破获一起生产、销售伪劣产品案，抓获犯罪嫌疑人赵某军（广东深圳人）。经查，2017年3月25日，犯罪嫌疑人赵某军雇请付某驾驶车辆（车牌号为湘G2J279）从广东省汕头市非法运载假冒、伪劣卷烟往江苏省进行销售，在途经寻乌时被执法人员当场查获，现场扣押假冒、伪劣卷烟共计11000条。经赣州市烟草专卖局卷烟定价小组估价，涉案假冒、伪劣卷烟价值人民币105万余元。

6月27日，破获一起故意杀人案，抓获犯罪嫌疑人谢某林（男，42岁，寻乌县人）。经查，2017年6月27日下午，犯罪嫌疑人谢某林与谢某良在南桥镇家中因琐事产生纠纷引起打架，当场将谢某良打死。

（曾令培）

【消防概况】 寻乌县公安消防大队被赣州市委、市政府评为“文明单位”、团县委评为“五四红旗团支部”；龚学峰被赣州市公安消防支队记个人“三等功”一次，林舟被赣州市公安消防支队记个人“三等功”一次。大队为正营职建制，下辖一个中队，有官兵24人，其中，干部8人，士官8人，义务兵8人；中共党员13人。

【消防大队党委班子建设】 抓好班子和队伍建设，开展“公安消防党旗红——创建模范基层党组织争当模范共产党员”活动，贯彻落实《公安消防部队党委班子建设标准》，按月确定教育主题，细化教育课题和内容，分层次制定《思想政治教育计划》。深入开展“维护核心、听从指挥”主题教育、“四句话、十六字”学习教育以及推进“两学一做”学习教育常态化制度化。严格落实学习、会议等制度，保证每月至少一次的集中学习，全年党委中心组学习11次，市支队挂点的党委成员参加大队民主生活会2次。贯彻执行党风廉政建设“两个责任”，层层签订《党风廉政建设责任状》《党员廉政承诺书》。全体官兵签订承诺书22份、党员承诺书13份，深入开展2次集体廉政谈话、5次廉政主题课、3次参观看守所现场警示教育。

【拥政爱民】 在春节、雷锋日、“5·4”青年节、端午节、十一期间做好拥政爱民活动。先后多次走访看望辖区内敬老院的孤寡老人，看望慰问所资助的贫困学生，组织官兵清扫街道。开展执法回访月活动，抓好廉洁执法专项检查，提升公众对消防工作认知度。

【正规化建设】 成立安全防事故工作领导小组，建立健全安全防事故工作制度，层层签订责任状，落实安全工作责任，狠抓人、车安全管理，定期召开安全形势分析会，及时查找事故苗头和隐患。抓正规化管理，进一步提升部队精细化管理水平，不断完善硬件软件建设；组织官兵学习“两个示范片”，加强部队正规化管理，推动正规化管理精品单位达标创建工作。投入资金完善训练设施器材，锻造一支“消防强军”。提高部队灭火救援战斗力，开展辖区“六熟悉”和全员练兵工作。开展60余次单位灭火演练训练并完成20个重点单位数字化预案制作。对荣誉室进行改造升级和新建科教馆。11月6日，在石湾环球陶瓷公司举行2017年消防大型综合实战演练暨“119”宣传月活动启动仪式，县消防安全重点单位及部分群众共计500余人参加演练。

【应急救援】 出警41次，其中火灾18起，抢险救援23起，出动消防车86辆次，出动警力581人次，抢救被困人员15人，未发生亡人火灾及有较大影响火灾。圆满完成“全国青年女子篮球联赛”（寻乌赛区）和中共十九大安保等重大任务。

【专项治理】 按照全国统一部署专项行动全县夏季消防动员部署，先后对棚户区、电动车、餐饮场所、劳动密集型企业等进行专项整治。共检查单位2049家次，发现火灾隐患2852处，督促并整改火灾隐患2786处，下发行政处罚决定书60份，依法“三停”（停产、停业、停止使用和施工）21家，临时查封45处，罚款221700元，“火灾四项指数”与2016年同期相比均有所下降。

【后勤保障】 县政府将消防员高危补贴纳入地方

财政预算，保障部队经费逐年增长。严肃财经制度，细化经费预算，严格收支两条线。对重大经费开支、重大工程建设和大项物资采购，由党委会研究和领导小组具体实施。

（陈天伟）

检　察

【概　况】 县检察院围绕中心，服务大局，忠诚履职，服务经济社会发展，维护社会公平正义，保障人民安居乐业，推进司法改革，加强队伍建设，积极支持和配合监察体制改革。被中共寻乌县委评为全县目标管理综合考核、服务“七大攻坚”、精准扶贫、计划生育、平安建设暨社会综合治理目标考评先进单位和县直单位党建工作第一名；被评为市第九届文明单位，并通过省第十四届文明单位复查验收；检察院接待室被评为全省、全国检察机关文明接待室。古江林被市检察院评为先进个人。

内设机构：办公室、政工科、反贪污贿赂局（行政一级局，下辖综合科、侦查科）、反渎职侵权局、职务犯罪预防局、侦查监督科、公诉科、刑事执行检察局、控告申诉检察科（与举报中心、刑事赔偿办公室合署办公）、民事行政检察科、检察技术科、法警队、案件管理办公室、未成年人刑事检察科、法律政策研究室。纪检组为县纪委派驻机构。5月，检察机关内部机构进行“大部制”改革，按《寻乌县人民检察院内设机构改革和人员分类定岗方案》，设立“五部一局”，即反贪污贿赂局（反贪污贿赂局、反渎职侵权局、职务犯罪预防局）、刑事检察部（侦查监督科、公诉科、未成年人刑事检察科）、民事行政和刑事执行检察部（民事行政检察科、刑事执行检察局）、案件监督管理部（案件管理办公室、控告申诉检察科、法律政策研究室）、检务保障部（办公室、技术科、法警队）、政治部（政工科）。

员额制改革前，政法专项编制43名，实有检察人员42人。其中，检察委员会委员10人，检察员12人，助理检察员11人，书记员1人，法警3人。改革后，员额检察官14名，检察辅助人员21名，司法行政人员6名，工勤人员1名。

【侦查监督】 受理提请批准逮捕案件164件220人，经审查批准逮捕146件194人，不批准逮捕18件25人，纠正漏捕2人，办理侦查机关延长羁押期限3件；监督行政执法机关移送案件4件5人；监督立案1件1人，监督撤案1件2人。

【审查起诉】 受理公安机关各类刑事案件195件266人（含自侦案件8件8人），起诉175件235人（含自侦案件8件8人），决定不起诉12件19人，报送市院审查起诉4件5人，移送法院的案件均作出有罪判决；审查案件中追诉漏罪4人，纠正遗漏同案犯2人；发出检察建议9件，纠正违法通知书4件，均被采纳；提请出抗诉案件1件。

【未成年人刑事检察】 受理未成年人犯罪案件6件6人，批准逮捕5人，不批准逮捕1人，受理审查起诉未成年人案件7件12人，提起公诉6件7人，附条件不起诉1件5人。受理侵害未成年人人身权利的审查逮捕案件7件7人、审查起诉案件7件7人。开展法律援助8件8人，审查侦查机关的社会调查报告10人次，讯问时法定代理人到场12人次，犯罪记录封存2人次，对涉罪未成年人帮教10人30次。

【查办职务犯罪】 立案侦查8件9人（反贪立案6件7人，反渎立案2件2人），其中20万元以上大案4件5人、查处科级干部1件1人，侦查终结10件11人，移送起诉7件8人，法院已作出判决7件7人，通过办案挽回经济损失500余万元。立案侦查的县教育局电教室原主任凌某受贿100余万元大案，以受贿罪、玩忽职守罪提起公诉，数罪并罚一审判处有期徒刑3年6个月，并处罚金35万元。加大追逃力度，把涉嫌贪污罪、挪用公款潜逃16年之久的县财政局预算外资金管理股原股长钟某抓获归案。

【预防职务犯罪】 注重职务犯罪源头治理，撰写的《2016年度惩治和预防职务犯罪工作报告》《寻乌县教育系统政府采购领域职务犯罪情况调查报告》，以县“两办”名义转发给全县各乡镇、各单位。全年完成预防调查报告7件，发送职务犯罪预防检察建议7份，预防告诫工作5人次，开展警示教育讲座6次，受理有关单位行贿犯罪档案查询申请101次。

【刑事执行检察】 加强驻所日常监管，督促上送投劳65人，发出监管方面检察建议2份、纠正违法通知2份。加强社区矫正工作监督，对社区矫正人员进行2次全面检察，未发现脱漏管现象。受理羁押必要性审查案件19件，立案审查14件，向办案机关发出羁押必要性审查建议书14份，建议强制措施变更为取保候审，13件被采纳；积极查办职务犯罪案件，承办市院交办的陈某行贿案，被告人陈某犯行贿罪被县人民法院判处有期徒刑6个月缓刑1年，并处罚金人民币5万元。

【控告申诉检察】 受理群众信访件25件25人，其中举报线索12件12人，控告申诉信访件11件11人，其他2件2人，初核举报线索4件。办理国家司法救助案件，受理刑事被害人救助案件3件3人，已办结1件1人，发放救助资金2万元。

【民事行政检察】 受理审查各类民事行政监督案件19件。其中，生效裁判类监督案件1件，已作终结审查处理。受理执行监督类案件4件，终结审查1件，向法院发出检察建议3件得到有效反馈。受理督促履职类案件7件，向县环保局、县林业局发出检察建议7份。起草《关于加强公益诉讼协作配合工作的若干意见（试行）》《关于建立寻乌县公益诉讼联席会议制度》，并以县政府办公室的名义下发。办理环境公益诉讼诉前程序案件2件，办理生态领域刑事附带民事诉讼案件2件。法院分别判处两被告人有期徒刑并处罚金，并判令其支付生态修复费12480元、8040元，用于补植复绿工作。

【案件管理】 受理各类案件415件，送案382件；加强流程监控，制定《寻乌县人民检察院流程监控工作日志》《寻乌县人民检察院流程监控问题台帐》《寻乌县人民检察院流程监控跟踪表》三类流程监控台账，做到案件流程监控“日巡查、周报告、月通报”。督促业务部门对583件案件进行风险评估，风险评估率达100%，对监控中发现的问题口头提示4次，发出书面流程监控通知书一份。开展案件评查工作2次，评查案件数量45件，撰写《案件质量评查报告》2篇并作出通报。推进电子卷宗系统化应用，制作电子卷宗422案1170册，电子卷宗制作率达到100%。接待辩护律师查阅卷宗45人次，刻录电子卷宗186册；加强信息公开，公开案件程序性信息524条，公开法律文书166份，发布重要案件信息33条，其中职务犯罪重要案件信息26条、普通刑事案件重要案件信息7条。对涉案财物严格监管，规范出入库，做到一案一卡，有台账。

【检察技术】 受理文证审查案件136件、检验鉴定4件，同步录音录像9件，出具文证审查意见136份，其中7件退补或要求重新鉴定被采纳、1件改变原鉴定意见。开展全程同步录音录像工作，讯问职责犯罪嫌疑人全程同步录音录像。提供技术协助1件，协助自侦部门制作同步录音录像光盘72份，录制时长118小时22分钟。

【法警执行】 执行警务保障任务45次，出动警力94人次。其中，送达法律文书5次10人次；协助执行强制措施3次6人次；执行传唤6次12人次；看管30次64人次；维护来访场所秩序1次2人次。5月，办案区整改工作通过省、市检察院检查验收，办案区成为全市两个拥有准用合格证的办案区之一。

【教育培训】 组织干警参加各类教育培训20人次。组织干警参加干部网络培训，完成网络学院80个以上必修学分和中国检察网全部学习课程。组织参加“法律文书竞赛”“庭审观摩”等岗位练兵活动。组织科级以上领导干部参加网上法律知识考试、中共十九大知识竞赛、《中华人民共和国保密法》考试等活动。制定《寻乌县人民检察院青年干警培养方案》，下发《关于实行青年干警AB岗锻炼的通知》，成立侦监、公诉、民生、生态检察等6个青年兴趣小组，加强检察实务的研讨。兴趣小组成员在检察工作微信群中推送经验做法25期，开展业务交流探讨26次，撰写心得体会45篇。

【信息宣传调研】 被省院内网采用12篇、市级采用43篇、市院简报2篇；宣传报道在市级以上报刊和政法网站采用113篇，其中在检察日报信息快车采用17篇、正义网57篇、人民网16篇、高检院外网4篇、江西政法网10篇、江西检察网4篇、赣州检察网3篇、新法制报2篇。编发微信40篇，微博29篇、今日头条30篇；市级以上期刊共发表调研文章及被当地党委、政府主要领导批示肯定文章共5篇。

【检察委员会工作】 召开检委会11次，提交检察委员会讨论的案件和事项共16件，议案11件，议事5件（包括专项工作报告4件），向检委会提交专题报告4件，组织检察委员会委员集体学习4次。

（邝红槐）

法　院

【概　况】 县人民法院2017年新收各类案件2769件（另有旧存589件，合计3358件），同比上升31.86%，案件增幅列全市第三。审（执）结3126件，结案率93.09%，位居全市第五。全年新收各类执行案件1239件，同比上升92.99%，执结1341件（含终结本次执行程序案件），实际执结774件，同比上升57.64%，到位标的额3959万余元。

“全国文明单位”复查顺利通过并保留荣誉称号，寻乌法院被省高院评为优秀法院。审监庭被赣州市中级人民法院授予集体三等功，刘慧鹏被省高院评为法院优秀工作人员。刘向东荣获个人三等功，罗云亮被市中院评为法院办案标兵，张青、王益民、刘慧鹏被市中院嘉奖。

内设办公室、政工科、纪检组、立案庭、刑事审判庭、民事审判第一庭、民事审判第二庭、行政审判庭、审监庭、审判管理办公室、执行局、法警大队，以及长宁法庭、澄江法庭、留车法庭和晨光法庭四个派出法庭。行政编制59人，现有人员55人。

【刑事审判】 受理刑事案件176件，审结194件242人（含旧存）。审理行贿、受贿、贪污等犯罪案件7件7人。依法审理强奸、涉毒等社会影响较大案件和盗窃、赌博、危险驾驶等多发案件。贯彻宽严相济的刑事政策，对未成年人犯罪、轻微刑事犯罪以及因家庭矛盾、民事纠纷引发的犯罪实行从宽处罚，如依法判处非法侵入住宅罪的黄某免于刑事处罚。全面推行庭审法制教育和量刑规范化，加强裁判文书的辨法析理和判后答疑。

【民事审判】 新收各类民商事案件1316件，审结1553件（含旧存）。成立金融案件审判团队，推动金融案件审判专业化建设，审理金融案件122件。配合乡风文明建设，推进家事审判方式改革，成立家事审判团队，从妇联干部、人民调解员等人员中选聘家事调解员，审结婚姻家庭案件186件，注重调解促和谐，调解撤诉率53.6%。规范经济活动秩序，依法审理市场主体在生产经营活动中产生的各类商事纠纷。赣州银信置业有限公司破产重整案顺利推进，银河湾二期项目已于去年上半年交房，三期工程正在有序施工。妥善审理世纪财富广场22户业主起诉开发商商品房买卖合同纠纷，督促开发商主动支付违约金，维护业主合法权益。

【行政审判】 新收各类行政案件38件，审结38件。落实行政案件相对集中管辖的决定，寻乌县行政案件由龙南县法院集中管辖后，积极协调有关部门和公民妥善处理行政纠纷。主动延伸审判职能，对自来水厂回购、“两违”整治、土地房屋征拆和移民搬迁等提前介入、提供指导、发出建议。强化非诉行政案件审查力度，依法审查社会抚养费征收、违章建筑整治处罚、在高速公路控制区违规架设电缆处罚等非诉案件35件，准予执行34件。

【执行案件】 新收各类执行案件1239件，同比上升92.99%，执结1341件（含终结本次执行程序案件），实际执结774件，同比上升57.64%，到位标的额3959万余元。

组织执行。2016年9月，县委、县政府出台《关于支持人民法院基本解决执行难问题的意见》，成立“基本解决执行难”工作领导小组，在全县范围内选任25名普通型人民陪执员、5名专业型人民陪执员，缓解法院执行力量不足。

通力协作。按照最高人民法院《“基本解决执行难”第三方评估指标体系》，县委政法委牵头协调，多方配合，执行工作联动体系基本形成。召开全县解决执行难工作推进会，县委政法委、县纪委主要领导参与调度，县委组织部主要领导约谈涉执公职人员。涉单位、村委会、公职人员等特殊主体案件执行取得成效，执结此类案件17件。县有关部门在综治考核、提拔重用、文明单位创建等方面，加大对失信单位、人员的惩戒力度。对有关单位发出司法建议书21份，有4人因失信而被取消评优评先、提拔重用资格。公、检、法联合打击抗拒执行、规避执行的人和事，司法拘留52人，以涉嫌拒执犯罪移送公安立案侦查2件，2人因拒不执行判决、裁定罪被判刑。

执行办案。实行“每日一通报”“每周一调度”制度，每位执行干警作出书面承诺，层层压实责任。落实“一案一账号”，严格规范37个节点的信息录入，让执行更加高效透明。继续推进小标的案件、民生案件等专项执行活动，执结5万元以下小标的案件460件，执行到位标的额858万余元；执结民生案件132件，执行到位标的额1000万余元。积极探索诉讼财产保全责任保险，已涉保3起，保险金额79万元。大力推广网络拍卖，规范财产处置变现，网上挂拍26起，成功拍出11起，成交201.2万元。

【服务大局】 攻坚解难。妥善审理棚户区改造过程中出现的寻衅滋事、诈骗等违法犯罪案件。加大对长举村等1500余户土地房屋依法征拆的司法引导，保障新城区建设。派出干警参与“两个半村”移民搬迁工作，释法解惑，顺利推动大湖水库饮用水工程水源地移民搬迁工作。参与环城西路“两违”整治，加强城乡规划等有关部门的法律指导协调，加大涉环城西路“两违”整治案件的审判执行力度，督促当事人缴纳各类资金近2000万元。审慎查扣企业财产，妥善处理涉园区、涉企业案件，为工业攻坚三年翻番保驾护航。

精准扶贫。依法审结涉扶贫领域违法犯罪，对刘某挪用扶贫资金等案件作出有罪判决。积极参与乡村治理，推进“智志”双扶和移风易俗。妥善处理涉及农村土地承包经营权、林权和山林租赁等矛盾纠纷案件，促进乡村产业振兴。

环境治理.成立环境资源审判团队，实行环境资源民事、刑事案件“二合一”归口审理模式。审理非法采矿、滥伐盗伐林木、污染环境等破坏环境资源类案件14件15人，审理与破坏环境资源类案件相关的职务犯罪1件2人。推进环境公益诉讼，办理破坏环境附带民事赔偿公诉案件2件，判令被告人赔偿国家生态损失。发布6起环境资源司法保护典型案例，提高群众环保意识。

【为民司法】 利民渠道。升级诉讼服务中心功能，在立案大厅设立自助查询终端，提供全流程信息化诉讼引导服务。开展巡回审判，深入田间地头巡回开庭15次，此举被写入中宣部《寻乌扶贫调研报告》。构建矛盾纠纷多元化解机制，推动诉调对接，指导乡（镇）人民调解组织调处各类矛盾纠纷31起、行业性矛盾纠纷6起，诉前委派调解案件69件。运用司法救助缓减免交诉讼费55万余元，发放司法救助金35.9万元。

司法公开。运用审判流程公开、裁判文书公开、执行信息公开三大平台，上网公布裁判文书4713份，推进庭审直播，让公平正义看得见。开展法制“进校园、进企业、进社区、进乡村”宣传47人次，开设校园法制课堂12次，向社会发布典型案例4次。依托微信公众号等自助媒体，讲好法治故事，传播法院声音，寻乌法院新媒体影响力评比居省政法系统前三名。

固本强基。建设大数据时代“智慧法院”。完成执行指挥中心建设，实现执行远程监控、查询、控制、签章。创建“收转发E中心”，实现诉讼材料接收、流转、送达信息化、智能化。搞好“两庭”基建，审判法庭于11月完成大楼封顶。积极开展人民法庭“双达标”活动，建成科技法庭3个、标准化人民法庭1个。庭审直播、远程提审、移动办公相继得到应用。

【队伍建设】 履职能力建设。开展“弘扬井冈山精神，争创一流工作业绩”活动，努力提高执法办案、服务大局能力。召开法官交流会、法官助理座谈会和书记员培训会，提高全体干警的司法水平和做好群众工作的能力。按照正规化、职业化、专业化的要求，选派52名干警参加上级法院举办的各类培训班。年初制定学习计划，年内举办学习讲座12次，提升干警综合素质。加强精神文明创建，举办“道德讲堂”4次，举行登山、拔河等各类文体活动12次，培养干警积极向上的良好情操。

【接受监督】 坚持党对法院工作的绝对领导，坚持重大事项向党委报告制度。主动接受县人大及其常委会监督，切实把法院各项工作置于人大监督之下。向人大专题汇报“基本解决执行难”、司法改革等重点工作，邀请代表旁听庭审、参与执行、调研座谈等活动17次，收集并办理代表意见建议14条。向县政协通报县法院工作，自觉接受政协的民主监督。配合检察机关履行法律监督职责，共同维护司法公正。通过微信、官网发布工作动态、典型案例等司法信息500余条，接受媒体监督。电话回访案件当事人460人次，进村入户走访群众5000人次，广泛接受社会监督，积极回应群众关切。

【司法改革】 坚持党委领导。严格按照中央、省委和上级法院的决策部署，统筹规划、精准施策，推进各项司法改革落到实处。3月，遴选出首批员额法官20名，占人员编制数的33%。

审判资源配置。对审判资源进行优化组合，组建家事审判、环境资源审判、金融审判专业团队3个，以及执行、综合审判团队17个。院长、副院长和庭长全部纳入审判团队参与办案，实现院、庭长办案常态化。试行内设机构改革，实现内设机构“扁平化”管理。建立刑事、民事行政法官专业委员会，为独任法官及合议庭办理案件适用法律提供咨询。

规范审判权力。构建员额法官、法官助理、书记员三者之间权责清晰的司法责任体系。推进裁判文书签发机制改革，将法律文书签发权还权于独任法官、合议庭，实现“由审理者裁判、让裁判者负责”，审判管理与监督全程留痕。推进以审判为中心的刑事诉讼制度改革，充分适用庭前会议、非法证据排除和法庭调查规程审理案件，确保有罪的人受到公正惩罚、无罪的人不受刑事追究。

司法改革落地见效，审判执行质效得到显著提升。全院诉讼案件结案率同比提高17.2%，平均办案周期缩短20天，一审服判息诉率达97.03%，无超审限案件，无引发非正常上访。

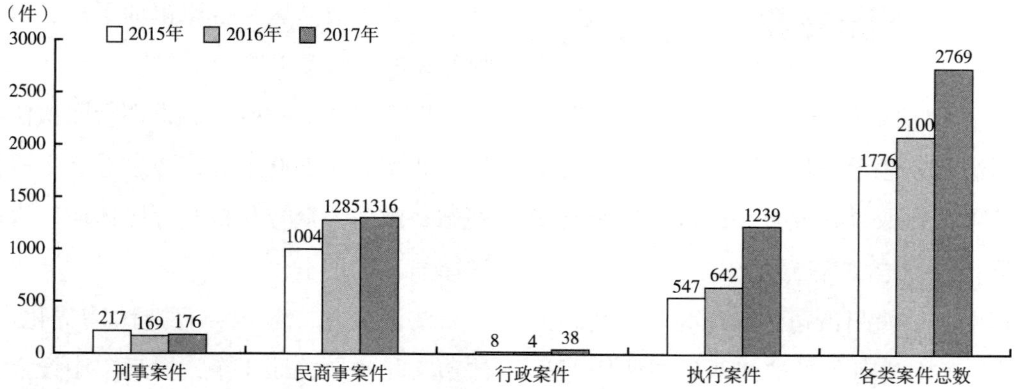

图 14 2016—2017 年寻乌法院新收案件增长态势

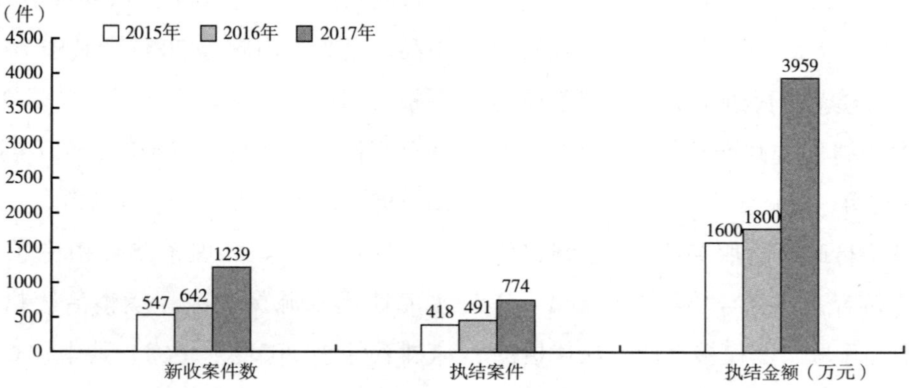

图 15 2015—2017 年寻乌法院实际执结案件情况

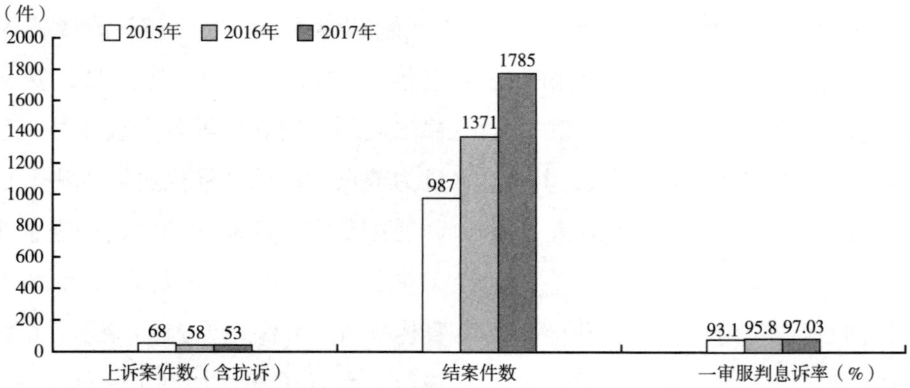

图 16 2015~2017 年一审案件服判息诉率

2015—2017 年寻乌县刑事受案数前三类案件一览表

表 8 单位：起

	故意伤害	赌博	盗窃
2015 年	40	37	20
2016 年	19	22	26
2017 年	30	22	17

2015—2017 年寻乌县民商事受案数前三类案件一览表

表 9 单位：起

	民间借贷	离婚纠纷	买卖合同	金融借款合同
2015 年	396	121	111	未入前三
2016 年	533	141	未入前三	124
2017 年	578	149	未入前三	120

（丁清华）

司法行政

【概　况】 县司法局围绕“法治寻乌”建设目标，发挥司法行政法治宣传、法律服务、法治保障作用，各项工作取得新成效。南桥司法所被江西省司法厅授予“全省第二批‘五好司法所’”，县社区矫正中心被赣州市司法局评为“社区矫正先进单位”，南桥镇南龙村被江西省司法厅评为第五批升级“民主法治示范村”。廖建强被省司法厅授予全省司法行政系统“十佳先锋”并获个人二等功；古钟殿、何联华、古小青、蓝晓明被赣州市司法局评为模范人民调解员；陈瑞荣被县直属机关工委评为“优秀共产党员”；李佛宝评为县精准扶贫优秀第一书记。

内设办公室（行政审批服务股）、法制宣传股（县法制宣传教育工作领导小组办公室）、公证律师股、基层工作股、法律援助股（法律援助中心）、司法鉴定管理股等6个股室，下设公证处（副科级全额拨款事业单位）。15个乡（镇）司法所为司法局副科级派出机构。编制58名，其中，政法专项编41名（局机关18名，司法所23名），事业编17名（公证处2名，乡（镇）人民调解中心15名）。实有工作人员45人，其中，局机关18人，公证处2人，司法所10人，乡（镇）人民调解中心15人。

【法治寻乌】 履行职责。年内，县委召开全面推进依法治县领导小组会议1次，县委常委会研究法治建设工作2次，听取工作汇报3次，作出批示3次。配齐县法治建设办公室专职副主任。

综治中心。县、乡（镇）、村（居）三级综治中心和县级公共法律服务中心日益完善，法律援助、法制宣传、社区矫正、医患调解、公证等事项集中在法律服务中心办公，并实行“一站式”服务。15个乡（镇）设立法律服务工作站，并开展法律援助、法制宣传、社区矫正、医患调解、公证等服务项目。建立19个村级法律服务联络点，县工业园区、吉潭镇圳下村、南桥镇南龙村开设法律服务工作室。

以案释法。共收集、整理行政执法“以案释法”典型案例500余件，通过寻乌手机报、政务网站、微信公众号和报刊等媒体向广大群众普及法律知识。

法治文化。年内，打造法治文化广场1个、法治文化主题公园1个，寻乌二中设立全县禁毒教育展示馆，村级农家书屋设置法治橱窗、禁毒教育展示馆，接受6000人次参观学习。征集法制小品、漫画、山歌等70件，其中30首法治歌谣上报市司法局。与县检察院、采茶剧演出公司等联合制作《用心托举祖国的花朵》《打红伞》《在劫“男”逃》等法治宣传微电影。

环保执法。开展畜禽养殖专项执法、大湖水库饮用水源保护区环境整治等执法行动，检查排污企业303家（次），其中，查封环境违法企业3家，移送公安机关处理案件5起，组织听证1起。

【法制宣传】 以“3·15”消费者权益日、综治宣传月、“12·4”国家宪法日、安全生产日、法律法规颁布纪念日等各类宣传月、宣传日、纪念日为节点，按照“谁执法谁普法”责任制，广泛开展法制宣传活动。其中送法进企业9次，为员工提供法律咨询328人（次），发放法律读本、宣传资料、环保袋等2500余份。组织758名副科级以上领导干部参加网上法律知识学习和考试，组织县信访局、保密局等13个试点单位参加全省分类学法考试，组织干部职工参加省公民法律知识考试，参考率和合格率达99%。

【人民调解】 充实调解力量。选配司法所长2名，录用司法人员3名，录用事业人员4名，选用研究生2名，每个乡（镇）司法所配备司法员。调解矛盾纠纷案件668件，调解成功622件，其中，婚姻家庭纠纷51件、邻里纠纷207件、房屋宅基地纠纷56件、合同纠纷47件、生产经营纠纷15

件、损害赔偿纠纷58件、山林土地纠纷93件、征地拆迁纠纷35件、环境污染纠纷8件、劳动争议纠纷5件、其他纠纷47件。发放“以案定补”经费15.746万元，共调解案件1005件。

【法律服务】 县公证处办理各类公证事项599件，其中，民事公证事项438件、经济公证事项138件、涉台公证事项23件，收取公证费82000元，接待来人来访220人（次）。办理法律援助公证8件，为政府办理公证事项32件，法律援助公证和为政府办理公证减免收费38000元。办理法律援助案件150件，其中属贫困户45件。为土地流转、民间借贷、移民搬迁、棚户区改造、工业园区等发放“便民服务卡”、宣传资料1万余份。县长宁司法鉴定中心与龙南康泰司法鉴定中心、全南信立司法鉴定中心、安远康正司法鉴定中心重新整合组建，机构名称变更为赣州龙南康泰司法鉴定中心。提供法律咨询1900人次。

【特殊人群管理】 衔接刑满释放人员38人，发放刑释人员接送工作补助经费和生活补助经费共7.33万元。远程会见预约申请115人次，远程会见88次，会见率为76.5%。县社区矫正监管中心组织集中公益劳动315人次，教育315人，个别谈话教育7人次。建好用好社区矫正人员GPS定位监控系统，对符合要求的社区矫正人员，实施GPS移动定位监控，实行指纹签到、安装人脸识别仪等，确保即时监管。

（黄卫兵）

军 事

人民武装

【概　况】 县人民武装部设有军事科、政治工作科、保障科。全县有22个基层人武部，其中乡镇人武部15个、县直单位武装部7个。

【业务培训】 7月12日，人武部组织征兵工作业务培训。培训内容包括：征兵工作动员部署，2017年征兵政治考核规定，2017年应征公民体格检查标准，确保征兵工作顺利完成。

【百日安全竞赛活动】 9月至12月底，县人武部按照上级统一部署，认真学习习近平主席关于依法治军、从严治军系列重要论述和军委国防动员部6部安全管理规范性文件。结合本部实际，从安全组织、安全教育、安全训练，安全制度、安全设施、安全督导六个方面进行对照整改，通过学法规、强防范、排隐患、严责任，牢固确立综合安全观，确保人武部高度集中统一、安全稳定、各项活动圆满完成。

【分队训练】 开展“条令学习月”。2月下旬至3月下旬，县人武部按照上级统一部署，扎实开展“条令学习月”活动。主要进行业务技能、队列、射击、体能、条令法规知识、隐患排查整治等内容的训练和学习，通过此次活动，干部职工精神面貌业务素质有较大提高。

组织舟艇分队训练。4月12—18日，在澄江镇现音亭水库组织舟艇分队训练，参加人员41人，主要进行舟艇基本常识，安装与发动，舟艇维护和保养、离靠岸训练，水上编队行进，水上越障和水上应急抢救等课目学习和训练，确保人人能操舟，个个能救援。

【征兵工作】 征兵工作按照组织准备体格检查、政治考核、征兵走访、役前训练、组织定兵、领送新兵和总结讲评七个阶段实施。先后召开征兵领导工作，征兵工作、定兵工作和征兵总结等四次专题会议。协调县电视台进行为期4个月的征兵宣传。开通县政府征兵办微信公众号，通过移动、联通、电信、“9633”平台共发征兵宣传短信30余万条。印发征兵宣传单1.5万份；宣传车到乡（镇）巡回宣传35台次。8月22日—8月28日在寻乌中学组织役前训练。圆满完成征兵任务。

【主题教育活动】 按照省军区，军分区统一部署，县人武部党委把“维护核心、听从指挥”主题教育和推进“两学一做”学习教育常态化、制度化。教育中，重点围绕“维护核心、听从指挥”开展系列活动，通过重温习近平系列重要讲话精神和治国理政新理念、新思想、新战略，开展“话巨变铭党性”读书活动，切实把思想认识统一到党中央、中央军委和习近平主席的重要决策上来。结合“两学一做”学习教育活动常态化、制度化落实，真正使维护核心、听从指挥成为思想自觉、党性观念、纪律要求和实际行动。

【三个90周年纪念活动】 按照省军区，军分区统一部署，县人武部扎实开展纪念中国人民解放军建军90周年，开展“八一南昌起义、井冈山革命根据地创建和秋收起义90周年”纪念活动。活动通过深入学习习主席在纪念大会上讲话，开展“人民军队忠于党”的歌曲演唱、诗词朗诵，组织中小学生、社会群众观看电影《建军大业》、组织全县征文等群众性活动。

【党管武装】 始终坚持双重领导制度，积极参与地方经济建设，主动作为树形象提地位，不断浓厚党管武装氛围，严格党管武装制度，积极协调县委、县政府将武装工作考评列入年度综合考评，提高考评分值比例。

3月8日，召开全县党管武装工作会议，会议表彰党管武装工作先进单位和个人，有力地推进党管武装机制落地见效，提升转业专武干部职位，积极畅通专武干部进出渠道，盘活专武干部队伍，重用2名部长、1名副部长和4名专武干事，从优秀退伍专业军人中，选拔2名武装干事。按照“连有党支部、排有党小组、班有党员”的要求，建立健全173个民兵连党支部，狠抓人员日常管理和队伍的应急演练，提升应急队伍应急处突能力。

【国防教育】 健全和完善国防教育领导机构，明确职责，落实办公场所，制订科学周密的实施计划。结合民兵政治教育、组织整顿、军事训练、执行勤务、征兵工作，在重大节日、纪念日，组织参观寻乌调查纪念馆和古柏烈士陵园等，对民兵预备役人员进行国防教育。清明节，县人武部开展“传承红色基因、争当红色传人”教育活动，组织机关干部职工、县武警中队、消防大队、专武干部、应急分队200多人，在古柏烈士陵园重温入党誓词、表决心、谈体会。

【双拥共建】 开展“双拥在基层”活动，组织对特困户、军烈属、贫困户、退伍军人和老干部遗孀走访慰问，开展送温暖、做好事和送医药送诊等活动。协调地方落实优抚安置政策、帮助军属解决实际困难，树立“人民军队爱人民、为人民”的良好形象。

（谢永贵）

武装警察

【概　况】 中国人民武装警察部队赣州支队寻乌中队（简称武警寻乌中队）编制38人，现有38人，其中干部3人，战士35人。设中队长1人，政治指导员1人，排长1人，分成三个战斗班，班长由士官担任。共有党员11人。

【思想建设】 把学习践行习近平总书记系列讲话作为当前和今后长期践行的重大政治任务，全面贯彻新时代习近平强军思想，打牢官兵听党指挥思想根基，确保坚定正确的政治方向，自觉强化“四个意识”、坚定“三个维护”，以听令而行的政治自觉和实际行动深学深悟、笃信笃行。学习中共十九大精神、《习近平论强军兴军》、总队支队党委扩大会议精神等内容，深刻领会精神内涵，不断提升理论素养，确保思想上看齐、行动上追随，针对战士接受能力、个性需求等方面的差异，从学文化、学知识、学表达开始，让大家学一篇著作、读一篇文章、明白一个基本道理。鼓励战士走上讲台，围绕教育内容讲心得、谈体会、传经验，交流所思所想、所感所悟，组织开展“最喜欢的一句话”“印象最深的一句话”“感触最深的一则故事”体会交流，使官兵在交流中将教育内容消化吃透。坚持安全员每日、思想骨干每周汇报思想、支部每月思想分析制度，把掌握官兵思想动态作为重点，对思想有波动、训练压力大、生活不适应的战士，做到及时发现，及时解难帮困，解开思想疙瘩。

【军事训练】 紧紧围绕“能打仗、打胜仗”要求，坚持把提高履行使命任务能力作为工作的出发点和落脚点。严格按纲施训。以支队新大纲教练员集训成果转化，全要素比武为契机，着眼新《军事训练与考核大纲》要求，结合看押勤务特点，紧盯哨兵情况处置、基础体能，擒敌技术、刺杀、应急班等重难点训练，突出基础体能这个关键，提出“器械体操饭前练，基础体能日日训，重点难点突出抓，固强补弱促提高”的思路，每周组织1次五千米武装越野，每月组织一次全面测试，打牢体能基础。严格训练秩序。周密制定训练计划，针对干部骨干专业特长，合理教学分工，把训练内容明确到每个课目、具体到每个小时、细化到每个动作，确保训练内容落实。在组训中始终把安全作为核心来抓，严格科学组训，按纲施训，不盲目蛮干，不随意降低训练标准，严格落实训练前对设施、器材、场地、参训人员进行安全检查和安全风险评估，在确保安全的前提下，积极稳妥地开展训练。开展“创纪录，当尖兵”活动，结合每周军事会操，周日利用点名时机对先进个人和先进班排进行表彰，将训练尖子，列为双争评比对象，释放出“训练有为、训练有位、训练有功”的强烈信号。

【作风建设】 坚持依法治军，从严治军，始终用严明的纪律和严格的制度正向纠偏，正心塑形，严格按照条令条例抓好工作落实。中队把每月第一个工作日作为条令法规学习日，系统对《安全工作规定》《基层正规化管理规定》以及“两学两抓”活动编印的《基层分队经常性基础性工作规范》《事故案件警示录》和《安全防事故手册》等内容进行学习，引导官兵正确认识当前部队安全管理工作面临的形势，增强官兵安全法规意识。注重抓好作风纪律养成，注重把“查不足”“强自身”作为带部队的关键，在规范官兵日常行为养成上，在注重抓好教育管理的同时，坚持整改问题从严要求。狠抓一日生活秩序和日常管理养成，部队管理严格，秩序正规，官兵遵纪守法、举止文明，中队精细化管理水平和官兵精气神得到提升。

【拥政爱民】 牢记全心全意为人民服务宗旨，坚持把“弘扬苏区精神，当好红军传人”作为根基血脉，把驻地当故乡，视人民如亲人，积极参加驻地经济建设，广泛开展精准扶贫、助学帮困义务献血、慰问孤寡老人、参加公益事业等活动，树立威武之师、文明之师良好形象。

（唐　宁）

人民防空

【概　况】 县人民防空办公室（以下简称县人防办）为县政府直属正科级事业单位，是主管全县人防工作的职能部门。内设综合股和工程管理股。配有编制8名，年末在职人员9人。

【人防宣传】 利用“3·1”国防日、“5·12”国际防灾减灾日、“9·18”警报试鸣日等重要时间节点，举办人防宣传活动。继续在县城中学开设人防知识课堂，提高中学生的人防素质和国防意识。发挥社区人防工作站的作用，开展群众喜闻乐见、潜移默化式的人防知识普及活动。

【规范审批】 6月，出台《关于加强防空地下室建设和防空地下室易地建设费征管工作的通知》，规范防空地下室建设和易地建设费征收，明确审批事项、审批程序及收费标准。9月，在县行政服务中心增设人防窗口，实现人防自主审批收费。

【结建和征费】 广寻云府小区人防地下室正在修建。依法规范收费，收取人防易地建设费1865万元，创历史之最。

【设施建设】 6月，开工建设县人防应急救援指挥中心大楼的人防地下室。抓好通信指挥警报能力建设，安装11台防空警报器，填补大塘头、上阳坪等区域警报信号空白，实现县城规划区防空警报网络全覆盖。

【队伍建设】 对人防专业队伍进行合训、合编、合装、合用等，提高人防专业队伍隧行任务和应急保障能力。成立人防志愿者队伍，开展送爱心、播知识、能演练的多种形式人防志愿者活动。

（谢福秀）

经济管理

发展改革

【概　况】 县发展改革委内设办公室、国民经济综合股（行政审批服务股）、财政金融和经济贸易股、基础产业发展股、项目稽查股、收费管理（基金管理）股、价格管理股（成本调查队）、价格监督检查所（价格举报中心）。下辖副科级事业单位3个：以工代赈办公室、农业区划办公室、项目管理办公室；股级事业单位有价格监测（认证）中心。行政编制17名（含2名机关工勤人员），全额拨款事业编制12名，差额拨款事业编制7名，实有干部职工36人。2017年，被县委县政府授予的“平安寻乌建设暨社会治安综合治理目标管理先进单位”“全面深化改革工作先进单位”“争取重大项目和重大政策贡献奖”“履行教育职责工作先进单位”“目标管理二类单位第二名”“脱贫攻坚第一名”“工业攻坚第三名”“生态攻坚第一名”“先进帮扶单位”“工业企业入规奖”“现代服务业攻坚第一名”“基础设施攻坚第一名”等称号。

【计划编制与运行】 全年实施“七大攻坚”项目176个，完成投资139.46亿元。完成生产总值70.82亿元，同比增长9.3%，其中，一产完成增加值21.21亿元，同比增长5.2%；二产完成增加值21.29亿元，同比增长9.2%；三产完成增加值28.31亿元，同比增长12.1%；三次产业结构比由上年的29.6 : 29.5 : 40.9调整为29.9 : 30.1 : 40，其中第二产业占GDP比重比上年提高0.6个百分点，主攻工业成效开始凸显。财政总收入8亿元，同比增长16.6%，其中一般公共预算收入4.89亿元，同比增长1.2%。规模以上工业增加值13.2亿元，同比增长10.2%。固定资产投资48.96亿元，同比增长14.8%。社会消费品零售总额21.7亿元，同比增长12%。城镇居民人均可支配收入24116元，同比增长9.5%；农村居民人均可支配收入9474元，同比增长12.2%。

【项目开发】 全年共争取各类项目资金32.6亿元，同比增长21.6%，增幅排全市第一，并获得全市中央预算内社会领域项目建设先进奖。争取到生态文明示范县项目和山水林田湖草建设项目。

抓好重大基础设施、重大产业、重大民生三大板块项目的实施，本年度列入市级调度重点建设项目10个，总投资93.15亿元，年内计划投资27.79亿元；列入省级调度重点建设项目3个，总投资46.25亿元，年内计划投资17.8亿元。市级重点项目已全部开工，其中竣工项目1个，即乱罗嶂风电场建设项目，完成投资27.39亿元，占年度投资98.57%。

项山甑风力发电场项目进展加快，第一组风机（8台）建成，已并网发电。爱康新能源农光互补光伏发电、750户户用光伏扶贫电站、184

个村级光伏扶贫电站已建成和并网发电。澄江110千伏输变电工程改造完工，进入试运行阶段。西气东输三期会昌—寻乌主管线前期工程顺利推进。

全年共安排基础设施建设攻坚列入市调度项目9个，计划总投资35.73亿元，年度计划投资15.02亿元，年内计划竣工项目6个；至12月，已开工项目9个，开工率100%，在全市基础设施攻坚中排名第五。共安排现代服务业攻坚列入市级调度项目共8个，年度计划投资6.5亿元，至12月，已开工项目8个，开工率为100%；在全市现代服务业攻坚中排名第7。

（吴　静）

物价管理

【价格改革】 开展市县联动推进医疗服务价格体制改革，从8月31日24时起，寻乌公立医院与市级公立医院同步执行调整后的医疗服务项目收费标准。完善停车服务收费标准，10月，下发《关于印发〈寻乌县机动车停放服务收费管理办法（试行）〉的通知》（寻价字〔2017〕6号），12月1日起执行新的收费标准。进一步完善出租汽车运价形成机制，建立健全出租车运价动态调整机制以及出租汽车运价与燃料价格联动办法，10月23日，会同县交通运输局下发《关于印发〈寻乌县出租车实施燃油附加费与成品油价格联动机制方案〉通知》（寻价字〔2017〕7号），12月1日起执行新的出租车收费标准。建立城镇居民生活用水阶梯制度，10月23日，向县政府报送《关于寻乌县实施居民生活用水阶梯制度的请示》（寻价文〔2017〕1号），10月30日，经县政府常务会议通过，并于12月1日起执行新的水费价格。

【收费管理】 实行收费目录动态管理，及时按政策调整收费项目标准。4月，会同财政印发新的《关于公布〈寻乌县行政事业性收费目录清单〉〈寻乌县涉企行政事业性收费目录清单〉〈寻乌县政府性基金目录清单〉》（寻财发〔2017〕35号）；2月，会同县教育局、县财政局印发《寻乌县2017年春季中小学（幼儿园）收费目录和标准的通知》（寻教发〔2017〕6号）；9月，会同县卫计委向市物价局、市卫计委报送《关于申报寻乌县中医院病房床位费收费标准的请示》（寻价字〔2017〕5号），会同县教育局、县财政局印发《关于下达寻乌县2017年秋季中小学（幼儿园）收费项目和标准的通知》（寻教发〔2017〕62号）。

【价格监督检查】 4月，对全县房地产开发企业进行收费检查；5月，配合市物价局对县供电公司进行收费检查。全年共查处价格违法案件6起，查出违法所得77.65万元，实施处罚77.65万元，结案率100%。开展以冰冻异常天气和春节、端午、五一、国庆等节假日为重点的市场价格巡查监管工作，加强对超市、农贸市场、交通运输等领域的价格巡查，对2件价格举报件进行查证落实，并及时给举报人予以答复。

【价格认证】 开展涉案物品的价格评估认证和价格服务工作，为司法部门调解经济纠纷和仲裁刑事案件提供法律依据和专业服务。全年共受理各种价格鉴证案件125件，标的金额62.99万元。

（黄志强）

统　计

【概　况】 县统计局内设办公室、综合信息统计股、工交能源投资统计股、社会服务统计股；下辖股级事业单位有农村社会经济调查队、普查中心。8月，国家统计局批复，同意设立，“国家统计局寻乌调查队”。现有编制16名，其中，机关行政编制5名；事业编制11名（农调队6名，普查中心5名）；实有干员职工17人，其中公务员7人、机关工作人员1人、农调队事业人员6人、普查中心事业人员3名。各乡（镇）设立统计站，有专（兼）职统计员共计15人，负责乡（镇）的综合统计工作；行政、事业、企业单位设有专（兼）职统计员负责本单位的统计工作。2017年获得全省统计系统先进集体、全省农村贫困监测先进单位、全市统计系统先进集体等荣誉，并连续三年获得省、市科学发展综合考评先进县。

【统计服务】 每月及时刊出《寻乌经济动态》《寻乌统计》《统计专报》《寻乌工业月度快讯》等，编制年度《统计提要》《寻乌县国民经济和社会发展统计公报》《统计年鉴》等统计资料。编印并发行《2016年统计年鉴》。同时积极做好“四上”（即：1.规模以上工业企业，主营业务收入或产品销售收入2000万元以上；2.限额以上贸易年主营业务收入2000万元、批发零售业500万元、住宿餐饮200万元；3.有资质的建筑企业、房地产开发企业；4.规模以上服务企业主营业务收入1000万元以上，或从业人员50人以上）企业入库入规工作。

【统计基础建设】 推进乡镇统计基层基础规范化建设，进一步夯实基层统计基础，全面提高统计工作水平和数据质量；巩固企业一套表改革工作，执行国家、省、市企业一套表统计改革方案，通过统一部署、统一优化数据采集处理系统、统一组织联网直报等形式，全县“四上”企业实现联网直报；加强县、乡、村及统计调查单位（对象）的统计工作规范化管理，落实统计持证上岗和统计继续教育制度，按《中华人民共和国统计法》（简称《统计法》）等法律法规的要求，配备具有统计从业资格证书的人员从事或分管统计工作，抓好统计人员的学习、教育、培训工作，提高统计人员业务知识和法律法规水平；巩固统计“四大工程”建设基础工作，严格遵循“先进库、再有数”的原则，按照“全省一库、在线维护、适时更新、全局使用”管理模式，对专业年报、订报调查单位的信息进行统一管理，对规模以上工业、资质内建筑业、限额以上批零住宿餐饮业、房地产开发企业等单位与名录库进行核实、比对和确认。同时，清理一批营业状态长期为“当年关闭、当年破产”单位。以降低临时代码使用率为突破口，调整有组织机构代码的单位，提高管理维护水平，有效地推进基本单位名录库的建设。

【统计法宣传】 开展法治宣传，组织宣传车深入乡村、企业宣传统计法律法规；加强对各统计调查单位主要领导和统计人员的普法。以宣传《统计法》《统计违法违纪行为处分规定》和其他相关的法律法规为重点，通过以会代训、举办培训班等形式，使调查对象的法律意识得到提高；联合相关职能部门，重点对乡镇、厂矿企业开展统计执法检查。

【普查和专项调查】 完成第三次全国农业普查工作。专项调查工作已成立机构、制订方案和选调人员，对规下工业企业、劳动力、文化产业、限下批发零售、住宿餐饮等专项调查，已进入入户登记阶段。

（邝松涛）

审　计

【概　况】 2017年，县审计局共完成审计（调查）项目18个，其中，财务收支审计项目2个；经济责任审计项目14个；专项审计2个；查出违规违纪和管理不规范资金35001.65万元，收缴违规金额31.51万元；基建工程预决算审计中心审核、出具工程项目审计报告697个，送审工程项目金额74615.83万元，核减工程造价、节约政府投资资4081.89万元，核减率5.5%；预算执行审计，查出违规金额2369万元，提出加强管理建议4条；提交审计专题报告、综合性报告和信息简报 6 篇，在国家、省、市、县等媒体刊登信息 38 篇。被市文明委评为“文明单位”。内设办公室、综合审计股、行政事业审计股、企业审计股、经济责任审计股、固定资产投资审计股；下辖事业单位有经济责任审计办公室、基建工程预决算审计中心。行政编制 15 名，事业编制 11 名，实有干部职工 26 人。

【经济责任审计】 开展领导干部经济责任审计和自然资源资产（试点）审计。受县委组织部委托，完成对 16 位党政领导干部经济责任审计；协助市局完成对 11 名县处级领导干部经济责任审计，为组织部门选人用人提供参考依据。

【专项资金审计】 派出审计组赴定南县开展涉农财政专项资金审计，共查出违规金额 3171.92 万元，涉及责任人员 62 人。其中，账外账 2 个，涉及金额 43.08 万元，涉及责任人员 12 人。审计期间已向纪检部门移送问题线索 16 起，涉及金额 229.47 万元，涉及人员 34 名（其中科级领导干部 4 人），受到当地纪检监察部门给予警告处分 13 人，严重警告处分 1 人，追回被侵占挪用等资金 620 万元。

根据市局统一安排，对龙廷乡的自然资源资产管理和生态环境保护履行情况进行审计试点。重点审计水、土地、森林、矿产等自然资源和相关生态环境保护情况，经审计发现，龙廷乡存在河流预警断面中有部分指标未达标、农村饮水安全集中供水项目建成后利用率低，存在破坏性和掠夺性开发自然资源，以及自然资源资产底数不清、数据缺失等方面的问题，并提出规范自然资源资产管理的审计建议。

（谢越圣）

市场和质量监督管理

【概　况】 县市场和质量监督管理局增挂食品安全委员会办公室牌子。内设办公室、政策法规股、行政审批股、食品安全监督管理股、质量监督管理股、保健食品化妆品监督管理股、药品医疗器械监督管理股、个体私营经济监督管理股、市场规范监督管理股、商标广告监督管理股、特种设备安全监督管理股、标准计量与认证监督管理股、企业注册局、公平交易局、消保局，下辖长宁、南桥、留车、晨光、吉潭、三标、澄江分局，下辖事业单位有后勤服务中心、个体私营经济协会办公室、消费者协会办公室、信息中心。有行政编制 88 名，事业编制 47 名，现有干部职工 109 人。2017 年被评为全市食品药品监管先进单位，被评为全市工商系统的先进单位，被评为全市质监特种设备监管和信息宣传工作先进单位。

【商事制度改革】 启动“多证合一”改革，将原“五证合一”营业执照与《出入境检验检疫报检企业备案表》《洗染业经营者备案》《再生资源回收经营者备案》等 24 项证照合并，纳入“多证合一”证照内的原有事项不再单独办理，一律改为使用营业执照办理，实现相同信息“一次采集、一档管理”，为市场主体登记注册提供便利化服务，降低创业准入制度性成本。实行网上注册登记服务改革。新工商企业登记网络服务平台上线运行，各类型企业名称登记、设立、变更、备案、注销等业务均可通过互联网办理，缩短办事时间。12 月 31 日起，企业用户在企业登记网络服务平台完成登记申请，并交登记机关初审，待登记机关初审通过后，委托代理人、股东、法定代表人。通过‘江西工商网上大厅’微信公众号实名认证，并在线签名后提交登记机关核准，经核准后，即核发企业营业执照，无需再提交纸质材料。全年共新发展个体工商户 1446 户，发展私营企业 803 户，发展农民专业合作社 133 户；年末全县共有个体工商户 14524 户，私营企业 3073 户，农民专业合作社 774 户，国有企业 47 户。

2017 年寻乌县个体工商户基本情况统计表

表 10

行业分类	期末实有			本期登记		
	合　计					
	户数（户）	从业人员（人）	资金数额（万元）	户数（户）	从业人员（人）	资金数额（万元）
合　计	14524	34811	156288.39	1446	3501	27503.68
农、林、牧、渔业	459	1499	18132.3	40	166	4080
农、林、牧、渔服务业	25	81	750.5	1	2	10
采矿业	9	44	532	0	0	0
开采辅助活动	1	10	10	0	0	0
制造业	230	983	5096.28	46	299	2547.98
金属制品、机械和设备修理业	1	2	10	0	0	0
电力、热力、燃气及水生产和供应业	56	190	6262.5	5	11	355
建筑业	20	55	199	3	9	111
批发和零售业	10964	24782	98530.55	970	2058	14478.4
交通运输、仓储和邮政业	29	123	961	2	5	25
住宿和餐饮业	1090	2753	11458.61	216	476	3146.8
信息传输、软件和信息技术服务业	74	161	554.88	13	25	237
金融业	0	0	0	0	0	0
房地产业	0	0	0	0	0	0
租赁和商务服务业	23	59	390	3	13	108
科学研究和技术服务业	2	7	2.1	0	0	0
水利、环境和公共设施管理业	1	2	5	0	0	0
居民服务、修理和其他服务业	1042	2655	7775.1	136	408	2336.5
教育	472	1315	5257.57	8	17	45
卫生和社会工作	32	82	378.5	2	4	13
文化、体育和娱乐业	1	2	10	0	0	0
其他	20	99	743	2	10	20

2017 年寻乌县内资企业一览表

表 11

行业分类	期末实有			本期登记			本期注销
	户数（户）	法人企业	注册资本（金）（万元）	户数（户）	法人企业	注册资本（金）（万元）	
合计	223	81	243030	37	16	23070	13
农、林、牧、渔业	8	6	11038.5	2	2	800	0
采矿业	2	1	1350	0	0	0	0
制造业	5	4	8000	0	0	0	0
电力、热力、燃气及水生产和供应业	23	14	11198.8	0	0	0	3
建筑业	19	3	95312	14	0	0	0
批发和零售业	57	25	2330.6	9	9	504	7
交通运输、仓储和邮政业	20	1	287.6	0	0	0	0
住宿和餐饮业	4	1	482	2	0	0	1
信息传输、软件和信息技术服务业	5	1	666	1	1	666	1
金融业	47	2	15000	2	1	10000	0
房地产业	3	2	10050	2	1	10000	0
租赁和商务服务业	9	7	50304	0	0	0	0
科学研究和技术服务业	9	5	5133	4	1	100	0
水利、环境和公共设施管理业	3	3	31500	1	1	1000	1
居民服务、修理和其他服务业	8	5	277.5	0	0	0	0
教育							
卫生和社会工作							
文化、体育和娱乐业	1	1	100	0	0	0	0
其他							

2017 年寻乌县私营企业基本情况统计表

表 12

行业分类	期末实有				本期登记			
	户数（户）	投资者人数（人）	雇工人数（人）	注册资本（出资金额）（万元）	户数（户）	投资者人数（人）	雇工人数（人）	注册资本（出资金额）（万元）
合计	3073	4671	32131	887248.02	803	885	9141	288132
农、林、牧、渔业	538	798	5598	243721.51	120	167	1458	85484
采矿业	26	52	200	10030	1	1	0	1000
制造业	282	503	7826	181344.3	124	175	3058	93910
电力、热力、燃气及水生产和供应业	115	303	1004	44360.31	13	22	109	11215

续表 12

行业分类	期末实有				本期登记			
	户数（户）	投资者人数（人）	雇工人数（人）	注册资本（出资金额）（万元）	户数（户）	投资者人数（人）	雇工人数（人）	注册资本（出资金额）（万元）
建筑业	238	124	2611	34837	170	53	1894	15858
批发和零售业	1137	1803	8662	175368.9	163	215	868	23647
交通运输、仓储和邮政业	95	152	945	19823	25	22	127	3750
住宿和餐饮业	57	103	622	19623	6	7	62	3100
信息传输、软件和信息技术服务业	72	107	423	8319	21	37	146	4010
金融业	23	6	201	2500	0	0	0	0
房地产业	63	107	500	61212	23	31	145	10147
租赁和商务服务业	152	226	935	27267	60	81	377	9222
科学研究和技术服务业	62	72	744	21818	27	17	511	16040
水利、环境和公共设施管理业	33	39	444	12712	14	14	172	6596
居民服务、修理和其他服务业	123	195	879	14409	24	27	180	1523
教育	27	37	224	3117	6	6	15	720
卫生和社会工作	3	3	30	1806	1	1	3	1000
文化、体育和娱乐业	27	41	283	4980	5	9	16	910
其他	0	0	0	0	0	0	0	0

【商标广告管理】 全年共受理商标注册申请39件，商标拥有量达294件。企业申报市知名商标4户，续认省著名商标1户。7月，“寻乌蜜橘”商标被国家工商局认定为中国驰名商标，全县现有市知名商标4户，省著名商标6户，中国驰名商标1户。

【特种设备安全监察】 全县特种设备使用单位86家，设备总数296台，其中，锅炉18台；压力容器66台；电梯166台；起重机34台；厂内专用车辆11台；大型游乐设施1台；压力管道2357米。特种设备使用单位主要负责人为安全监管第一责任人，按照风险等级越高、监管越严格的原则，实行现场检查、约谈、挂牌督办、安全诚信“黑名单”等分类监管措施，倒逼企业落实安全主体责任，年内未发生一起特种设备安全事故。

【计量检定】 开展对加油机、衡器、压力表、血压计、砝码等与群众生活关系密切的计量器具检定工作，共检定各类计量器具1413台（件），其中，检定加油机98枪；血压计259台（件）；压力表216台（件）；衡器840台（件）；在“5·20”世界计量活动日，督促供水、供电等企业开展“民用三表”自查工作。

【食品安全监督】 开展食品加工小作坊、食品摊贩及农村集体聚餐备案工作，对食品小作坊等开展“三小”地毯式摸底调查工作，做好经营者信息登记和经营者台账；查验其加工经营地址，禁止在污染源附近进行经营活动，要求从业人员必须持健康证上岗；编制食品监督意见书，监管人员进行日常巡查，及时纠正违法违规行为。全县11个集贸市场中已办证食品经营单位有1226家，其中，食品生产加工主体46家（食品生产加工企业12家，已登记小作坊80家）；食品经营主体767家（其中批发2家，零售238家，批发兼零售49家）；餐饮服务单位355家（含中小学36家，托幼机构121家）。

【药械安全监管】 对16家药品零售企业完成新版GSP现场检查，全县104家药品零售企业已通过新版GSP认证。

（谢　敏）

国土资源

【概　况】 县国土局内设办公室（人事教育股）、规划和耕地保护股、土地利用股、法规监察股（行政审批服务股）、不动产登记股（不动产权属调查股）、县测绘地理信息办公室（信息中心）、纪检监察室，核定行政编制11名，工勤编制1名。管理县不动产登记中心，下辖事业单位有土地储备中心（副科级）、土地开发整理中心（副科级）、国土资源监察大队（副科级）、土地交易中心、不动产登记中心；派出机构设5个：长宁国土资源中心所（管理长宁、文峰、三标国土资源所）、澄江国土资源中心所（管理澄江、水源、罗珊国土资源所）、吉潭国土资源中心所（管理吉潭、项山国土资源所）、留车国土资源中心所（管理留车、南桥、龙廷、丹溪国土资源所）、晨光国土资源中心所（管理晨光、桂竹帽、菖蒲国土资源所）。下辖自收自支事业单位已全部改为财政全额拨款单位，重新核定全额拨款事业编制94名。现有干部职工85人，其中行政人员7人；事业人员85人；另有自聘人员7人。

【建设用地管理】 积极加强与省、市沟通，共向上取用地指标2902亩，保障棚改、饮用水源保护区、河角温泉、工业园区、义务教育迎国检等“七大攻坚”重点项目用地需求。

完成土地利用总体规划调整和全域永久基本农田调整工作。在上级下达用地指标基础上，争取新增用地规模473.3公顷，占全市新增规模的35%。按时完成全域永久基本农田调整工作，调整基本农田466.6公顷。完成城乡建设增减挂用地面积32公顷。制定《寻乌县开展批而未用土地处置工作实施方案》，对每宗批而未用土地作出整改措施。消化处置批而未用土地81.06公顷，消化周期从3.7年降至2.4年，排名全市第三，达到省厅规定的消化周期目标。对2008—2016年新增建设用地供应和利用明细进行核对，并提供照片等佐证材料。2008—2016年共批准新增建设用地509.86公顷，批而未供面积为209.66公顷，批而未用率41.13%，批而未用土地面积141.26公顷，批而未用率27.71%，比年初下降13.42%。

【土地开发保护】 实施土地（灾毁园地）开发项目，破解耕地占补平衡难题。全年完成2016年验收的7个项目的报备工作，实施总建设规模413.53公顷，新增耕地面积335.06公顷；完成34个（灾毁园地）开发项目的立项工作，总建设规模1799.2公顷，可新增耕地面积1403.33公顷；实施（灾毁园地）开发项目9个，其中晨光镇、南桥镇的5个项目已竣工验收，完成建设总规模224.15公顷，新增耕地面积221.75公顷；菖蒲乡、晨光镇4个土地（灾毁园地）开发项目正在建设中，总建设规模203.94公顷。在已验收的5个项目中，晨光镇的3个项目列入县现代农业攻坚的重点项目。

在高标准农田建设中，菖蒲乡菖蒲村等5个村和晨光镇桂花村等2个村共两宗土地整理项目的上图入库工作已完成。对2017年拟实施的766.66公顷高标准农田建设项目选址已完成。

农田“旱改水”项目进入地块调查核实阶段。全县永久基本农田划定工作已经完成，并通过国土资源部审核备案。建立耕地和基本农田保护制度和耕地保护动态巡查制度，并逐级签订耕地保护责任状。

全年共下拨“空心房”拆除资金7064.9964万元，并采取县领导包片负责、整村推进和挂点单位主要领导蹲点参与等措施，全县14个乡镇163个村共拆除“空心房”250万平方米。对剩余的旧房进行修善和开发利用，其中修缮10万平方米；开发乡村旅游1万平方米；用于农村公益设施12万平方米。

【土地登记发证】 整合不动产登记办证窗口，把房产交易与不动产登记中心设置在相邻窗口，进一步优化办事流程，提高办事效率，办结时限缩减至5个工作日。10月25日提前完成房屋资料移交工作。全年共办理不动产各项登记9761件，其中，不动产权属登记类5224件；不动产登记证明4537件；各项登记工作正常有序开展。

制定《寻乌县农村宅基地管理试点工作方案》，成立领导小组，选择3个自然村进行试点。同时将农村住宅用地审批权及土地执法权下放至乡（镇），委托乡（镇）实施，并出台《寻乌县农村集体建房管理暂行办法》《寻乌县县城规划区农村建房审批细则》等相配套的文件。

【土地执法监察】 加强对土地违法行为的查处。共查处5宗违法占用土地违法案件，涉及面积2.86公顷，罚款194154.25元。制止90起土地违法行为，拆除“两违”建筑4165平方米。做好2016年度土地卫片执法监督检查工作。对土地在卫片执法检查中发现的18宗违法占地行为进行查处，面积3.28公顷，共收缴罚没款170931.9元；对2宗不符合立案条件的违法占地行为限期整改到位。开展铁路、公路、江河沿线环境整治。对国道沿线2处“两违”建筑依法进行拆除，拆除面积1680平方米，拆除城市主要干道屋顶乱搭乱建铁皮棚等24处，拆除面积1582平方米。做好涉土行政复议行政应诉工作，2016年，共收到或参与行政复议案件6件，主要涉及信息公开、行政征收、出让合同纠纷等方面，办结率100%；收到或参与行政诉讼案件12件，主要涉及复议行为、信息公开等方面，12件案件全部胜诉。

（易文贞）

地矿管理

【概　况】 县矿产资源管理局内设行政办公室、矿产开发股、资源储量股、地质环境管理股、监察室（法规股），下设矿产资源执法监察大队。机关全额拨款编制21人，实有人员18人，临聘13人。被县委县政府评为2017年“平安寻乌建设暨社会治安综合治理目标管理先进单位”“驻县单位主攻工业先进单位第三名”“驻县单位计划生育工作先进单位第二名”。

【矿产资源管理】 寻乌县第三轮矿产资源总体规划已编制完成，并通过市政府的批复，将与省、市规划数据库对接。晨光镇河角温泉地热水地质详查报告正在编制，为探权权转让做好前期准备。对全县现有的砂石、黏土矿的开采进行规范，凡达不到法律法规要求的，与公安、安监等部门联合下达《责令停产整改通知书》，对逾期整改不到位的，一律依法关闭。对南桥镇磷石背地热项目进行二次挂牌出让，并于5月31日在网上挂牌出让，成交价1078万元。对第三轮矿产资源总体规划关于矿业权设置版块中，拟新设的砂石、黏土的开采，将按照铁路、高速公路、国省道及重要河流两侧划定禁止开采区，科学合理地设置矿产资源的开发。

【地质灾害防治】 在汛期前，向各乡（镇）、县直有关部门下发《2017年寻乌县地质灾害防治方案》，并组织各乡（镇）开展地质灾害隐患的排查，经摸排，有隐患841处，其中有5处为重要地质灾害隐患点，并作出相应的处置措施。同时，开展群防群治工作，向群众发放“防灾明白卡”和“避险明白卡”2000余份。在“4·22地球日”和“5·12防灾减灾日”开展宣传活动，散发宣传资料800多份，悬挂宣传条幅4条。实施项山乡书坪村废弃稀土矿山治工程，省国土厅已下拨资金183.02万元，治理面积8.8公顷，由项山乡政府具体实施；长宁镇岳家庄不稳定边坡治理、丹溪乡双溪村下敏村小组滑坡治理工程已启动，项目资金从县城城南滑坡二期治理工程结余的资金中划出。向上申报丹溪乡地质灾害省级检测示范点项目。委托核工业地质局赣州工程勘察院编制出《“十三五”寻乌县地质灾害防治规划》初稿。

【地质环境治理】 认真落实环保督查组提出的整改意见，并成立领导小组，制订整改实施方案，对新老稀土矿点一律按照“三不留、一填埋、一复绿”的要求整治到位。组织编制《寻乌县矿山地质环境恢复和综合治理规划》和《废弃矿山地质环境调查》，以推动绿色矿山建设。

《国务院关于支持赣南等原中央苏区振兴发展的若干意见》实施后，寻乌石排废弃稀土矿山地质环境治理示范工程项得于立项，总投资5.07亿元，其中中央专项资金3.55亿元，治理面积10.11平方千米，是寻乌迄今获得国家支持单项资金额度最大的项目。项目分三期实施；一期投资1.1亿元，其中，国家投资1亿元，地方配套1764万元，治理面积2.51平方千米，新增建设用地1.33平方千米，8月14日通过省国土资源厅验收；二期投资1.9589亿元，其中，国家投资1.2753亿元，地方配套6836万元，治理面积2.99平方千米，可新增建设用地1.57平方千米，10月20日通过省国土资源厅验收；三期投资1.8785亿元，其中，国家投资1.2753亿元，地方配套6042万元，治理面积4.6平方千米，可新增建设用地1.65平方千米。

【执法监察】 压实整治稀土相关部门、乡（镇）、村三级的监管责任。组织力量对采矿证内的稀土采矿区和资源回收进行巡查、监督。在公安、环保和文峰乡等部门和单位的配合下，依法查处文峰乡上甲村、石排村谢屋小组等3起非法开采稀土和1起非法开采花岗岩的案件，其中，移送公安机关立案2起；上报省国土厅1起。对3名非法回收“稀土尾水”的人员实行行政拘留。

（邹祥俊）

安全生产监督管理

【概　况】 县安全生产监督管理局内设办公室（行政审批股）、安全监督管理一股、安全监督管理二股、安全监督管理三股（职业安全健康监督管理股、安全生产培训教育股），下辖股级事业单位寻乌县安全生产执法监察大队。共有编制9名，其中机关行政编制5名、事业编制4名，实有人员10人。被江西省安监局评为2017年度全省安全生产监督管理工作优秀县级安监局，被县委、县政府授予“平安寻乌建设暨社会治安综合治理目标管理先进单位”，被县委县政府评为业务工作先进单位。

【安全生产责任制】 严格按照新修订的《江西省安全生产“党政同责、一岗双责”暂行规定》《寻乌县人民政府关于进一步加强企业安全生产工作的实施意见》等有关规定，推动和落实乡（镇）人民政府和各职能部门的监管责任，督促企业履行安全生产主体责任。组织各乡（镇）、县安委会成员单位和重点企业层层签订安全生产责任状。制定《寻乌县安全生产目标管理考核办法》，对乡（镇）和县安委会成员单位进行量化考核。抓好事故控制调度和问责，提高监管实效，切实减少安全生产事故的发生。全年共发生各类事故2564起，死亡33人。杜绝校园安全隐患，确保元旦、春节、全国两会、中共十九大等重要时期的安全稳定。

【安全生产专项整治】 抓好非煤矿山专项整治，对全县13家非煤矿山和3座尾矿库开展集中整治，大部分非煤矿山能按安全生产标准化的要求进行生产。3座稀土尾矿库停止使用。严厉打击非法采矿行为，查处违法企业2家。切实抓好烟花爆竹专项整治。对全县122家烟花爆竹经营单位进行安全隐患大排查，共下发限期整改通知书16份，暂扣两家经营单位的执照。开展危险化学品安全风险摸排和危险化学品经营专项整治，对大检查期间发现隐患不落实的实行限期整改，下发执法文书6份，对9家加油站点负责人进行约谈，消除安全隐患。配合有关部门做好交通运输、消防、建筑施工等行业领域的安全专项整治。

【事故防范措施】 开通运行江西省安全生产隐患排查治理暨行政执法系统。派员参加省市组织的全省安全生产隐患排查治理暨行政执法信息系统培训，并于7月、9月分批组织全县50余家安全生产重点企业和规模以上企业举办全省隐患排查治理暨行政执法信息系统业务培训，有43家企业注册行政执法信息系统。在“安全生产执法年”“安全生产月”等活动期间，通过悬挂标语、信息平台发送安全短信、播放安全专题片、组织主题书法展等方式，大力宣传安全生产方面的法律法规和相关知识。推动“双随机一公开”制度的落实。制定《寻乌县安监局“双随机一公开”实施方案》，编制《寻乌县安监局“双随机一公开”实施细则》《寻乌县安监局行政执法检查事项清单》《寻乌县安监局行政执法对象名录库》及《寻乌县安监局行政执法人员名录库》等，并在县政府政务网公开。完成全省行政执法双随机系统，基础数据的上传和检查计划的申报。严格落实各乡（镇）、各有关部门、各生产经营单位值班制度，坚持领导带班、昼夜专人值班，做好信息上报和紧急情况报告制度，保证信息渠道的畅通。

【安全生产行政许可】 全年办理安全生产行政许可154份，其中，露天采石场9个；饰面用花岗岩板材开采3个；钾长石矿2个；铁矿1个；钼多金属矿1个；烟花爆竹批发经营单位1个；烟花爆竹零售经营点122个；危险化学品经营25个。

（张路芳）

农村经济　农业

农村经济管理

【概　况】中共寻乌县委农村工作部为县委的工作部门，增挂寻乌县人民政府农村工作办公室牌子，一套人马两个牌子。内设办公室、农业科、农村科，下辖县新农村建设农民培训学院（全额拨款副科级事业单位）、县农村经济信息中心（属县委农工部正股级事业单位）。县新农村建设工作领导小组办公室和县农村生活垃圾专项治理工作领导小组办公室（简称“农治办”）属非常设性机构，与县委农工部合署办公。在编在岗干部职工13人，其中，县委农工部机关4人；县新农村建设农民培训学院2人；县农村经济信息中心7人；县“农治办”抽调干部2人。被评为2017年全省农工部系统工作综合考核优秀单位。

【农村经济发展】围绕“农业增效、农民增收”目标，全年实现农业总产值396167万元，按可比价计算，比上年增长5.1%。其中，种植业产值268438万元，增长5.76%；林业产值11592万元，增长3.04%；牧业产值93028万元，增长2.76%；渔业产值16967万元，增长2.2%；农林牧渔服务业6142万元，增长7.68%。新种植蔬菜366.66公顷、猕猴桃570.66公顷、罗汉果156.66公顷、油茶666.66公顷、百香果566.66公顷、葡萄185.33公顷、鹰嘴桃320公顷；早稻总产量同比增长7.2%，中稻总产量同比增长0.04%；大豆总产量同比增长12.5%；花生总产量同比增长9.1%；甜玉米、甜瓜、茶叶等主要经济作物的总产量稳中有升；生猪存栏14.1万头，出栏23.5万头，饲养量37.6万头，同比增长2.2%；肉牛存栏3.12万头，出栏1.75万头，饲养量4.87万头，同比增长1.8%；羊存栏1.78万只，出栏1.76万只，饲养量3.54万羽，同比增长1.4%；家禽存栏203万羽（其中蛋鸡：105万羽，肉鸡：90万羽），家禽出栏350万羽（其中肉鸡出栏90.3万羽），饲养量553万羽，同比增长6.2%；水产品产量8977吨，同比增长16.4%；蜂蜜产量达85吨，养蜂饲养量达1.1万箱以上；肉蛋奶总产量17506吨，满足市场的有效供给。农村居民人均可支配收入9424元，增长11.6%。

【美丽乡村建设】按照“整洁美丽，和谐宜居”的新农村建设目标，因地制宜，整合资金，全面推进176个村点建设，建设秀美乡村。新农村建设专项资金5280万元（其中省财政专项资金2640万元、市财政配套资金1056万元和县财政配套1584万元），县财政统筹整合使用，投入脱贫攻坚基层设施建设和“八大体系”建设，推进新农村建设“七改三网”“8+4”项目建设以及农村环境的综合整治。全年共拆除“空心房”173.9738万平方米，完成民房立面改造4277栋132.6694万平方米；完成通组路建设35.67千米、入户便道597户；完成改水1476户、改厕

1279户、改沟75.44千米；建成综合服务平台15个、卫生室9个、农家书屋6个、文体活动场所17处、垃圾处理设施4处、污水处理设施1处。

【美丽乡村建设】 先后出台《寻乌县“整洁美丽，和谐宜居”新农村建设行动规划（2017—2020年）》《2017年度全县“整洁美丽，和谐宜居”新农村建设工作方案》《关于大力开展全县新农村建设美丽示范“六统·四联创”活动实施方案》等文件，确定全县176个新农村建设具体村（点）、创建美丽示范农户庭院1011户、美丽示范村庄7个以及美丽示范乡镇1个等任务和重点，制作《寻乌县“整洁美丽，和谐宜居”新农村建设作战图（2017—2020年）》，在县乡两级相关单位悬挂。组建“四联创”监督考核小组和制定《“四精”建设重点工程项目监督考核奖罚管理办法》，明确各单位、各部门职责，将工作任务和重点层层分解，夯实新农村建设的责任。在新农村建设村（点），成立由热心村里公益事业、德高望重、有组织协调能力的老党员、老干部、老教师等“五老”人员组成的村民理事会，发挥他们参与新农村建设的积极性。大力传承弘扬社会主义核心价值观和客家优秀传统美德，破除陈规陋习，引导村民树立诚实守信、崇尚科学、孝敬父母等文明健康的乡风民风。引导堪舆文化行业从业者（俗称风水先生）积极配合“加强农民建房管控、助推乡风文明行动”工作，对全县堪舆文化行业从业者进行转型培训，并致《给全县堪舆文化行业从业人员的一封信》，把活跃在乡村建设一线的“风水先生”培养成“美丽乡村建设”的倡导者和实践者。建成南桥镇南龙村、留车镇飞龙村等6个新农村建设示范村；对40个省级贫困村的村组进行整治与建设，并再打造10个中心村和2个特色村。

【农业综合开发】 争取上级农业综合开发资金1834万元，其中996.8万元为省农业综合开发办统一安排的高标准农田建设项目。按照统筹整合财政涉农资金集中投入脱贫攻坚的要求，资金主要用于南桥镇廷岭村、黄塘村、南桥村；留车镇飞龙村、雁洋村；晨光镇司城村、高布村；桂竹帽镇华星村；三标乡堆禾村等村的产业项目建设，其中单项工程共11个，总投资760.1万元。11个项目受益人口5592人，其中贫困人口1326人。在项目安排上，突出扶贫产业基地基础设施和特色优势产业的培育；在项目管理上，严格执行招投标制、工程建设监理制、县级报账制、项目和资金公示制，确保专款专用和工程质量。

【交通沿线建筑立面改造】 出台《寻乌县2017年交通沿线村点建筑立面整治提升工作实施方案》《关于明确寻乌县2017年度交通沿线村点建筑立面整治提升项目法人及法人代表的通知》等文件，按照“四统一分”（即统一项目立项、统一规划设计、统一工程单价、统一风貌打造，分段实施）的原则，投入财政资金1.8亿元，在寻全高速、济广高速沿线、现代农业示范园区沿线、206国道绕城路等路段完成民房立面改造提升4277栋、132.67万平方米，加盖坡顶886栋、11.56万平方米。

【农村生活垃圾专项治理】 按照“2015年全面铺开、三年提前验收、五年完善巩固”的总体目标，建立和完善垃圾处理设施，建立农村保洁队伍，探索市场化运作机制，基本建立“户分类、村收集、乡（镇）转运（或处理）、县处理”的城乡环卫一体化垃圾收运处理体系，切实改善农村人居环境，建立农村生活垃圾专项治理长效机制。10月，农村生活垃圾治理工程通过省级考核验收。出台《寻乌县2017年农村生活垃圾专项治理工作方案》《寻乌县2017年农村生活垃圾专项治理工作考评办法》。出台农村卫生保洁费收取标准，即村（居）服务人口不低于3元/户·月、6元/人·月、8元/户·月、10元/户·月、12元以上（含12元）/户·月等五档缴费标准，并与财政奖补资金挂钩，使农民成为“自己动手，清洁家园”的主体。投入专项资金3816万元，在全县建8个压缩式垃圾中转站、6个垃圾渗沥液处理简易站房、32座第二代自燃式焚烧炉，添置17辆勾臂车及260个2立方米的密封垃圾箱、8辆沟道压缩式垃圾转运车、176辆垃圾清运车、15860个生活垃圾收集桶。除留车、晨光、丹溪三个乡镇的压缩式垃圾中转站设备未安装外，其他乡镇的垃圾处理设施、设备均已完成并投入运行。各村（居）成立“五老”人员组成的监管机制，参与本村保洁员队伍的组建、管理，并监督规范村民垃圾投放行为。保洁员按服务人口3‰的标准配备，并负责辖区内的环境卫生、督促检查等日常工作。建立村（居）垃圾收集清运、保洁费收取及环境卫生清洁度考核等相结合的奖补机制，即先进多奖、落后少奖或不奖。每季度开展“清洁村（居）”“星级卫生文明户”的评选活动。县“农治办”实行每月一督查一排名一通报制度，即每月1—20日为暗访、21—31日为明察，督导各乡（镇）、各村（居）垃圾治理工作；每月督查情况与年终奖补资金相挂钩，采取扣分即扣钱、得分得奖补的方式，确保农村生活垃圾治理工作奖罚分明。对每次督查不达标的乡（镇）、村（居），作出限期整改，并列入下一次督查内容；对整改不到位的，一律取消该乡（镇）、村（居）年度农村生活垃圾专项治理工作评先评优资格。

【培育新型农民】 整合“农民知识化工程”“雨露计划”“一村一名大学生”等培训资源，免费帮助农户掌握至少一项以上就业技能或实用技术。培训计划由县产业发展领导小组牵头，各乡（镇）政府、果业局、农业局、扶贫办、农民培训学院和各村委会等单位具体组织实施。聘请专业技术人员讲授柑橘黄龙病防控、猕猴桃、甜柿、蔬菜栽培等知识，培训农民700余人。组织参加第五届“赣南乡村明星”评选活动，赖丙光、林瑞平、刘其连3名农村实用技术人才被评为“赣南乡村明星”。完成2017年度农函大招生计划37名，远程教招生任务59名。

【农业产业化建设】 全县有农业产业化省级龙头企业3家、市级11家。省、市龙企业实现年销售总额109675万元，增长13.1%，利税11973万元，增长33.8%，带动农户增收9.85万元，增长29.5%。帮助农业龙头企业做好品牌认证。经认证或重新认证，现有无公害产品1个；绿色食品15个（其中省、市龙头企业10个）；有机食品2个；无公害农产品2个；获国家驰名商标1个，省著名商标、江西名牌产品6个（其中省级龙头企业2个）。

【涉农改革】 制定《寻乌县农村产权流转交易服务平台建设实施方案》（寻府办字〔2015〕10号），县财政投入27.98万元集中采购一批电脑、打印机、高拍仪、身份证阅读器、触控一体机等农村产权流转交易服务平台设施设备，并配置到各个乡（镇）行政服务中心，年内完成5宗交易。

根据《寻乌县人民政府办公室关于印发寻乌县水权制度改革实施方案的通知》（寻府办〔2016〕195号），对水权试点的南桥镇、留车镇开展农村集体经济组织修建或管理的水库和山塘进行调查登记，登记内容包括：工程特性，基本参数数据登记；确权登记有关的水权基础数据登记；水库和山塘工程示意图等。经调查核实，南桥镇有水库12座，山塘16座；留车镇有水库8座，山塘62座。为水权制度改革管理建立基本台账。

【涉农调查】 撰写工作方案、工作规划和各种调研文章共67篇，其中起草《2017年全县“整洁美丽，和谐宜居”新农村建设工作方案》《关于大力开展新农村建设美丽示范“六统·四联创”活动的实施意见》《寻乌县新农村建设“美丽示范农户庭院”认定管理办法》《寻乌县新农村建设美丽示范“四精”建设重点工程项目监督考核奖罚管理办法（试行）》《寻乌县2017年农村生活垃圾专项治理工作方案》《寻乌县2017年农村生活垃圾专项治理工作考评办法》等文件，以及《农村土地“三权分置”与流转现状的调查与思考》《2017农村危房改造调研报告》等文件和调研材料。

（罗国星）

农业管理

【概　况】 内设办公室、农村经济经营管理股、法规监督管理股、粮食调控股、粮食行业管理股、农牧渔业管理股，编制数十名，其中，行政编制9人，工勤编制1人，实有人数12人；下辖农村能源办公室（副科级）、畜牧兽医局（副科级）、农村会计辅导站、农业技术推广站、经济作物站、植保植检站、土肥站、种子管理站、渔政监督管理站、农产品质量安全监督管理站、农业综合执法大队。全额拨款事业编制42名，实有44人；差额拨款事业编制4名，编制数46个，实有人数43人。

【产业扶贫】 实施产业扶贫“五大行动”，即产业到户行动。全县通过蔬菜种植带动贫困户4337户；养殖蜜蜂24000箱，带动贫困户2350户；脐橙恢复种植12499.95亩，带动贫困户1251户；新种植猕猴桃7999.95亩，带动贫困户851户；油茶26872.95亩，带动贫困户660户；贫困农户产业覆盖达到100%。“千人千村”行动。即实行每村都有一名农业技术人员或乡村干部挂点指导产业扶贫，编印《寻乌县猕猴桃栽培技术》《农业科技下乡宣传手册》《蔬菜栽培实用手册》等资料和制作PPT发放给各乡镇分管领导、农技员和培训对象使用学习，并利用短信平台发送农事要点，指导种植户科学管理。主体培育行动。即全县贫困村有202个农业经营主体，其中，农业企业16个；农民合作社79个；家庭农场75个；种养大户390户，带动贫困户1452户7010人；并通过发展农业产业或基地就业、土地入股、资金入股等方式增加收入。有79个农业经营主体采取“合作社+基地+贫困户”等方式，创办扶贫示范基地79个，建立利益联结机制带动1452户贫困户增收；还有63个经营主体以吸纳劳动力的方式，吸纳贫困劳动力3650人开展就业扶贫。产品促销行动。即发展农村电商和农村经纪人，促进农产品销售。建设乡村电商250家，带动贫困对象就业1520多人。其中，新发展以销售农产品为主的农村电商46家，益农信息社10家。资产盘活行动。即在罗珊乡珊坝村开展农村集体资产产权改革试点，通过改革实现分红。

【农业综合执法】 加强农资市场监管，对两大经营主体（农资批发商、乡村零售商），四类农资（杀菌剂、杀虫剂、植物有机肥、叶面肥），进行专项检查活动。开展宣传咨询活动2次，现场展示假劣农资100多千克，悬挂横幅5条，发放宣传资料5000份。出动执法人员840人次，检查农资经营门点716家，抽查水稻品种15个；检查农药标签390个，合格标签370个，不合格标签20个，合格率94%。抽检肥料品种13个，并送市土壤肥料检测中心检测，经检测合格12个，不合格1个，合格率92%；检查兽药品种320个，查出过期兽药230盒，立案调查42起。开展禁用限用农药专项整治行动，采取拉网式检查，检查门点达100%；重点检查非法添加未登记有效成分，特别是添加高毒农药成分及违禁药物等违法行为。经过两个月的清查，检查门点206家，立案查处3起。对全县大田露天非法育苗、市场无证交易苗木行为进行清查。

【招商引资】 引进山东省富祥生态农业科技有限公司、富强生态农业科技有限公司、赫佰农业开发有限公司、山东省寿光市以诚生态农场有限公司等多家农业企业，发展蔬菜产业和现代休闲观光农业，蔬菜基地建设面积达1269.9亩，已建成600亩蔬菜大棚，投入资金2亿元。山东省寿光市以诚生态农场有限公司，投入资金3亿元，打造东江源田园综合体，实现农业产业规模化产业化经营。

【现代农业建设】 全县现代农业攻坚实施项目共13大项39个子项，其中，列入市调度项目28个，县级自选项目11个，总投资额43.2亿元，本年度计划投资额15.4亿元。10月，39个项目已全部开工，开工率100%；累计完成投资18亿元，完成年度投资率116.9%；已竣工项目16个，竣工率41%。12月底，全部项目已完工。其中东江源田园综合体，（以下简称“田园综合体”）列为省级现代农业示范区建设项目，规划建设面积39999.9亩，项目分三期建设，总投资30亿元。一期工程面积1.5万亩，投资10.2亿元，本年计划投资28000万元，完成投资102300万元，完成年度投资365.4%。“田园综合体”招商及新型经营主体培育工作进展顺利。已进驻企业共50家，其中，省级龙头企业1家，市级龙头企业6家；引进农民专业合作社31家（其中省级示范社1家）；家庭农场15家；种养大户65户。

【高标准农田建设】 全县有29个高标准农田建设片区，土地面积1347亩，已完成土地平整729.9亩，完成率52%；应修机耕道57032千米，已修24992千米，完成44%；应建设沟渠170585千米，已建57014千米，完成34%。已完成高标准农田建设总工程量的36%。

【农业技术培训与推广】 开展新型职业农民培训，培训99人，完成省市下达的培训任务。36名各类基层农技人员参加省级集中培训，其中青年农场主4人。15个乡（镇）的农业综合推广站改善建设全部完成。依托以诚农业公司，组建蔬菜产业合作联社，进一步加强组织引导，推动各乡镇蔬菜产业发展的规划指导和协调服务。由以诚公司牵头，搭建起农业信息化建设、技术推广、销售渠道、育苗中心等平台，并建立农技服务中心、育苗中心、冷链物流中心。起草《寻乌县农业和粮食局关于发布〈寻乌县2017年粮油生产主导品种和主推技术〉的通知》（寻农字〔2017〕12号），向全县发布主导品种31个，主推技术7项。水稻抛秧面积占总面积的96%以上，主推品种应用率达到90%以上，超级杂交稻推广面积占总面积的50%以上。

【动物防疫检疫】 对县定点屠宰场实行24小时驻场检验检疫，完成生猪检疫4万多头，家禽检疫40多万羽；完成牛、羊口蹄疫免疫9.72万头次；猪口蹄疫、猪瘟、蓝耳病免疫各28.4万头次；禽流感免疫386万羽次，全年未发生重大动物疫病流行。

【渔业管理】 落实“河长制”，加强寻乌河及其主要支流禁渔期管理；出台《寻乌县渔政管理工作方案》（寻府办字〔2017〕53号）《寻乌县人民政府关于在全县江河水域加强禁渔管理的通告》（寻府发〔2017〕10号）《寻乌县2017—2019年渔政管理三年整治工作实施方案》（寻府办字〔2017〕138号）等文件，成立渔政管理工作领导小组，进一步加强渔业资源保护。同时制作宣传广播，在全县河流水域沿岸村庄开展禁渔宣传，张贴省农业厅及县政府禁渔通告600余份，发放“寻乌县禁渔宣传手册”，并利用“寻乌电视”“寻乌手机报”“电视游字广告”等媒体进行宣传。联合市场和质量监督管理局、公安局、各乡（镇）工作人员对农贸市场、渔具店、电瓶销售店和饭店进行巡查，严禁销售贩卖禁渔区渔获物及非法渔具。在重点时间段对重点河流进行重点巡查。查获电鱼案件16起，没收电鱼工具14套，及小型气垫船1艘、塑料捕鱼船1艘；清除渔网23副（计250米）、渔笼7个；查处非法销售电鱼工具案件1起、非法毒鱼案件1起；移送公安部门处罚案件1起。并由县广电新闻中心指定一名记者，专门跟踪报道禁渔工作，及时宣传禁渔成果。部门联合禁渔执法成效显著，违反禁渔规定案例同比明显下降，群众的法治意识逐渐增强。

【农村经济管理】 做好农村土地承包经营权确权登记工作。全县2030个村民小组、171个行政村、需确权56254户农户，已颁发证书55410，发证率达98.5%，完成确权面积16961.9公顷、地块数283948；开展集体资产股份权能改革试点工作。在长宁镇城北村试点的基础上，又选择7个村，扩大试点范围。并下发《关于做好扩大农村集体资产股份权能改革试点工作的通知》（寻农改办字〔2017〕2号）《寻乌县农村集体资产股份权能改革试点工作指导规程》（寻农改办字〔2017〕3号）《寻乌县农村集体资产股份权能改革试点工作县乡村三级主要工作职责分工》（寻农改办字〔2017〕4号）。培育新型农业经营主体，培植县级示范家庭农场14家，县级示范社44家。成立全省首家"新型农业经营主体联合会"，联合会拥有蔬菜、猕猴桃等11个产业分会和会员1千多人，为寻乌规模最大、最有代表性的产业协会。

（钟粮烩）

果　业

【概　况】 县果业局内设办公室、综合股、技术股、植保股、苗木股和市场信息股，编制16名，实有干部16人；下辖果业服务中心、果业研究基地和土肥站3个正股级全额拨款事业单位，编制13名，实有干部9人；共有干部职工25人。每个乡（镇）配有一名果技员。在现代农业攻坚年终考评中被评为县直单位第一，并获柑橘黄龙病防控项目单项奖。

【黄龙病防控】 以减少柑橘木虱和黄龙病存量，控制增量为目标，将黄龙病树治理列入各乡（镇）年度专项考核工作。召开党委书记、乡（镇）长、分管果业领导调度会5次，推进夏、秋、冬季失管果园清理，推行建立"防控理事会+基地+果农"联防联控长效机制。全年举办消灭黄龙病培训班9期，培训7382人，共清理病树270余万株。建立柑橘木虱监测点5个，每10天监测一次，掌握木虱发生及消长规律，发布虫情预测预报九期，指导果农统一时间，统一药剂，及时杀灭木虱。由县里统一组织飞机防控，飞防作业面积0.86万公顷，大面积地降低木虱虫口基数。

【无病毒苗木繁育】 对华星无病毒柑橘苗木繁育基地，进行驻场（圃）监管种子、砧木、接穗来源和品种纯度。年繁育柑橘苗木280万株，出圃230万株，品种有日南一号、兴津、纽荷尔、赣南早。出圃前邀请赣南脐橙研究中心人员随机抽取苗木叶片，检测黄龙病、衰退病、裂皮病、碎叶病，并出具检测报告，无黄龙病苗木方可出圃，否则全圃烧毁。

【柑橘恢复种植】 通过抓技术培训、宣传发动、标准化生态示范园建设等措施，恢复柑橘种植。举办"柑橘黄龙病疫区柑橘恢复新模式"培训班60期，培训果农8500余人次，发放各类技术资料5000余份，现场指导生产3000余人次，提高果农复种意识，增强复种信心。下发《寻乌县2017年度柑橘产业升级发展实施方案（试行）》（寻办字〔2017〕64号），引导果农在防控好柑橘黄龙病的前提下，科学有序地恢复种植。按照"山顶戴帽、山脊隔离、园路相通绿化、设施完善"等标准化生态建园的模式，共建标准化生态示范园12个。

【柑橘扶贫】 利用手机报、微信公众号、有线电视游字广告等形式，进一步宣传柑橘产业恢复种植和专项扶贫政策，确保每位贫困户知晓产业恢复的条件和可享受的扶持政策。对符合条件的贫困户，建园补助一次性给予300元/亩的补助；苗木供应实行"先买后补"，300株以内免费；网棚"先建后补"形式，标准钢架棚一次性给予3元/株助，简易棚一次性给予2元/株补助；种植山顶"戴帽"林及果园隔离防护林的，经验收合格，一次性给予300元/亩林业的补助；对符合要求的果园，一次性给予100元/亩防控补助。建立柑橘专项扶贫台账，至年底，全县共有405户贫困户购买柑橘无病毒容器苗，数量达153605株。邀请华中农大、江西农大、赣州市柑橘研究所的专家学者来寻举办技术培训班10余次，现场解答贫困户在种植中遇到的难题。组织局技术人员下到贫困村开展柑橘种植技术培训，培训500人次，发放技术资料1000余份。

【果品营销】 全县现有柑橘面积1.53万公顷，产量25万吨左右，产值超11.6亿元。其中，蜜橘0.33万公顷，产量6万吨；脐橙1.2万公顷，产量20万吨，与历史上最高年产量相比减少一半以上。严厉打击早采、染色、假冒等行为。落实驻厂监管人员，对发现早采、催熟、染色、假冒等行为的立即查处。对不及时处理造成后果的乡（镇）实行柑橘年度专项考核一票否决。巩固传统营销模式，拓展电商销售，在淘宝网、阿里巴巴、京东商城等电子平台搭建网络商城和寻乌蜜橘和赣南脐橙专卖店。先后赴上海、广州、长沙等城市举办“寻乌蜜橘”“赣南脐橙”展销会。寻乌经国家质检总局批准为国家级出口食品农产（寻乌蜜橘、赣南脐橙）质量安全示范区。

【特色产业发展】 引进和发展猕猴桃、甜柿等新品种，优化果业产业结构，力争到2020年，全县优质果业面积稳定在2.6万公顷，其中，柑橘面积控制在2万公顷以内；其他落叶果类面积稳定在0.67万公顷；果品产量达55万吨。出台《关于加快推进猕猴桃产业发展的意见（试行）》（寻办发〔2017〕3号）《寻乌县猕猴桃产业技术服务体系建设实施方案》（寻办发〔2017〕4号）等相关文件。邀请华中农业大学教授蔡礼鸿、罗正荣两次到寻乌进行猕猴桃、甜柿栽培技术培训；邀请河南省西峡县猕猴桃种植专家魏金成、江西农业大学徐小彪教授等到寻现场指导或授课，解决生产难题，受益人数达3000余人。猕猴种植品种有红阳、东红、金桃、金艳、黄金果等；甜柿已种植约10万株，甜柿发展较快的有南桥镇南龙村（6800株）、留车镇飞龙村（5000株）、芳田村（3000株）、三标乡堆禾村（6000株）、澄江镇桂岭村（2500株），种植的品种以阳丰为主。

（汤丽娟）

林　业

【概　况】 县林业局全面落实“发展升级、小康提速、绿色崛起、实干兴赣”工作方针，着力推进绿色发展，较好地完成各项工作任务。被全国绿化委、人力资源社会保障部、国家林业局授予全国绿化先进集体；被省森林防火总指挥部授予2017年度森林防火“平安春节行动”平安县；被市委、市政府授予国家森林城市创建工作先进集体；被赣州市评为2016—2017年度低质低效林改造工作先进县，被市森林防火指挥部评为2016—2017年度全市森林防火责任目标考核一等奖；被湘粤赣闽边界护林联防委员会第一联防区评为边界护林联防先进单位等。向上争取林业项目资金11257.25万元，其中，普惠制项目3个，共4706.04万元；非普惠制项目16个，共6557.21万元。

【机构队伍】 内设办公室、人事教育股、造林经营股、林政资源股、计划财务股、政策法规股；副科级事业单位2个：森林防火指挥部办公室、林业技术推广站；股级事业单位18个：林业有害生物防治检疫站、森林资源与森林生态环境监测中心（30%差额拨款）、林业产业管理办公室、乡（镇）林业管理中心、生态公益林场；林业产权交易中心（自收自支）、行政审批中心、林政稽查管理大队（自收自支）；下辖南桥、龙廷、吉潭、菖蒲等5个木材检查站，森林苗圃（自收自支）、绿化委员会办公室（挂靠）、山林权属争议调解处理办公室（挂靠）、县野生动植物管理办公室、县专业森林消防大队。人员编制：林业系统核定人员编制106名，其中，机关行政编11名，行政工勤编1名；全额拨款事业编78名；30%差额拨款事业编8名；自收自支编8名。实有人数231人。在现有人员中，公务员4人、行政人员5人、行政工勤人员1人、全额拨款事业人员67人；30%差额拨款事业人员5人、自收自支事业人员2人、领导职务转非人员5人；2003年第二批未安置补偿下岗人员返聘40人；森林消防大队聘用专业扑火人员30人；生态公益林场聘用护林员49人；聘用技术人员9人；其他聘用人员14人。

【森林资源】 林地资源。林业用地面积196772.9公顷，占国土面积的83.26%，其中，有林地146347.1公顷；疏林地9116公顷；灌木林地46588.3公顷；未成林造林地916.6公顷；无立木林地和宜林地2812.8公顷；森林覆盖率81.63%。林业用地中，国有林11465.8公顷；集体林24853公顷；民营林153484.4公顷；外资林6969.7公顷。林木资源。活立木总蓄积量735.47万立方米。在总蓄积量中，林分蓄积701.14万立方米；疏林蓄积0.04万立方米；散生蓄积4.36万立方米；四旁树蓄积29.93万立方米；毛竹1797.75万根。在林分蓄积中，按林种分商品林420.92万立方米，生态公益林280.22万立方米；按优势树种分，杉木49.80万立方米，松木50.04万立方米，阔叶树及其它601.3万立方米；按龄组分，幼龄林493.11万立方米，中龄林159.37万立方米，近成过熟林48.66万立方米；按起源分，人工林62.53万立方米，天然林638.61万立方米。湿地资源。共有湿地面积2420.9公顷，占全县面积（236341.8公顷）的1.02%，其中，自然河流湿地2132公顷，占湿地总面积的88.06%；人工库塘湿地288.9公顷，占湿地面积的11.94%。按流域分东江流域湿地2245.5公顷，占92.8%；赣江流域湿地153.6公顷，占6.3%；韩江流域21.8公顷，占0.9%。

【森林资源管理】 森林资源管理继续实行全县封山育林和取消外销商品材采伐指标政策，严格县内商品材、林农自用材采伐和人工商品林外销经营。加强林木采伐的申请、设计、审核、许可，以及木材运输、进出库、加工、销售等各个环节的管理。严格执行林木采伐限额“五项制度”；建立健全村级护林网络，强化日常巡山制度，加大源头管理。发放林木采伐许可证38份、共1241.4立方米（出材776.6立方米），占年度采伐限额的1.01%，只限于县内重点项目占用林地采伐。林地保护利用进入规范化、制度化管理轨道。对征占用林地，实行查验、初审、审核上报制度，年内共7宗136.1267公顷，征收森林植被恢复费1418.2万元。其中，属临时占用林地1宗23.66公顷，征收森林植被恢复费218.4696万元，保障县内各项重点工程的开工建设。4月，天然林保护工作正式实施，经初审并签订停伐协议的天然林保护面积36264.3公顷，其中，集体和个人34416.4公顷；国有1848.2公顷。

【依法治林】 为抓好林政执法，设立举报电话，开展明察暗访和流动巡查等方式，重点对毁林开垦、滥伐林木、非法占用林地、无证运输木材等进行清理、整顿和查处。全年林政稽查立案、查处各类涉林案件12起，其中，滥伐林木案件1起；非法收购和运输木材案件1起；非法经营加工木材案件8起；未按规定建立经营台账1起；关闭无证开采石场1起；处理违法人员12人次，罚没收入55811元。县森林公安局利用春节追逃的有利时机，破积案，分别在1月17日、1月25日抓获涉嫌盗伐林木的2名网上逃犯。下半年，先后抓获3名涉嫌非法采伐国家重点保护植物的逃犯。建立赣粤闽森林公安警务协作交流机制，协作办案6起。2月23日，河南省邓州市居民王某升驾驶客车途径湖北省鄂州高速服务区时，在未持动物检疫证及合法来源证明情况下，将150只斑鸠、16只豆雁、1只野兔隐藏在客车行李箱内，并运往广东省兴宁市出售。2月24日凌晨，在经过济广高速南桥（寻乌）出口时被民警查获，对王某升非法贩运野生保护动物的行为作出行政处罚，并将没收的动物及时放生。全年共办理各类涉林案件58起，其中，刑事案件10起；林业行政案件48起；刑事拘留6人；逮捕6人；取保候审4人；判刑7人。

【森林防火】 坚持“预防为主、积极消灭”的工作方针，广泛宣传，增强全民防火意识；层层落实责任，强化火源管理；加强队伍建设，加大排查，减少火灾隐患；加强值班，确保信息畅通；对“春节”“清明节”等重点防火期间的森林防火作专门部署，年内未发生重大森林火灾。

【林业有害生物防治检疫】 林业有害生物成灾率、测报准确率、防治率分别为0、96%、100%；苗木产地检疫10公顷，产地检疫率100%；调运木材检疫3332立方米，检疫林木穗条2901根，调运检疫率100%。林业有害生物发生面积460.4公顷，为轻度发生面积，主要是松针褐斑病、油茶炭疽病、湿地松粉蚧、萧氏松茎象、杉梢小卷蛾、马尾松毛虫、松墨天牛、松材线虫等，有效防治面积460.4公顷。松材线虫病是危害寻乌森林资源的主要病害，共有11个乡镇、1个林场发现松材线虫疫情，已砍除疫木19342株，县财政投入防控资金220.78万元。

【行政审批】 落实“放、管、服”改革，清理林业行政审批事项各类证明材料13项；取消林业行政许可事项3项；承接市本级下放林业行政审批事项1项；职能调整、划转各1项；暂停执行3项行政征收；承接省本级其他行政权力2项；明确16项可容缺受理材料；全面清理林业行政审批服务中介，保留中介服务事项3项。保留林业行政审批事项共20项，比上一年减少2项，其中，县级承办15项（2016年16项），转报件5项（2016年6项）。全年林业窗口办理林业行政审批事项278件，其中承诺件113件，即办件165件，全部在承诺期限内办结。

【经济林发展】 围绕县委、县政府“七大攻坚”工作，着力做好生态建设攻坚。完成珠江防护林建设0.08万公顷，低质低效林改造0.33万公顷；森林抚育0.12万公顷；九曲湾退果还林66.67公顷。投资200万元用于东江源国家湿地公园湿地保护与恢复。抓好县城规划区山体复绿工程，复绿面积224.5公顷，并进入抚育管护阶段。发展油茶0.047万公顷，种植龙脑樟完成200公顷；改造毛竹低产林486.8公顷；建设笋竹两用林17.6公顷、修建竹林道路39.92千米。落实生态补偿扶贫和天然林保护补助扶贫等三种类型九大项目，共投资3196.18万元，惠及贫困户1897户，8039人。

【山林调处】 调处山林权属纠纷20起，县山调办受理林权纠纷案件4起，已协议结案10起，结案率100%。受理答复涉及山林权属争议、征占用林地利益纠纷、人事劳资遗留问题等方面来信来访13件，书面答复13件；接受林业政策、法律、技术、信息等方面的来人咨询330人次；受理林权证案件40起，其中依照法律程序纠正错发林权证5件，撤销错发林权证20件，调处15件。

【林权交易】 受理林地流转13宗273.3公顷，办理林权抵押贷款1675万元，林权抵押面积3535.8公顷；商品林保险由单位统一投保，投保率100%。全县林权进入南方林业产权交易平台。

（赖鹏辉）

水 利

【概　况】 县水利局内设办公室、计划财务股、水资源股（行政审批服务股）、水利建设与管理股、农村水利与科教股。下辖全额拨款事业单位有：防汛抗旱指挥部办公室、水政监察大队、农村水电电气化发展中心。自收自支事业单位有：水利工程建设质量监督站、库区管理办公室、水电设计室。编制44名，其中，行政编制数17名（含工勤编制数2个），实有人员14人；事业编制28名，实有人员25人。

【水资源管理】 实行最严格的水资源管理“三条红线”，抓好用水总量控制、用水效率控制、水功能区纳污控制、水资源管理责任和考核等各项制度的落实，用水总量、农田灌溉水有效系数、万元工业增加值用水量、万元GDP用水量、省级及国家级江河湖泊水功能区水质达标率等5项年度控制指标全面完成。水功能区水质达标率为100%，其中饮用水源区水质达标率为100%。在全省96个县（市、区）水利改革发展考评中获第5名，在全市19个县（市、区）考评中获第三名。

【水利建设】 向上争取资金2.6亿元，其中完成非普惠制资金8000万元。超额完成本年度上级下达的水利专项投资2.9亿元，其中，专项建设任务投入5400万元；整合资金投入5541万元；山水林田湖建设投入3014万元。大湖水库工程提前封顶；黄坑水库、寻乌县河道综合治理等重点工程提前完成；石硿寨水库、大路下新水厂等重点工程有序推进。加强防汛抗旱监测预警，科学合理调度，开展防汛业务培训，强化防汛演练，修订防汛抗旱应急预案，提高山洪灾害防治能力，年内未倒一库、未决一堤。

【河长制】 将“寻乌县河长制办公室”更名为“寻乌县河长办公室”。县河长办公室主任由县水利局局长兼任，增设县河长办公室专职副主任1名（副科级）。设立“县河长办公室工作中心”，为水利局下辖正股级全额拨款事业单位，编制3名。推进流域生态综合治理。选定马蹄河为示范河流，其中将马蹄河九曲湾库区列为河长制综合治理示范点。建立起覆盖所有河流水域的县、乡、村、组四级河长制组织体系。全县设总河长1名、第一副总河长1名、常务副总河长1名、县级河长4名、乡级河长16名、村级河长173名、村小组河长2311名。将河长制工作纳入科学发展综合考核评价体系，并将各级河长履职情况作为相关领导干部年度考核述职的重要内容。推动落实“一河（湖）一档”。河湖名录中的73条河流均已建立“一河一档”。建立“寻乌县河长制信息管理平台”及“寻河通公众版、河长版、管理版”，并于9月6日上线运行。

【农村安全饮水】 为6个乡（镇）8个行政村（其中，“十三五”时期的贫困村7个，“十二五”时期的贫困村1个）安排农村饮用水巩固提升项目，工程总投资1292万元，其中，中央补助资金129万元，省级补助资金517万元，县级配套资金646万元，解决11572人的饮水困难和饮水不安全问题，覆盖贫困户613户、2223人。

（宋康华）

水土保持

【概　况】 县水土保持局内设办公室、预防监督股（行政审批服务股）、规划治理股。下辖正股级事业单位：水土保持生态环境监督大队、水土保持监测站、稀土矿区水土保持管理站。机关全额拨款编制10名，在职人数11人；水土保持监测站全额编制5名，在职人数3人；稀土矿区水土保持管理站50%差额拨款编制4名，在职人数2人；水土保持生态环境监督大队50%差额拨款编制8名，在职人数6人。共有干部职工22人。被县委评为“2017年先进党支部”。

【预防监督】 制定《寻乌县水土保持2017年综合治理及水保法宣传月活动方案》，利用宣传车、标语、墙报、县有线电视台、寻乌手机报、上街咨询、发放资料等形式，进行水土保持法宣传月活动；出动宣传车巡回宣传6次，发放宣传资料3100余份，张贴悬挂宣传标语64条，寻乌手机报宣传水保知识41条，县有线电视台开展为期1个月的水保知识宣传，街头宣传15次。开展监督执法巡查 85 次，排查生产建设项目 63 个；发出整改通知 18 份；依法审批水土保持方案 12 个；收取补偿费 159.3 万元；依法查处违法案件 3 起，行政处罚 8500 元；落实水土保持方案备案 12 宗。接待来访群众 6 批 8 人次，并妥善解决信访人的诉求。积极开展生产建设项目水土保持整治工作，组织排查整治 29 起，已整治到位 16 起，正在落实整改措施的 13 起。

【综合治理】 2016 年的国家水土保持重点建设工程全面完成并通过上级主管部门验收。综合治理水土流失面积 22.6 平方千米，工程建设完成总投资 1087.7 万元。结合“十三五”时期精准扶贫，实施 2017 年国家水土保持重点建设工程小流域综合治理项目，治理水土流失面积 30 平方千米，完成工程建设投资 970.85 万元。统筹山水林田湖草生态保护修复专项资金 3372 万元，用于实施文峰乡柯树塘废弃矿山环境综合治理与生态修复工程Ⅱ标段，系统治理废弃矿山 1.0 平方千米，完成投资 3304 万元，占总投资的 90%；统筹东江流域上下游横向生态补偿专项资金 7000 万元，用于实施文峰乡柯树塘废弃矿山环境综合治理与生态修复工程Ⅲ标段和Ⅳ标段，系统治理废弃矿山 3.2 平方千米，完成投资 2800 万元，占总投资的 40%。继续推进国土江河综合整治东江流域试点 2016 年度工程收尾验收及剩余资金实施工作，综合治理水土流失面积 48.33 平方千米，崩岗 120 处，完成总投资 3476 万元。向上争取资金 11734 万元，超额完成任务。在全省水利改善发展综合考评中获第 10 名。

（王恩远）

农业机械

【概　况】 2017 年全县综合农机化水平逐年增长，农机总动力达 15.2645 万千瓦。争取市级以上各类农机化发展项目资金 170 万元。全面完成挂点水源乡河背村、竹园头村脱贫攻坚任务和三标乡“两个半村”结对帮扶搬迁任务。县农业机械局为县农业和粮食局管理的正科级事业单位。内设办公室、管理推广培训股、农机安全监理站（寻乌县农机安全监督管理大队）。局机关编制 8 名，实有人数 6 人；农机监理站 50% 差额拨款，编制 7 名，实有人员 7 人。15 个乡（镇）设农机员，有事业编制农机技术人员 15 人。

【农机购置补贴】 严格执行国务院农机购置补贴的有关政策，会同纪检、财政等相关部门，对农户购置的补贴农机具逐一抽查，杜绝违法、违规现象发生。年内完成农机购置补贴国补资金 42.529 万元，惠及农户 355 户，新增各类农机具 361 台。新增果园节水灌溉机械、机动喷雾机械等农机装备，主要农作物综合机械化水平达到全市平均水平的 70.2%。

【农机推广与培训】 结合寻乌县地处丘陵地带，选择适用的农业、果业机械，落实“以机耕替代牛耕”项目，机耕面积达 2.099 万公顷。为南桥万亩现代农业示范区受理购机补贴申请 66 份，受益农户 66 户，总补贴额 6.71 万元。春耕期间，组织农机技术人员进村入户，帮助农机手修复耕田机和保养各类农机具。加大对农机合作社、农机大户的扶持力度，加强对新购机农民、农机维修人员及驾驶操作人员的培训，年内培训各类农机人员 589 人。

【农机安全管理】 开展农机安全生产的法律、法规宣传，发放宣传单 800 多份。对拖拉机（变型机）实行强制保险制度；对 260 台拖拉机（变型机）进行年检；对 473 台拖拉机（变型机）依法强制报废。开展“平安农机”示范乡（镇）创建活动。留车镇的“平安农机”创建活动通过市级验收。抓好农机牌证源头管理，严把上户关。凡不属于管辖范围、未上目录和检验不合格的拖拉机（变型机）、联合收割机一律不予办理上户手续。农机安全监理执法人员不定期深入到田间场院、乡村道路、农机具销售点、农机合作社、农机大户及购置补贴大型果业加工企业进行巡查，严格查处私自拼装农业机械、改装以经营销售假冒伪劣农机具的行为。会同公安交管部门在全县开展农机安全生产大检查和道路交通安全“专项整治”活动。对拖拉机（变型机）无牌行驶、无证驾驶、违规载人、超速超载等违法行为进行查处。全年未发生重特大农机安全事故，农机安全事故死亡率为零。

（谢志坚）

工 业

工业和信息化管理

【概　况】 继续实施“主攻工业、三年翻番”目标，工业经济各项指标超额完成，规模以上企业59家，净增22家，位列全市第一；实现主营业务收入57.38亿元，与去年同期同比增长18.1%，完成目标任务的108.26%；工业增加值增速10.2%，位列全市第三；工业固定资产投资18.98亿元，与去年同期相比增长28.8%，完成目标任务的116.47%，位列全市第七；工业用电量14333.42万千瓦时，与去年同期同比增长56.7%，增幅位列全市第二；列入市级调度亿元以上企业18个，总投资90.13亿元，计划投资35.32亿元，实际完成投资44.19亿元，占年度投资的125.11%；其中投产项目13个，投产率72.22%；工业攻坚项目31个，开工31个，总投资108.59亿元，计划投资42.66亿元，完成投资50.53亿元，占年度投资的118.45%；其中投产项目24个，投产率77.42%。

【机构队伍】 县工业和信息化局内设办公室（行政审批服务股）、经济运行股、投资规划股、行业管理股（县稀土领导小组办公室）、信息化股（县信息化工作领导小组办公室）。行政编制12名，事业编制13名，实有在册人员25名。中共寻乌县工业和信息化局委员会辖党总支1个，党支部14个，正式党员183名。

【首位产业】 调整产业结构，把机电机械制造列为“首位产业”来培育，对首位产业实行首位支持、首位扶持，出台《寻乌县扶持机电机械制造首位产业发展22条》《寻乌县支持机电机械产业发展人才集聚政策19条（试行）》《寻乌县鼓励城乡劳动力向石排工业园区集聚政策17条（试行）》等激励措施，将原来以土地、财税为主的传统支持政策过渡到以产业引导基金等为主的金融支持政策，形成“资本＋招商”新模式，工业投资发展有限公司设立10亿元首期5亿元的产业发展引导基金，用于扶持通用设备制造产业发展。已向埃尔空压机、洛锡实业等15家企业提供4.23亿元产业引导基金。以政策引导，引进生产电机为轴心的前端——铸造、电线电缆和后端配套的空压机、水泵、减速设备、工业冷水机、环保设备、空压机后处理设备等22家生产企业，形成上下游配套的通用设备制造产业链，“首位产业”的雏形初步显现。

【减轻企业负担】 建立帮扶企业机制，降低企业融资成本3673万元，奖励资金13300万元，标准厂房补助625.11万元，租赁厂房补助359.64万元，全年为企业减负32300万元，其中为江西莫可精密铸造有限公司解决融资3000万元。与赣州技师学院、江西应用技术学院等专业院校对接，签订校企合作协议，为企业引进67名顶岗实习专业技术人员，帮助江西洛锡实业有限公司引进高层次管理人才 3 人。全年收集企业诉求 120 条，已办结 120 条，办结率 100%。

【招商引资】 引进企业 5 家，总投资 26.5 亿元；分别为广州泵业有限公司，投资 6.2 亿元；广西桂林拓达机电工程有限公司，投资 5.6 亿元；江西永德精密机械铸造有限公司，投资 4.5 亿元；江西莫可精密铸造有限公司，投资 2.4 亿元；广东东莞市朗烁自动化设备有限公司，投资 7.8 亿元。

【安全生产】 制定安全生产工作方案，每季度对园区内企业和园区外规模以上企业的安全生产和消防工作进行检查，组织 48 家企业进行安全生产和消防知识教育培训。

供 电

【概　况】 县供电公司完成供电量 4.5136 亿千瓦时，与 2016 年同比下降 21.54%；完成售电量 4.2442 亿千瓦时，与 2016 年同比下降 19.60%；综合线损率 5.97%，同比下降 0.2 个百分点；售电收入完成 2.3195 亿元，同比减少 19.18%。税收和教育附加 838.17 万元。获 2017 年度主攻工业先进奖驻县单位第一名、驻县单位党建工作第二名、目标管理综合考评先进单位、服务“七大攻坚”工作驻县单位先进奖等称号。

【机构队伍】 设机关部室 7 个：办公室（党委办公室）、党建工作部、党委组织部（人力资源部）、发展建设部、财务资产部、安全监察质量部、电力调度分中心；业务支撑机构 2 个：运维检修部、营销部；乡镇供电所 6 个：长宁供电所、南桥供电所、留车供电所、晨光供电所、吉潭供电所、澄江供电所。用工总量 356 人，其中，全民工 222 人，农电工 128 人，劳务派遣用工 6 人，集体企业聘用职工 7 人。公司党委下设 6 个党支部（总支）：机关支部、营销支部、运检支部、集体企业总支、留车供电所支部、退休职工支部，党员 118 人。

【党建工作】 深入学习贯彻中共十九大精神，党员干部及员工撰写心得体会 167 篇。坚持每月召开中心组集体学习会，健全完善党支部 18 项基础台账。召开公司党委第二次党员大会，选举产生新一届党委和纪委。开展“两学一做”学习教育专题民主生活会，领导班子查摆存在问题 18 项，班子成员查摆问题 37 项，并拟出限期整改清单。开展民主评议党员工作，24 名党员评定为优秀、94 名党员评定为合格。深化“道德讲堂”活动，评选“身边好人”，共发布“身边好人榜”36 期。在一线发现和培养先进典型 42 名。开展员工慰问走访活动，共走访慰问 72 人次。

【电网建设】 完成 2016 年第二、三批中心村电网改造工程。新建和改造 10 千伏线路 7.598 千米，新建和改造变台 5600 千伏安 /27 台，新建低压线路 59.941 千米，总投资 1045 万元。完成中心村电网工程及常规农网工程建设。新建和改造 10 千伏线路 42.314 千米，新建配变 116 台 / 总容量 18300 千伏安，低压线路 301.041 千米，总投资 4667 万元。完成 183 个村级第一批光伏扶贫电站建设，项目总容量 30.069 兆瓦，并于 6 月 20 日接网配电。新建及改造 10 千伏线路 6.14 千米，新建及改造低压线路 30.114 千米；新建配电台区 28 台、容量 7260 千伏安；改造增容配电台区 103 台、容量 21200 千伏安，总投资 1301.2992 万元。澄江 110 千伏输变电工程 9 月 30 日投运，总投资 5378 万元。长宁 220 千伏变电站 2# 主变扩容工程 5 月 20 日投运，石排 110 千伏变电站 3# 主变扩容工程 8 月 19 日投运。

【安全生产】 围绕安全生产“零事故”目标，严格现场安全管控，规范电网风险预控，深化设备隐患排查，安全生产局面保持平稳，未发生人身、电网、设备事故，实现年度安全目标。开展带电作业等 8 个专业职工技能竞赛活动，参加全市职工岗位技能竞赛。严控停电计划，按照“谁主管，谁管安全”的原则，严格履行项目开工审批手续，解决事前准备不足问题，对风险较大项目主管部门组织方案会审。持续深入开展“三无”专项督查，违章比前一年同期下降50%。圆满完成春节、高考等数十次重要保电任务。

【运维管理】“三率一单”全过程管控取得成效，其中，35千伏主变跳闸0次；35千伏线路跳闸12次，同比下降65.71%；10千伏线路跳闸38次，同比下降79.23%；10千伏线路可靠率99.956%；公变出口电压合格率98.02%；抢修类工单比前一年同期下降570条，下降率47.6%，高低压报修工单平均抢修时长比前一年下降66分钟，下降率39.5%。深化开展变电预试定检、带电检测、特巡特维工作，集中整治设备家族性缺陷。扎实做好设备季节性运维，联动调控中心对重过载、跳闸、低压报修工单等重要指标实行日管控日发布。开展带电作业76次。

【优质服务】 持续开展客户经理进万家、进社区、进企业活动，走访企业118家，走访用户6万余户。认真分析每一件客户投诉，要求各所站听投诉录音，谈体会，查摆存在问题，减少投诉，投诉率下降32.8%。健全服务网络，通过短信提醒、通告等向客户提供供电服务。做好移民搬迁、棚户区改造、道路改扩建和重点项目建设等杆线迁移及改造工作。

（钟志军）

民营企业管理

【概　况】 县民营企业管理局（同时挂寻乌县手工业联社牌子）为县工业和信息化局归口管理的正科级全额拨款事业单位。内设办公室、经济发展股、企业服务股、融资担保股、合作保障股。中小企业服务中心为县民营企业管理局下属正股级全额拨款事业单位。局机关编制8名，中小企业服务中心编制3名。现有干部职工11人，其中局机关8人，中小企业服务中心3人。

【非公经济发展】 非公有制经济实现增加值339752万元，增长8.2%，占GDP比重为48.0%。年末个体户14524户，比上年末增加739户，增长5.4%，私营企业3073户，比上年末增加537户，增长21.2%；个体户从业人员34811人，比上年末增加1850人，增长5.6%，私营企业36802人，比上年末增加7751人，增长26.7%；个体户注册资本156228万元，比上年末增加19205万元，增长14.0%，私营企业887248万元，比上年末增加275798万元，增长45.1%。

【帮扶企业】 完善“四个一”帮扶机制，制定《关于局领导挂点联系帮扶重点工业企业（项目）的实施方案》（寻民企字〔2017〕13号），在要素配置、融资、市场拓展、科技创新、人才对接、品牌培育，生产安全等方面给予大力支持，促进企业健康发展。遴选出30家成长性较强、效益较好的企业（项目）作为重点培育对象，深入企业调研帮扶，购买服务，为30家企业开展个性化咨询诊断，实施“一企一策”。

【融资服务】 为企业提供融资担保服务，组织全县中小微企业融资对接签约。县内7家金融机构与51家企业签约，共签约资金2.55亿元，履约资金2.55亿元，履约率100%。继续实施好两个信贷通，为202户中小微企业发放“小微信贷通”贷款15874万元；为62户中小微企业发放“创业信贷通”贷款2315万元，有效缓解中小企业融资难题。

【创业培训】 开展寻乌县“个转企”知识培训。4月11—13日，在寻乌现代职业技术学校与县公共就业人才服务局和县现代职业技术学校联合举办赣州创业大学寻乌县个转企知识培训班，150人参加培训。学员来自全县各乡镇个体工商户和有志创业人士。组织企业成长班培训，选送15名中小企业主或高层管理人员参加赣州创业大学企业成长班培训。

【送服务下基层】 组织赣州市企服城、方圆税务、中精企管等机构专家团深入县部分企业进行调研走访、问诊把脉，举办专家团座谈交流会，面对面为中小企业主分析企业运行中存在的问题，提出个性化、专业化解决方案，现场解答企业电子商务、企业管理、人才培训、招商引资、资金借贷、财务税务、产品规划、品牌推广、政府政策、法律法规等方面的咨询，并根据企业情况进行项目服务的对接。

【项目服务】 按照省市各级支持中小微企业发展的总体要求，积极做好“小巨人”项目库推荐工作。为企业申报各类项目扶持，推荐爱馨泰、恒源科技申报认定省级“专精特新”企业，推荐通洲塑胶申报江西省“小巨人”项目扶持，推荐新英科技申报江西省双创示范基地，推荐广寻商会申报市双创示范基地。服务好在建项目。坚持把大项目建设作为增强发展后劲的有效举措，狠抓建设投产取得实效。及时跟踪药品药材配送中心项目、手机背夹充电器项目建设过程中遇到的征地拆迁等问题，为药品药材配送中心项目解决资金难题。为东江源温泉养生小镇项目办理项目立项等工作，协商解决项目推进过程中存在的问题。

【安全生产】 根据“管行业必须管安全、管业务必须管安全”的总体要求，重点对电子、服装、鞋业等行业企业进行走访排查，提示企业进一步加强安全生产，排除出生产运营过程中的隐患。

（罗华桢）

工业园区管理

【概　况】 工业园区办围绕“主攻工业，用三年时间，力争‘实现两个翻番’，三个提升，四个突破”的目标，加快工业园区建设和招商引资步伐，现有入园企业72家（含在建），其中规模以上企业26家，规模以下企业46家。完成工业总产值350153.4万元，同比增长18.1%；工业增加值97282.03万元，同比增长9.8%；实现利税53615.3万元，同比增长6.7%；提供就业岗位3169个。初步形成机电机械制造产业。

【机构队伍】 县工业园区管理委员会为正科级全额拨款的事业单位。内设党政办公室、企业服务科、规划建设科、财会科，编制30人，现有干部职工20人。

【帮扶企业】 建立“四个一”帮扶机制，即对每一家企业安排一名县级领导、一个责任单位、一支队伍、一个APP平台进行跟踪服务。协助企业解决审批、办证、融资、用工、市场等方面的问题，为入园企业解决“融资难、融资贵”的问题。通过“财园信贷通”等金融扶持措施，为109户企业发放贷款36750万元，其中，农商银行93户32150万元；赣州银行6户2100万元；建设银行1户500万元；工商银行5户1050万元。位居全市20个工业园区的第16位，全省118个工业园区的第60位。超额完成省财政厅下达的3.1亿元目标任务。

【园区建设】 工业园区规划面积1485.27公顷，建成523.67公顷，初步形成“一园三区”，即石排工业园区、黄坳民营创业园区和杨梅工业园区。新增园区工业用地242公顷，其中，石排园区62公顷，杨梅园区200公顷。新建厂房67.7万平方米。石排园区南入口道路、北大道和北大桥建成通车，南二路即将完工。废弃稀土矿山地质环境治理示范项目二、三期工程通过省市的验收。石排园区污水处理厂加紧施工。工业园区完成投资10.2亿元。

【安全生产】 落实安全生产责任制。下发《安全生产工作通知》，对在建项目、各企业进行再排查、再督查、再整改，对整改情况进行跟踪落实。开展“安全生产月”和“安全生产万里行”宣传活动，为园区企业普及安全应急小常识、员工应急救援自救知识。会同安监局、文峰乡和工信局等部门，召开入园企业及在建工程施工单位、监理单位座谈会，并签订安全生产责任状，把安全生产工作落到实处。

寻乌工业园入园企业一览表

表 13

序 号	企业名称	是否是首位产业	隶属园区	企业面积（亩）	企业负责人	备注
1	寻乌县南方稀土有限责任公司	否	石排工业园	160	林晓东	
2	赣州市恒源科技有限公司	否	石排工业园	90	林德明	
3	寻乌佳鼎混凝土有限公司	否	石排工业园	50	谢火云	
4	顺其（江西）竹业有限公司	否	石排工业园	24.6	黄世英	
5	寻乌县颍川堂绿色食品有限公司	否	石排工业园	20	赖佛金	
6	江西埃尔空气节能压缩机有限公司（分为江西中气、江西中铸）	是	石排工业园	686	林增亮	在建
7	江西莫可精密铸造有限公司	是	石排工业园	120	陈彩	在建
8	江西省石湾环球陶瓷有限公司	否	石排工业园	284	曾勇慎	
9	江西洛锡实业有限公司	是	石排工业园	197	罗胜辉	
10	寻乌世纪陶瓷有限公司（规上企业）	否	石排工业园	360	陈小龙	
11	江西汉诺斯压缩机科技有限公司	是	石排工业园	60	林添生	在建
12	江西地康药业有限公司	否	石排工业园	88	陈志敏	
13	寻乌县京桥混凝土有限公司	否	石排工业园	45	赖总	
14	江西祥丰肥业有限公司	否	石排工业园	20	徐子龙	
15	寻乌县佳昊汽配科技研发有限公司	否	石排工业园	35	谢火云	
16	寻乌县果丰塑料筐厂	否	石排工业园	6.9	曾浚恒	
17	赣州弘昇科技有限公司	否	石排工业园	50	杜声龙	
18	寻乌县金泰机动车检测有限公司	否	石排工业园	15	何志军	
19	赣州泰鑫磁性材料有限公司	否	石排工业园	30	章总	
20	寻乌县建龙矿业有限公司	否	石排工业园	61.5	赖挺阳	
21	寻乌县蓝天机动车驾驶员考试有限责任公司	否	石排工业园	70	曾晓红	
22	江西寻乌南方万年青水泥有限公司	否	石排工业园	120	彭生仁	
23	赣州通诚稀土新材料有限公司	否	石排工业园	150	厉立军	
24	江西孺子牛机械股份有限公司	是	石排工业园	183.8	钟粤兴	在建
25	江西祐臣节能净化科技有限公司	是	石排工业园	50	廖红花	在建
26	江西荣霸机械有限公司	是	石排工业园	30	赵德荣	在建
27	寻乌县天源包装有限公司	否	石排工业园	50	李云平	
28	寻乌康盛教学用品有限公司	否	石排工业园	6.6	康政红	
29	寻乌文峰钢铁有限公司	否	石排工业园	50	叶志中	
30	寻乌竞成钢铁有限公司	否	石排工业园	100	李永刚	
31	寻乌县金鹏矿业有限公司	否	石排工业园	8	凌金必	
32	江西中超泵业有限公司	是	石排工业园	155	曾峰	在建
33	寻乌县福华所料秧盘厂	否	石排工业园	3.5	林福明	在建
34	江西东磊精密铸造有限公司	是	石排工业园	60	黄志成	在建
35	寻乌县振鑫石业有限公司	否	石排工业园	20	陈振权	
36	江西领创机电有限公司	是	石排工业园	141.6	石大星	在建

续表 13

序 号	企业名称	是否是首位产业	隶属园区	企业面积（亩）	企业负责人	备注
37	江西伟德国际贸易有限公司	是	石排工业园	40	罗某某	在建
38	寻乌县中山沥青道路有限公司	否	石排工业园	17	简水宝	
39	寻乌县巨华科技有限公司	否	石排工业园	20	胡志祥	
40	赣州恒峰电缆有限公司	是	石排工业园	200	陈治帮	在建
41	赣州矿业有限公司寻乌分公司	否	石排工业园	20	申鼎福	
42	江西立德传动有限公司	是	石排工业园	171	何德忠	在建
43	江西埃撒压缩机有限公司	是	石排工业园		宋艳辉	在建
44	江西博广智能装备有限公司	是	石排工业园			在建
45	江西夫能环境设备有限公司	是	石排工业园	30	林平东	在建
46	江西昂盛精密机械有限公司	是	石排工业园		姚攀	在建
47	江西力玛机电科技有限公司	是	石排工业园	60	邹联石	在建
48	江西杨氏果业股份有限公司	否	黄坳工业园	283	杨灿伟	
49	寻乌县永泰机械制造有限公司	是	黄坳工业园	30	谢永水	
50	寻乌县万祥纸业开发有限公司	否	黄坳工业园	18.3	凌总	
51	赣州通洲塑胶机械有限公司	是	黄坳工业园	35	刘铭忠	
52	寻乌县爱馨泰电子商贸有限公司	否	黄坳工业园	30	陈爱松	
53	寻乌县明昱服饰有限公司	否	黄坳工业园	25	胡晓峰	
54	寻乌县一帆行交通标牌制品厂	否	黄坳工业园	30	陈国清	
55	寻乌县丰源纸业有限公司	否	黄坳工业园	9	廖军民	
56	寻乌县荣华钢结构工程有限公司	否	黄坳工业园	15	彭劲华	
57	寻乌县恒顺生物科技开发有限公司	否	黄坳工业园	10	刘加桃	
58	江西龙橙果业有限公司	否	黄坳工业园	150	陈俊平	
59	江西孺子牛机器人制造有限公司	是	黄坳工业园	18	钟粤兴	在建
60	江西元山新能源科技有限公司	是	黄坳工业园	13	陈盛辉	在建
61	江西省新得利电子科技有限公司	否	黄坳工业园	15	彭清泉	在建
62	江西省永标照明科技有限公司	否	黄坳工业园	10	陈太标	在建
63	江西东方信腾实业发展有限公司	否	黄坳工业园	25	陈金伟	在建
64	江西省洁亚清洁能源科技有限公司	是	黄坳工业园	12	林平东	在建
65	江西金锋电子科技有限公司	否	黄坳工业园	11	温建平	在建
66	赣州客家传统酿酒技术研究室	否	黄坳工业园	16	李远清	在建
67	寻乌县广晟现代物流有限公司	否	黄坳工业园	20	陈浩亮	在建
68	寻乌县蓝山生态农业发展有限公司	否	黄坳工业园	15	赖鹏程	在建
69	梅州市梅江区明阳家私厂	否	黄坳工业园	9	周炳章	在建
70	东莞市喜悦生态农业开发投资有限公司	否	黄坳工业园	30	骆应才	在建
71	江西省锦秀药业有限公司	否	黄坳工业园	10	洪冬青	在建
72	赣州奥康电子科技有限公司	否	黄坳工业园	12	张天俊	在建

（陈古德）

交通　邮政　通信

交通管理

【概　况】 县公安交管大队为县公安局正科级内设机构，下设办公室、财务科、宣传教育科、交通秩序科、交通事故处理中队、交通违法行为处理中心、信息中心、车辆管理科等8个职能科（室），辖城区中队、澄江中队、南桥中队和菖蒲中队等4个中队，在编人员42人，其中民警30人，工勤人员12人，辅警95人。大队被省交管局评为“全省公安交警系统（中共）十九大安保工作成绩突出集体”，菖蒲中队被市交警支队评为“全市公安交警中队规范化建设三级中队”。

【受理交通事故】 全县共受理大小交通事故2824起，死亡32人，受伤1588人，直接经济损失1386615元，与2016年同期相比，交通安全形势总体平稳。

【创平安畅通县】 严抓城区交通秩序整治，联合城管局开展城区车辆停放秩序专项整治行动，对占道经营、占道卸货、机动车占用人行道以及机动车乱停乱放、逆向行驶违规调头、涉牌涉证等交通违法行为进行劝导处罚，取得阶段性成效。设立高峰岗和护学岗，加强上下班、上放学高峰期的交通秩序管控，加强指挥、疏导，维护学校周边、城区各路口交通秩序。城区道路和206国道以及县乡道路扩建硬化期间，合理安排勤务，维护道路交通安全畅通。

【完善交通设施】 完善和增加城区内各主次街道的标志50块、标线1200米，新增新东新区停车泊位1000个，城北新区增设红绿灯电子警察系统5个、瑞寻高速南桥出口设立红绿灯电子警察系统1个，长安大道、新罗大桥路段新增道路中间隔离护栏1500米，在体育中心、黄岗山公园、教师村、新市场、左岸大桥等街道新增5个违停高空抓拍摄像头，在中山街社区文化广场两边新增单行道抓拍系统2个，以及5个高速连接线超速、逆行摄像头，规范行车秩序，缓解交通压力。

【交通安全整治】 重点整治“酒后驾驶、三超一疲劳、校车违法行为、客运车辆违法行为、危险品运输车、货运车辆超限超载、农用车及三轮车非法载人”等严重交通违法行为，开展校园周边安全整治与校车安全隐患排查治理工作，杜绝重特大交通事故的发生。全年共查处各类交通违法行为66444起，其中，无证驾驶912起、客车超员71起，不戴安全头盔1635起，酒后驾驶351起，货车超限超载225起，辖区交通安全形势平稳。

【隐患排查】 联合交通、公路、城管及乡镇等职能部门拉网式排查辖区道路安全隐患，共整改20余处，排查治理扩建硬化道路，增设临崖路段、果品装卸点、果园路段等事故隐患点的警示标志、减速带和标志标线。

【交通管理创新】 事故处理工作中，坚持公开、公平、公正的原则，依法办案，严格执法，公开办案程序和赔偿标准，严格事故责任认定。发挥“‘三调’联动、交通事故救助基金、事故处理‘一站式’服务”等手段，解决民事赔偿纠纷问题，方便群众快速调解理赔，维护社会稳定，行政调解1500起，无一上访。

规范车辆和驾驶人源头管理和服务。依法规范驾驶人管理，筑牢第一道防线。首先严把驾驶证申请受理关，其次严把培训教育关，再次严把驾驶证考试关，建立和完善考试员资格认证，持证上岗等制度，杜绝“人情证、违法证”出现。严格机动车管理，重点突出在机动车注册登记和查验。严格审查车辆所有人提交的资料、凭证，并安排专人负责，查验发动机号、车辆识别号、灯光、制动等重要部件，落实“谁检验、谁签字、谁负责”制度。落实各类便民利民措施。在车管办证大厅对办理业务的法律依据、办理程序、收费项目及标准、表样、业务范围、服务时限等进行公示。在大厅摆放座椅、笔墨、胶水、剪刀、饮水机、纸杯和触摸查询屏等设备，简化程序与方便群众相统一。共办理五小车辆上户5151辆，办理五小车辆年检23683辆，补换证899人次，过户218辆，小车注册2212辆，小车年检9073辆，大车年检687辆，小车过户2209辆；办理各类驾驶证2866人次，办理各类驾驶证补证换证等业务9359人次。

【宣传工作】 开展“五进”宣传工作，对工作情况、典型交通违法行为进行宣传和曝光，借助县电视台、手机报、微信微博、手机短信等阵地和媒介开展交通安全宣传，全年共发放宣传资料近2万份，开展法制讲座20余次，宣传活动31次，发送温馨提示50余条，提升广大交通参与者的守法意识。

【重大道路交通事故案例】 2017年10月21日上午，罗某驾驶赣BY7963轿车从文峰乡石排村出发往晨光镇方向行驶。11时10分许，途经菖蒲乡黄砂村杉树坳施工扩建路段时，未减车速撞到公路边施工的人员古某，造成古某当场死亡、车辆受损的交通事故。

2017年12月15日下午，曾某驾驶闽F89889重型自卸货车从文峰乡国发天然气搅拌厂出发，往广东省兴宁市方向行驶。15时45分许，行驶至寻乌县南桥镇206国道2044KM+100M景观改造工程施工路段，因强行占道超车与相对方向驶来由钟某驾驶的赣B716U6二轮摩托车（后载谢某）发生交通事故，货车碾压造成钟某、谢某二人当场死亡。事故发生后，曾某驾车逃逸。

（曾祥明）

交通运输

【概　况】 县交通运输局围绕县“七大攻坚”目标，着力攻坚公路建设“三年行动计划”和“四好公路建设”，为全县经济社会发展提供交通运输保障。被县委、县政府评为目标管理综合考评先进单位、“七大攻坚”工作及服务先进单位、社会治安综合治理及平安建设工作先进单位、争项争资工作先进单位。被县人大、政协评为提案办理先进单位。梅荣辉被评为“七大攻坚”服务和工作先进个人、陈干权被评为全县优秀干部职工、钟志云被评为优秀副科级干部。县人大、政协表彰陈干权被评为提案办理先进个人。

【机构队伍】 局机关内设4个职能股室：办公室、综合管理股、路政养护股、县国防动员委员会交通战备办公室。

下属事业单位：县交通运输管理所（副科级）、县乡公路管理站、县港航管理站、县交通工程质量监督站、县农村公路养护管理中心、县道路运输行业协会（民间组织）。

全局定编55名，其中行政编制11名，工勤编制2名，事业编42名。在职在岗51人，其中：局机关编制13名，实有人数13人；运管所编制14个，实有人数14人；公路管理站编制10个，实有人数8人；工程质量监督站编制5人，实有

5 人；公路管理中心编制 12 人，实有 11 人；全局离退休干部职工 29 人。

【“三年行动计划”】 2017 年是公路建设“三年行动计划”（2016—2018）的第二年，年初开始谋划部署，抓资金保障、组织实施、科学安排。做好项目申报前期准备工作，向上争项目。组织技术人员会同各乡（镇）开展县道公路、通自然村（村小组）公路建设项目和危桥的调查摸底。向上争取项目 7 个，其中县道改造 3 个 29 千米、县道安全防护项目 4 个 31 千米、危桥改造 1 座 41 延米，争取到上级补助资金 12549.92 万元。

【项目建设】 完成农村公路建设项目施工图设计 56 个，公路总里程 324 千米。其中：县道改造项目 2 个，里程 44.3 千米；乡道双车道改造项目 10 个，里程 65.4 千米；村道窄路面改造项目 12 个，里程 36.7 千米；危桥改造项目 10 个，总长 463 延米；安保工程 21 个，里程 151 千米；红色旅游公路 1 条，里程 26.6 千米。9 月，农村公路项目设计完成率 100%。

【升级改造】 开工建设项目 19 个：县道三级公路升级改造项目 4 条，合计里程 73 千米；乡道双车道改造项目 6 条，合计里程 27 千米；村道窄路面改造项目 4 个，合计里程 25 千米。改造危桥 5 座，合计 269.4 延米。

县道改造项目 4 个，计划总投资 6.937 亿元，年度计划投资 4.0804 亿元，实际完成投资 2.1 亿元，完成投资 51.4%。

乡、村道改造项目 10 个，年度计划投资 0.922 亿元，实际完成投资 0.581 亿元，完成投资 63%。

重建 5 座危桥，开工率 100%。

【物流企业】

物流企业基本情况表

表 15

序　号	企业名称	法人代表	通讯地址	企业类型	注册资金（万元）	仓储面积（平方米）	营业网点（个）	从业人数（人）
1	寻乌县源兴果业有限公司	卢昌影	长宁镇大塘坪工业区	仓储配送	1500	15600	4	72

【境内公路总里程】

寻乌境内公路总里程一览表

表 14

公　路	公路起止或路号	里程（千米）
高速公路	济广、寻全	83.1
国　道	G206、G236、G358（公路分管养）	116.412
省　道	X546、X835（公路分局管养）	67.506
城管局管养公路	黎坑坳—县城、县城—河岭	23.584
县　道		254.272
乡（镇）道		479.151
村　道		348.196
专用公路	（划转村道）	5.409
通组道	（另有部分建好公路未进入统计）	874.441
通户道	（另有部分建好通户路未统计）	295.929
总　计		2548

【农村公路养护】 全县纳入养护的农村公路有县道 12 条，254.283 千米；乡道 66 条，479.151 千米；村道 348.283 千米，总里程 1082 千米。根据农村公路点多面广、线路长的特点，落实全覆盖常态化巡查制度。对公路养护实行严格考核检查，发现问题及时督促整改。全年拨付养护资金 161 万元，清除路面塌方 140 处 1900 立方米。确保全县农村公路安全畅通。

按照“农村四好公路”要求，加强破损路面修复，对县、乡、村道路状况进行全面调查，筹资 2000 万元对破损的 474 处、5 万多平方米路面进行修复。

续表 15

序号	企业名称	法人代表	通讯地址	企业类型	注册资金（万元）	仓储面积（平方米）	营业网点（个）	从业人数（人）
2	寻乌县东江物流有限公司	陈小明	长宁镇城东大道 51 号	仓储配送	800	12000	4	362
3	寻乌县通城物流有限公司	刘卫东	长宁镇综合市场西 212–214 号	仓储配送	100	650	6	35
4	寻乌县鸿鑫物流	赖祝生	岳家庄大道	仓储配送	55	1000	6	30
5	江西杨氏南北鲜果有限公司	李锦灵	文峰乡黄龙坳工业园	仓储配送	8889	83126	13	350
6	赣州泓源达果业有限公司	钟水兴	长宁镇大塘坪工业区	仓储配送	3000	18666	4	300
7	寻乌县圣维实业有限公司	周明	文峰乡大路村	仓储配送	1613	12000	3	290
8	寻乌县河东物流有限公司	刘灶森	城东大道 41 号	仓储配送	80	380	1	26
9	寻乌县客家同兴	凌晓军	城北 2 路	仓储配送	50	500	1	22
10	寻乌县安顺物流	何优	综合市场	仓储配送	10	1000	1	19
11	桔都果业	徐玉铣	吉潭镇黎坑荣布岗	仓储配送	500	1980	1	200
12	岭南友联果业发展有限公司	卢春明	长宁镇大塘坪工业区	仓储配送	520	3645	1	135
	合计				17117	150547	45	1841

【质量监督】 组建质量监督站，加强质量监督工作。

质量监督标准化。按照省、市交通部门《关于县级质监站标准化建设一类站》的要求，新成立质量监督站，配编制 5 名（其中专业技术人员 4 名），办公室 3 间，试验室 2 间。规范寻乌县交通工程质量监督工作程序，制定《现场质量监督检查制度》《首问责任制度》等 10 项制度。6 月 25 日，县质监站通过市交通运输局达标验收。

质量监督成效。质量监督站成立，对公路工程质量进行有效监督，及时检测验收。完成自然村 25 千米公路工程质量监督验收。完成文峰乡黄坳桥建设工程质量检测竣工验收。县道升级改造项目 X542 竹村至澄江公路工程、留车镇雁洋垃圾填埋场进场道路工程、南桥镇黄塘桥、桂竹帽镇正公田桥及晨光镇中和桥等 5 个在建项目，在施工阶段，质监站及时介入，质量监督工作直至竣工检收。

错车道建设。部分通村公路路面较窄，会车困难，影响交通。因此，每小段公路要有一处错道加宽，方便会车。年内建设错车道 1192 处。公路质监站全面介入错车道建设，确保错车道质量，及时检测验收。

【道路运输】 全县拥有载货汽车 233 辆，吨位 2033，小货车 540 辆，吨位 540。载客汽车 107 辆，其中：班车 66 辆、公交车 21 辆，出租车 20 辆。完成客运量 243 万人次、客运周转量 15495 人千米。货运量 345 万吨，周转量 62602 万吨千米。

年末拥有汽车 20523 辆（多是小汽车）、比去年增长 12.1%；摩托车 63997 辆，比去年增长 8.8%。

在春运期间，全县共投入客运车辆 4384 辆次，安全运输旅客 15 万人次。无旅客滞留。

交通运输一览表

表 16

项　目	单位	2017 年	2016 年	同比（±%）
通汽车公路里程	千米	2548	2481	2.7
# 沥青路面	千米	200.922	97.138	106.8
# 高速公路	千米	129.2	124	4
水泥路面	千米	1288.022	1057.167	21.8
1. 国道	千米	193.736	73.607	163
2. 省道	千米	67.506	70.181	-3.8
公路客运量	万人	243	240	1.3
公路客运周转量	万人千米	15495	14864	4.3
公路货运量	万吨	345	343	0.6
公路货运周转量	万吨千米	62602	59338	5.5
年末汽车拥有数	辆	20523	18313	12.1
年末摩托车拥有数	辆	63997	58848	8.8

资料来源：统计局（部分改建、改造国道未移交公路分局管养）

说明：# 号意为其中

【货物运输】 组织开展道路货物运输执法行动 6 次，规范运输秩序，查处违法违章运输车辆 19 辆，保障道路货物运输行业有序运作和健康发展。2017 年，有道路运输货物公司 10 家。

道路货物运输公司一览表

表 17

企业名称	法人代表	经济性质	经营范围	审批时间	地址	从业人员（人）	车辆（部）
寻乌县万业运输有限公司	彭生仁	民营	道路普通货物运输	2008.5.3	寻乌县文峰乡工业园区	14	8
江西省东江物流有限公司	陈小明	民营	道路普通货物运输	2008.5.19	寻乌县建材大市场 7 号楼 708 号	5	1+2（挂车）
寻乌县创业兴物流有限公司	汤永玉	民营	道路普通货物运输	2014.6.13	寻乌县文峰乡黄坰村民营创业园区	33	15
江西佳鼎运输有限公司	谢缔民	民营	道路普通货物运输	2014.7.4	寻乌县文峰乡石排工业园区	38	19
江西省平桂物流有限公司	龚桂荣	民营	道路普通货物运输	2014.12.3	寻乌县长宁镇君子坝	17	6
寻乌县石宝货运有限责任公司	谢石金	民营	道路普通货物运输	2014.12.3	寻乌县长宁镇石圳大道 78 号	8	1

续表 17

企业名称	法人代表	经济性质	经营范围	审批时间	地址	从业人员（人）	车辆（部）
寻乌县桃源物流有限公司	侯 桃	民营	道路普通货物运输	2015.9.22	寻乌县长宁镇君子坝	5	2
寻乌县辉强物流有限公司	孙红来	民营	道路普通货物运输	2016.3.8	寻乌县长安大道 38 号	14	3
寻乌县宝中宝物流有限公司	刘跃平	民营	道路普通货物运输	2016.4.18	寻乌县迎宾大道安置区第一排沿街店面 14 号	6	1
寻乌县安能物流有限公司	廖志军	民营	道路普通货物运输	2016.9.21	寻乌县长宁镇长安大道综合大市场 8 栋 7 号	4	1
合计						148	57

【运输管理】 客、货车管理。运管所向各交通企业派驻管理人员。加强客运企业监管，严把客运车辆技术关和驾驶员资质关，利用卫星定位系统对客运车辆和驾驶员实行动态监管，纠正客运车辆在运行过程中的违规行为，最大限度保障人民群众的安全出行。年内，共发放加班牌 62 张、包车牌 112 张。圆满完成春节、元旦、清明、五一、端午、十一等节假期间运输任务。

安全生产。督促运输企业按照“横向到边，纵向到底”进行安全管理，层层签订安全生产责任状，把安全责任落实到每一个环节、每一个岗位和每一个人。年内，对辖区内运输企业开展安全检查、督查 110 次，抽查营运车辆 78 辆次，发出安全隐患整改通知书 9 份。

【驾培管理】 县内汽车驾驶员培训机构计时培训系统管理平台联网，及时报送辖区内驾培机构教练车信息，整理和保存驾培机构、教练车等相关数据。实行市场供求信息公示制度，各驾校实行“先学后付”（学员先学习培训，后支付培训费，）服务模式。组织驾校机构考核人员进行业务培训，规范结业考核。截至年底，县内 6 所驾校（其中一所是摩托车培训）培训合格驾驶员 6438 人。

【治超工作】 坚持“政府主导、部门联动，以固定站点 24 小时执勤 + 流动稽查相结合”和“逢车必检、逢超必卸、逢超必罚”原则，有效治理货运车辆超限超载。

治超宣传。通过多角度、广范围、多形式宣传方式，大力宣传车辆治超意义，提升群众对治超新规的知晓、理解和支持，为整治公路货车违法超限超载行为打下坚实基础。年初，运管所制作《杜绝超载》宣传册在全县分发，起到良好效果。

严格执法　整治客货运市场秩序，从严查处违规货运车辆，对违规车辆，顶住压力依法依规处理。客运方面，投入执法人员 269 人次，查处非法营运小客车 33 辆次，其中：交管部门移交车辆处理 6 辆次、营改非大客车 2 辆次、违章旅游客车和班线客车 25 辆次、查处危货车辆 1 辆，有效净化客运市场，保持良好经营秩序。春节、暑假、国庆、中秋等传统节假日客运量，与 2016 年同期相比有所增长。货运方面，监督 370 位车主自行切割改型、改装部位，恢复装栏板。处罚改型、改装车辆 8 辆，维护良好货运市场秩序。

源头治理。将超限超载行为防患于源头企业。查处非法改、拼、装车辆的汽车修理厂，杜绝非法改、拼、装车辆上路，将打击非法改、拼、装车辆作为车辆源头管理重中之重。成立车辆源头治理小组，每月对源头企业不间断巡查，彻底打击非法改、拼、装车辆现象。

【交通战备】 县设国防动员委员会交通战备办公室。由交通运输局和县公路分局业务人员组成。

编制战备专业技术人员、管理人员共45人，运输车辆15台。选调交通战备保障分队骨干参加县人武部组织的训练和战备检验。

（陈千权）

公路管理

【概　况】 赣州市公路管理局寻乌分局负责国省道公路的建设养护、路政管理。围绕上级工作部署，抓好“四个中心”（基础设施建设、公路治超、道班建设、公路养护），做实“三项工作”（精准扶贫、路政管理、维稳安全），强化“三个措施”（改作风、提效率，抓党风、促廉政，树新风、倡文明），完成年度各项工作目标任务。温家龙被市公路管理局评为交通系统党员标兵。分局被市委、市政府评为第九届文明单位。年度综合考评、重大责任、争资争项、社会治安综合治理、寻乌平安建设、基础设施建设等工作，被县委、县政府评为先进单位。

【机构队伍】 机关设办公室、养护科、路政科、经营科、财务科、后勤中心等五个职能科室；基层设6个养路班道（江贝、吉潭、石排、南桥、上坪、河角），1个机修站，共有职工96人。

【公路建设】 贯彻寻乌公路建设“三年行动”计划。

G236寻乌县城至虎石段公路改建工程，完成路基土石方挖填、排水工程、防护工程，共投资44456万元，占总投资102%。

S458南桥至吊神排公路改建工程，完成路基土石方挖填98%，完成投资6522.4万元，占总投资46%。

5月10日，济广高速公路寻乌南互通连接线平面交叉口改建工程动工。工程起止设计桩号GK0+000M对应老路桩号为K2041+374.372M，改建长度为400米。连接线改建起点为收费广场终点，改建长度为487米。两条路线由现有12米宽的二级路改造成双向6车道公路，与S458南桥至吊神排公路改建工程相连和G206线相交。总投资约1067万元。工程工期10个月。

G358寻乌蛇子岭至蓑衣坳路面改造工程，完成老路面洗刨30.5千米，完成水稳基层31.5千米，完成沥青混凝土路面18千米，水泥混凝土路面2千米，完成投资4528万元，占总投资71.0%。

7月4日，G206线寻乌县城南出口路延伸段改造项目开工。是全县“七大攻坚”重点项目之一，采用PPP模式建设，工程起点为中正广场小区，终点为石排工业园（兴业北大道入口），路线全长约6200米。道路红线宽28米，按双向4车道设计，车速每小时60千米。分机动车道、分隔花带、非机动车道和人行道，其中，机动车道17米，分隔花带1.5米，非机动车道2米，人行道2米。项目投资2.4亿元，12月31日完工。

【公路养护】 分局管养公路共5条，183.918千米，其中国道3条，116.412千米，省道2条67.506千米，具体路线如下表。以“美丽公路”为目标，开展示范路创建活动。制定《寻乌公路分局创建养护示范路实施方案》《寻乌公路分局突发事件应急预案》。组建4个公路抢险队，抢修水毁公路提高应急处置能力。办理普通过境城市道路和县乡道移交接养协议。编制寻乌县普通国、省道城市过境规划，经省交通厅组织专家评审通过，为寻乌城区规划和基础设施建设打好基础。

2月21日晚上7点，G236寻乌县城至虎石段公路改建工程8K+700M附近路段，突然出现3万立方米山体滑坡。分局立即启动紧急预案，组织施工单位、设计、监理、拆迁等部门实施抢险。26日上午10时恢复交通。

寻乌县公路分局管养公路一览表

表 18

序号	代号	路线名称	起点		止点		里程（千米）	途经地点
			地名	桩号	地名	桩号		
1	G206	威海—汕头	黄岗	K2084.848	牛埃石	K2144.865	60.017	黄岗、黎坑坳、吉潭、大路下、河岭、石排、南桥、牛埃石
2	G236	芜湖—汕尾	盘古	K973.5	虎石	K1007.932	34.432	盘古、黄岗、澄江、大陆村、县城、长宁、芋子窝、佛子哥崠、鹅坪、民裕、金星、主人、黄砂、铜锣村、菖蒲村、虎石
3	G358	石狮—水口	牛埃石	K549.957	蓑衣坳	K571.92	21.963	牛埃石、枫树岗、黄塘村、白沙坳、长江村、老石排、黄泥岗、岗子上、上甲村口、河岭村、大路、赵屋、高坳、大塘坪、土公坳、上坪、坳背、蓑衣坳
4	S317	长宁—正平	县城	K5.622—K24.12	太阳关	K24.12—K35.393	35.293	县城、城北、长宁、三二五村委会、长布、长举、长溪、九曲湾大坝、下甲午桥、三标村、黄陂、基田、甲子乌、长安村、太阳关
5	S458	南桥—龙廷	南桥	K0.0	龙延	K31.593	32.213	南桥、鸡叫桥、留车、大同桥、雁洋村、大田村、龙廷村

说明：国道 116.412 千米，省道 67.506 千米，合计 183.918 千米

【路政管理】 开展干线公路“路域环境整治年”活动，做好“八整治”。实行路政管理“四机制”（执法联合机制、用人激励机制、举报奖励机制和责任分解落实机制），开展路政宣传月和法制宣传日活动。完善交通、公安、工商、城管联合执法机制，加强人、车、货、企源头监管和路面执法。抓好货车非法改装、制止违法超限超载行为、治理车辆非法运输等专项整治。

（凌林泉）

邮　政

【概　况】 中国邮政集团公司江西省寻乌县分公司树立人民邮政为人民的服务宗旨，履行国家赋予邮政普遍服务任务，积极融入寻乌经济建设。改善邮政服务质量，发挥邮政网络和品牌优势，提升邮政社会效益和经济效益，塑造良好邮政社会形象。年内，寻乌邮政局业务收入完成 3071.9 万元，同比增长 23.9%。国内函件 7160 件，订销报纸 345.69 万份、杂志 9.04 万份。

【机构队伍】 县邮政分公司内设：综合办公室、市场营销部、金融业务中心、包裹快递中心、集邮与文化传媒中心、渠道平台中心。下辖县城石田心邮政所、城北邮政所、岳家庄邮政所。基层有澄江、南桥、留车、中和、菖蒲 5 个乡镇邮政所，及吉潭、三标、上坪、罗塘、项山、水源、龙廷、丹溪、文峰 9 个邮政代办点。

【服务网络】 服务网点 143 处。其中：邮政局综合营业大厅 1 处，自办网点 8 处（县城 3 处、乡镇 5 处），邮政代办点 9 处，邮政报刊亭 4 处，邮政便民服务站 121 处。

【设施设备】 房屋建筑面积 11409 平方米，自有房屋建筑面积 10487 平方米。租用房屋建筑面积 847 平方米，无偿使用房屋建筑面积 75 平方米。邮政营业用房 8604 平方米，非生产用房面积 240 平方米。邮政车辆 9 部，其中生产用车 8 部、行政兼生产用车 1 部。ATM/CRS 机 17 台。

【通信服务】 服务范围覆盖全县 15 个乡（镇），面积 2351 平方千米，建制村全部实现通邮。开办邮政储蓄业务的乡（镇）7 个。按固定班期投递

邮件的乡（镇）15个，城区日平均投递2次，农村每周平均投递次数3次。城区内信箱（筒）每日开箱次数2次，城区外信箱（筒）每日开箱次数1次。

【邮运投递】 全县邮路14条，总长度（单程）465千米，全部为自办邮路。

寻乌县邮运邮路一览表

表19

邮路	邮运工具	自办或委办	单程长度	班期	平均日行程	交换邮件
县城至吉潭	邮车	自办	14	每天	28	吉潭代办点
县城至澄江	邮车	自办	28	每天	56	澄江所
县城至罗塘	邮车	自办	59	每天	118	罗塘代办点
县城至项山	邮车	自办	40	每天	80	项山代办点
县城至南桥	邮车	自办	24	每天	48	南桥所
县城至留车	邮车	自办	42	每天	84	留车所
县城至龙廷	邮车	自办	56	每天	112	龙廷代办点
县城至菖蒲	邮车	自办	59	每天	118	菖蒲所
县城至中和	邮车	自办	45	每天	90	中和所
县城至丹溪	邮车	自办	63	每天	126	丹溪代办点
县城至上坪	邮车	自办	20	每天	40	上坪代办点
县城至三标	邮车	自办	15	每天	30	三标代办点
县城至水源	邮车	自办	40	每天	80	水源代办点
县城至文峰	邮车	自办		每天		文峰代办点

城区投递段道调整为5条，分别是市东段、市南1段、市南2段、市西段、市北段，城郊投递段调整为1条，为乡邮段。农村投递路线总长度（单程）1215千米，投递路线26条。

（潘瑞锋）

电　信

【概　况】 中国电信股份有限公司寻乌分公司围绕“移动生存线突围”和4G+网络全覆盖目标，以新型ICT、移动不限量套餐为突破口，实现年初确定的各项工作目标。完成主营收入3600万元（不含网间结算），在全市电信系统县级企业中排名第16，移动市场份额突破生存线。

【机构队伍】 机关设综合办公室、销售服务部、网络部。下设营业部、渠道中心、业务支撑中心、VIP客户维系组、设备维护组、客户网络维护组。营业部包括城东营业部、城西营业部、政企营业部、商客营业部、核心商圈营业部，以及南桥、留车、澄江、吉谭、晨光五个农村营业部，营业部全部按合约管理。合同制员工30人，其中省派遣员工4人。

【网络建设】 完成投资1092.68万元，主要为800M 4G+网络建设、乡（镇）宽带提速、行政村宽带建设以及杆线改迁工程。新增光交接箱14个、ODB端口4800个，OBD端口数量达59849个，端口利用率64.21%。实现4G+网络全县覆盖，所有行政村实现H覆盖。

【营业网点建设】 2017年新增网点16家，其中：核心商圈卖场3家，“全网通”卖场3家，城区营维一体社区店7家，商客门店3家，拓展开放渠道1家。全业务有效网点83家，城区全面实行营维一体，营维一体社区店10家。

【智慧寻乌】 寻乌电信践行企业使命，引领寻乌政务信息化建设，实现政务云、教育云、医疗云等“云”业务上线。成功签约数字城管项目，签约金额1600万元。已搭建好天网、政务云、数字城管等智慧项目，为寻乌提供快捷、智能的政务服务。

【提速降费】 响应国家电信提速降费号召，7月，率先推出手机全国、省内不限量套餐。9月1日起，全面取消手机长途费及长途漫游费。100兆以下宽带用户免费提速至100兆。家庭宽带网速进入100兆起步、500兆高速时期。专线用户平均免费提速30%。

（曾四春）

移动通信

【概　况】 中国移动通信集团江西有限公司寻乌分公司发挥企业自身优势，做好重大项目工程建设，推进4G网络工程，为全县人民提供多样化移动服务。截至年末，移动用户16.5万户，移动4G手机用户11万余户，宽带用户数2.5万户，完成收入1.1亿元。持续保持良好的发展势头。

【机构队伍】 内设综合财务部、市场部、网络部。市场部下设集客部、自办厅、四大农村营销中心与城区网格。共有合同制员工57人，劳动派遣员工6人。

【基础建设】 向上级移动公司汇报《寻乌县2017七大攻坚重大基础设施工程攻坚方案》，争取资金1400万元，用于建设基础通信设施。成立专项工程领导小组，精心组织项目实施。5月，提前完成工程预期目标。

向省、市公司请示汇报，争取项目、争取资源，经过公司追加21个5.1LTE期基站建设，改善当地通信基础。优化通信设施，实现网络覆盖，提升网络质量，推进全县信息化，助力地方经济社会发展。

【创新服务管理】 实行总经理接待日，做好监督，分析服务质量，解决投诉问题。制定《2017年寻乌移动合作渠道店员服务考核办法》，规范服务、业务流程，实行月考核制，优奖劣罚。建立沟通客户微信群、服务督办、厅店帮扶，对满意度低、投诉较多的厅店，通过现场走访及电话通报，督促各厅店对自身短板做好整改提升。

【核心商圈】 以城北自营厅为核心，打造手机销售一条街，形成良好销售竞争环境，让客户更方便买手机。截至11月，新增社会销售渠道19家，累计有111家终端渠道。实现一个建制村设一个村级服务站，渠道占比70.7%。提升手机销售队伍与营业员服务素质，形成良性竞争。实施集中化管理体系，提升渠道经理业务能力，发挥渠道经理在管理体系中指导协调作用。实行物资调配、渠道管理、渠道综合服务、渠道经营考核一体化。

【助力信息化】 发挥中国移动通信优势，将信息业务推行到每一个行政企事业单位，在党政军、民生、教育、金融商贸、交通制造5大行业起带头作用。引入优质资源，以4G全覆盖为契机，推动智慧平台建设，助力实现智慧城市、智慧城管、智慧园区、智慧农业、智慧教育、兴业云OA等，加快行政和企事业单位信息化进程，分享信息化带来的红利。

构建校园信息化。为城区所有高中、初中、小学，以及乡（镇）中小学45224名学生接入移动“电子学生证+人人通”业务。建设平安幼儿园及家庭互动平台，为城区及乡（镇）10余所幼儿园的2000幼儿接入移动“幼教云”业务。实现中小学、幼儿园、班级信息进校园，开展“教育云平台、电子学生证+人人通、幼教云”培训100余次，提升全县教育信息化水平。

根据“宽带中国”国家战略，实施宽带优惠政策，为不同群体，包括散户、商户、企业、单位提供高速的网络接入服务，全面享受优质、实惠待遇。

（陈　金）

联合网络通信

【概　况】 联合网络通信寻乌县分公司隶属中国联合网络通信集团有限公司赣州市分公司，是原赣州网通、赣州联通的基础上组建的全业务电信运营商。致力于信息化基础设施建设，为公众客户、商企客户和政府机构提供移动通信、固话、数据传输、互联网宽带、专线接入等基础电信业务和一信通、移动办公、视频监控、车辆人员定位等行业应用。9 月 1 日，取消国内手机长途费、漫游费。

公司积累运营经验，形成多种形式的服务体系。客户通过客服电话、营业网点、网上营业厅、手机营业厅、自助服务终端、客户经理等便捷方式，咨询办理各项业务，享受完善的售后服务。发挥区域综合优势、4G FDD-LTE 移动通信优势和固网宽带优势，成为服务宽带通信和信息服务提供商。为广大用户提供全方位、高品质 4G 移动通信和宽带专线接入服务，为寻乌经济社会发展提供通信保障。

【机构队伍】 机关内设渠道中心、宽带中心、互联网中心和集团行业团队等 4 个职能部门。有联通合作营业厅 56 个，其中：城区 28 个（包括一个宽带营业厅）、乡（镇）28 个，网点分布在 15 个乡（镇）。在编员工 20 人。

【通信网络】 截至 12 月，完成 U900 工程建设，通信网络覆盖县城和 15 个乡（镇），行政村、组的覆盖面积达到 90% 以上，网络信号大大增强。县境内 3G/4G 移动通信基站已达 100 多个，4G 上网速率最高 150M。推出 IPHONE6s、IPHONE SE、三星、中兴、华为等十几款中高端智能手机支持 150M 上网，给广大用户带来 4G 高速数据传输服务。

年内，宽带接入改成“FTTH（光纤到户）”接入方式，网速可达 100 兆。结合宽带融合业务，让用户享受实惠的资费价格，让农村家庭体验宽带高速上网。

（刘金萍）

城建　环保

城乡规划建设

【概　况】围绕“山水客家韵、灵秀寻乌城”的城市建设目标，以推进项目建设为重点，以行业管理和队伍建设为抓手，凝心聚力、攻坚克难，城乡建设再上一个新台阶段。获得2017年度全市城乡规划工作先进单位、全市城市建设先进单位、全市村镇建设先进单位、全县新型城镇化攻坚县直单位第一名、全县尊师重教先进单位、党管武装先进单位等荣誉。

县城乡规划建设局内设办公室、规划管理股、建筑业管理股、城市建设股、村镇建设股，设党总支、武装部。局属事业单位有城市建设档案、招标投标办公室、建设工程造价管理站、住宅室内装饰装修管理办公室、规划建设监察大队、工程抗震办公室、燃气办（对应自设）。局机关现有编制35名，其中行政编制11人（含工勤编制2人），事业编制24人。实有干部职工36人，其中行政人员13人（含工勤人员1人），事业人员23人。

归口管理单位为寻乌县城乡规划设计研究院，编制20名，实有干部职工19人。

下属单位有县建设工程质量监督站、县建设工程安全生产监督站、县建设工程质量检测站，现有编制12名，实有干部职工13人。县建筑设计室，编制8名，实有干部职工4人。

【重点项目建设】以新型城镇化攻坚为平台，城乡建设迈出新步伐。实施“两违”整治、基础设施建设、社区服务、创建特色小镇及示范镇、建筑风貌管控、灯光夜景亮化、背街小巷治理、棚户区改造、杆线管网整治、智慧城市创建十大工程。

全县新型城镇化攻坚项目共32个，总投资32亿元，年度计划投资19亿元。坚持规划引领，投入3000万元全面启动城乡规划编制工作，完成全县6个片区的控规编制、14项专项规划编制、1个修规编制以及各乡镇总规、控规、村庄规划等，实现规划编制全覆盖。推进“两违”行为处置工作，完成“两违”行为处置194户，处罚金额约9800万元，对未处置到位的“两违”行为开展攻坚专项行动。开展农村超高超大建房专项整治，推动城乡一体化发展。共拆除“两违”建筑1419处20.3万平方米，拆除乱搭乱建872处7.49万平方米。乡镇排污排水设施不断完善，8个乡排水、排污管网建设全覆盖，7个建制镇排水、排污管网及污水处理设施全覆盖。

【建筑市场管理】建筑业发展卓有成效，县内建筑业资质内企业6家，增加3家，增幅100%。落实现行建筑节能标准，2017年底，通过图审的绿色建筑工程有5个，建筑面积达23.49万平方米。开展整顿规范建筑市场秩序执法检查，查处违法违规行为项目4个，处罚金额达41.62万元。

推进建筑工程安全生产监管，下发《寻乌县建筑施工消防安全生产检查》等33个专项检查文件。开展各项安全生产各项检查10次，下发整改通知书215份，共排查事故隐患660个。鼓励建设、勘察、设计、施工、监理等参建单位加强工程质量管理，提高建设工程质量整体水平。其中县法院审判庭项目获赣州市2017年度建筑安全生产标准化工地。

（曹　成）

城市管理

【概　况】 县城管局围绕建设精致宜居城市目标，以“城乡环境整治年”为契机，依法行政、精细管理，城市管理水平再上新台阶。城管局被市委、市政府授予2017年度国家森林城市创建工作先进集体，被市城管委、市城管局授予2017年度城市管理先进单位，被县委、县政府、县武装部授予2017年党管武装先进单位。寻乌县城市环境整治工作获得全市第二名。

内设办公室、市容管理股、市政维护管理股、行政审批服务股。局下属副科级事业单位：环卫所；正股级事业单位：城管执法大队、市场物业管理中心、园林管理所、路灯管理所。核定编制83名，其中自收自支编制16名。

【城乡环境整治】 围绕打造“干净整洁、秩序井然、通行顺畅、环境优美、和谐宜居”城乡环境，以“脏乱差”问题为突破口，将整治工作细化为“清、拆、管、补、建”5个部分，制定《寻乌县城区市容市貌管理标准》，逐项整治。投入4亿多元建设9大类12项城市基础建设项目，推进城市夜景、城市绿化、城市道路改造、停车场、小游园等项目建设。

拆除寻乌宾馆周边、沙子头、江东路、江东庙路、长安大道、新桥西路、中山街、岳家庄大道、新罗南路等城区主街道872户74842.71平方米屋顶违章搭建。对城区重要人行道路沿石进行提升改造，将路沿石抬升至25厘米；对无改造条件的，采用镀锌钢管贴反光膜加高围边。共改造12条3.6千米主街路沿石，安装15400米人行道防护栏和820根限行柱；修复人行道10260平方米。

清理209处卫生死角，清运138.9吨垃圾；清理占用公共用地种植农作物2000平方米，清理河道垃圾180吨，水草250吨；拆除墙面挡雨栏380处6420平方米；清理沿街牛皮癣广告50000处；清理破损及违规广告348块，6746平方米，清理条幅广告929条；处罚违章停车的汽车、摩托车8942辆，劝离违章停放车辆8734辆次，强制拖离长期占用停车位的“僵尸车”47辆，查处渣土运输车辆184辆，暂扣占道物品1241件；施划700个道路汽车停车泊位，4380米摩托车停车位；清理占道经营、占道加工、占道作业点1768处，取缔流动摊点6263处；整治和规范马路市场4个，设置流动摊位安置点25处，安置流动摊贩2310个。

【重点项目建设】 城市重点建设项目20个，总投资6.25亿元。其中14个市政项目，即沿河西岸木栈道工程、路沿石改造、黄岗山公园停车场、中山西路农贸市场、杨梅园区、科技创新大道、长安大道和新东大道改造工程等；8个园林绿化项目，即橙乡大道至新罗红绿灯四周绿化提升、新区一河两岸绿化提升、老城区行道树补植、高速公路连接线（吉潭段、南桥段）绿化提升、工业园区绿化提升、桂花广场、迎宾游园等；1个亮化工程，即一河两岸（新罗大桥至长举大桥）及两侧建筑、高速公路连接线至橙乡大道路两侧主要建筑、新东大道两侧建筑等的亮化；3个环卫项目，即留车生活垃圾卫生填埋场项目、澄江镇生活垃圾填埋场工程、简易垃圾填埋场垃圾清运及复绿工程等。年底大部分项目已完工或交付使用，未完工的科技大道等项目按年度计划实施当中。

【执法体制改革】 稳步推进城市执法体制改革工作。10月1日，在全市率先完成一线执法人员新式制式服装换装。投入890万元，启动数字化城管建设，创新城乡环境卫生管理机制，实行城乡环境卫生一体化管理模式。

受理城市管理、行政执法方面的投诉、举报等信访件66件，其中县领导接访转办单、人民来访转办单24件，县委书记、县长信箱21件，网上投诉3件，“96333”服务热线转办单18件，接受市民电话投诉件160件。办理人大代表建议、政协委员提案共4件。

（温林浩）

城市投资

【概　况】 县城市投资经营公司属县政府直属正科级全额拨款事业单位。内设办公室、工程管理股、项目开发股。编委核定编制11名，在职人员11人。

【重点工程建设】 益寿桥至石圳桥西岸市政道路工程，总投资463万元，12月底建成通车；吉潭高速路出口至新东大道风貌打造工程已完工；城东五里亭红绿灯路口土方平整工程已基本完成，进入排水沟砌筑，草皮的铺植阶段；黄冈山综合配套设施工程已完成信访大楼、地下停车场主体及小游园部分市政绿化工程；完成寻乌一中的回购，投资商正在开发施工。县公共就业和社会保障综合服务中心与县人防应急救援指挥中心合建项目已完成主体框架。

（谢　华）

房地产管理

【概　况】 县房管局围绕县“七大攻坚”工作，推进棚户区改造、保障性安居工程、房地产市场管理工作并取得新成效。获得“2017年度县直单位绩效考评综合先进奖三类单位第二名”“2017年度社会治安综合治理及平安建设工作先进单位”“县城棚户区改造项目第一名”“城镇建设攻坚工作先进县直单位”“企业入规奖”等荣誉。

内设办公室、房地产市场监管股、物业管理股、房地产执法稽查股。局下属事业单位：房产交易所、白蚁防治所、房产测绘队、住房保障管理中心。编制数23名，在编人员19人。

【房地产市场】 商品住宅销售平稳，非住宅销售量达历史新高。全年累计备案商品房1799套（间），其中住宅1448套，面积18.79万平方米，销售额84006.58万元，均价4471元，同比分别增长–9.73%，–5.74%，–2.75%，3.18%，销售较平稳；非住宅351间，面积2.485万平方米，销售额25849.36万元，均价10402元，同比分别增长79.08%，55.02%，38.54%，–10.62%，是前5年年均销售量的2.06倍。全年二手房交易成交件数584件、成交面积10.06万平方米、成交金额27165.02万元，同比增长74.85%、88.39%、115.42%。其中住宅474套、面积7.51万平方米，同比增长61.22%、72.25%；非住宅110套、面积2.55万平方米，同比增长175%、160.20%。

全年受理和审核契税补贴488户，发放契税补贴188户，补贴契税189万元；受理和审核购房补贴884户，发放353户，223万元。

2017 年寻乌县商品房销售情况一览表

表 20

项目名称	住宅		商业		合计		商品房住宅均价（元 / 平方米）	商业均价（元 / 平方米）
	套数	面积（平方米）	套数	面积（平方米）	套数	面积（平方米）		
国际公馆	172	24026.59	24	2411.6	196	26438.19	4718	8811
皇冠名苑	311	41146.14	58	4429.59	369	45575.73	5005	12206
巴黎春天	81	8921.19	10	870.66	91	9791.85	4755	8825
银河湾	21	2740.95	2	167.69	23	2908.64	4858	15000
九洲国际	262	34658.47	81	4361.31	343	39019.78	4924	9825
水榭花都	42	4961.06	0	0	42	4961.06	3688	0
中正广场	428	53807.98	38	1820.04	466	55628.02	3727	6226
御景佳苑	18	2944.27	33	3674.3	51	6618.57	4567	7810
祈福华庭	49	5647.21	18	672.1	67	6319.31	3493	7968
金茂花园	2	537.4	0	0	2	537.4	8597	0
南桥雅苑	18	2241.39	1	54.44	19	2295.83	3087	10000
金碧豪庭	5	1085.91	8	499.53	13	1585.44	3552	14961
宇翔苑	1	158.93	1	24.35	2	183.28	3741	10948
中央华府	0	0	34	2152.82	34	2152.82	0	13002
城北农贸市场南北栋综合市场	0	0	3	120.11	3	120.11	0	9974
龙湾财富广场	0	0	3	509.15	3	509.15	0	5892
商业中心	0	0	1	51.57	1	51.57	0	1864
世纪财富	0	0	14	1148.65	14	1148.65	0	7371
华南汽车城	18	2288.94	7	401.89	25	2690.83	3689	8632
幸福佳苑	0	0	10	799.61	10	799.61	0	13118
销售合计	1428	185166.43	346	24169.41	1774	209335.84	4461	9831

【住房保障】 上级下达给寻乌县年度棚户区（含城中村）改造任务 882 户。涉及长宁镇、文峰乡 16 个项目点，共征收土地房屋 1499 户，货币化安置率为 100%，征收房屋面积 32 万平方米，总投资 15 亿元，完成上级下达棚改任务的 1.8 倍。向上争取资金 9.9162 亿元，其中，中央财政公共租赁住房及其配套设施专项补助资金 66 万元；中央财政城镇保障性安居工程专项资金 1096 万元；棚户区改造融资贷款 9.8 亿元。为 161 户住房困难群体发放公租房租赁补贴，安排分配 12 套人才公寓。完成中心城区住房困难户保障房配租配售工作，共安排入住 111 套，其中解决棚改住房困难户 74 户。加强租金清收和公租房的日常管理，通过依法清收，保障性住房租金收取率比 2016 年同期提高 16%。对不再符合住房保障条件的家庭及时予以清退。

【信访维稳】 共收到和处理来信来访 44 件，其中，涉及房地产市场监管、物业管理 28 件，涉及住房保障 6 件，“96333” 服务热线转办件 10 件。

（温秋香）

环境保护

【概　况】 县环境保护局，属县人民政府正科级行政单位，荣获2017年度全省环境保护工作先进单位，荣获2017年度全市环保系统目标管理考核先进单位，列全市第三名。

内设办公室、监督管理股、综合管理股、污染防治股、自然生态股，下设环境监察大队、环境监测站、污染物总量控制和污染减排办公室、九曲湾库区管理办。共有编制26个，其中行政编7名，事业编19名，现有干部职工23人。

【中央环保督察问题整改】 2016年7月14日至8月14日，中央第四环境保护督察组对江西省开展为期一个月的环境保护督察并进行问题反馈，涉及寻乌县需要整改的问题共8个。2017年有2个问题整改到位，6个问题整改顺利推进。完善《寻乌县生态环境损害责任追究实施办法（试行）》，对文峰、南桥、留车、龙廷、罗珊等乡镇和县工业园区主要负责人约谈抓环保不力问题，共13人次。

【生态建设攻坚】 安排七大项目，24个子项目，总投资54671.3万元。划定生态保护红线方案并上报省政府待批，制定出台《寻乌县生态环境损害责任追究办法》《寻乌县河长制考核问责办法》等方案，健全生态文明建设考核和责任追究制度。东江源生态补偿机制试点工作全面启动，设立大湖水库饮用水源保护区并获得省政府的批复。治理水土流失面积20平方千米，完成河道治理5条，总长度22.1千米，完成造林400公顷、封山育林400公顷、森林抚育1046.6公顷、低质低效林改造993.3公顷，继续开展东江源国家湿地公园试点工作，规划面积1546.8公顷。2017年寻乌县1—10月2个国控、8个省控断面和集中式饮用水源地水质全部达标。落实河长制责任体系，健全协调机制，调整县级河长，充实河道管理人员，健全组织机构，开展17项专项治理和“清河行动”及消灭Ⅳ类水工作，清理河道1900千米，清理河道垃圾6000余吨，加强江河水域禁渔管理，建设寻乌县河长制信息平台。出台《2017年河长制工作要点》《寻乌县全面推动河长制升级管理方案》等文件。

【环境执法】 建立环境保护行政执法与刑事司法衔接工作机制。制定《关于设立寻乌县人民检察院派驻寻乌县环保局检查管理办公室的工作办法》，依法查处非法开采稀土、小电镀等环境违法行为案件8起，涉案10人，刑拘9人，逮捕6人，起诉3人。建立跨省交界联防联控机制。针对边界“插花地”环境违法行为，与福建、广东等邻近区域建立水污染联动执法机制，2017年赣粤水污染联防联控联席会议在寻乌召开，形成严厉打击环境违法犯罪行为的高压态势。开展各类生态环保专项行动。由环保、水保、林业、矿管等执法监督机关人员组建专业执法队伍，以“净空、净水、净土”为整治内容，重点对建材加工、畜禽养殖、果品加工、矿山开采、集中式饮用水和农村环境等方面开展专项整治。依法关闭6家非法排污企业，关停47家畜禽养殖场（户），整改备案558家畜禽养殖场（户），对9家违法企业进行行政处罚。

【污染减排】 推进县城污水处理厂配套管网建设，加大维修补漏力度，完成污水管网建设56.07千米，城镇生活污水处理率85.6%，同时，建设三标乡、南桥镇生活污水处理站、15个乡镇垃圾中转站和178个垃圾收集池。正在建设工业园污水处理厂、留车和澄江日处理100吨乡镇生活垃圾填埋场、6个乡镇的污水处理厂以及15个乡镇污水管网。加强污水处理厂、国控及省控重点污染源、规模化畜禽养殖场、稀土冶炼厂、水泥厂、砖厂等重点领域减排设施的运行监管，确保已建减排设施高效稳定运行。完成污染减排项目建设工作。抓好重点污染企业减排、农业源减排、结构减排等减排措施，根据国家环保部减排核查的认定结果，寻乌县完成化学需氧量减排45.31吨，氨氮减排7.54吨，二氧化硫减排75.91吨，氮氧化物减排10.57吨，达到工作要求。

【饮用水保护】 加快实施总投资7.56亿元的大湖水库工程建设，这既是全县的头号民生工程，也是江西省第一个成功签约的水利PPP项目，建成后可解决县城、水库下游4个乡镇共18.77万人的安全饮水问题，目前大坝已提前实现封顶，完成工程量的84.83%。划定大湖水库饮用水源保护区，做好饮用水源地保护与整治。累计投入1.5亿元，实施九曲湾库区的环境保护综合治理工程，确保库区水质达到Ⅱ类标准，对全县65个千人以上饮用水源编制保护规划，进行规范化整治，严厉打击饮用水源地违法违规建设行为，对这类敏感区域保持高压的执法态势，严禁在饮用水源保护区新建、扩建任何违法违规建设项目。全县集中式饮用水源地水质达标率达100%。实施生态移民。按照先东江源头、后流域区、再边沿山区的顺序，大力实施水源保护区移民搬迁计划，共易地移民搬迁1476户6844人，尤其是为保护好大湖水库饮用水源地，重点推进大湖水库水源区“两个半”村的整体搬迁工作。

【行政审批】 严把项目准入门槛。始终将环境保护作为项目准入的前置条件，严格执行国家产业政策，坚决拒绝重金属、过剩产能企业等高污染、高能耗等不利于环保的项目落户寻乌，共拒绝20个不符合环保要求的项目落户，严格执行建设项目环境影响评价制度，坚决贯彻落实环保、水保“三同时”制度，工业园区的入园项目环评率100%。

大力发展生态产业。在柑橘黄龙病暴发蔓延后，为应对“一果独大”的产业风险和生态安全隐患，近几年结合精准扶贫、招商引资等积极推进绿色生态产业发展。大力推动绿色生态工业发展，引进智能机械、生物制药、节能环保等新兴产业，推动风力发电、光伏发电及生物质发电项目建设，积极打造省级新能源产业基地。积极推动绿色生态农业发展，大力实施现代农业（柑橘）设施栽培试验项目，全面推进柑橘建园生态化和生产标准化，科学引导群众多元化发展猕猴桃、蔬菜、蓝莓、百香果、甜柿等特色种植业，新增种植面积达到0.4万公顷。扎实推动绿色生态旅游发展，着重引介生态旅游、文化旅游、乡村特色和体验旅游，全力建设青龙岩旅游度假区、东江源生态公园、留车雁洋石崆寨景区、项山生态旅游区等景区，实现经济发展与生态建设的共赢。

（温志秋）

财税　金融

财　政

【概　况】 寻乌县财政局按县委、县政府工作部署，以“七大攻坚”为抓手，打好“五个翻身仗”，“坚持一个主题，贯彻三条主线，实现六个新作为”。转变工作作风、提升工作效率，解放思想、创优服务，财政运行总体平稳、财政效能逐步提升。

2017年被市委、市政府评为赣州市第九届文明单位；经复查合格，继续保留江西省文明单位和全国文明单位称号。被赣州市财政局评为绩效管理先进单位、被县委评为平安寻乌建设暨社会治安综合治理先进单位。蓝春荣、陈文皇、曾伟有被赣州市财政局评为先进个人，邱运林被县委、县政府评为优秀科级干部、罗才权被评为优秀副科级干部。

【机构队伍】 县财政局职能部门和下属单位29个。内设职能股室（单位）16个：办公室、预算股、行政政法股、教科文股、农业股、社会保障股、经建股、国库股、工资股、乡（镇）财政管理股、基本建设管理股、财政监督股、债务管理股、扶贫股、县国有资产监督管理办公室、县政府财经监督检查办公室。下属事业单位13个：会计核算中心（副科级）、县政府采购办公室（副科级）、住房资金管理所（副科级）、非税收入征收管理办公室、信息中心、国有资产经营管理中心、基本建设管理中心、国库集中收付中心、省信用担保股份有限公司寻乌分公司、会计办事处、直属财政所、交通事故社会救助基金管理中心、财政预算绩效管理中心。行政编制21名，工勤编制1名，事业编制90名，共112名。年底在编在岗98人。中级职称5人，初级职称25人。

【预算执行情况】 县财政总收入80008万元，同比增收11408万元，增长16.6%，税收收入占财政总收入比重为82.9%。一般公共预算收入48851万元，同比增收599万元，增长1.2%；一般公共预算支出261000万元，同比增支20800万元，增长8.7%。政府性基金预算收入完成78245万元，同比增收50154万元，增长178.5%，其中国有土地使用权出让收入73609万元。政府性基金预算支出完成98200万元，同比增支58937万元，增长150.1%。

【预算执行特点】 财政收入平稳增长，增速位列全市第二名。

税收质量提升，税源结构优化。全年税收6.6亿元，增长22.3%，高于财政收入增幅5.7个百分点，税收占财政总收入比重82.9%，同比提高3.9个百分点。税源结构不断优化，工业税收完成3.6亿元，同比增长58%，制造业税收增长35.6%。

财政支出创新高，民生支出有保障。一般公共预算支出26.1亿元，其中用于教育、社会保障与就业、医疗与计划生育支出22.7亿元，占一般公共预算支出的87%。扶贫支出增长19.1%。支持科技创新支出增长59.8%。城乡社区支出增长118.2%。医疗卫生与计划生育支出增长31.8%。节能环保支出增长23.7%。

财政收支一览表

表21　　单位：万元

项　目	2017年	2016年	同比（±%）
一、财政总收入	80008	68600	16.6
#税收收入	66364	54257	
（一）公共财政预算收入	48851	48251	1.2
1. 税收收入	35207	34523	2.0
增值税	16121	10331	56.0
营业税	9	7591	-99.9
企业所得税	3417	3647	-3.0
2. 非税收入	13644	13728	-0.6
其他、罚没、收费收入	11347	4451	
专项收入	1565	1293	21.0
（二）上划中央收入	28022	19734	
二、财政总支出	261000	240200	8.7
#一般公共服务支出	17729	15216	16.5
教育支出	53170	46333	14.8
科学技术支出	6363	3982	59.8
文化体育与传媒支出	3849	3792	1.5
社会保障和就业支出	31756	29531	7.5
医疗卫生支出	34158	25908	31.8
环境保护支出	16697	13495	23.7
城乡社区事务支出	14946	6851	118.2
农林水事务支出	45853	56106	-18.3
交通运输支出	16598	18987	-12.6
资源勘探电力信息等事务支出	728	2257	-67.7
住房保障支出	1507	3705	-59.3

说明：1. 表中#号意为其中
　　　2. 资料来源统计局

【向上争资】 发挥中央苏区县、东江源头县和国家扶贫开发重点县优势，向上争取项目资金27.48亿元，同比增加6.72亿元，增长32.4%。财政部门重点争取地方政府债券资金36895万元、“十三五”时期中央专项彩票公益金4685万元、均衡性转移支付增量部分4403万元、美丽乡村建设资金1200万元，有效缓解财政资金压力，支持经济社会发展。

【民生工程】 对民生事业投入，落实配套资金，用于教育、社会保障与就业22.7亿元，占一般公共预算支出的87%，比上年增支1.62亿元，增长7.7%。执行社会保障政策，提高城乡居民低保、农村五保供养、城乡居民基本医疗保险标准，提高城乡困难群体保障水平。支持教育事业发展，按照教育经费法定“三增长”要求，支出5.317亿元，同比增长14.8%。投入5亿元，用于改造48所城乡义务教育学校教学楼、校园环境、运动场所、校园文化建设及教学设备采购。教育扶贫，建档立卡为10589名贫困家庭学生发放教育补助999.69万元。筹集资金10.86亿元，完成棚户区改造房1499套。

【非税收入】 非税收入92923万元，其中，行政事业性收费2134万元，政府性基金78245万元，专项收入1315万元，国有资产有偿使用收入603万元，罚没收入6377万元，其他收入4249万元。

完善票据管理，强化票据监管，开展财政票据检查和医疗财政票据专项检查，查处并追缴违规收费128.98万元。开展涉企收费项目自查自纠，对行政事业性涉企收费全面清理，确保非税征管依法依规，防止乱收费。年内共取消、停征、免征和整合行政事业性收费项目、政府性基金共48项，减轻企业和个人负担，共减负276万元。

【工资管理】 法官、检察官和司法辅助人员实行工资制度改革，员额内法官、检察官实行全国统一基本工资制度，建立绩效考核奖励机制。工资制度改革所需经费，按现行财政预算管理体制，由同级财政负担。实施人才强县战略，对高层次人才发放人才津贴，以上在职人员使用经费44004.9万元。

【金融债务】 政府性债务年初余额106552万元，当年新增48295万元（省财政厅转贷地方政府债券），当年偿还34776万元，年末余额120073万元。

新增债务中21960万元用于偿还存量债务，26335万元投入县重点工程：吉潭至油房岗道路升级改造目6092万元、土地专项储备4641万元、新东大道改扩建工程3603万元、黄岗山公园综合配套设施建3573万元、长安大道北段道路改造2640万元、城区夜色景观亮化2200万元、高速公路连接线沿线民房整治与绿化工程1980万元、南桥高速公路出口路拓宽1006万元、现代农业万亩示范园河堤工程600万元。

【扶贫资金】 通过财政扶贫资金、融资贷款和产业扶贫“信贷通”筹集资金24.12亿元，用于解决“两不愁三保障”，以及农业生产发展、农村基础设施建设、基本公共服务、增强贫困户发展能力等投入不足问题。安排扶贫项目2638个，其中：财政整合扶贫资金项目475个，贫困村基础设施贷款项目1053个，非贫困村基础设施贷款项目1110个。

村级资金采用“因素分配法”，按“总人口安排资金系数＋贫困人口安排资金系数＋国土面积系数＋八大体系投入系数×待安排资金总数”计取，其中20%按贫困村人口分配资金、20%按贫困人口分配资金、10%按贫困村国土面积分配资金、50%结合“八大指标”实施项目测算分配资金，原则上向基础设施欠账较多的村倾斜。

制定《统筹整合财政涉农扶贫资金分配管理使用方案》，将资金纳入县财政整合资金管理，确保资金即来即分即用。出台《关于完善脱贫攻坚项目资金管理补充意见》，明确项目按类别、资金额发包，依招投标程序，简化审批流程。创新“联审联批”机制，由县财政局、县扶贫和移民办、县审计局组成工作组，负责项目审核、资金分配、项目验收、资金审核拨付等工作，定验收队伍、验收区域、验收时限“三定”方式加快项目实施。财政整合扶贫资金支付率达96.24%，高于省财政厅规定4.24个百分点支付比例。选择19家中介服务公司参与县脱贫攻坚项目中介服务，对项目预算、结（决）算审核业务，实行购买社会服务，融合社会力量助力脱贫。

【教科文财务管理】 年初预算教育支出39124.1

万元，比上年增长26.29%，占一般预算支出预算的26.61%。年内，教育领域共安排资金53170万元。

按照小学生人均600元/年、初中生人均800元/年的省定标准，安排全县义务教育公用经费和免杂费资金3157.3万元，其中县本级安排217.3万元。年内，共拨付3185.4万元。

为3115名高中贫困生安排助学金311.5万元；为5992名贫困寄宿生安排生活补助452.69万元；为343名建档立卡贫困生安排高考入学资助金205.8万元。

拨付中小学教学奖及教师表彰经费283.92万元。

拨付农村文化建设专项资金243万元，提升农村文化服务。

【社会保障财务管理】 发放企业、机关事业离退休人员基本养老金23628万元；为被征地失地农民和村（居）委会干部缴纳企业基本养老保险补助4698万元。

城乡居民基本医疗保险补助标准提高到450元，同步提高个人缴费至180元，共拨付财政补助12055万元。城乡居民大病保险实现全覆盖。机关事业单位职工基本医疗保险缴费基数从3401元/月提高到职工平均工资4562元/月，拨付机关事业单位职工基本医疗保险2837万元，城乡医疗救助资金641万元。县财政预算安排专项资金1000万元，用于深化县级公立医院综合改革，实行药物零差率。拨付乡（镇）卫生院及村卫生室基本药物零差率补助342万元。公共卫生服务项目13个，对新增“家庭签约服务”项目，拨付基本公共卫生服务补助1233万元，重大公共卫生服务补助307万元。

以精准扶贫对象、下岗失业人员、农村富余劳动力、未就业高校毕业生为扶持重点，符合条件的各类创业群体和小企业拨付小额担保贴息资金540万元。拨付再就业资金655万元。将下岗失业人员小额担保贷款导入财政贴息资金信息系统，加强小额贷款贴息的使用管理。

提高城乡困难群体保障水平，将其保障标准提高到每人每月530元、月人均补差提高到350元。农村低保平均保障标准提到每人每月305元，月人均补差提高到225元。农村五保对象集中供养标准提高到每人每月425元，分散供养标准提高到每人每月320元。根据20世纪60年代精简退职老弱残职工救济标准，属于城市的提高到每人每月385元，属于农村的提高到每人每月345元。发放困难群众生活救助5951万元。发放孤儿生活补助80万元，对重度残疾人发放两项补贴286万元。发放各类抚恤补助672万元，调整自主就业退役士兵一次性退役金标准，发放退役士兵补助100万元；发放义务兵优待金200万元。为80周岁以上高龄老年人发放生活补助656万元。

【农业财务管理】 安排农林水支出46453万元，比上年减支9653万元，减少17%。发放惠农补贴资金3939.77万元，其中：耕地地力保护补贴2891.34万元，农机购置补贴38.34万元，退耕还林完善政策补助201.44万元，生态公益林补助808.65万元。

做好“惠农信贷通”和“产业扶贫信贷通”的实施，其中“惠农信贷通”计划1.916亿元，实际放贷2.71亿元；“产业扶贫信贷通”计划3.53亿元，实际放贷3.83亿元。

【行政政法财务】 按法院、检察院为2.7万元/人·年，公安局、森林公安局、公安消防大队为4万元/人·年的保障标准，编制财政预算并及时拨付到位。及时拨付中央、省级政法转移支付办案资金1782.06万元，保障政法部门的正常运转。

安排“天网”工程网络租赁经费212.5万元，“天网”覆盖各乡（镇），24小时全天候运转，社会治安防控基本做到实时、动态管理。

受理1件道路交通事故救助申请，救助1人，救助金额 3.08 万元。

【经建财务管理】 为 109 户企业运用“财园信贷通”贷款 3.675 亿元，为 201 户企业以“小微信贷通”贷款 1.5874 亿元，为 62 户企业用“创业信贷通”贷款 2315 万元。超额完成三个“信贷通”放贷目标。

拍卖宗地 29 宗（含出让耕地占补平衡指标），成交价款 94222 万元，累计收土地价款 73609 万元。

拨付工程项目资金 123297 万元，其中，重点工程本级项目资金 55674 万元（征地补偿费 31098 万元，工程款 24576 万元），上级项目资金 67623 万元（其中专项基金 32677 万元）。

【“一卡通”发放】 通过“一卡通”发放财政惠农补贴 19 大项，34 小项，补贴资金 21592.74 万元，发放率 100%。综合排名列全市第一名。

【美丽乡村建设试点】 按照专家评审、公开陈述、现场打分、综合评审的方式评定，寻乌县被省财政厅列为 2017 年度扶持村级集体经济——助推美丽乡村试点县。县安排试点村 4 个，项目 18 个，资金 1200 万元。

【政府采购】 年内，执行政府采购预算 25076 万元（不含 PPP 项目），实际采购 23423 万元，节约资金 1653 万元，节约率为 6.59%。政府与社会资本合作（PPP）项目的采购，完成县公共基础设施工程概算 15.45 亿元招标。根据市财政局《赣州市政府采购代理机构监督管理暂行办法》，对县代理机构实行记分制年度考核，采取“双随机一公开”方式，随机抽取赣州九鼎招标代理机构有限公司五个采购项目检查，规范代理机构执业行为。依法做好政府采购投诉和举报处理，对违法行为实行处罚问责。处理中标供应商放弃中标人候选资格的案件 3 起，受理举报 1 起，没收保证金 14600 元，罚金 1500 元。根据《财政部关于政府采购评审专家管理办法的通知》，自 1 月起，政府采购项目均在省专家库中抽取，县内 130 多个专家申报进入省专家库，审核通过 50 余人入库。

【财政监督】 按照“收支并重、内外并举、监管结合”和“双随机一公开”要求，开展 6 项资金使用检查。检查 34 个单位，出具检查报告 27 份，查出违规资金 535.2 万元，下达处罚决定书 23 份，收缴违规资金入库 36.7 万元。入库率 100%。

【国有资产】 办理国有资产处置事项 13 宗（其中报废 11 宗、划拨 2 宗），处置金额 133.65 万元。

监督管理国有资产，防止流失，确保国有资产安全完整和保值增值。通过国有资产分类盘活和经营，完成原交通局、水利局、林业公司、大塘坪保障房、怡心家园经适房、左岸香桂保障房、矿管局、卫生局、政府办等 65 项国有资产经营权成功竞标，实现国有资产经营收入 652.07 万元。

发挥投融资平台作用，为实体经济发展提供支撑，出台《寻乌县国有企业负责人履职待遇业务支出管理实施意见（试行）》《寻乌县国有企业目标管理考核办法》和《寻乌县国有企业投资项目资金管理办法（试行）》，完善投融资公司薪酬、人事管理制度。

寻乌县 7 个投融资平台公司共融资 33.7877 亿元。

与央企对接签约项目 5 个，总投资 37.9 亿元，涉及稀土深加工、风力发电、环境保护等行业。其中，中电投寻乌基隆嶂风电场项目、江西大唐寻乌乱罗嶂风力发电项目已投产发电。

【会计管理】 办理转入、转出会计从业人员档案 52 份，会计旧证换新证 1 人。完成会计从业人员继续教育信息备案 700 多人次。

【会计核算】 按照中央“八项规定”“六条禁令”进行监督审核。强化“四严”管理：严把报账政策关，对违规单据不予受理，做好源头监管；严把财务受理关，对未取得网络监管平台审批的公务消费不予受理报账；严把支出审批关，严格控制或拒付巧立名目发放不合法、不合规的津贴、补助等开支；严把开支标准关，超标准支出不予报支。审核支付凭证（报账单）6万多份，拒付不规范票据264单，金额524万元。通过协税护税避免偷、漏税款665万元。

【基建管理】 秉着“事前控制、事中监督、事后审核”的原则，共审核工程项目预算1638个，工程造价285575万元，审核后的工程总造价262228万元，节约资金23347万元，核减率为8.17%。建立诚信体系，公开“七大攻坚”工程项目信息，及时发布工程建设项目资金管理信息。

【住房资金管理】 年内，缴存住房公积金单位369个，缴存人数9292人，归集住房公积金1.2亿。发放公积金贷款1.26亿，履行财政职能，住房租金应收尽收，全年廉租房租金收入221.5万元，按房租总额的35%返还用于保障房基本维修维护。

（陈　曙）

国家税务

【概　况】 县国税局以创“四优”机关为目标，以绩效管理为抓手，在组织收入、依法治税、优化服务、风险防控、党风廉政建设等方面取得良好成效，为寻乌经济和社会发展做出贡献。

县国税局办税服务厅评为省国税系统五星级大厅。市国税局系统绩效管理先进单位。市办税服务厅巾帼标兵岗评为市三八红旗集体。市总工会评给县国税局五一劳动奖状、工人先锋号、第十五届职工职业道德建设先进单位、第十五届职工职业道德建设标兵单位。国税局党组织获寻乌县先进党总支。县国税局被县委、县政府评为驻县单位党建工作第一名、社会治安综合治理及平安建设工作先进单位、主攻工业工作先进奖驻县单位第二名。

刘杰进入省国税局税务稽查审理人才库、余霞进入巡察人才库。赣州市文明办授予余霞为学雷锋标兵。

【机构队伍】 县国税局设10个科股室：办公室、人事教育股、监察室、税政法规股、征收管理股、收入核算股、信息中心、纳税评估科、办税服务厅、税源管理科。1个直属机构：稽查局。2个分局：澄江管理分局、留车管理分局。在职人员62人；离退休人员23人。

【税收收入】 税收40020万元，同比增加14445万元，增长56.48%。其中财政口径税收入库3.8亿元，同比增加14277万元，增长60.18%，税收实现稳定增长。

2017年度税收统计表

表22

项目/金额/税种	本期（万元）	2016年同期（万元）	增收额（万元）	增长率（%）
增值税	35167	21356	13811	64.67
消费税	23	13	10	76.92
企业所得税	2810	2354	456	19.37%

【税收优惠】 按照“把握政策、搞好服务”原则，做好结构性减税，落实税收优惠政策。为纳税人减免税款16701万元：1户企业申报享受高新技术优惠，优惠0.33万元；425户盈利企业申报享受小微企业优惠，享受减免税额174万元；2户企业申报享受综合资源利用增值税即征即退，优惠860.67万元。4户次民营企业之间的股息、红利等投资收益，免征196万元；农户小额贷款

利息减计收入6059万元。农、林、牧、渔业项目免税7667万元,"西部大开发"税收优惠减免1345万元。农产品增值税税率从13%降至11%政策,减税275万元。农户小额贷款利息收入免征增值税,3户金融机构免征增值税124万元。

【税收征管】 营业税改增值税实施以来,共管辖纳税户3821户,其中,增值税一般纳税人407户,小规模纳税人3414户,个体工商户2705户。主要税源来自机械机电制造、陶瓷制造、生物制药、有色金属加工、水泥、铁厂、果品加工、风力及水生产等企业。

以风险管理为导向,整合征管资源,管好管实税源。采取交叉评估、实例讲评等方式评查税款,促进评、管、析、查互动,提升风险应对质效。完成20批共148户企业风险应对任务,共评查税款、罚款及滞纳金共1125万元,风险企业申报转出进项税267万元。

会合有关部门"以查促管、以查促收","重点检查、专项检查"双管齐下,落实税收"黑名单"制度,惩戒税收违法行为,提高税法遵从度。

严厉打击偷、骗税行为,杜绝因增值税转型及出口退税政策调整,可能出现的增值税违法行为、出口骗税违法活动,定期开展重点区域、重点部位整治。

【增值税率及征收率】

增值税税率及征收率对照表

表23

行业	产业	主要服务业	税率	征收率
交通运输业	陆路运输	公路运输	11%	3%
		缆车运输		
		索道运输		
		城市轻轨运输		
		其他陆路运输		
	水路运输	水路运输服务	11%	3%
	航空运输	航空运输服务	11%	3%
	管道运输	管道运输服务	11%	3%
邮政服务	邮政普遍	邮政普遍服务	11%	3%
	邮政特殊	邮政特殊服务	11%	3%
电信服务	基础电信	基础电信服务	11%	3%
	增值电信	增值电信服务	6%	3%
建筑服务	工程	工程服务	11%	3%
	安装	安装服务	11%	3%
	修缮	修缮服务	11%	3%
	装饰	装饰服务	11%	3%
	其他建筑	其他建筑服务	11%	3%
金融服务	贷款	贷款服务	6%	3%
	直接收费金融	直接收费金融服务	6%	3%
	保险	保险服务	6%	3%
	金融商品转让	金融商品转让	6%	3%

续表 23

行业	产业	主要服务业	税率	征收率
现代服务	研发和技术	研发服务	6%	3%
		技术转让服务	6%	3%
		技术咨询服务	6%	3%
		合同能源管理服务	6%	3%
		工程勘察勘探服务	6%	3%
	信息技术	软件服务	6%	3%
		电路设计及测试服务	6%	3%
		信息系统服务	6%	3%
		业务流程管理服务	6%	3%
	文化创意	设计服务	6%	3%
		商标著作权转让服务	6%	3%
		知识产权服务	6%	3%
		广告服务	6%	3%
		会议展览服务	6%	3%
	物流辅助	航空服务	6%	3%
		港口码头服务	6%	3%
		货运客运场站服务	6%	3%
		打捞救助服务	6%	3%
		装卸搬运服务	6%	3%
		仓储服务	6%	3%
		收派服务	6%	3%
	租赁	有形动产融资租赁	17%	3%
		不动产融资租赁	11%	3%
		有形动产经营性租赁	17%	3%
		不动产经营性租赁	11%	5%
	鉴证咨询	认证服务	6%	3%
		鉴证服务	6%	3%
		咨询服务	6%	3%
	广播影视	广播影视节目（作品）制作服务	6%	3%
		广播影视节目（作品）发行服务	6%	3%
		广播影视节目（作品）播映服务	6%	3%
	商务辅助	企业管理服务	6%	3%
		经纪代理服务	6%	3%
		人力资源服务	6%	3%
		安全保护服务	6%	3%
	其他现代	其他现代服务	6%	3%
生活服务	文化体育	文化体育服务	6%	3%
	教育医疗	教育医疗服务	6%	3%
	旅游娱乐	旅游娱乐服务	6%	3%
	餐饮住宿	餐饮住宿服务	6%	3%
	居民日常	居民日常服务	6%	3%
	其他生活	其他生活服务	6%	3%

续表 23

行业	产业	主要服务业	税率	征收率
销售无形资产	技术	专利技术和非专利技术	6%	3%
销售无形资产	自然资源使用权	转让土地使用权	11%	3%
销售无形资产	自然资源使用权	海域使用权	6%	3%
销售无形资产	自然资源使用权	探矿权	6%	3%
销售无形资产	自然资源使用权	取水权	6%	3%
销售无形资产	自然资源使用权	其他自然资源使用权	6%	3%
销售无形资产	其他权益性无形资产	其他权益性无形资产	6%	3%
销售不动产	建筑物、构筑物	建筑物、构筑物	11%	5%

税种新税率一览表

表 24

类别	税种	纳税对象			税率	说明
流转税	一、增值税	一般纳税人	一般		17%	销售或进口货物、提供应税劳务
流转税	一、增值税	一般纳税人	低税率	1. 粮食、食用植物油、鲜奶 2. 自来水、暖气、冷气、热气、煤气、石油液化气、天然气、沼气，居民用煤炭制品； 3. 图书、报纸、杂志； 4. 饲料、化肥、农药、农机（整机）、农膜； 5. 国务院规定的其他货物。 （1）农产品（指各种动、植物初级产品） （2）音像制品 （3）电子出版物 （4）二甲醚	11%	1. 纳税人兼营不同税率的货物或者劳务的，应当分别核算不同税率货物或者劳务的应税销售额。未分别核算销售额的，从高适用税率。 2. 纳税人销售不同税率货物或者劳务，并兼营应属一并征收增值税的非应税劳务的，其非应税劳务应从高适用税率
流转税	一、增值税	小规模纳税人（征收率）			3%、5%	1.2009 年 1 月 1 日：小规模纳税人征收率不再划分行业，一律降至 3%； 2. 一般纳税人采用简易办法征税：也适用 3% 或 5% 的征收率
流转税	一、增值税	纳税人销售自己使用过的物品	一般纳税人	一般纳税人销售 2008 年 12 月 31 日以前购进或者自制的固定资产（未抵扣进项税额）	2%	按简易办法：依 3% 征收率减半征收增值税。 增值税＝售价 ÷（1+3%）×2%
流转税	一、增值税	纳税人销售自己使用过的物品	一般纳税人	一般纳税人销售自己使用过的 2009 年 1 月 1 日以后购进或者自制的固定资产 一般纳税人销售自己使用过的除固定资产以外的物品	17%	按正常销售货物适用税率征收增值税：【提示 1】 该固定资产的进项税额在购进当期已抵扣；【提示 2】 对已使用过的固定资产无法确定销售额的，以固定资产净值为销售额。 增值税＝售价 ÷（1+17%）×17%
流转税	一、增值税	纳税人销售自己使用过的物品	小规模纳税人（除其他个人外）	小规模纳税人销售自己使用过的固定资产和旧货	2%	减按 2% 征收率征收增值税。 增值税＝售价 ÷（1+3%）×2%
流转税	一、增值税	纳税人销售自己使用过的物品	小规模纳税人（除其他个人外）	小规模纳税人销售自己使用过的除固定资产以外的物品	3%	按 3% 的征收率征收增值税。 增值税＝售价 ÷（1+3%）×3%
流转税	一、增值税	一般纳税人下列销售自产的货物，可选择简易办法计算。	1. 县级及县级以下小型水力发电单位生产的电力（5 千瓦及以下） 2. 建筑用和生产建筑材料所用的砂、土、石料 3. 以自己采掘的砂、土、石料或其他矿物连续生产的砖、瓦、石灰 4. 用微生物、微生物代谢产物、动物毒素、人或动物的血液或组织制成的生物制品 5. 自来水 6. 商品混凝土		3%	可选择按 3% 征收率计算增值税，选择简易办法计算增值税后，36 个月内不得变更

续表 24

<table>
<tr><th>类别</th><th>税种</th><th colspan="3">纳税对象</th><th>税率</th><th>说明</th></tr>
<tr><td rowspan="25"></td><td></td><td>一般纳税人销售货物属于下列情形的，暂按简易办法计算。</td><td colspan="2">1. 寄售商店代销寄售物品（包括居民个人寄售的物品在内）
2. 典当行业销售死当物品
3. 拍卖行受托拍卖增值税应税货物，向买方收取的全部价款和价外费用</td><td>3%</td><td>按 3% 征收率计算增值税</td></tr>
<tr><td rowspan="24">二、消费税</td><td rowspan="7">（一）烟</td><td rowspan="5">1. 卷烟</td><td rowspan="5">（1）每标准条（200 支）调拨价 70 元以上的（含 70 元，不含增值税）
（2）每标准条（200 支）调拨价 70 元以下的（不含增值税）
商业批发</td><td>比率税率：56%</td><td rowspan="24"></td></tr>
<tr><td>定额税率：150 元 / 标准箱（50000 支）</td></tr>
<tr><td>比率税率：36%</td></tr>
<tr><td>定额税率：150 元 / 标准箱（50000 支）</td></tr>
<tr><td>5%</td></tr>
<tr><td colspan="2">2. 雪茄烟</td><td>36%</td></tr>
<tr><td colspan="2">3. 烟丝</td><td>30%</td></tr>
<tr><td rowspan="8">（二）酒及酒精</td><td rowspan="3">1. 啤酒</td><td>（1）每吨出厂价格（含包装物及包装物押金，不含增值税）3000 元（含）以上的</td><td>250 元 / 吨</td></tr>
<tr><td>（2）每吨出厂价格（含包装物及包装物押金，不含增值税）3000 元以下的</td><td>220 元 / 吨</td></tr>
<tr><td>（3）娱乐业和饮食业自制的</td><td>250 元 / 吨</td></tr>
<tr><td colspan="2" rowspan="5">2. 粮食白酒、薯类白酒
3. 黄酒
4. 其他酒
5. 酒精</td><td>比率税率：20%</td></tr>
<tr><td>定额税率：0.5 元 / 斤（500 克）或 0.5 元 /500 毫升</td></tr>
<tr><td>240/ 吨</td></tr>
<tr><td>10%</td></tr>
<tr><td>5%</td></tr>
<tr><td rowspan="8">（三）成品油</td><td rowspan="2">1. 汽油</td><td rowspan="2">（1）含铅汽油
（2）无铅汽油</td><td>1.4 元 / 升</td></tr>
<tr><td>1.0 元 / 升</td></tr>
<tr><td colspan="2" rowspan="6">2. 柴油
3. 石脑油
4. 溶剂油
5. 润滑油
6. 燃料油
7. 航空煤油</td><td>0.80 元 / 升</td></tr>
<tr><td>1.0 元 / 升</td></tr>
<tr><td>1.0 元 / 升</td></tr>
<tr><td>1.0 元 / 升</td></tr>
<tr><td>0.8 元 / 升</td></tr>
<tr><td>0.8 元 / 升</td></tr>
<tr><td colspan="3">（四）鞭炮、焰火</td><td>15%</td></tr>
</table>

续表 24

类别	税种	纳税对象		税率	说明
		（五）贵重首饰及珠宝玉石	1. 除镀金（银）、包金（银）首饰以及镀金（银）、包金（银）的镶嵌首饰以外的金银首饰；铂金首饰；钻石及钻石饰品	5% 零售环节征收	
		（五）贵重首饰及珠宝玉石	2. 其他金银珠宝首饰；珠宝玉石	10% 生产环节征收	
		（六）高尔夫球及球具		10%	
		（七）高档手表销售价格（不含增值税）每只在 10000（含）元以上的各类手表		20%	
		（八）游艇		10%	
		（九）木制一次性筷子		5%	
		（十）实木地板		5%	
		十一、小汽车	1. 乘用车		
		十一、小汽车	（1）汽缸容量（排气量，下同）在 1.0 升（含）以下	1%	
		十一、小汽车	（2）汽缸容量（排气量，下同）在 1.5 升（含）以下	3%	
		十一、小汽车	（3）汽缸容量在 1.5 升至 2.0 升（含）	5%	
		十一、小汽车	（4）汽缸容量在 2.0 升至 2.5 升（含）	9%	
		十一、小汽车	（5）汽缸容量在 2.5 升至 3.0 升（含）	12%	
		十一、小汽车	（6）汽缸容量在 3.0 升至 4.0 升（含）	25%	
		十一、小汽车	（7）汽缸容量在 4.0 升以上	40%	
		十一、小汽车	2. 中轻型商用客车	5%	
		十二、汽车轮胎		3%	
		十三、摩托车	1. 汽缸容量 250 毫升以下（含）	3%	
		十三、摩托车	2. 汽缸容量 250 毫升以上	10%	
		十四、化妆品		30%	
所得税	三、企业所得税	基本税率		25%	居民业和在境内设机构、场所且所得与机构、场所有关联的非居民企业
所得税	三、企业所得税	两档优惠税率		减按 20%	符合条件的小型微利企业
所得税	三、企业所得税	两档优惠税率		减按 15%	国家重点扶持的高新技术企业、享受西部大开发税收优惠政策
所得税	三、企业所得税	预提所得税税率 （扣缴人代扣代缴）		20%（实际征税时适用 10% 税率）	境内未设机构、场所或设立机构、场所但与所得没有实际联系的非居民企业

【营改增】 营业税改增值税。“营改增”以后，累计减税 5000 余万元，基本实现税制改革的预期目标。后续管理、行业管理取得阶段性成效，确保试点纳税人“管得好”。县局报送的《营改增后续管理做法》一文在市局刊物发表，经验在全市国税系统推广。四大行业营改增税收入库 11782 万元，按可比口径计算，增收 2162 万元，增长 42.23%。抽调业务骨干组建“建筑安装税收服务办公室”，专司建筑安装行业税收管理，设立建筑安装项目管理台账、征管效率显著提升，获得较高的纳税人满意度。

（凌云志）

地方税务

【概　况】 县地方税务局，紧扣“一个中心”（组织收入），坚持“一条主线”（二次创业），抓好“三重任务”（重构业务、重建队伍、重塑形象），改进工作作风，提高工作效率，为全县经济社会发展大局服务。获得赣州市总工会颁发五一劳动奖状，被市地税局评为节能工作先进单位。黄红兵入选赣州好人榜。邝辉云被省地税局评为先进工作者；袁建彪被市地税局评为党风廉政建设先进个人；潘其奎、曾庆平被市地税局评为先进工作者；范明慧、刘瑜晗被市地税局评为节能工作先进个人。

【机构队伍】 县地税局设人秘股、监察室、计划财务股、业务中心（含征管、税政、信息中心等职能）等4个职能股室，设1个事业单位（后勤中心）和2个直属单位（纳税服务分局、稽查局），下辖4个基层分局（一、二、三、四分局）。在编人员60人（行政人员45人，事业人员15人）。

【税收收入】 入库税收28365万元，同比减收2170万元，减少7%，剔除"营改增"因素，增长26%。征收教育附加等其他收入2294万元，同比增加255万元。

寻乌县地方税收一览表

表25

项目名称	2017年收入（万元）	2016年收入（万元）	增减额（万元）	增减（%）
各项总收入	30660	32574	1914	-6
一、税收收入合计	28365	30535	-2170	-7
1. 增值税	655	113	542	480
2. 营业税	20	8359	-8339	-100
3. 企业所得税	7869	6765	1104	16
4. 个人所得税	6118	3907	2211	57
5. 资源税	5519	1899	3620	191
6. 城建税	1336	1011	325	32
7. 房产税	276	252	24	10
8. 印花税	548	374	174	47
9. 土地使用税	179	124	55	44
10. 土地增值税	2355	3477	-1122	-32
11. 车船税	482	436	46	11
12. 耕地占用税	82	0	82	0
13. 契税	2926	3818	-892	-23
二、部分非税收入合计	2295	2039	256	13
1. 教育费附加	1117	868	249	29
2. 文化事业建设费收入	0	1	-1	-100
3. 地方教育附加	744	571	173	30
4. 税务部门罚没收入	189	144	45	31
5. 残疾人就业保障基金	27	9	18	200
6. 其他非税收入	218	446	-228	-52

【税收征管】 详细分析税源增减变化情况及经济发展趋势，提高税源分析的准确性和针对性。企业所得税汇算清缴129户企业，其中，查账征收64户，核定征收65户，申报率达100%，征收税

款1005万元。个人所得税12万元，自行申报人数205人，申报年所得额7488.88万元。检查企业8户，结案6户，组织企业自查3户，稽查入库723.44万元。利用综合治税平台从国税局、市场监管局、房产局、国土局等第三方获取涉税信息84603条，应用涉税信息增加税收5312.77万元，占税收的18.73%。累计风险推送57户，完成风险管理全流程56户，有风险问题户数为55户，风险识别率98.21%，累计入库税收2075万元，风险管理税收贡献率7.3%。

【纳税服务】 国、地税合作。国、地税局实行“一厅两点”联合办税模式，双方联合采集涉税信息17500条，互相把控税收1171万元。组织“便民办税春风行动”，形成便民服务机制，减轻纳税人办税负担。开展全国第26个税收宣传月活动，开展“税法下乡村”“纳税服务开放日”“税企座谈会”等宣传活动，营造浓厚税收宣传氛围。服务发展大局，全年共减免地方税收19013万元。

（王小凡）

金融工作

【概　况】 县金融工作局引导金融机构加大信贷规模，拓宽渠道，促进融资，不断提高金融服务水平。营造良好金融生态环境，为县“七大攻坚”提供金融服务和资金保障。

【机构队伍】 县金融工作局为县直属正科级事业单位，内设综合股、金融服务股、资本市场股。有全额拨款事业编制8名。实有人员7名，其中，局长1名，副局长2名，干部4名，缺编1名。

【金融扶贫】 截至年底，发放金融扶贫贷款共计172173万元，其中，“产业扶贫信贷通”38272万元，完成贷款任务3.53亿元的108.42%；“财政惠农信贷通”26213万元；易地搬迁扶贫贷款23676万元；“整村推进扶贫”35000万元；“金穗系列扶贫贷款”15397万元；“网络扶贫贷款”5000万元；其他金融扶贫产品贷款余额28615万元。

截至年底，金融专家服务团帮扶恒源科技、五洲塑胶、颖川堂绿色食品有限公司三个企业融资3595万元。开展融资对接活动，通过沟通、协调，工投公司与赣发租赁达成3亿元投资意向协议，用于兴建标准厂房。

【产业基金】 设立农业产业基金。中华全国供销合作总社与中国供销农产品批发市场控股有限公司、赣州市供销合作社达成设立产业发展基金合作意向。三方计划在寻乌共同设立规模为10亿元的农业产业发展基金，支持农业产业的转型升级。年底前，已进入基金筹备阶段。

【支持经济社会发展】 鼓励和引导金融机构增加信贷投放，推动县域经济持续快速发展。下发《2017年寻乌县金融机构支持地方经济发展考核奖励办法》。

根据“七大攻坚”重点建设项目和工业企业重点项目的融资需求，开展多种形式银企对接合作。3月，组织中小微企业融资对接签约，签约企业51户，金额60783万元。截至年末，全县重点企业、重点项目、中小企业贷款余额达到30亿元，占全部新增贷款33.9%。

投放“五通贷款”，贷款余额139423万元，覆盖大部分小微企业。其中，财园信贷通34309万元，小微信贷通13390万元，惠农信贷通26213万元，产业扶贫信贷通63572万元，创业信贷通1939万元。

完善企业还贷周转金机制。截至12月，为235家企业发放还贷周转金68484万元。未出现逾期、坏账等情况，实体经济服务中心运行稳定。

【打击非法集资】 维护金融秩序稳定，明确各部门、单位职责，对重点领域及风险点及时提示。防范和处置非法集资，整治互联网金融风险。通过银行网点、微信、网站和短信宣传非法集资的危害性，引导人民群众自觉抵制非法集资。年内，陆续开展非法集资宣传月活动、非法集资风险排查活动、企业非法集资排查、涉稳专项行动、岁末年初防范和处置非法集资等5项活动。在宣传月活动中，各乡（镇）、各部组织宣传192次，发放宣传资料38241份，制作宣传展板92个，投放公益广告264条，发送公益短信306510条。

派出人员深入监管小贷公司、民间融资登记服务公司等两类机构，了解其运行情况，督促其规范业务，确保两类机构不触碰“三条红线”。配合市年审工作组对寻乌县两类机构的依法经营、公司变更事项、内控制度等进行年审。

【培育企业挂牌上市】 成立领导小组，完善贫困县IPO（首次公开募股）机制，推动企业上市，引进企业注册、落户。

搞好结对帮扶和宣传培训，与国盛证券、光大证券签订结对帮扶合作协议，与广东高新科技商会签订战略合作协议。举办“新四板”业务知识专题培训，组织拟挂牌“新三板”企业负责人参加省、市资本市场知识培训。

县府办下发《关于印发寻乌县企业上市挂牌奖励扶持办法（试行）的通知》。择优选择8家企业纳入上市挂牌培育企业库，引进拟上市挂牌企业12家。县企业基本符合“新三板”挂牌条件的有4家：长利果业、地康药业、供销电子商务、岑峰酒厂；经过培育有望上市的企业有3家：杨氏果业、恒源科技、环球陶瓷。

（谢　静）

人民银行

【概　况】 中国人民银行寻乌县支行执行货币政策、维护金融稳定、提供金融服务三项功能，履职尽责。推进金融改革，防范金融风险，优化金融服务，谋求新发展，创造新业绩，取得明显成效。各项业务持续稳定发展，为当地经济持续发展助力。引导金融业保持良好发展态势，实现核算无差错，资金无风险，安全无事故。被人民银行赣州中心支行评为先进县支行。在赣州支行专业考核中，人行寻乌县支行有7个专业进入市人行系统先进行列。

【机构队伍】 支行内设三个部门：办公室、货币信贷、会计国库。现有员工17人。

【货币政策】 县金融机构围绕苏区振兴发展，发挥金融支持经济增长和结构调整作用，推动寻乌经济振兴与转型发展。截至年末，各项贷款余额88亿元，同比新增22亿元，其中，小微企业贷款余额突破10亿元，同比增长47.7%，高出各项贷款增速28.9个百分点。

发挥央行窗口指导作用，助力工业经济转型升级。出台《金融支持工业稳增长调结构增效益工作方案》，成立金融支持工业发展推进小组，引导向高新技术企业、重大技术装备、战略性新兴产业发放贷款，创新信贷产品，优化信贷管理。

县信用管理中心、县发改委和民营企业局合作，建立银企对接服务咨询网，发布银行和企业信息、金融政策及融资需求，按月更新银企对接内容，通过网络监测银企对接，贷款发放快速到位。银企融资平台与民营企业局联合组织银企融资对接签约仪式，签约金额6亿元，对接风电、光伏扶贫、陶瓷、棚户区改造等项目。

落实“财园信贷通”“小微信贷通”“惠农信贷通”企业贷款，年内，累计发放“五通”贷款14亿元，支持稀土新材料、陶瓷、物流、果业、风力发电、生态农业等产业发展，基本满足小微企业资金需求。截至年末，银行实际发放贷款6.2亿元，履约率102.07%，居全市第4名。

【金融稳定】 落实《寻乌县金融机构重大事项报告制度》，督促金融机构及时上报本单位发生的重大事项，人行县支行及时掌握事件发生情况，启动应急预案。

掌握防范和化解系统风险主动权，完善风险监测评估。关注金融业务风险状况，利用统计数据加强信贷资金跟踪监测，客观评估信贷风险，及时预警，制止流动性风险。

落实存款保险制度。7月，做好核查5—6月份存款保险报表数据；12月，完成7—11月存款账户数据核查和报送，对金融机构法人进行央行评级。

【征信管理】 按照《征信业管理条例》规定，个人征信查询，查询人需提供身份证，在授权申请书上签字。规范企业查询操作流程，每月开展异常情况核查。年内，为167户企业办理企业信用查询，为4963人次办理查询和打印信用报告，了解公民和企业信用信息，提高信用意识。寻乌县为全市农村信用体系建设试验县，落实《寻乌县小微企业信用体系建设实施方案》《寻乌县农村信用体系建设实施方案》，推进信用体系建设。向社会听取征信意见，采录征信信息，建立征信档案。会同公安部门，对赌博等累教不改的违法者不予贷款，抑制赌博风。

【优化金融服务】 督促各金融机构做好金融服务工作，为县域企业在支付结算、信贷投放、账户开立、信用查询方面提供方便。为县域企业开立各类账户、及时变更信息，发放开户许可证、机构信用代码证968户，为企业结算资金和融资提供便利。

【金融知识宣传】 联合县金融局、公安局开展“非法集资暨金融知识宣传月”活动，打击和防范非法集资行为。提高广大人民群众合法理财意识，树立正确投融资理念，营造良好金融生态环境。开展“金融知识普及月”活动，进村入户宣传金融知识。9月，组织县金融机构进社区、入农村宣传，重点向农民、老人和残疾人等人群普及金融知识宣传。

【广设取款网点】 督促农业银行、农商银行、邮政储蓄银行在乡村布设网点完善助农取款网点。至年末，全县已设立助农取款网点197个，布放POS机2293个。

【金融扶贫】 坚持“政府主导、央行牵头、部门联动、金融参与”思路，与县金融工作局联合出台《寻乌县金融助推脱贫攻坚工作实施方案》《寻乌县支农脱贫信贷通工作方案》，向上争取1.82亿元扶贫再贷款。开展金融精准扶贫试点，探索建立金融扶贫考核问责奖惩机制，调动和激发金融机构扶贫积极性和主动性，推进金融助力脱贫攻坚“百日行动”。创新“双层信贷”扶贫模式：第一层是信贷支持贫困地区企业发展壮大，在全县企业建立10个金融精准扶贫示范点；第二层“公司＋贫困农户”体系，为农户提供便捷信贷，激发脱贫潜力。金融支持产业发展和扶贫并重，密织金融扶贫网。在贫困村设金融扶贫工作站，得到上级人民银行肯定，在井冈山调研会作典型发言，经验文章在12月9日《金融时报》刊登。

【金融监管】 核查信贷规模，引导信贷投向。引导银行业把信贷资源投向中小微企业、三农等领域。召开寻乌县反洗钱联席会议，辖内14家金融机构负责人参会。加强人民币流通管理。组成5人检查组，于12月对赣州银行寻乌县支行、农商行寻乌支行营业网点人民币收付业务进行现场检查。经查，各金融机构依照人民币管理有关法律、法规，较好地执行人民币收付、反假货币、现金全额清分、冠字号码查询制度。

【经理国库】 截至12月21日，寻乌支库完成国库业务量111106笔，核算资金526697.29万元。其中，完成预算收入入库98702笔，入库金额143002.32万元；完成预算支出4710笔，支出金额373043.30万元；完成更正调库58笔，调库金额为5860.73万元；完成其他核算业务7461笔，核算金额1367.43万元。

国债知识宣传。9月，县支库组织国库人员在三标乡进行“经理国库、服务经济”与“购买国债、安全理财”为主题的国库国债宣传，进一步提高社会公众对央行经理国库和投资国债的认识。

【安全管理】 确保安全无事故。节假日期间安全保卫有领导带班、有职工值班，24小时通讯畅通。坚持“谁主管，谁负责”原则，加强内部人员管理，保证绝对安全。提高职工安全保卫业务素质，培训职工安全保卫业务。构建行级领导、股室负责人、重要岗位人员安全管理工作网络。实行安全周报制度，对存在问题，剖析根源，跟踪督办，限期整改，行长亲自抓、分管领导直接抓、办公室具体抓、各股配合抓，形成齐抓共管大安全格局。

（杨俊洪　余欣骏）

银行业监管

【概　况】 中国银行业监督管理委员会赣州监管分局寻乌办事处，树立底线思维，满足服务需求，转变工作作风，提高监管效能，有效促进辖内银行业和地方经济平稳发展。年末，全县银行业各项存款119亿元，比年初增加18.89亿元，增长19%；各项贷款共75亿元，比年初增加15.23亿元，增长25%。

【机构队伍】 寻乌银监办有2名工作人员。辖内银行业机构41个（不含自助银行网点），其中工商银行寻乌支行1个、农业银行寻乌支行3个、建设银行寻乌支行1个、邮储银行寻乌支行（含代理网点）10个、赣州银行寻乌支行4个、寻乌农商银行21个、赣州银座村镇银行寻乌县支行1个。辖内银行机构在册员工427人，其中工行23人、农行49人、建行14人、邮储银行（含代理网点）72人、赣州银行24人、农商银行226人、村镇银行19人。

全县金融机构信贷收支一览表

表26　　单位：万元

项　目	年　末	比年初（±）
一、各项存款余额	1168366	181997
1. 单位存款	498288	66053
# 活期存款	424558	42357
2. 个人存款	648413	106244
# 储蓄存款	644020	104908
3. 财政性存款	21665	9710
4. 临时性存款	0	-10
二、各项贷款余额	706703	146623
1. 短期贷款	345763	40229
（1）个人贷款及透支	268890	36420
# 个人消费贷款	20240	9502
（2）单位贷款及透支	76873	3809
# 经营贷款	76873	3809
2. 中长期贷款	352296	105752
（1）个人贷款	265115	52975

续表 26

项　目	年　末	比年初（±）
# 个人消费贷款	174063	47161
（2）单位贷款	25953	19216
# 经营贷款	25953	19216
固定资产贷款	61228	33561

说明：1. 资料来源统计局
　　2. # 意为其中

【服务小微企业】 督促县内银行机构结合“送金融知识下乡”“金融知识进万家”“2017 年普及金融知识万里行”等活动，开展小微企业金融服务宣传。引导农商银行、赣州银行小微中心等加大小微企业信贷支持，继续开展财园信贷通、小微信贷通、惠农信贷通、产业扶贫信贷通和创业信贷通等“五通”业务。年末，全县“五通”贷款达 144971 万元，其中财园信贷通 36769 万元、小微信贷通 15864 万元、惠农信贷通 27225 万元、产业扶贫信贷通 63064 万元、创业信贷通 2049 万元，实现小微贷款“三个不低于”目标。

【优化涉农贷款】 督促银行机构特别是涉农机构进一步加大对涉农经济组织和果业产业转型信贷支持。年末，全县涉农贷款达 592300 万元，比年初增加 116300 万元，发放产业转型贷款 31579 万元，帮助转型农民解决猕猴桃、百香果、茶油、葡萄等种植业资金不足。

【服务实体经济】 主动策应银监赣州分局支持赣南中央苏区振兴发展“一号”工程，引领辖内银行机构支持实体经济。配合县政府召开银企对接工作会，督促 7 家银行机构与 29 家小微企业签订意向性贷款 24099 万元，已发放贷款 24581 万元，完成贷款业务 102%。

【金融精准扶贫】 按照银监赣州分局要求召开小额信贷扶贫“三个全覆盖”工作推进会，学习文件，明确要求，提出措施。对寻乌农商银行和邮储银行寻乌支行进行现场督导，对业务发展较慢的邮储银行进行监管谈话。截至年末，农业银行、农商银行、赣州银行和邮储银行累放产业扶贫贷款 34270 万元，涉农贷款达 63064 万元，其中赣州银行、农商银行、农业银行和邮储银行分别放贷 22000 万元、8931 万元、2586 万元和 753 万元，赣州银行累放贷款占全县累放贷款的 64.2%。农商银行与邮储银行“三个全覆盖”贷款顺利完成。全县 15 个乡（镇）贫困户信贷需求的调查面和信贷投放覆盖面均达到 100%。

【严控果业贷款风险】 继续实行果业贷款风险预警制度，按月按季统计、分析果业贷款风险，及时发出风险预警，多次向县政府及有关部门建议加快产业转型，因地制宜，合理布局。并督促县银行业各机构加大对果业转型产业的信贷扶持，稀释和化解由“黄龙病”带来的果业贷款风险。

【严防不良贷款反弹】 拧紧不良贷款管控这根弦，督促银行业各机构按季报送不良贷款情况，对一些不降反升或大额不良贷款出现的机构，进行重点跟踪管控。及时下发风险提示书 5 份，督促银行业机构加大对不良贷款实时监测和清收力度，使不良贷款反弹得到有效控制。截至年末，全县共清收不良贷款 1726 万元，不良贷款余额 10437 万元，占比 1.42%，比年初升 0.03 个百分点。

【严查非法集资风险】 督促各银行业机构积极采取措施，加大防范和打击非法社会集资的宣传力度。严格按照上级要求加强对信贷资金流向的跟踪管控，全面清查信贷资金流入高利贷、非法集资领域等违贷行为，对非法集资风险的清查工作进行现场督导。截至年终，未发现信贷人员从事非法集资。

【排查信用风险】 对邮储银行和农商银行销售的专区理财，以及代理业务录音录像和案件防控，进行现场督查和评估，发现存在问题，提出整改建议。对县工行、县赣州银行和县农商银行的信用风险进行现场督查，根据督查情况督促寻乌农商银行牵头成立关于周成威贷款清理的债权委员会，交流和掌握借款户经营及资产管理情况，强化银行贷款风险的化解和债权的维护。

【维护稳定】 协解人员动态监测。督促县工行和县建行密切关注互联网站煽动性言论、协解人员思想和行为动态，采取有效措施做好银行业协解人员动态监测。特别在国庆和中共十九大等敏感时期落实专人负责。

银行业安全保卫。会同县公安局开展对县银行业机构安全保卫现场检查。重点检查国道沿线、中心乡（镇）银行机构和新设银行机构安全保卫，下达检查意见书，发现问题，限期整改。对辖内县银行机构进行安全达标评定，堵塞安全风险漏洞，提高银行机构对安全事故预防能力。

【农村金融服务】 立足农村金融服务，引导银行机构加强农村服务“三大工程”建设。在农村地区不断延伸金融服务触角，布设各类电子设备，新增自助网点4个。金融服务电子设备已覆盖全县15个乡镇和173个行政村，每个自然村设立新农医保代办点。全县布放ATM机124台，POS机1723台，建设助农取款服务点259个，充分满足社会公众金融服务需求。督促农商银行做实年利润，合规分配利润。规范股金管理，保证股金真实性和合法性。

（黎桂招）

工商银行

【概　况】 2017年是中国工商银行股份有限公司寻乌支行三年发展规划实施的第三年。围绕“加快转型，提速发展”总体要求，各项业务持续稳健发展。年内，实现拨备前利润2539万元。年末各项存款余额10.75亿元，各项贷款余额6.26亿元。一季度被省行评为储蓄存款“三十强支行”，在市分行大零售专业考核中评为优胜支行。

机关设行长办公室、营业部、营业厅。辖内网点1个，自助银行服务区4个，从业人员20人。

【支持地方经济】 围绕县委、县政府的总体工作思路，支持县域经济发展，融入地方经济建设。加大信贷投放，累计投入信贷资金2.16亿元。年内，个人储蓄存款余额39374万元，较上年增4720万元。贷款品种不断丰富，为个人客户购房、购车、消费和私营企业提供优质融资服务。截至年末，个人贷款余额52860万元，较上年净增7002万元。公存款余额68116万元，企业客户贷款余额9773万元。贷款结构不断优化。

【资产管理】 不良资产得到有效控制。截至年末，不良资产余额291万元，不良率0.47%，不良金额比年初下降92万元，不良率比年初下降0.21百分点，提高了资产质量。

【经营效益】 加快经营转型，中间业务创收能力增强，实现拨备前利润2539万元，人均创利126.95万元。实现中间业务收入236万元，完成上级行下达的目标任务。

【内控管理】 重视内控管理，年初制订“以内控达标为主线，全面加强支行合规操作”目标，提高风险防范意识、狠抓内部控制、规范操作规程。年内支行未发现违规、违纪现象。

【安全保卫】 注重安全保卫管理，做好防电信诈骗宣传，制定宣传措施，制作宣传板。定期召开会议，加强监督，打击违法犯罪专项活动。支行、网点每月进行“防抢防盗”预案演练。11月，开展消防安全大检查，查出问题及时整改。增加消防设施，梳理规章制度，做好应急演练和防火知识宣传，提升员工安全意识。

（彭红军）

农业银行

【概　况】 中国农业银行寻乌县支行坚持“依法合规经营、科学稳健发展”的经营理念和“稳中求进”的工作总基调。以服务供给侧结构性改革、实体经济和赣南苏区振兴为主线，实现农村业务和城市业务绩效提升、创效增收和成本管控协调发展。被农行赣州分行评为2017年信用风险管控、扩户提质优胜单位，党风廉政建设达标单位。在“春天行动”活动中被市分行评为“结售汇业务营销示范先进县支行”。

【机构队伍】 支行机关设三个部门：综合管理部、风险与信贷管理部、客户部。城区对外营业机构3个：县支行营业部，长宁支行，东江源支行（二级支行）。离行式自助银行4个：县城长安大道金福楼自助银行、县城长宁集贸市场自助银行、澄江镇自助银行，南桥镇自助银行。在职员工51人，离退员工39人，内退员工24人。

【城乡存款】 支行带领员工攻坚克难，拓展对公存款业务。年末，各项存款余额121750万元，比上年净增22399万元，其中：对公存款余额63787万元，比上年的16081万元，年日均增量7392万元；个人存款余额57966万元，比上年净增6318万元，年日均增量6924万元。

【信贷管理】 年末，贷款余额91815万元，比上年净增7671万元，贷款规模控制在市分行分配指标计划内，完成净增计划18100万元的42.38%。其中：个人贷款余额（不含三农）53700万元，较年初净增1900万元，完成年度净增计划6000万元的31.67%。对公贷款余额13480万元，比上年净增 -210万元。

【中间业务】 调整中间业务收入结构，根据监管部门的要求，规范中间业务收入管理，取消代客理财和部分结算收费项目，实现中间业务收入474万元。保持传统服务结算和电子银行业务中间收入贡献，加强电子渠道、代理保险、信用卡分期等个人业务拓展。

【利润完成情况】 实现营业收入8825万元，同比增收427万元，营业支出6264万元，拨备前利润2379万元，同比减少552万元，净利润2561万元，同比减少318万元。

【风险管理】 发挥信贷风险管理职能，把好信贷准入关，贷中审查手续关，掌握信用发放条件。贷后突出管理，风险控制措施。年底，不良贷款余额381万元（其中信用卡不良透支64万元），比年初减少75万元（其中信用卡透支不良增加178万元），不良率为0.42%，比年初下降0.13个百分点。全年委托资产清收361万元。

【信用卡业务】 信用卡业务取得好业绩，完成分期交易额4705.83万元，完成分行计划的116.63%，汽车专项分期交易额为1949.38万元。在全市县支行中排名第六位。

【服务“三农”】 落实党中央、国务院对“三农”服务的各项政策，主动承担服务县域经济、服务“三农”社会责任，履行服务“三农”宗旨。发放产业扶贫信贷通94笔，金额3088万元；惠农信贷通36笔，金额1611万元。

（凌建平）

农商银行

【概　况】 江西寻乌农村商业银行股份有限公司简称“寻乌农商银行”。是县银行业网点分布广、支农力度大、服务面宽、业务和纳税多的金融机构。被江西省信用联社评为年度“综合考评优胜单位”“综合考评优秀领导班子”“企业文化建设先进单位”和“信息宣传工作优胜单位”。被县委、县政府评为“2017年度脱贫攻坚先进单位”。谢德被评为省信用社优秀信息员、廖永辉被评为省信用社综合考评优秀个人，罗京城被团省委评为优秀共青团干部、被市司法局评为优秀市检察人民监督员，王冠被团市委评为优秀共青团员。

【机构队伍】 设办公室、人力资源部、信贷管理部、计划财务部、业务拓展部、审计部、运营管理部、信息科技部、安全保卫部、风险合规部、金融市场部11个职能部门；设三农、清收2个事业部，下辖21个基层网点。有员工232人，按在职和内退划分，在岗员工216人，内退人员16人；按员工身份划分，职员141人，代办员91人。

【存款业务】 拓展存款服务面，巩固城乡存款客户。年末，各项存款余额57.17亿元，较年初增加7.58亿元，增幅15.23%。

【信贷业务】 坚持走社区性、零售型的差异化发展之路，努力实现又好又快发展。年末，各项贷款余额34.75亿元，较年初增加4.97亿元，增幅16.7%。

【支农贷款】 支持春耕备耕及相关服务业的扩展，在做好传统支农服务的基础上，引导片区做好与家庭农场、农民专业合作社等新型农业经营主体的对接。年底，涉农贷款余额33.86亿元，比年初增加4.86亿元，增幅16.76%，涉农贷款占全部贷款的97.43%。

【助力中小企业】 对小微企业贷款实行单列计划、单独管理和单独考核。截至年底，小微企业贷款9769户，比年初新增61户，贷款余额达到8.9亿元，有力地支持一批有潜力、效益好中小企业的发展。

【金融精准扶贫】 根据相关政策，制订《金融精准扶贫“十三”条》，规范精准扶贫流程，打造操作性强、可复制、易推广的金融精准扶贫工作模式。

【落实民生工程】 为创业青年、返乡农民工、下岗失业人群及贫困学生解难。截至年底，发放下岗再就业小额担保贷款5286万元，创业“信贷通”贷款824万元。代理发放中央及地方政府各项惠农支农资金，做好国家发放给农户的粮食直补、低保资金等金融服务工作。

【银行电子业务】 利用网络优势，加大网上银行、自助转账终端以及“百福卡”宣传力度，推进万村千乡电子业务工程。提高电子产品市场占有率、金融IC卡换发量、柜面业务分流率、互联网支付交易量。截至年底，开通网上银行6309户、手机银行28907户，电子银行业务替代率达83.36%。在全县173个建制村设立助农服务站，实现“村村通”100%全覆盖，打通普惠金融最后一公里。

【发展代理业务】 重点发展代理财、第三方存管、贵金属代销等业务。与财政、电力等部门互动，拓展业务，代收代扣社保、医保、水电气缴费，促进业务增长。

【金融风险管控】 对新增贷款新规执行情况、贷款“三查”、票据业务、贷款的逾期或欠息进行风险排查，及时防范风险。对辖内所有营业网点的柜台业务进行风险排查，对营业网点、柜台从业人员排查面达100%。

（邓雅萍）

邮储银行

【概　况】 中国邮政储蓄银行寻乌县支行抓发展、促转型、守底线，坚持求真务实、开拓创新的思想。年内，各项工作稳步发展，基本实现既定工作目标。在省分行“十优县支行”评比中，以第三小组第一名的成绩，评为“十优县支行”。在赣州经营管理县级支行绩效考核中排第6名，被评为经营管理优胜单位。在市分行年度综合管理考核评比中，县支行工会获评三等奖。在开展“内控优化年”活动中，被评为“内控优化年”先进集体。党员李乾、刘晓芸被市分行评为“党员营销先锋”。1名员工被市分行评为“巾帼标兵”。

机关内设综合管理部、三农金融事业部、公司业务部。下设中山路支行和营业部两个二级支行，在岳家庄设离行式自助银行。有员工40人。

【存贷业务】 各项贷款余额48429.47万元，年增6782.61万元；居民储蓄存款余额27641万元，年增5595万元；企业存款余额29195万元，年增2473万元。

【服务三农】 围绕县“七大攻坚”，融入服务地方经济发展大局，积极作为。8月26日，邮储银行省、市、县三级同步成立“三农”金融事业部。组建三农金融专职服务团队，让更多三农群体享受便捷金融服务。截至年末，服务“三农”客户1万余人次，投放涉农贷款3.5亿元，占全部贷款比例的72%。注重政银合作，发展“五通”业务，开辟绿色通道，累计发放财政惠农信贷通15298万元，小微信贷通7559万元。

【风险防控】 实行“一户一策”催收策略。加强与法院等相关部门沟通，加快处置不良资产，资产质量明显得到改善。根据省、市分行统一部署，开展各类风险排查，把防风险责任落实到人，发现问题及时整改，开展“内控优化年”活动，建立内控体系。组织合规培训，培养员工合规意识，学会合规经营。

（何　湘）

建设银行

【概　况】 中国建设银行寻乌支行贯彻落实“4818”客户战略，践行“零售优先”“移动优先”的发展部署，圆满完成各项目标任务。

【主要业务指标】 年末，一般性存款余额57576万元，占寻乌四家银行份额19.99%，较年初提升4.33%。存款余额较年初新增19319万元，占四家银行新增占比43.36%，排名第二。年末各项贷款余额43714万元，四家银行份额占比22.06%，较年初提升3.57%。贷款年终余额比年初新增5787万元，在四家银行新增占比28.64%，排名第三。实现中间业务收入649万元，占四家银行份额47.48%，同比新增137万元，增幅26.76%，在寻乌四家银行中排名第一。

【产品业务】 开办活期存款、定期存款、特种存款、定活两便存款、个人通知存款。开发“速盈”“乾元”系列理财产品，创新“薪享通”“贷享优”“聚财宝”等存款账户升级产品。为广大市民存款保值、增值提供各样形式选择。践行普惠金融，率先推出个人快贷，小微企业快贷，“七贷一透”（即税易贷、POS贷、善融贷、创业贷、信用贷、善融E贷、善店贷、结算透）等大数据产品，为小微企业搭建方便快捷融资平台。发挥建行住房金融业务优势，发展个人住房信贷业务，形成“要买房，找建行”品牌共识。信用卡产品种类多样化，衍生汽车分期、装修分期、车位分期、消费分期、账单分期、现金分期等一系列个人消费信贷产品，满足广大群众不同形式消费需求。

【渠道建设】 为城乡居民享受方便快捷金融服务，发挥建设银行网络和技术优势，发展金融科技。创新手机银行、网上银行、电话银行产品，有效减轻营业网点及柜面压力。方便广大客户办理存取款业务，在县城东门路寻乌宾馆旁、长宁街人民银行对面新设立离行式自助银行2个，在文峰、南桥、澄江、留车、罗珊、桂竹帽、吉潭等7个中石化加油站，以及水源移动合作厅、稀土矿副食店设立“裕农通”惠民存取款服务点。

（赖森华）

赣州银行

【概　况】 赣州银行寻乌支行按照“强质提效年”活动总体要求，强化内部管理，推进转型升级，各项工作有序开展。被县委、县政府评为驻县单位绩效考评综合先进奖；被赣州银行总行评为综合考评先进单位。

【机构队伍】 内设综合管理部、客户经理部、营业部、营销部四个部门，下设岳家庄大道小微支行、南桥支行，澄江支行，设离行式自助网点1

个，拥有存取款一体机 6 台、取款机 3 台、自助终端 4 台。共有员工 38 人。

【经营效益】 收入 6258 万元，实现账面利润 3558 万元。被总行评为县级分支机构综合业绩考评第 6 名。

【负债业务】 年末，各项存款余额 132666.55 万元，超额完成总行下达的全年存款任务，比上年末新增 30711.49 万元，增长率为 30.12%。其中：公存款余额 83051.99 万元，比上年末新增 12118 万元；储蓄存款余额 45563.69 万元，比上年末新增 16966.77 万元；保证金存款 4051 万元；日均存款余额为 129568.15 万元，比上年末新增 33423.95 万元。

【资产业务】 发放贷款 119700 万元。年末，各项信贷资产余额 177657 万元，较上年末增长 91109 万元，增长率 105%。其中，自营贷款余额 112657 万元，通道类贷款余额 65000 万元，不良贷款余额 625 万元。贯彻总行转型升级策略，服务寻乌县“七大攻坚”建设，累计发放涉政类贷款 82000 万元。其中：县投资开发有限公司 30000 万元用于 G236 国道升级改造、县扶贫投资发展有限公司 22000 万元用于村级光伏电站建设（项目涉及 182 个贫困村，带动 5830 户贫困户、18073 贫困人口实现脱贫）、县国有资产投资经营有限公司 30000 万元用于棚户区改造。发放财园信贷通 2100 万元、发放惠农信贷通 1360 万元、发放创业信贷通 1080 万元。拓展零售业务。截至年底，共办理公务卡 177 张，授信“白领贷”126 笔，新增额度 2453 万元；发放个人住房按揭贷款 310 笔，金额 13940 万元；“商户通”门店签约数 473 户。

【国际结算】 截至年终，累计办理外汇结算 511.44 万美元，开立有效结算账户 3 户。

【中间业务】 截至年底，累计办理银行承兑汇票 147 笔，累计签发银行承兑票面金额 6926 万元。营销代发工资、POS 机、代理保险、贵金属等业务，截至年底，实现中间业务收入 53.11 万元。

【内部管理】 提高内控管理水平，建立案防制度，每月召开两次案件专项治理会，每季度召开一次案防分析会，解读各级银监部门、赣州总行系列文件精神，分析本年度内部管理情况，对今后案件治理、案防提出具体要求。根据《赣州银行“十三条高压线”》《赣州银行五项工作禁令》等规章，教育员工廉洁自律、规范经营，员工签订防范非法集资协议书。确保无重大违规违纪现象、无重大结算事故、无重大安保事故，年内无刑事案件。

（钟艳梅）

人保财险

【概　况】 中国人民财产保险有限公司寻乌支公司以“七抓七促”、强化“七种意识”为总要求，以“跨入百亿军团，打造江西样板”为总目标，以“稳增长、优结构、创价值、防风险”为主基调，着力提升发展能力、盈利能力和服务能力。保持快速发展局面，实现保费、利润双丰收。被省公司评为省人保财险系统“标杆县区支公司”。

【机构队伍】 公司设经理室。下属综合部、财务部、理赔分部、出单分中心、农险部、商非部、车险部、车商部、社保部、营销部等 10 个部门。设六个基层服务部：岳家庄大道营销服务部、吉潭营销服务部、留车营销服务部、澄江营销服务部、晨光营销服务部、南桥营销服务部。正式员工 21 人，营销人员 62 人。

【业务发展】 拓展机车险、摩托车险、意外险、家财险、非煤矿山责任险、承运人责任险及营销零散性业务等险种。年内，保费收入 9028 万元，同比增长 53.75%。

年内，承保利润实现 1710 万元，计提未到期责任准备金 407 万元，计提未决赔款准备金 403 万元，上缴各种税金 653 万元。

【保障经济社会发展】 在机动车辆、供电责任、企业财产、家庭财产、电站等保险领域保持主导地位和领先承保技术。按照承担保险责任，积极、主动理赔，及时支付灾害事故赔款。全县财产保险统计：承保91861笔（人），保额4279804.31万元，保费收入9367.37万元，赔案3728件，赔款支出3401.07万元。

【险　种】 主要经营机动车辆商业险、机动车辆交强险、财产保险基本险、财产保险综合险、变压器保险、家庭财产保险、个人贷款抵押房屋保险、供电责任保险、雇主责任保险、公众责任保险、产品责任保险、旅行责任险、货物运输保险、人身意外保险、意外伤害医疗保险、借款人责任保险、学生、幼儿意外伤害保险、医疗责任险、柑橘保险、林木火灾保险、能繁母猪保险、短期健康保险、保证及信用保险等共100多个险种。

【营销管理】 按照赣州市分公司“培养一支认同公司文化、具有较强市场开拓能力的职业营销队伍”要求，进一步完善网点建设，培养营销团队。由营销经理、副经理和主管各带十人左右团队，每个团队管理两个以上乡（镇）营销服务部；细化职责，搭建团队同场竞技的平台，使团队相互协作中提高。覆盖乡（镇）的农村“双站”（交通管理服务站、保险业务服务站），为拓展摩托车交强险、驾意险业务打下牢固基础。

提高农村网点营销人员素质，注重营销技能培训，在县支公司培训基础上，派网点人员参加省、市分公司培训，参与营销代理人资格考试。年底，农村网点代理人持证率达到100%。营销生力军活跃在城乡各个角落，为业务拓展、保险服务领域延伸，起到积极作用。

（王　薇）

人保寿险

【概　况】 中国人寿保险股份有限公司寻乌县支公司隶属赣州市分公司。年内，完成保费收入4394.18万元。赔付各类保险金1646.44万元，为寻乌经济发展和社会保障体系完善作出积极的贡献。

【机构队伍】 机关设经理室、综合科、个险销售科、团体业务科、银行保险科及客户服务科。经理室成员1人，综合科2人，个险科5人，团险科2人，银保科4人，客户服务科4人，共18人。下设澄江、三标、吉潭、南桥、晨光、桂竹帽、留车、菖蒲、龙廷、丹溪等10个营销服务部，共有营销代理人员360人。

【业务发展】 加快实现保险业务综合经营向金融综合经营推进，积极拓展银行、证券、基金、信托等非保险金融业务领域，增加新的盈利来源，形成多元、稳定、可持续盈利模式，突出“保障”特性，对接资金市场。统筹好城市和县域两个市场。推进用人制度、干部选拔制度、薪酬分配制度的改革，推进和完善组织体系扁平化，将团体保险业务在各乡（镇）网点、企事业单位拓展，使学生平安保险、小额信贷保险、团体意外人身险及建工险等业务有新突破。加强与工行、建行、邮储行、中国银行、农商银行等五家金融机构的保险业务合作，满足各类客户理财需求。

【优化服务】 拓展涵盖寿险、人身意外险、健康险、年金等人身保险领域。通过行业呼叫平台和“95519”双重客户服务热线随时为客户提供接报案、救援、咨询、查询、预约、投诉等全方位服务。

遵循“诚信为本、稳健经营”的企业宗旨，加强内部控制建设。编制《内部控制指引》《内部控制制度汇编》《内部控制手册》《内部控制流程汇编》等，初步构建内部控制系统，管理基础逐步精细。

【主要险种】 主要经营以人的寿命和身体为标的的重大疾病、分红险、少儿保险、定期终身保险、意外伤害保险、养老保险、学平险、投资万能险、商业医疗、旅游险等。还有国寿康宁终身重大疾病保险、国寿瑞鑫两全保险（分红型）、国寿植鸿运少儿两全保险（分红型）、国寿关爱一生终身寿险、国寿综合意外伤害保险、国寿祥泰终身寿险、珍爱一生住院医疗终身保险、国寿小额贷款借款人定期寿险、国寿学生儿童定期寿险（A 款）、国寿附加定期保险（A 款）、国寿瑞盈两全保险（万能型）、国寿康宁终身重大疾病保险、国寿旅游意外伤害保险等险种。

【理赔管理】 恪守承诺，履行保险责任，探视客户，提供快速、贴心的理赔服务。年内支付各类赔款和给付金 1646.44 万元。为满足客户的需求，在理赔服务上下工夫，推出一系列特色理赔服务。

（赖竹林）

太平洋财产保险

【概　况】 中国太平洋财产保险股份有限公司寻乌支公司坚持“诚信天下，稳健一生”核心价值观，推动可持续价值增长。专注保险主业、诚信立业、合规经营、用心承诺、用爱负责，做一家负责任的保险公司。全体员工齐心协力，市场份额稳中有升，业务发展良好，完成年内经营目标。被省公司评为“综合实力十强支公司”。

公司搬迁至县城岳家庄大道 79 号（县加油站正对面）。机关内设业务部、营业部、综合部、营销部。机关正式职工 5 人，营销员 20 人。

【险　种】 公司经营 100 多个险种。主要险种有机动车辆交强险、机动车辆商业险、财产保险基本险、财产保险综合险、家庭财产保险、个人贷款抵押房屋保险、供电责任险、雇主责任险、承运人责任险、公众责任险、产品责任险、旅行责任险、货物运输保险、人身意外保险、意外伤害医疗保险、借款人意外保险、学生（幼儿）意外伤害保险、医疗责任险、短期健康保险、保证及医疗保险。还有林木火灾保险，能繁母猪保险，柑橘保险，水稻保险，气象指数安信农业险等业务。

【营　销】 拓展县城各项保险业务，积极与车行、银行、交管、保险中介服务机构合作，完善理赔案件快速办理程序，提高公司的知名度，成为有竞争力的保险金融服务分支机构。在拓展市场方面，营销团队分工管理、制定实施细则、注重营销技能培训，全部营销员通过全国保险代理人资格考试，上岗持证率达 100%。

【经营业绩】 抓住业务发展主线，稳住业务阵地，大力拓展机动车辆险、摩托车险、意外险、家财险、安全生产责任险等主要险种，以及零散性业务，业务稳健快速发展。年内，保费收入 1049.66 万元，同比增长 0.98%。缴交地方税 62.86 万元，利润 95 万元。严格按照所承担的保险责任，积极、主动、及时地支付各类事故赔付。

【保险理赔】 年内，受理各类赔案 1068 起，共赔付 658 万元。在机动车辆理赔时，运用高科技视频查勘设备，全面实行现场查勘、定损、核赔。万元以下无伤人案件，资料齐全的，一小时完成快速赔付服务。让客户享受一站式透明理赔服务、贴心无忧网上服务、私家车客户专享服务。严格理赔管控，加快理赔结案速度，建立理赔医疗跟踪审核机制，严格执行咨询、报价制度。建立未决赔案清理制度，提高定损的准确性和合理性。

（林书芹）

商贸　旅游

商　务

【概　况】 县商务局围绕“主攻工业、三年翻番”，建设通用设备产业链目标。开展精准招商，完成开放型经济和商务各项目标任务。获县委、县政府颁发招商引资大项目奖、主攻工业先进奖和县直一类单位综合考核第二名，被评为“平安寻乌建设暨社会治安综合治理先进单位”。

【机构队伍】 内设6个职能股室：办公室、商贸运行管理股、市场体系建设管理股、投资促进股、内外资管理股、外经贸管理股。下属4个正股级事业单位：商务行政执法队、口岸办公室、检验检疫监管办公室、电子商务办公室。管理一个正科级事业单位：县招商服务中心。下属国有企业：县物资总公司。有事业编制24名，编内在职员工25人。

【开放型经济】 拓宽招商引资渠道，创新招商方式。通过专业招商、委托招商、以商招商、点题招商等方式，以通用机械制造为招商首位产业，实现“小县招大商、小县招好商”局面，打造“保姆式”服务“赣州样板”。年内，共签约招商项目32个，签约金额171亿元，其中，首位产业项目22个，签约金额124亿元，首位产业项目加速聚集。

年内，实际进资2430.2万美元，完成任务100.01%（其中现汇进资118万美元，现汇比4.856%）。实际利用省外资金20.12亿元，完成招商项目10个，其中亿元以上项目6个，比2016年同期增幅11.34%。年度外贸出口总额5339.27万美元，完成116.07%。

【电子商务】 电子商务交易额15.052亿元，同比增长71%。1—12月，县电商企业入库21家，同比增长200%，完成任务指标105%。

【电商网络覆盖】 寻乌县被确定为第二批国家电子商务进农村综合示范县，构建县乡村三级电商网络体系。建成电商产业园1个，县级公共服务中心1个，县级分运营中心3个，乡（镇）分中心12个，以及168个村级电商服务站（覆盖率达98%）。其中，65个贫困村实现电子商务覆盖。

【搭建互联网金融平台】 由县工投公司、电商产业园及江西“博融虹运”网络科技有限公司共同组建寻乌县博融虹运大数据服务有限公司。为园区入驻企业提供小额贷款等金融服务，以互联网金融、大数据助推电商发展。搭建脐橙销售平台。引进中国网库集团公司，一起组建脐橙交易结算中心。搭建电商服务平台。电商产业园开辟扶贫展示厅和扶贫电商超市，进驻产业园贫困户可以享受三年免租金、免费电商培训、电商孵化等政策。

【品牌培育】 提升农特产品价值，建设农特产品品控及溯源项目，包括“一个公共品牌，两大追溯平台，三大监管体系”（品牌：品质寻乌，平台：品控平台和溯源平台，体系：政府、企业、消费者监管体系），通过农特产品控及溯源，提升消费者信任度，倒逼县农特产品产、供、销建成三端标准化体系，提升产品质量和附加值。

【内贸管理】 年内，实现社会商品零售总额21.73亿元，完成全年任务的100.56%，同比增长11.6%。其中，限额以上商品零售额39434.8万元，与同比增长20.1%，增长率居全市第9位。

社会消费品零售一览表

表27 单位：万元

项 目	2017年	2016年	同比（±%）
社会消费品零售总额	217271.2	194726.7	11.6
一、按销售单位所在地分			
1. 城镇	156984.7	138394.4	13.4
2. 乡村	60286.5	56332.3	7.0
二、按行业分			
1. 批发业（限额以下）	66199.9	57707.2	14.7
2. 零售业	133116.1	120875.9	10.1
限额以上	36863.2	26044.9	41.5
限额以下	96252.9	94831.0	1.5
3. 住宿业（限额以下）	2533.7	2282.0	11.0
4. 餐饮业	15421.5	13861.6	11.2
限额以上	2571.6	2509.9	2.4
限额以下	12849.9	11351.7	13.2

说明：1. 资料来源统计局
2. 剔除烟草、石油公司数据后对比

全面监管成品油经营市场，打击无证无照经营，维护成品油市场秩序和经营安全。查处5起成品油非法运输车辆，办理案件5件，罚没金额12.3万元。规范再生资源回收经营行为。对经营单位实行备案登记和溯源，重点查处和打击无证经营酒类和制售伪劣品、侵权专供特供酒等非法行为，强化酒类流通市场执法监管。开展民爆行业安全生产大检查，要求县民爆公司严格按规定运输、储存和销售民爆物品，完善进出库档案，实现民爆领域零事故。

（范正亮）

招商服务

【概　况】 县招商服务中心围绕县“七大攻坚”部署，实施“招商强工”发展战略，以机电机械制造为首位招商引资产业。实现“小县也能招大商，小县也能招好商”。年内，利用省外资金增幅位于全市第六名、三类县第一名。被县委、县政府评为招商引资一类县直单位二等奖。

机关内设四个股室：秘书股、宣传推介工作股、招商洽谈服务股、招商信息股。核定全额事业编制12名，在职13人。

【完善政策】 出台新的《寻乌县招商引资优惠政策》。原招商引资优惠政策已实施多年，存在不明确、不完善问题。对工业、现代服务业和现代农业等新项目，需要新增招商引资优惠政策，不断完善。对近年招商引资政策收集整理，形成《招商引资优惠政策汇编》8个文件：《招商引资优惠政策》《扶持机电机械制造产业发展二十二条》

《支持机电机械产业发展人才集聚政策19条》《工业项目建设用地若干政策措施》《企业上市挂牌奖励扶持办法》《进一步降低企业成本优化发展环境的若干政策措施》《鼓励总部经济发展的若干政策》《关于加快推进科技创新的实施意见》。

下发《关于做好2017年招商引资工作的意见》，对原来招商引资考核办法、考核奖惩规定、招商队组建等重新修订、完善，突出产业项目招商。编印新一年《寻乌县招商项目册》，结合资源优势和产业结构调整，做好项目征集包装，制作招商项目册，推出103个招商项目。

【招商推介】 1月24日，举办外出乡贤返乡创业新春座谈会暨第二批入驻广寻商会小区项目签约仪式，对五个新入驻广寻商会工业小区项目，组织集中签约。5月22日，召开精准招商动员部署会，对招商引资进行宣传发动。7月20日，参加首届全国赣商联合大会，签约1个项目，投资5亿元。7月25日，参加赣州市现代农业产业项目（杭州）招商推介会，共签约3个项目，总投资5.7亿元。9月22日，参加（江西）非公有制经济发展论坛活动，签约1个项目，投资15亿元。10月11日，参加深圳现代农业推介会，签约3个项目，总投资为4.3亿元。10月28日，召开寻乌县、东莞市、江西宁都商会回赣投资考察代表团座谈会，介绍寻乌县经济社会发展、区位优势及招商优惠政策等，宣传寻乌招商特色。运用招商引资网站及公众微信号，推介寻乌的优势资源和重点招商项目。报道落户的重点企业（项目），推介招商内容，营造发展开放型经济良好氛围。

【招商管理】 “抓中间、带两头、引全链”，精准招商管理，以机电机械为首位产业，瞄准珠三角、长三角和海西经济区。发挥以商招商、点题招商作用，组建4支专业招商队，专职从事招商。规范专业招商队管理，出台《寻乌县专业招商队管理规定》，提高专业化招商水平和实际招商成效。

【招商引资成效】 按招商引资统计口径，年内共签约项目32个，签约金额171.28亿元，其中，机电产业项目17个，签约金额113.18亿元，利用省外项目资金19.88亿元，增长11.34%，增幅居全市第6位。其中，江苏坤奕环境工程有限公司投资4.18亿元的德标环保高端装备研发制造项目、东莞埃尔压缩机制造有限公司投资15亿元的节能空气压缩机生产基地，总部经济项目、精密铸造项目，为国内经济合作项目。

对外贸易、招商引资情况表

表28

项　目	单位	2017年	2016年
对外贸易			
进出口总额	万美元	5339	4580
#进口	万美元		
出口	万美元	5339	4580
外商直接投资			
签约项目	个	1	2
签约金额	万美元	2390	2860
实际使用外资	万美元	2430	2209
对外经济合作			
5000万元以上实际引进省外项目	个	10	8
#亿元以上项目	个	6	5
5000万元以上实际引进省外资金	万元	201200	180700
#亿元以上资金	万元	193800	162900

说明：1. 资料来源统计局

2. 表中#号意为其中

【提高服务水平】 热情接待到寻乌考察投资的客商，为引进埃尔节能空气压缩机生产基地及总部经济项目、精密铸造项目提供全程服务。安排专职人员协助其做好项目工程建设，协助办理营业执照，刊刻公章、法人章、财务章。解决企业员工住宿、项目工地通水通电等问题。协助企业拟定立项申请书、办理用地手续、取得建设工程规划许可，得到企业高度评价。

（袁　梦）

供销合作

【概　况】 县供销合作社根据县委、县政府《关于深化供销合作社综合改革的实施意见》《关于印发寻乌县深化供销合作社综合改革试点实施方案的通知》，拓展电子商务、现代化农业、现代服务业。恢复基层供销合作社，服务“三农”功能不断提升。获“全市供销合作系统2017年度综合业绩考核一等奖”“2017年度指导服务农民专业合作社先进单位”

2月9日，中共十八届中央委员、全国供销总社党组书记、理事会主任王侠一行100余人到寻乌召开对口支援、定点扶贫暨农产品产销对接推进会。总社将所属中国农产品市场批发有限公司和中国农业生产资料集团有限公司定为帮扶寻乌县脱贫企业。一行人前往“供销e家南桥友谊开心超市”调研。王侠肯定寻乌县供销电商公司自成立以来所取得的成绩，对创办“供销e家连锁超市”，创新超市经营管理、O2O服务模式，以及晨光镇高布村供销e家网点推进电商扶贫等做法表示赞赏。此外，全国供销总社副主任杨建平、邹天敬、经济发展和改革部副部长马继红等先后到寻乌考察县供销合作社综合改革和定点扶贫工作。

【机构队伍】 县供销合作社为县政府参照公务员管理全额拨款直属正科级事业单位。内设机构：县供销合作社理事会、秘书股、业务股、经营指导股、烟花爆竹管理股。机关编制8人，实有9人。

直属公司6个：县供销总公司、县农资购销有限责任公司、县果杂品公司、县供销电子商务有限公司、县惠农服务有限公司、县供销资本投资有限公司。基层供销合作社有：吉潭、城关、留车、南桥、文峰、项山、中和、龙廷、澄江、水源、罗珊、桂竹帽、三标、菖蒲、丹溪等15个供销合作社。下属单位在册职工35人，在岗17人。

【农民合作联社】 6月，成立寻乌县农民合作社联合社。农民合作联社以县供销惠农服务有限公司为发起人，选定全县54个农民专业合作社为寻乌县农民合作社联合社成员。召开县农民合作联社成立大会，会后对成员社进行业务知识培训。县农民联社利用县供销惠农公司的“农产品初加工中心”平台，引导社成员之间进行“生产、加工、供销”为一体的综合合作，形成产业链、服务链、创新链“一条龙”，实现共同发展新格局。

【项目建设】 落实总社项目资金500万元，用于建设农产品产地初加工中心。向全国供销合作总社争取到250万元建设基层社资金，用于15个基层供销合作社建设。向全国供销合作总社争取到农业发展项目资金680万元，向全国供销合作总社申报寻乌县土地托管项目并获批准。

【物流网建设】 县供销社与经营物流快递业为主的县广成商贸公司合作，成立寻乌县供销电子商务有限公司。年内，公司申报获得“供销e家”股权资金500万元，用于县供销电商公司三级物流体系建设，同时建设一个县运营中心，80个乡村网点。

（谢绍华）

粮食流通

【概　况】 县粮食流通服务中心为县农粮局管理的正科级事业单位。机关设人秘股、业务股和财会股。直属企业单位有县粮食购销公司、县粮食企业资产管理中心。干部职工总人数27人，其中县粮食流通服务中心事业编制人员11人，返聘职工16人（县粮食购销公司返聘下岗职工14人，县粮食企业资产管理中心返聘下岗职工2人）。

【储备粮购销轮换】 2017年，继续执行国家粮食收购最低保护价收购政策，做好早稻收购工作。完成县级储备粮24030吨轮换任务，确保县级储备粮品质良好，数量真实，政府需要时调得出，用得上。

【库存粮食管理】 执行国家新制订的粮食仓储管理办法。健全仓储管理各项规章制度，确保库存粮食不变质。组织有关人员开展对省级储备粮和县级储备粮的春秋普查各一次，确保库存粮食账物、账表、账账相符。经省粮食局、市农业和粮食局普查工作组对寻乌春秋两季普查结果：县储备粮管理达到“一符、三专、四落实”的要求，实现“四无”粮库、粮仓、粮食三个100%目标。加强全县储粮的监督检查，组织粮食保防人员技能培训，鼓励和支持保防人员运用科学保粮新技术、新工艺管好储粮，提升粮食仓储管理水平。

军粮供应专人管理、专人记载，提高军粮供应服务水平。

【粮食监测和统计】 抓好全社会粮食流通统计和粮食价格监测，为粮食市场的稳定和上级领导决策提供真实可靠数据资料。年内，组织开展“粮食科技周”和“世界粮食日”宣传活动，宣传国家粮食最低收购保护价政策，推进“优质粮食工程”，引导农民多种粮、种好粮，实现增收。推广科学储粮，推广健康粮油使用和健康饮食知识。

【安全生产】 健全粮食仓储管理安全制度，加强储备粮食安全管理，提高粮食仓储安全管理水平。开展创建粮油仓储安全示范库活动。指导粮食购销企业认真落实安全生产责任制，建立健全仓储检查、事故报告和责任追究制度。对粮食储备管理人员进行安全生产培训。开展粮储安全生产大检查，组织安全生产隐患排查和整治。做好粮仓防汛物资准备工作，把安全生产工作落到实处。年内，未出现储粮安全事故。

（谢运兰）

烟草专卖

【概　况】 2017年，赣州市烟草专卖局（公司）寻乌县烟（围绕“二三七”目标任务），实现利润2582万元，上缴税金1836万元。获市烟草公司授予年度宣传报道优秀组织三等奖、市卷烟打假先进集体。候景州被评为省卷烟专卖系统“护航之星”和卷烟打假先进个人。

【机构队伍】 县烟草专卖局（分公司）属正科级单位。实行统一领导、垂直管理、专卖专营管理机制。主要负责组织辖区卷烟销售、网络建设、专卖管理及执法监督。机关设综合管理办公室、专卖监督管理办公室，基层网点设长宁、南桥、澄江3个网格工作站。市局直属管辖科室2个：赣州市烟草专卖局派驻寻乌县局内部专卖管理监督工作组、中转站。在册员工49人，其中在岗41人。

【经营业绩】 实现系统外卷烟销售11287箱，同比增长3.38%。其中，省产烟销售4973箱，占系统外卷烟销售的44.06%，同比增长6.85%。金圣烟销售3661箱，同比增长16.65%。年内，实现人均卷烟销量9.4条，卷烟单条均价96.5元，同比提高2.8元/条。

【市场监管】 查处5万元以上案件13起，完成国标（部督）案件1起，判处实刑3人，拘留6人，上缴罚没款3.86万元。累计查获涉烟违法案件205起，其中1万元以上5万元以下案件11起。查获各类违法卷烟80572条，其中假私烟79336.4条。查获市外乱码烟396.1条、烟丝14000公斤。

【培育市场】 结合品牌长远发展和培育金圣烟市

场要求，主动作为，积极落实“四种形式”促销。制定《滕王阁（硬）宣传促销活动方案》《金圣销量增长奖励方案》，驻点推销常态化开展集市卷烟促销20场，主题营销10场，阵地扩销5场。联合江西中烟开展11场“升学宴”促销，滕王阁“更上一层楼”宣讲会一场、紫光专柜陈列促销。向卷烟零售户和消费者发放打火机5万余个，其他物料若干，提升金圣烟在本地市场促销份额。年内，金圣（硬）销售261箱，同比增长19%；金圣（吉品）销售112箱，同比增长64%。金圣紫光、硬红瑞香被广大消费者接纳，实现金圣大幅增销目标。

【自律小组】 加强营销人员自律教育，做到诚信守法、合规经营、货真价实。县局（分公司）共组建自律小组34个（其中城区自律小组19个），小组成员406余户，县城参与率64%；乡（镇）自律小组15个，小组成员270户，参与率25%。成立自律小组微信群34个，建自律小组之家3个。印制价格公示表1000份，群发价格短信5000余条，签订诚信守法经营承诺书1600份。开展价格检查5次，卷烟陈列评比1次。

【网络管理】 实行网格化管理改革，完成南桥、澄江2个乡（镇）和县城的网点布局，把管理和服务触角向农村市场延伸。每月将工作目标任务细化至各网格，制定《考核方案》《基础工作评比方案》。

【专卖管理】 队伍建设。县局破格提拔员工3人，降级清退2人，让年轻员工到专卖管理岗位锻炼。按员工执行力、学习力、案件经营力进行绩效薪酬分级考核。实行动态管理，给员工梯次晋升空间。市场信息分类考核，根据线索类型和质量设定的奖罚标准，设立网络案件专项奖励基金。细化市场监管过程考核，对稽查中队工作进度实行表单跟踪，对市场监管人员定位查询工作日，对执法人员过失进行登记提醒。

保持对卷烟市场高压监管态势，对名烟名酒店、违法大户、无证户、特殊业态经营场所等重点对象，实行专项治理，与邮政等寄递部门建立联查监管机制。与闽粤赣三省五县烟草专卖单位达成边界协作协议，一手抓情报网络构建，一手抓协作办案。自“10·23”部督案件侦破后，对卷烟制假窝点深入排查和联防。在重点乡（镇）制作10余块打假宣传广告，组织宣传车辆对重点区域进行巡回宣讲。发放2000余份“举报卷烟制假重奖5万元”宣传卡片，建立打假信息发送平台。

（胡婧晨）

盐　业

【概　况】 县盐务局（寻乌分公司）围绕市盐务局（赣州华康盐业公司）总体部署，按照“保份额、求结构、创效益”经营模式，提升渠道、队伍、品牌、机制、产品五个核心竞争力，各项工作稳步推进。

年内，购进各类盐产品594吨。销售盐类533吨：小包装食盐销售504吨（其中多品种盐销售88吨，占小包装盐比例17.4%），散碘盐销售27吨，工业盐销售2吨。库存各类盐187吨。实现非盐产品销售收入60万元。

【机构队伍】 县盐务局与江西省盐业集团公司赣州公司寻乌分公司合署办公（两块牌子一套人马），直属赣州市盐务局（赣州公司）。在岗职工5人（含一名聘用工），内部退养1人。岗位设置：经理1人、高级客户经理2人、客户经理2人。

【食盐专营】 做好盐业改革过渡时期的盐业监管，规范食盐市场经营秩序，落实盐改政策，确保人民群众食盐安全。按照市盐务局、市工信委、食品药品监管局、公安局等六部委联合下达《关于加强盐业体制改革过渡时期食盐市场经营秩序监管的通知》《关于加强全市食盐监管深入开展制贩假盐违规经营专项治理行动实施方案》

等文件精神，积极与当地相关部门协调，联合开展食盐市场专项检查，严厉查处违规经营、制贩假劣盐等行为。

【盐务执法】 5月初，国内多个省、市出现“脚臭盐”事件，引起社会各界关注。根据市工信委、食药监局、工商局、盐务局联合下发的《关于切实做好不合格食盐产品查处工作的紧急通知》，组织力量，对中盐皓龙盐化有限责任公司生产的“中盐”牌精纯盐进行查处，对商业超市、集贸市场等零售终端，以及宾馆饭店、学校食堂等用盐单位开展拉网式检查，发现不合格盐产品一律查缴，责令违规经销商立即回收不合格产品，杜绝流入群众“餐桌”。在执法行动中，对不规范销售153起盐品的经营商，令其整改，查处案件2起，移交市场监督局1起。没收违规盐产品26.1吨，其中，查获不合格盐产品“脚臭盐”13吨，没收违规经营食盐13.1吨。通过执法检查，规范食盐市场经营行为，保障盐改过渡期食盐市场安全与稳定。

年内，共出动稽查人员861人次，出动车辆220车次，检查零售商店、学校、厂矿食堂、餐饮（店）680余个（次），检测农户用盐570余户，接受群众食用盐咨询375人次。

通过“3·15”和“5·15”宣传活动日，在人多众广之处设立宣传咨询台、展示宣传图板、发放宣传资料、演示鉴别真假碘盐等方式，宣传碘盐知识和盐改政策，引导广大消费者通过合规渠道购买食盐，提高正确用盐、健康用盐意识。

【营销管理】 在盐改的第一年，面对来自省内、省外廉价食盐冲销的不利形势，县分公司上下团结一心，克服困难，围绕售盐终端网点建设，提高盐品配送、服务质量，抢占盐品市场。以城区为中心，开展形式多样的新品种盐营销活动，培养消费者少吃盐，吃好盐的消费观念，通过优质盐品销售服务赢得市场。

（钟金勇）

石油经营

【概 况】 中国石化销售有限公司江西赣州寻乌石油分公司围绕建设“诚信、创新、和谐、强盛”新型石化企业目标，努力打造“环境整洁、质优量足、服务规范、安全便捷”服务窗口。年内，汽、柴油销量38873吨，与去年同期相比下降27.7%；非油品便利店营业额1008万元，与2016年同期相比下降1.3%。贯彻以人为本的治企理念，确保安全生产无事故。被赣州石油分公司评为年度数质量管理先进单位。

有员工78人，其中，正式工2人，置换工（企业改革时员工置换身份）10人，劳务工66人。

【油品购销】 成品油销售总量为38873吨，其中汽油22771吨、柴油16101吨，较2016年同期的53826吨，减少了14953吨，下降27.7%。

【石油市场】 加强石油市场的建设和管理。根据“巩固城区、占领国道、开拓高速、精细管理”发展思路扩展业务。配合当地政府科学地编制加油站规划布局，进一步完善和推进成品油零售网点建设。隶属县石油分公司在营加油站有县城、城北、城东、文峰、澄江、吉潭、南桥、留车、晨光、上坪、罗珊、济广高速公路东区、西区13个加油站。强化市场管理，发挥中石化成品油供应主渠道作用，保障全县成品油的供应。

【拓展非油业务】 抓好非油商品报货和陈列管理，提高顾客进店率。各加油站便利店按多品种、多批次、少数量原则，结合本店销售要求，及时搞好进货、补货，经营适销对路的商品。加强对临期商品管理，减少商品损耗。年内，非油品便利店营业额1008万元。

【安全管理】 加强安全宣传，牢固树立“以人为本”安全发展理念，坚持“安全第一、预防为主、全员动手、综合治理、改善环境、保护健康、科学管理、持续发展”方针，落实安全环保责任制，强化，安全检查和监督。提高班组员工安全危害识别能力，增强风险防范意识，加强制度执行，严格履职尽责。坚决治理纠正违规违章行为，及时发现和整改安全隐患，把责任落实到每一个岗位每一个环节。切实做到居安思危，防患于未然，年内未出现安全事故。

（刘利芳）

旅　游

【概　况】 县旅游局为县政府办公室管理的正科级事业单位，内设办公室、业务股、编制6名，现有6人。9月，县旅游局更名为寻乌县旅游发展委员会。年内，接待游客72.995万人次，旅游总收入29694万元，保持较快增长；外出旅游12516人次，呈现逐年增长。有1家国内旅行社，11家旅游营业部。

【旅游开发项目】 东江源温泉养生小镇。1月，县政府与广东金华悦发展投资有限公司签署东江源温泉养生小镇及东江源生态公司旅游开发项目，总投资9亿元，规划面积9237亩，温泉酒店主体工程完工，其他设施正在施工。

青龙岩旅游度假区、留车雁洋石崆寨景区、龙廷斗晏湖度假区、南桥田园综合体等项目如期实施，年内完成投资3.75亿元。

【旅游推介】 积极参与赣州旅游博览会暨赣南脐橙采摘旅游季活动、红色旅游区（泉州）推介会、赣州（厦门）旅游产业推介合作会、第十三届海峡旅游博览会、红色旅游区（厦门）旅游推介会、第三届世界休闲博览会、中国（江西）红色旅游博览会等。协助中央电视台摄拍旅游专题片《珠江朔源——走进寻乌》，推介寻乌，扩大知名度。推荐旅游商品，参加“2017中国（江西）红色旅游博览会”八大评选活动。组织旅游企业申报“赣州礼物”旅游商品旗舰店，推销旅游商品。引导景区建立智慧景区管理信息系统，实现网上购票、导览、导航等智慧旅游服务。

（王洁兰）

教育　文化　科技

教　育

【概　况】2017年，全县共有各级各类学校379所，其中，幼儿园213所（含幼儿看护点）；小学28所；小学教学点114个；初级中学9所；九年一贯制学校10所；完全中学2所；普通高中1所；职业技术学校1所；特殊教育学校1所。在校学生60603人，其中幼儿园14940人；小学24816人；初中12465人；高中8126人；特殊教育23人；职业技术学校233人。中小学（含职校、公办幼儿园）公办教职员工3246人。其中，30岁以下976人；31—40岁1033人；41—50岁711人；51—55岁312人；56—59岁214人。研究生学历11人；本科学历1702人；专科学历1287人；高中及以下学历246人。

2017年，获市级表彰教师2人，省级表彰教师1人。其中，寻乌县实验小学陈惠萍被赣州市人民政府授予“优秀校长”；寻乌博豪中学温种金被赣州市人民政府授予“优秀教师”；岑峰中小学李苍龙被江西省教育厅授予“优秀乡村教师”。9月，县委、县政府出台《寻乌县名师评选与管理办法（试行）》，评出5名教学名师，6名教学能手和12名教坛新秀。

【机构队伍】内设办公室、人事股、财会股、教育股、学校安全管理股、县人民政府教育督导室为行政编制；教学研究室、招生考试委员会办公室、电教仪器室、中小学校舍建设维修办公室、学生资助中心、教育财务核算中心、勤工俭学办公室、学前教育管理中心、农村义务教育学生营养改善计划办公室、党员服务中心为正股级全额拨款事业单位；行政编制14名，事业编制31名，其中，公务员8人，事业人员25人；实有人员25人。

【师资培训】县教师进修学校集中培训1236人中小学教师，其中，中小学学科骨干教师594人（小学英语50人、小学数学50人、小学心理健康教育51人、小学班主任209人；初中英语46人、初中数学47人、初中心理健康教育37人、初中班主任104人）；新教材任课教师培训424人；2017年新招聘教师培训129人；骨干专业技术人员培训513人。广播电视大学、赣南师范大学函授专科、本科培训371人；赣州师范高等专科学校、县中等职业技术学校、县进修学校教学班幼师专业脱产培训203人；组织675名教师参加信息技术应用2017年度国培计划。

【幼儿教育】幼儿园（含公办、民办、幼儿看护点）213所，652个教学班，在园幼儿14940人。省级示范性幼儿园1所（寻乌县幼儿园），市级示范性幼儿园4所，分别是寻乌县博豪幼儿学校、长宁镇中心幼儿园、晨光镇中心幼儿园和吉潭镇中心幼儿园。

【普通教育】有小学142所（含教学点114个），

教学班919个，在校学生24816人。适龄儿童入学率达100%，巩固率达100%。完全中学2所，普通高中1所，初级中学19所（含九年一贯制学校10所），共有教学班404个（高中136个、初中268个），学生20591人（高中8126人、初中12465人），初中年辍学率0.3%，初中升高中的升学率89.7%。

8月，因县城市规划和建设的布局调整，寻乌一中搬迁至寻乌二中（马蹄岗）校区，完成寻乌一中民办向公办学校的过渡。

【职业教育】 县中等职业技术学校在校学生233人，开设学前教育、电子电器应用与维修、计算机应用、汽车应用与维修、职业高考班等专业。

【特殊教育】 特殊教育学校1所，设在三二五小学校内，有小学阶段学生23人，专任教师10人。

【成人教育】 全县乡村两级成人文化技术学校73所，其中乡（镇）级14所。成人文化技术学校以开展实用技术培训为主，2017年培训人数达12231人次。

【民办教育】 民办幼儿园75所，在园幼儿7530人；民办中学2所，学生1881人。

【德育工作】 各学校成立德育工作领导小组，建立班主任工作队伍、少先队辅导员队伍、共青团工作队伍和法制教育工作队伍。重点对学生进行红色文化教育、社会主义核心价值观教育、法制教育、感恩教育、习惯养成教育、爱国主义教育、革命传统教育；积极开展习近平系列重要讲话精神进教材、进课堂、进头脑等活动。把校园文化建设列为德育工作的重要内容之一，并纳入年度目标考核，做到“一校一品、一校一特”。寻乌二中、寻乌三中、三二五小学等学校被评为“赣州市文明校园”。

【学校体育】 在赣州市第十四届“英东杯”中小学生体育竞赛中，共获得高中女子组跳高第2名；高中女子三级跳远第5名；高中男子铁饼第5名；高中男子4×400米接力第2名；高中男子800米第5名；高中男子400米第5名，获中学生田径运动会团体总分第8名；高中生足球比赛第9名。

【教育经费】 教育经费逐年增长。财政下拨教育经费53170万元，较上年46333万元增长14.8%。严格落实生均公用经费（免杂费）标准（小学600元/生·年，中学800元/生·年），其中义务教育学校学生37281人，拨付经费3185.1万元。免费提供教科书经费，上半年免费提供37431人，下拨资金197.07万元；下半年免费提供37098人，下拨资金254.54万元。下拨补助寄宿生生活费（标准为小学1000元/生·年，中学1250元/生·年），根据市委、市政府《关于扎实推进精准扶贫工作的实施意见》（赣市发〔2015〕1号），对义务教育阶段建档立卡的贫困家庭寄宿生生活补助，在原标准的基础上增加500元，全年补助人数5922人次，补助资金454.8万元。资助普通高中家庭经济困难学生，上半年资助人数1501人，资助资金150.1万元；下半年资助人数1614人，资助资金161.4万元。资助中等职业教育（含技工学校）家庭经济困难学生（标准为2000元/生·年），上半年资助人数151人，资助资金15.1万元；下半年资助人数216人，资助资金21.6万元。资助考入大学的家庭经济困难学生（标准为5000元/人一次性），根据市委、市政府《关于扎实推进精准扶贫工作的实施意见》（赣市发〔2015〕1号），对考取全日制普通高等学校的贫困生政府资助金，由5000元/人提高到6000元/人，资助人数329人，发放资金197.4万元。

【学生营养改善】 全县153所（初中19所，农村小学133所，特殊学校1所）农村义务教育学校实施营养改善计划，受益学生24034人。其中，食堂供餐学校74所，占农村学校总数的49%，食堂供餐人数16471人，占农村义务教育学生数的68.53%；另有79所村小因食堂条件还不够完善，采用“牛奶+X”课间供餐模式。营养改善计划食品实行“四统”政府招标采购，并把好学生营养餐配送、储存、分发、食用四个环节，以及食谱制作、食品采购、验收入库、食品出库、洗切烹饪、用餐陪餐、取样留样、餐具消毒等“八项”关口，配合市场监督管理局等相关部门加强检查，确保学校食堂用餐安全。按照上级资金使用管理实施办法，对农村义务教育学生营养改善计划专项资金实行分账核算，集中支付，专款专用，节余留用，严禁克扣、截留、挤占和挪用。

【学校安全】 开展“社会治安综合治理宣传月”“防震减灾宣传月”“预防学生溺水事故安全教育月”“文明交通进校园”等主题教育活动。上好春秋季开学第一天“开学安全教育第一课”。统一部署防震减灾、防拥挤踩踏、防洪防溺水、防暴恐等应急演练活动。选送部分校长、教师参加省市安全管理培训。组织分管安全校长、幼儿园园长进行学校安全知识培训，举办应急救护、消防实操实训、食堂食品安全管理人员等培训班。开学初，联合多部门对学校及周边治安环境进行两次集中整治；定期与不定期开展16次安全隐患排查与整改，共整改隐患320多处。开展“平安校园示范校”创建活动。寻乌中学、县幼儿园、实验小学、留车中学连续评为“省平安校园示范校”；寻乌三中、南桥中学、城关小学、博豪幼儿园、吉潭中心幼儿园连续评为“市平安校园示范校”。在全市安全教育说课比赛中，县幼儿园潘晓霞、城南小学谢丽英、寻乌中学潘春燕三位教师获二等奖；组织学生参加全省中小学学生安全知识网络答题竞赛，参与率90.98%，列全市第六名，平均分为85.45，列全市第七名。加强“四防”措施，由县财政拨款，在全县250人以上学校配备专职保安92人，各校结合实际自聘门卫人员85人。由县财政拨款设置学校路口交通标志标线；配置消防器材（含微型消防站），安装视频监控系统等技防措施。各学校建成门卫室，配备警棍、钢叉等安保器械；建成34个心理咨询室，有专（兼）职心理辅导教师174名，积极开展心理咨询服务活动。县教育局安管股汤有才被评为赣州市“消防工作先进个人”。

【校舍建设】 本年度是历年来对教育投入最多的年份。中央下拨资金3588万元，省级资金1874万元，本级财政筹集7.3538亿元，合计7.8亿元。其中，用于房屋征拆费用2.67亿元，县职业教育基地项目2.3亿元；义务教育学校建设资金5.5亿元。征收土地464亩，征拆房屋12万平方米，其中，160亩用于县城5所小学、1所初中的扩容改造；45亩用于15所农村中小学的扩容改造；258亩用于县城新建1所九年一贯制学校、1所小学及1所幼园。计划新建校舍面积20多万平方米，维修改造校舍30.1万平方米；新建和改造运动场46个24.7万平方米；整治校园环境项目71个；打造48所学校校园文化。县城新增城区学位8300多个，基本解决城区学校大班额问题。中央和省级资金分别用于：中小学校舍维修改造长效机制项目641万元，抗震加固改造校舍3429平方米、改造C、B级危房3968平方米、改造运动场12704平方米、砌筑围墙1300平方米、新建校门3个；农村义务教育薄弱学校改造计划中央项目资金1874万元，用于新建澄江中心小学综合楼，改造城南小学运动场，改建晨光中学厕所，改造菖蒲乡黄砂小学校舍及运动场，改建留车镇芳田小学厕所、运动场、围墙，新建南桥镇廷岭小学、留车镇枫山片小教学综合楼，以及为部分学校购置电教设备；普通高中改造计划项目中央资金381万元，用于购置寻乌中学高考标准化考场设备25万元，扩建寻乌二中综合楼1770平方米；学前教育资金1153.93万元，用于改、新建三标中心幼儿园等27个幼儿园及功能设备采购；中央预算内投资等项目资金540万元，用于新建留车中心小学综合楼，菖蒲中小学食堂、运动场、厕所和留车中学教师周转房；义务教育均衡发展项目资金609万元，用于装备部分学校设备；转移支付项目资金263万元，用于改造澄江北亭一小校舍及配备部分学校设备。

【招生考试】 中考报名人数3129人，其中，高中类3011人，师范定向111人，中职类7人。寻乌中学高中录取人数为1380人；寻乌二中高中录取人数为1002人；寻乌一中高中录取人数为112人；师范定向30人。

普通高校招生考试报名人数2862人，其中，单报本科1019人，本科兼高职1321人，单报高职522人。

成人高校招生考试，报名总人数687人，自学考试20科次，毕业人数1人。

【教学质量】 义务教育阶段，教学质量综合评估排名靠前的学校有：城区初中为寻乌二中和寻乌中学，农村中学为晨光中学和罗珊中学；九年一贯制学校为丹溪中小学、项山中小学和水源中小学；城区小学为城关小学和实验小学，农村小学为吉潭中心校和澄江中心校。

高考取得优异成绩，其中，一本录取人数204人，二本录取人数653人，寻乌中学温新泉同学以全省理科第四名的成绩考取北京大学。

【教育科研】 高中学生参加市级以上学科竞赛188人次，其中，14人获国家级奖，95人获省级奖，79人获市级奖。教师参加市级以上教学竞赛共91人次，其中，1人获国家级奖，13人获省级奖，77人获市级奖。各校共有24个课题结项，27个课题立项。教师共200篇论文在市级以上报刊发表。

【电教装备】 为改善办学条件，县财政下拨学校装备采购资金3606万元。其中，购置课桌椅9800套、学生床1000副、多媒体教学一体机316套、录播教室9套、学生计算机1180台、图书26万册。各中小均按省定标准配足配齐各类教学设施设备。

【教育工会】 教育系统工会会员3892人，基层工会组织健全，认真服务广大教职工，城北新区小学教师刘蕾和南桥中心校教师邝立乔被评为“全市教育工会工作先进个人”，南桥中心校工会和龙廷中心校工会被授予“全市教育工会先进单位”；开展职工之家活动，筹措帮扶资金近十余万元，用于慰问、帮扶困难教职工100多人，为全县教职工参保一份人身意外保险，提高教职工抵御风险的能力。

【教育督导】 为做好义务教育均衡发展迎国检工作，年内县委召开常委会4次、县政府常务会议9次，专题听取和研究教育存在问题。县人大常委会、县政协分别开展专题调研和视察教育工作4次。5月5日，召开迎接国家2018年县域义务教育均衡发展督导评估工作动员会议，县委常委、县委政法委书记罗承彩主持会议，县长杨永飞部署寻乌县迎检工作，县四套班子分管教育领导，各乡（镇）人民政府乡（镇）长、县直相关职能部门主要负责人及全县完小小学以上学校校长参加会议。

9月8日，县委办公室、县政府办公室印发《关于完善学校基本办学条件加快推进义务教育均衡发展攻坚行动方案》，将县城义务教育阶段学校、各乡（镇）中心校、中学及村完小共48所学校确定为迎接国家检查学校。9月18—20日，省督学、赣州第三中学党总支书记何强率市级复查组来寻开展2018年县域义务教育均衡发展市级复查工作。寻乌为本年度全省20个教育督导县之一，经督导评估，得分92.2分，并通过省政府实地督导评估。

在2017年度市县科学发展综合考核评价指标中“教育发展”考评总分为9分，寻乌县获得7.26分，位列全省第57名，较2016年上升12位。

【党组织建设】 7月31日，成立中共寻乌县教育局委员会，负责除寻乌中学以外全县其它中小学校党建工作的领导和指导。中共寻乌县教育局委员会设委员7名，其中，书记1名，副书记1名。纪检工作属中共寻乌县纪委第四工委负责。中共寻乌教育局党委下辖44个党支部，共有党员793

名。8月，制定《寻乌县教育系统加强学校党建工作若干措施》《寻乌县教育系统基层党建工作重点任务责任分工落实方案》等加强学校党建工作文件，抓好“三会一课”、民主评议党员、班子民主生活会等制度落实。制定《寻乌县教育局落实三重一大事项集体决策制度实施办法》《寻乌县教育局班子议事规则》，对于涉及重大人事、校建工程、政府采购、评优评先、学生资助、资金安排等问题，一律通过局班子集体研究讨论决定。制定《寻乌县教育系统违反纪律责任追究的规定》。教育系统基层党组织认真开展“三八红旗手”和“五四青年突击手”评选、“身边好人”榜的发布和“最美教师”评选等活动，开展“党建+”特色活动。寻乌二中开展“党建+心理健康”活动。城关小学开展“党建+廉政文化进校园”活动，并被评为“赣州市廉政文化建设示范点”。

（曾祥海）

文化艺术

【概　况】 内设办公室、社会文化和电影电视股、文化艺术博物股、行业市场管理股（行政审批服务股）、宣传科技股。管理县广播电影电视新闻中心。下属单位有文化馆、革命历史纪念馆（县博物馆）、图书馆、文化广电新闻出版稽查大队（寻乌县版权稽查大队）、非物质文化遗产管理中心、东江源剧院，人员编制共有51个，在职人员共42人。被市文广局评为2017年度县（市、区）文广新重点工作考评“综合先进单位”，全市排名第一。

【公共文化服务标准化建设】 继续实施贫困地区“百县万村”综合文化服务中心示范工程建设，已建成65个乡村综合文化服务中心示范点，占全县村（居）的34%；在建27个，正在平整土地、规划设计的有54个。

按《寻乌县推进“农家书屋+电商”建设工作方案》，继续推进“农家书屋+电商”创建工作，完成“农家书屋+电商”服务站建设160个（其中：赶街服务站86个，供销e家服务站40个，邮政服务站34个），占全县184个行政村（居）的87%，重点打造项山乡卢屋村、吉潭镇黎坑村、菖蒲乡徐溪村、龙廷乡大田村、留车镇留车村等县级示范点。

“两馆一中心”（即文化馆、图书馆、文化艺术中心）纳入全县重点建设项目。投入2018万元用于文化馆提升项目、图书馆新建、东江源文化艺术中心改造。文化馆升级改造于2016年12月动工，2017年4月完工。数字文化馆建设也同时完工。改造后文化馆已达到国家二级馆的最高标准。县图书馆新馆于2017年2月开工，预计2018年6月建成使用。县图书馆的留车镇分馆、南桥镇分馆已完成图书分类编目、数据录入和图书加工、上架工作，并与县图书馆（总馆）实现“通借通还”。同时还对南桥镇文化站图书室、南桥镇古坑村图书馆、吉潭镇圳下村图书室进行图书馆人才的培训。启动“第六次全国公共图书馆评估定级”准备工作。东江源文化艺术中心改造2016年12月动工，中央空调、舞台背景LED显示屏、座椅、灯光等都已安装完毕，音响系统和配电系统改造已完工，进入调试阶段。

【非物质文化遗产】 完成市级第四批非物质文化遗产项目代表性传承人申报工作；开展“文化和自然遗产日”非遗图片宣传和公共文化服务保障法宣传；建设并授牌一批“非遗”项目传习所，到12月止，建立8个“非遗”项目传习所，分别是省级非遗项目《寻乌客家迎故事》习俗传习所3个、民间医学《挑积》传习所、传统戏剧《汶口汉剧》传习所、客家手工技艺《老蟹子》传习所、传统音乐《寻乌山歌》传习所、传统舞蹈《香火龙》传习所。农历八月初二，澄江镇汶口村举行“澄江汶口村民俗活动——迎故事”及“汶口畲族村传统文化故事会”文艺晚会，参与人数分别达到3000人。

【文物调查与保护】 利用“5·18国际博物馆日”和“6·11中国文化遗产日”开展文物保护宣传活动，取得较好效果；完成红色标语的普查工作以及寻乌调查纪念馆内环境改造工程；做好苏区革命遗址维修工程（二期）的前期工作，完成寻乌调查、罗塘谈判陈列布展提升工程的前期工作；积极做好文物保护管理工作，未发生文物安全事故和文物违法案件。

【文化市场管理】 县文化稽查大队执法人员对互联网上网服务营业场所接纳未成年人进入的现象，进行经常性的执法检查，对多家违规经营的互联网上网服务营业场所进行行政处罚；加大日常检查力度，督促互联网上网服务营业场所依法依规经营；并举办法律法规的培训班，提高者依法经营意识。

加强对歌舞娱乐场所接纳未成年人、歌曲点播系统、容纳消费者人数、营业时间等进行监督检查。在每日凌晨2时前停止营业；并张贴“未成年人禁止入内”标志；协助县环保部门做好噪声扰民工作。对游艺娱乐场所的机型、机种、电路板等设施设备进行核实，严厉打击赌博类型游戏机；禁止在法定节假日外接纳未成年人。加强高考、中考期间歌舞娱乐场所、电子游戏室的管理和巡查，规定每晚22时前停止营业，为考生创造良好的学习环境。

加强对音像制品市场监管，收缴非法音像制品24张。加强对打字复印检查，未发现有承印未经批准的出版物和扩大经营范围作业的现象。加强对实体书店检查，收缴其他非法出版物486本（册）。

【图书阅览】 县图书馆馆藏书达13.80万册，上架流通图6万余册，办理借阅卡3088个，总流通人数达到10万余人，借阅图书8.4万册，馆外流动服务借阅册次8000册，每周开放时间不少于56小时。

【重大文化活动】 举办大小文艺演出19场，即寻乌县第三届“春节联欢晚会”，2016年“最美寻乌”系列颁奖暨2017年元宵文艺晚会；“百姓大舞台，大家一起来”迎新春文艺演出；庆“五一”全县职工文艺晚会；庆“五四”综合文体演出、游园竞赛及喜送“全家福”摄影赣州市第一届IPJV广场舞大赛；“农商银行杯——不忘初心继续前进”歌咏比赛等文艺演出。举办书画美术展4次，即“迎新春”少儿书画展，“安康杯”全县首届书法展；第三届“挥毫泼墨、七彩飞扬”少儿现场书画大赛；赣南六县美术、书法和摄影艺术作品联展等。

开办各类艺术培训班，培训人次达1856人次。其中“三区”人才书画培训2期70人（次）、太极拳剑培训1期36人；三区人才“乡风文明行动”（社区）文艺骨干舞蹈培训123人（次），举办为期3个月的中老年合唱培训90人（次）；中老年采茶健身舞蹈培训60人（次），新增加小钟琴、电子琴、葫芦丝、二胡、青年合唱少儿科技培训等免费服务项目，培训达236人（次）。开办老年大学合唱班、舞蹈班培训、成人小钟琴、电子琴、葫芦丝、二胡、青年合唱、旗袍形体礼仪等长期培训。

【文艺创作】 创作编排大型赣南采茶剧《寻路》、采茶小戏《县太爷钓鱼》、舞蹈《落花情》、舞蹈《爵士舞》《喜事多》、小品《有钱没钱都是妈》，重新编排寻乌地方特色歌曲《高山岽上好唱歌》、歌伴舞《蝉花醉》《客家女儿会》等节目。其中大型赣南采茶剧《寻路》于12月26日毛泽东124周年诞辰之日进行公演。

【参赛获奖】 参加国家级赛事11项，其中，书法类入展2个；舞蹈编导类金奖1个；音乐类金奖1个，银奖3个，优秀奖8个；写作类优秀奖1个，入围3个，发表刊物一篇；摄影类入选1个。参加省级赛事并获得入选入展和奖项计8个，其中， 秀奖1个；摄影赛事类二等奖1个，优秀奖3个，书法赛事类三等奖1个，优秀奖1个；美术类优 入展1个。

2017年在省级以上比赛、展览等活动获奖情况表

表29

姓 名	作品名称	比赛（展览）名称	获 奖
钟 清 谢艳平	方言舞蹈《谣里客家》	欢动北京第六届国际青少年 文化艺术交流周	金奖（国家级）
傅英杰		全国第八届楹联书法展	入展（国家级）
古新星		全国第四届隶书书法展	入展（国家级）
傅英杰	书法《隶书四尺横幅》	省“倡廉风，扬正气”书画、摄影大赛”	三等奖
刘新忠	摄影《天网恢恢》	省“倡廉风，扬正气”书画、摄影大赛”	二等奖
刘杨青	书法《草书四尺横幅》	省“倡廉风，扬正气”书画、摄影大赛”	优秀奖
卢鹏洲	美术《兰竹图》	省“倡廉风，扬正气”书画、摄影大赛”	优秀奖
凌 萍	摄影《清于自然，美在不染》	省“倡廉风，扬正气”书画、摄影大赛”	优秀奖
曾青松	摄影《执手偕老》	中国摄影家协会图片社入选奖	入选
曾青松	摄影《乱箩嶂风光》	江西省第二届风光摄影作品展	入展
陈盛煌	摄影《客家手工榨油》	江西省非遗摄影大赛	优秀奖
陈 建	摄影《金龙闹春》	江西省非遗摄影大赛	优秀奖
刘传启		第二届全球华语微型诗大赛	入围
王媛婷		“永远跟着党走”第十二届中国青少年艺术赣州赛区	优秀奖
骆长昶		“永远跟着党走”第十二届中国青少年艺术赣州赛区	优秀奖
任 珍		“永远跟着党走”第十二届中国青少年艺术赣州赛区	优秀奖
黄 婧		“永远跟着党走”第十二届中国青少年艺术赣州赛区	优秀奖
刘雪贞		勃兰登堡国际音乐比赛	优秀奖
刘雪贞		第二届中国校园艺术节	优秀奖
钟其玲		勃兰登堡国际音乐比赛	优秀奖
钟其玲		第二届中国校园艺术节	优秀奖
凌 鑫	钢琴曲《牧童短笛》	第二届中国校园艺术节全国总决赛儿童A组钢琴银奖	银奖
古佳悦	钢琴曲《洋娃娃的梦》	第二届中国校园艺术节全国总决赛儿童A组钢琴银奖	银奖
刘妤稀	钢琴曲《D大调小奏鸣曲 第一乐章》	第二届中国校园艺术节全国总决赛儿童B组钢琴银奖	银奖
凌煜琪	声乐《猫咪的梦想》	第二届中国校园艺术节全国总决赛幼儿组声乐金奖	金奖
钟起炎		“庐山杯”中国最美游记	优秀奖
钟 琼		《中国乡村》杂志二期征稿大赛	入围
汤景常		“关东杯”全国网络文学大赛	入围

（刘中琪）

图　书

【概　况】江西新华发行集团有限公司寻乌分公司内设经理室、综合科、教材科和门店运营中心5个科室，有职工9人。主要经营大中专及幼儿教材、中小学课本、一般图书、音像制品、电子出版物、数码产品、文化用品及春联年画等。在县城有图书发行网点2个，营业面积450平方米，有图书2万余种，音像、数码产品、文化用品5000余种。设有读者俱乐部，俱乐部面积420平方米，藏书及报纸杂志1万多种，有会员2000多人。2017年，发行图书255万册，实现销售额2595万元，实现利润505万元。

（江卫平）

广播电视

【概　况】县广播电影电视中心为县文广局管理的正科级事业单位，内设秘书股、新闻股、广告股、技术股、总编室。编制人数33人，现有干部职工36人；其中：中级职称1人，初级职称12人。

【新闻宣传】向市级以上电视台推介有关寻乌取得成效的重点工作及其经验做法，增强寻乌知名度。在中央电视台播出新闻5条；江西电视台播出50条；赣州电视台播出214条；县广播电台共在市广播电台用稿150条，省广播电台用稿24条。

加大对县委、县政府中心工作的宣传力度。在县电视台《寻乌新闻》栏目中播发新闻1598条。开设专题栏目，宣传内容涵盖城镇建设、农事科技、移风易俗、“七大攻坚”等诸多方面，在《寻乌新闻》中共开设各类新闻专栏16个。

广播电台开设两个频率，全天播出20小时，覆盖人口7万人。其中新闻综合频率为FM 97.6兆赫，以转播中央台为主，早、中、晚插播寻乌新闻；音乐频率为FM 107.9兆赫，2万首高品质歌曲全天循环播放。

【安全播出】坚持对内部传输线路、播出前端进行定期检查、养护，规范播出程序，健全检测维护制度，配齐监看设备和人员，值机员24小时值班，重要时期坚持领导带班。特别在节、假日期间，与县广电网络公司紧密合作，严格执行一系列安全应急预案，加强值班安排，完善安全防范措施，确保节目安全播出与传输。元旦、春节、全国“两会”、中共“十九大”等重要保障期及其他时间的安全播出。

新闻中心更新广告播出设备，新增14个播出频道，使广告覆盖范围更加广泛、快捷，提升广告影响力，做好创收工作。

【事业建设】积极向上争取投资项目，成功申报县广播电视无线发射台站基础设施建设项目和县广播电视播出机构制播能力建设项目，中央、省发改委下达配套资金396万元。播制能力建设项目已经完工，虚拟演播室、高清播出系统等投入使用；河岭无线发射台站工程建设进展顺利。两个项目将对改善县广播电视无线传输设施，消除边远山区信号盲点，构建传输快捷、覆盖广泛的传播体系。以县电影公司为依托，组建10个农村电影放映队，为174个行政村及村小学开展送电影下乡活动，共巡回放映爱国主义优秀影片2524场次，观影人数达25万人次。

（吴志琼）

广电网络传输

【概　况】县广电网络公司内设行政财务科、客户营销科、农网管理科、工程技术科，员工32人，2017年实现总收入822.65万元。实现网格化管理。城区以河为界，划分三个管理区；农网管理设7个乡镇点，乡镇点员工实行合同聘用制，其余未设点的乡镇（村）实行委托管理的方式。

双向网改任务已全部完成，共敷设光缆904千米，光纤熔接15216芯，安装开通FJJH光节点752个和EOC光节点176个，并已录入综合网管系统。完善绩效考核、大厅服务等相关制度。开展万家行惠民活动，要求各小组每天走访用户10户，坚持周六、周日在各小区、公共场合摆摊设点，提供优质服务。认真抓好安全播出各项规章制度落实，全年未出现安全播出事故。

（陈钢涛）

科技工作

【概　况】 科技局为县政府直属正科级事业单位，内设办公室、发展计划科以及综合科，下辖知识产权局、科技情报站、生产力促进中心，核定事业编制7名，在职干部4名。

【科技项目】 争取上级科技项目6个，其中江西省重点新产品计划项目4个，分别为《可调整角度的带弹性装置的鼻托》《可卡装的鼻托》《防松脱眼镜脚套》《可拆卸带按摩装置的鼻托》；赣州市科技计划项目2个，分别为《荧光粉废料回收制备高纯稀土氧化物的研究与开发》《酒饭团复合经营模式栽培技术研究与示范》。实施县科技计划项目12个，分别为《带按摩装置的鼻托》《果树全自动喷药技术的研究》《百香果标准化种植技术的研究与推广》《白莲标准化种植技术的研究与推广》《黄肉猕猴桃引种及其关键栽培技术研究》《蜜蜂（中蜂）标准化养殖技术》《“东江红豆”规模化育苗关键技术研究》《脆肉鲩养殖引进试验》《红花荷引种栽培技术研究》《寻乌大墩茶栽培关键技术研究与推广》《蓝莓新品种选育和配套优质丰产栽培技术》《有机茶深加工技术》。

【科技创新】 鼓励企业通过自主创新，购买高等院校、科研院所科研成果进行转化等方式取得国内专利技术，提高工业企业的自主创新能力。全县专利申请量496件（发明专利申请量38件），授权量156件。促进部分企业实现科技型转变，改变没有科技型中小企业的局面，共培育6家科技型中小企业，分别是恒源科技、地康药业、爱馨泰电子、通洲塑胶、石湾环球陶瓷、天源包装。

【培育高新技术企业】 新认定高新技术企业有世纪陶瓷、石湾环球陶瓷和天源包装。“文化众创”“创客+”众创空间通过市级专家组评审，成为寻乌第二批市级众创空间。

（钟凤云）

地震监测与服务

【概　况】 寻乌位于广东河源至福建邵武地震大断裂带中段，县境内有大小10条断裂：北北东向（3条）、东西向（2条）、北西向（2条）、北东向（3条）。北北东断裂由八尺漳田至广东仁居与项山交界的鹧鸪隆断裂、罗珊珊贝至留车丘坊断裂、三标至菖蒲断裂组成；东西向断裂由桂竹帽至葫芦洞断裂、上坪至县城至吉潭断裂组成；北西向断裂由会昌周田至罗珊珊贝断裂、鸡笼嶂至县城至八尺断裂组成；北东向断裂由会昌清溪至长安至安远断裂、澄江至上坪断裂、县城至鹅子湖断裂组成。以上大小10条断裂相互交错，成为全省地震防御烈度最高（7—8度）、防御面积最大（覆盖全县15个乡镇）的县。

2017年，县防震减灾局被中国地震局评为全国县级防震减灾工作先进单位；被江西省地震局评为全省防震减灾工作综合考核先进单位；被赣州市防震减灾局评为全市地震应急工作先进单位；被县委、县政府评为业务工作先进奖。潘艳文被中国地震局评为全国市县防震减灾先进工作者、被江西省地震局评为江西省市县防震减灾先进工作者；朱元恺被赣州市防震减灾局评为全市防震减灾工作先进个人。

【机构队伍】 县政府正科级全额拨款事业单位，内设机构有办公室、震害防御与法规股、震情监测股、应急救援股、地震监测台、抗震工程技术服务中心。编制 16 名，在编 15 人。

【监测预警】 地震监测分为微观监测和宏观监测。微观监测主要有文峰长溪测震台，南桥和三标两个强震动观测台，南桥古坑跨断层测量，马蹄岗 GPS 形变观测，局内院地下流体前兆观测。4 月 19 日，省地震局派出技术人员到寻乌巡检地震监测台信息节点和地下流体前兆观测仪器，更换前兆观测气温传感器，确保地震监测数据精确和信息传输稳定。加强系统仪器设备的维护管理和对长溪尾数字测震台及三标、南桥强震台仪器运行、环境保护和环境卫生进行巡检维护。建立“领导带班、一日双岗、一日一报”值班制度，提高地震速报质量和时效，为震情应急奠定基础。宏观监测主要有县、乡、村三级宏观观测点 194 个，观测手段包括地下水、动物等。执行“一年一培训，一月一报表，一周一电话，一日一观测，异常要分析，月底一会商”的定期不定期联系和震情会商、短期与临震预报，专人负责群测群防管理联系，每季度到各观测点巡查。12 月 8 日，召开防震减灾助理员工作会议，明确助理员工作职责，加强基层防震减灾工作网络体系建设。

【减灾宣传】 在“5 · 12”防灾减灾日、“7 · 28”唐山地震纪念日、5 月中下旬的科技活动周、“开学第一课”、“12 · 4”等时间段，开展以“减轻社区灾害风险，提升基层减灾能力”为主题的防震减灾知识现场咨询宣传活动、以“科技强国、创新圆梦”为主题 2017 年科技活动周暨首个“全国科技工作者日”开展集中宣传，通过摆放宣传展板、现场咨询、发放防震减灾知识手册、常识笔记本、环保购物袋等方式，向市民群众介绍防震减灾知识。3 月，县政府下拨 16.8 万元专项资金用于地震快速反应与微信公众服务系统的项目建设。设立“寻乌地震信息服务”微信平台，创建“互联网＋地震”的宣传模式。中小学、幼儿园秋季开学的第一课——地震应急避震疏散演练。9 月“全国科普日”宣传活动期间，围绕“创新驱动发展，科学破除愚昧”这一主题，深入辖区学校开展防震减灾知识专题讲座，发放通俗易懂《防震避震手册》和宣传资料。加强防震减灾知识宣传，兴建地震科普展厅。

【震害防御】 将防震减灾工作纳入《寻乌县乡镇权责清单》，做好乡镇震害防御工作。继续开展“放管服”改革，通过江西政务服务网将“六单一网”统一向社会公布，将办理业务的流程、材料通过服务网发布，实现网上申报。8 月，对全县已建和在建工程抗震设防项目开展建设工程抗震设防执法检查。共检查御景佳苑、大湖水库移民安置区、人民法院审判庭等 11 个项目。结合农村危旧土坯房改造、“空心房”拆除，提高农村民居抗震设防能力。

【应急救援】 11 月 6 日 14 时 22 分发生 3.0 级地震。地震发生后，立即启动应急响应，第一时间向县委、县政府、省市局速报地震“三要素”（发震时刻、震中、震级），并与省、市地震台网进行震情确认和会商，地震未收到人员伤亡和房屋倒塌等灾情报告，网络舆情也未出现异常。落实应急救援通信设备，新增可视化移动指挥系统、无人机和信息化办公、流动地震监测台等一批应急救援装备。壮大地震应急救援队伍，12 月，赣南公益救援队寻乌直属三大队纳入地震应急救援志愿者队伍。

（潘艳文）

气象观测与服务

【概　况】 县气象局实行上级气象部门与地方政府双重领导，以气象部门管理为主的管理体制，内设办公室、综合管理科、防灾减灾科、气象台、气象服务中心。在职干部职工 11 人。

【气象业务】 寻乌气象局属国家基本气象站，担负气候观测和亚洲气象情报交换任务。器测项目包括：气温、气压、地温（地表、浅层、深层）、草温、风向、风速、雨量、相对湿度、E601 型蒸发、电线积冰等；目测有云、能见度、天气现象。天气预报有日常天气预报、中长期、短期、短时灾害性天气预报；雷电、森林火险等级预报等；与县矿管局合作开展地质灾害预警预报；开展对水稻生长发育进行观测。

【气象服务】 发布各种气象灾害预警信息 109 次，其中包括大雾黄色预警 4 次、雷电黄色预警 79 次、暴雨蓝色预警 11 次、暴雨黄色预警 3 次、高温预警 9 次、霜冻预警 3 次。各部门、各乡镇、防指成员、气象信息员接收天气预报、预警、雨情公告等短信上万人次，报送气象信息服务决策材料 96 份，公共气象服务效益显著。

地面测报、预报质量、气象信息网络系统维护率、气象数据情报传输保障率等均已达标，各类上行气象资料传输质量考核达标。定期维护业务系统自动、人工气象观测设备，以及发电机、备用设备等气象技术装备。3 月，汛期前完成县区域自动站巡检工作；10—12 月完成骨干站升级改造工作，确保气象服务工作中监测网络的正常运行。各项操作规程得到全面、严格地遵守，观测场环境维护工作进一步得到加强。

做好春运、春节、春播、汛期、高考、中考、秋收、秋种等气象服务工作。从思想、组织、技术、制度、装备等多方面抓早、抓实、抓好，扎实做好气象服务的各项准备工作。加强汛期、气象灾害应急值守，全年应急值守正常、无值守值班脱岗现象，汛期及应急响应期间领导均在岗值守。

开展下乡调研活动，技术人员进行现场气象服务，发送气象服务材料上千份，并进行问卷调查，回收调查问卷 50 份。在春耕春播气象服务中，每周发布一周农气天气预报，共发布 5 期。发送专题春播气象服务材料 4 期，决策服务材料 3 期，发布气象灾害预警信号 4 次。

编制“三农”服务专项实施方案，明确具体内容、保障机制、项目支出预算和项目绩效目标等。及时成立“三农”服务专项项目实施领导小组，安排专职人员做好“三农”并选派业务骨干参加各类培训。开展重大灾害性天气过程及关键农事季节的气象服务。对关键性、转折性、灾害性天气来临前，及时向各级领导、农民合作社和种养大户、信息员进行发布。

【天气气候特点】 全县年平均气温 20.0℃，比历年平均值（19.1℃）高 0.9℃，比 2016 年高 0.1℃；年降水量 1561.50，比历年平均值（1605.7 毫米）偏少 44.2 毫米，比 2016 年少 1084.5 毫米，降水主要集中在 3—8 月，占全年降水量的 86.67%，出现 8 次暴雨日，其中一次大暴雨日出现在 7 月 31 日；年日照总时数 1778.9 小时，比 2016 年多 343.9 小时，比历年平均值少 111.7 小时，年日照百分率 40%，比 2016 年（32%）上升 8%。

全年极端气候值：据气象站观测纪录，本年度最高气温 37.4℃（7 月 29 日、9 月 27 日），最低气温 -0.5℃（12 月 21 日）。最大风速为 7.7 米 / 秒（7 月 6 日），风向东南，极大风速 13.8 米 / 秒（8 月 21 日），风向北。任意 24 小时最大降水量 138.6 毫米（7 月 31 日），任意 1 小时最大降水量 43.6 毫米（6 月 3 日）。无霜期 310 天。

【异常气候与灾害】 5 月 15 日受高空低槽东移、中低层切变影响，全县普降大到暴雨，局部大暴雨，全县 3300 人受灾，转移 263 人，农作物受灾面积 2.97 公顷，中断公路 27 条次，共造成直接经济损失 178.37 万元。6 月 1—4 日受低层切变影响，全县出现连续性暴雨，部分大暴雨、强降水天气，紧急转移 71 人，农作物受灾面积 21 公顷，造成直接经济损失 261.8 万元。6 月 12—16 日受台风和低层切变影响，全县出现连续性暴雨，部分大暴雨、强降水天气，全县196人受灾，转移56人，农作物受灾面积158公顷，中断公路68条次，损坏河堤长度190米，造成直接经济损失537万元。

【防雷工作】 进行防雷体制改革工作，制定防雷体制改革方案，并以文件的形式下发。规范防雷行政审批，严格按照法定权限、程序和审批时限依法开展防雷行政许可工作，加强防雷社会管理。与安监局联合组织防雷安全检查，重点对石油、化工、烟花爆竹等易燃易爆物品生产或者储存场所，以及学校、医院、住宅小区、车站等人员密集场所的防雷设施进行检查，将防雷安全纳入安全生产监管体系。

利用“3·23”气象日、防灾减灾日、科技活动周、“安全生产月”等时间，向广大群众普及气象防灾减灾知识，共发放材料计3000余份。

（卢学兵）

卫生　体育

卫生和计划生育

【概　况】 县卫生和计划生育委员会为县政府的行政职能部门，内设办公室、规划财务股、政策法规股、医政医管股、防保股、基层卫生与药政管理股、体制改革与宣传教育股、计划生育基层指导与考核股、计划生育家庭发展股、流动人口计划生育服务管理股；有行政编18名（其中工勤编2名），实有人员18人，事业编22名，实有人员23人。寻乌县被省人民政府评为“2017年度全省计划生育工作综合先进县”二等奖；被市政府授予“全市计划生育工作综合先进县”。

【医药卫生体制改革】 设立县、乡两级公立医疗机构改革发展专项资金，用于县、乡两级公立医疗机构的基本建设、设备购置，以及逐步化解符合规定的县级公立医院和乡镇卫生院长期债务；破除以药补医机制，公立医院除中药饮片外已全部取消药品加成，建立以成本和收入结构变化为基础的医疗服务价格动态调整机制，严格控制医疗费用不合理增长。建立药品供应保障新机制，制定《寻乌县公立医疗机构药品采购“两票制”实施方案（试行）》，从10月31日起，全县所有公立医疗机构全面实施药品采购“两票制”，即药品从药厂卖到一级经销商开一次发票，经销商卖到医院开一次发票；做好基本药物、短缺药品配送管理，推进建立分级诊疗制度。9月29日，召开寻乌县医共体成立大会，由县人民医院为牵头单位，县中医院、县妇保院、16个乡镇卫生院、城北新区卫生服务中心、长宁社区卫生服务中心及寻乌新东方医院等21个医疗机构共同参与组建。有28个贫困村完成产权公有村卫生计生服务室标准化建设，打造澄江、吉潭等乡镇示范卫生院，开展二级医疗卫生机构对口支援乡镇卫生院工作，加快中医药事业发展，大力发展社会办医。挂牌成立寻乌县卫生计生综合监督执法局，整合卫生计生监督执法力量。

【医政医管】 制定《寻乌县医疗系统医疗安全专项整顿活动实施方案》，在医疗安全专项整顿活动中，共排查梳理出存在问题82个，其中，立行立改54件，限期整改28件。加强血液、抗菌药物静脉输注、药品和医疗废物管理。实施重大疾病免费救治，1—10月，免费救治白内障患者222例、唇腭裂患者3例、重性精神病患者453例、儿童先天性心脏病8例、儿童白血病3例、尿毒症免费血透197例、妇女乳腺癌免费手术治疗1例。开展医保基金专项审计，其中，排查梳理出5个单位共12个问题，并作出限期整改。建立“心防”工程失独人员、严重精神障碍患者、艾滋病患者台账。加强医院安防系统建设，完善“三调解一保险一打击”运行机制，积极开展“平安医院”创建活动和医疗机构安防体系建设，1—10月共发生医疗纠纷10起，已全部化解处理，同时，化解历史遗留的医患矛盾纠纷5起。

【基本公共卫生服务】 建立贫困人口免费居民健康档案。对重点人群的随访由一年4次增加到每年至少6次。至10月底，全县共建立健康档案25.4357万份，建档率达87%，其中，65岁以上老年人管理2.1756万人，管理率达81.61%；0—6岁儿童管理2.2430万人，管理率达88.41%；高血压患者管理2.1345万人，管理率达46.61%；糖尿病患者管理0.5906万人，管理率达27.65%。对1061名重性精神病患者实行规范化管理和对152名肺结核患者进行随访管理。建立家庭医生签约服务新模式，至10月，全县共签约78130人，签约率达26.7%，重点人群签约率达55.3%。巩固完善基本药物制度，至10月底，全县网采共计6089.97万元，基药采购2285.54万元。

【爱国卫生运动】 对全县65个贫困村开展改厕工作，改厕1万余座，计划在2018年完成。开展健康教育和促进工作，举办宣传活动10次，悬挂横幅20条，印发宣传资料5000余份，制作禁止吸烟标识牌800块，开展健康活动150余次。开展环境综合治理，4月，举办以“历史与展望——为了人民健康的65年”为主题的春季公共卫生周和爱国卫生月运动；5月，组织县直单位开展以清理生活垃圾为重点的环境卫生综合治理活动，干部参加义务劳动3000余人次，重点整治背街小巷、农贸市场、清除卫生死角，净化人居环境。

【计划生育管理】 年内，县委召开常委会专题研究计划生育工作4次，县政府召开常务会专题讨论研究计划生育工作5次，召开全县性计划生育工作会议2次。2016年10月1日至2017年9月30日，全县共出生5180人，人口出生率为14.54‰；人口自然增长率为8.7‰；符合政策出生4710人，出生政策符合率为90.93%；政策外多孩出生470人，政策外多孩率控制在9.07%以内，其中，男婴出生2711人，女婴出生2469人，出生人口性别为109.8（女为100），与上年同期相比下降1.5。

【生育服务证制度改革】 2016年3月15日正式启用江西省计划生育服务系统以来，全县实行一、二孩生育登记和再生育申请审批网上办理，并建立“问题在网上找、工作在网上办、服务在网上做、效果在网上显、考核在网上评”的工作机制，计生服务管理水平得到大提升。2016年10月1日至2017年9月30日，全县共办理《生育服务卡》2880例，其中，一、二孩2836例，再生育审批“生育服务证”44例。总办结率100%，及时办结率99.65%，异地协查及时处理率90.12%，完成率为100%。

【妇幼健康】 加强高龄孕产妇管理，专门设立高龄孕产妇咨询门诊和孕产妇急救小组，明确临床救治工作要求，对高危孕产妇实行专册登记和追踪随访；加强急救专家组妇幼健康能力建设。加大叶酸的增补，免费发放叶酸9527瓶，服用人数2503人，使叶酸的知晓率达90%以上；给各助产机构分发新生儿乙肝免疫球蛋白693支，为感染乙肝阳性产妇所生婴儿免费注射新生儿乙肝免疫球蛋白；发放儿童营养包3657人/份，共21942盒（30袋/盒）；推进婚前医学检查，并落实场地、人员、资金等，婚检率持续上升。开展免费孕前优生检测项目。1—8月累计完成检测任务1146例，占全年任务的81.8%，其中发现异常人员611人，并进行跟踪随访服务。

【流动人口管理】 流动人口平台有序运行，至9月30日，共发送协查59648条，接收反馈13409条，反馈率22.48%，查无此人率为2.28%。为做好流动人口基础信息核查工作，共培训村专干、流动人口管理员、计生专干238人（次）。全县流动人口总数26397人，流动人口信息准确率和完整率逐渐上升。为流动人口免费开展技术服务13人次、发放叶酸180盒、落实孕前优生健康检查2对、生殖健康检查18人次、政策法律咨询45人次。建立统一、规范的《流动人口健康档案》114 份；在流动人口数量较多的村（社区）、企业、单位和学校等主要场所设置健康教育宣传栏 3 个，资料发放点 2 处，开展宣传活动 8 次，举办传染病防治等健康知识讲座 2 次，组织关爱流动人口健康义诊活动 5 次，组织乡（镇）人员 2 次赴梅州市和广州市开展流动人口宣传服务，为服务对象发放计生宣传品 2600 份，现场电子婚育证明查验 179 次。成立企业计生协会 1 个，经试点后在全县推开。

【计生利益导向】 落实常规利导政策。年内，为 3501 名 0—14 周岁的农村、城镇独生子女办理爱心保险，参保总额 10.503 万元；为农村已扎的二女户 896 人免费办理新农合，参保总额 13.44 万元；为已结扎的农村二女户 1199 人参加新农保，参保总额为 35.97 万元；为 69 名农村计划生育家庭的子女审核中考加分手续。为 482 名城镇独生子女父母落实奖励政策，并将奖励费用纳入财政预算，其中，城镇居民 209 人，国家机关、企事业单位在职职工和离退休职工 273 人。

（张宏彬）

疾病预防控制

【概　况】 县疾病预防控制中心内设秘书科、流行病科、免疫规划管理科、地方病与慢性病科、卫生监测科、结核病预防控制科、性病麻风病预防控制科、健康教育科、检验科。全额拨款事业编制 32 名，现有人员 36 人。

【卫生监测】 加强对公共场所从业人员、各学校（学前班、幼儿园）炊事员的体检，体检从业人员 4231 人。做好农村义务教育学校营养改善计划的健康监测，其中监测中小学校 16 所，学生 5582 人。对农村饮用水、自来水厂、中小学饮用水、居民自备井水等进行监测，共检测水样 514 份。对检测发现的问题及时移交给卫生监督所处理。开展食源性疾病监测，共监测上报病例 89 人。抓好职业病监测，其中监测农药中毒病例 42 人，并按时做好上报和审核。

【免疫规划】 新建常规免疫接种卡 4535 人，建卡率为 100%，建证率 100%；卡介苗实种 4525 人，接种率 100%；糖丸基免实种 14445 剂次，接种率 100%；糖丸加强实种 4397 剂次，接种率 99.94%；百白破基免实种 14377 针次，接种率 100%；百白破加强实种 4380 针次，接种率 100%；百白破实种 3924 针次，接种率 100%；麻苗（麻风）实种 4500 针次，接种率 100%；麻腮风实种 4484 针次，接种率 100%；A 群流脑实种 8629 针次，接种率 100%；A+C 流脑实种 6907 针次，接种率 100%；乙肝实种 13900 针次，接种率 100%，首针及时率 97.05%；乙脑基免实种 4475 针次，接种率 100%；加强实种 4567 针次，接种率 99.97%；甲肝实种 4752 针次，接种率 100%，全程覆盖率 99.98%。加强流动留守儿童免疫接种，消除免疫空白。乡镇儿童预防接种信息化建设率达 100%，乡级接种单位儿童预防接种证打印率达到 100%，7 天内乡级接种单位上传率 100%，7 天内年纪接种单位数据备份率 100%，全县 18 个接种单位已正常使用儿童预防接种信息系统。开展预防接种星级门诊创建活动，经卫计委考核评定，全县 18 个接种门诊单位中，有 1 个评为四星级门诊，其余 17 个为三星级门诊，星级门诊占预防接种门诊的比例达 100%。

【传染病防治】 做好随时应对各种突发公共卫生事件的准备，加强传染病信息系统管理，完善应急预案，成立 2 个机动队在重点季节负责值班，工作队员 24 小时保持通讯畅通，储备 10 万元的应急药品和应急器材，全年未发生大的疫情和突发公共卫生事件。

流行病控制。认真做好传染病预防和控制，加强手足口病等重大传染病的防控及监测。未发生甲类传染病，各级各类医疗机构共报告法定传染病 1711 例，年发病率为 578.60/10 万，与 2016

年相比，发病率上升32.0%。按《江西省霍乱监测工作方案》的要求，4—10月对寻乌河水及县城海产品开展霍乱的疫源检索工作检测，共采集检测样品236份，检测河水98份，各种水产品140份，均未发现霍乱弧菌。

手足口病防控。为确保不发生大的疫情，对发现的手足口病例及时上门指导消杀工作服务，免费发放消杀药品和宣传资料，共采样49例手足口病患者检测样品送市疾控中心检测，经检测全部属阳性，其中7份为EV71病毒，为临床救治和采取防控措施提供参考。

H7N9禽流感防控。开展针对H7N9禽流感的防控应急演练。并按全市统一部署，对县城和吉潭活禽市场进行3次共85个环境样品的检测。首次对全县活禽市场进行较长时间的休市，并对经营场所进行清洗消毒，全县未发现H7N9禽流感病例。

结核病防治。结核病人登记数244人，其中，初治涂阳90例；初治涂阴70例；复治涂阳20例；重症涂阴24例；复治涂阴30例，其他10例。网络直报系统报告疑似肺结核病人130例。对学校进行结核病防控知识的宣传和培训，协助建立学校结核病防控制度和工作计划。及时向教育部门反馈学校出现的结核病疫情，对确诊病例进行重点管理，落实各项防控措施。

艾滋病防治。开展防治知识的宣传，定期到县看守所抽取在押所有人员血液进行检测；对娱乐场所进行调底摸底，并发放宣传资料和安全套；对高危人群进行干预教育；加强自愿咨询检测和性病门诊哨点监测工作。对全县15例艾滋病人和5例艾滋病毒感染者进行流行病学调查，并对其配偶、子女和亲属等进行监测。

【地方病防治】 完成人体重点寄生虫病现状调查，其中对留车镇余田村、桂竹帽镇上坪村、项山乡桥头村、龙廷乡大田村、三标乡湖屋村5个行政村750人进行调查。

做好碘盐含碘量和碘缺乏病病情的监测，对罗珊、水源、菖蒲、丹溪、长宁5个乡镇20个行政村300户居民食盐采样监测，抽取食盐300份，不合格14份，非碘盐8份，合格率92.67%，并将有关数据及时上报。对15个乡镇生活饮用水进行水碘调查，共采集水样286份，其中，分散供水270份；集中供水16份。15个乡镇水碘中位数均小于10微克/升，其中0.2—10微克/升之间的有284份（占99.30%）、小于0.2微克/升的有2份（占0.7%），提示寻乌全境均为碘缺乏地区。

做好全县肿瘤登记和死因监测工作：死亡登记人数1473人，肿瘤登记人数231人。

做好疟疾防治项目：完成三热人员血检任务165人，未发现疟原虫血检阳性情况。

麻风病防治职能：经2016年12月21日编委会批准（寻编字〔2016〕37号），将县疾病预防控制中心麻风病防治职能划转到县皮肤病防治所（皮肤病医院）。

（李　强）

体　育

【概　况】 县体育局为县政府直属正科级事业单位，内设办公室、群体股；下辖体育中心、少年儿童体育运动学校；编制16名，现有人员9人。

【竞技体育】 在2017年赣州市锦标赛比赛中，共参加足球、武术、游泳、篮球、田径等项目的比赛。其中，篮球获得第5名；足球第7名；田径比赛中取得第二名1个、第四名3个、第五名2个、第六名2个、第七名2个、第八名2个；游泳项目取得第一名3个、第二名4个、第三名4个、第四名2个、第五名1个、第六名2个、第八名1个，获得团体总分第三名。

在2017年赣州市青少年散打搏击冠军赛中，取得2金3银4铜的好成绩，寻乌被授予发展散打搏击事业优秀贡献奖。

在赣州市第二届花样跳绳（交互绳）公开赛暨第四届上海国际交互绳大奖赛中获得三等奖。

【群众体育】 向上争取公共文化体育资金22.2万元，为缺少健身器材的乡村购置15套健身器材；向上争取残疾人康复项目资金20万元，在青少年活动中心一楼设立残疾人体育康复中心，免费对残疾人开放。

8月，举办社会体育三级指导员培训班，培训学员80余人；11月，4名体育骨干参加赣州市组织的社会体育二级指导员培训班。

体育赛事：举办庆新春象棋比赛、草地滚球比赛、“岑峰窖酒杯”全县第五届五人制足球夏季联赛、全县“石崆寨”杯夏季篮球联赛、寻乌县“世纪陶瓷”杯羽毛球联赛、全县“全民健身日”系列比赛、“广寻实业”杯闽粤赣三省八县篮球联赛、“九洲国际杯”李宁全国青年女子篮球联赛。

【体育产业】 体育产业呈现良好发展态势。经营性体育场所达10家，注册资金达2000万元，体育从业人员200人，其中专业人员30人。经营项目涉及健身、游泳、台球、跆拳道、瑜伽、武术、轮滑、舞蹈培训等。体育彩票销售额191.544元，获得2017年度县（市、区）体育彩票工作进步奖和2017年度县（市、区）体育彩票市场份额奖。

（邝华锋）

社会保障

民 政

【概 况】 民政局内设办公室、救灾救济股、社会福利股、社会救助股、社会事务股、优抚安置股、老龄办；下辖事业单位有：县光荣敬老院、革命烈士纪念馆、婚姻登记处、流浪乞讨人员救助站、殡葬事业管理所、殡葬监察大队、救灾服务中心、民间组织管理办公室、慈善会办公室、寻乌县居民家庭经济状况核对中心、寻乌县社会救助中心。核定编制43名，其中，局机关行政编制15名，在职人员21人；事业单位编制28名，在职人员26人。2017年，获省民政厅授予的“全省社会救助工作优秀单位”“全省民政信访工作‘三无’县”“全省农村社区建设试点示范区”“全省‘绿色社区 美丽家园’创建活动示范区”；获市民政局授予的“社区服务体系建设优秀单位”“全市民政工作综合考评达标单位”“养老服务体系建设优秀单位”等荣誉，向省市民政部争取资金13778.9万元。

【社会救助】 民生工程，从1月起，城市最低生活保障标准由每人每月480元提高到530元，月人均补差由320元提高到350元；农村最低生活保障由每人每月270元提高到305元，月人均补差由195元提高到225元；城市精简退职人员救济标准每人每月355元提高到385元；农村精简退职人员救济标准每人每月315元提高到345元。将人均月收入低于305元的农村贫困人口和人均月收入低于530元的城市贫困人口全部纳入低保范围，实现应保尽保。全县共有农村低保对象7020户16744人，发放农村最低生活保障金4552.16万元；城市低保对象1512户2052人，发放城市最低生活保障金924.73万元。

农村五保集中供养标准由每人每月365元提高到425元，分散供养标准由每人每月290元提高到320元；全县共有五保供养对象1036人，其中，集中供养300人；分散供养736人；集中供养率29%；发放农村五保供养金588.28万元。

根据全市统一部署，城乡医疗救助实现“一站式”结算。全年发放城乡医疗救助资金804.3万元，救助符合条件的大病救助对象17028人次。其中发放暖心基金140万元（含支助参保参加个人缴交部分、门诊、妇女“两癌”、儿童“两病”、尿毒症免费透析、精神病免费治疗等）。

完善救急难转介制度。各乡（镇）建立“社会救助受理窗口”、开通“12349”救助热线，实行“一门受理、协同处理”工作流程，让突遇不测、因病因灾陷入生存困境的群众得到有效救助。全年发放临时救助107人次38.3万元，下拨给乡（镇）救急难临时救助资金93.06万元，由乡（镇）发放临时救助802人次63.36万元。

【救灾救济】 在“5·12”国家防灾减灾日，开展地震应急避险和自救互救演练，并上街举行防灾减灾宣传活动，接待群众咨询1000人次，发放宣传资料2000余份。完善救灾物资储备体系建设。3月，经县发改委批准立项，在长宁镇三二五村田背排新建一处种类齐全、规模适度、功能完备的救灾物资储备库，总投资360万元，其中，中央预算内资金252万元；县本级配套108万元。认真做好防汛救灾工作。与县应急办、防汛、气象等部门加强沟通协作，积极应对极端气候，防患于未然。

【优抚安置】 全年新增抚恤补助对象54人，共发放各类抚恤补助资金725.9万元。完成全国优抚对象信息管理系统数据库的录入和更新工作，信息采集率达100%。元旦、春节、八一建军节等重大节日，开展走访慰问驻寻部队和重点优抚对象，发放慰问金15余万元；走访慰问各类优抚对象2300余人次，发放慰问金36.5余万元，发放实物折款12.3万元；发放慰问军烈属年画1.2万余幅。

在清明节、烈士纪念日期间，社会各界人士以及学生1.8万余人次到县革命烈士纪念馆开展缅怀祭奠革命先烈活动。

由国家老区专项资金扶持的总投资709万元的古柏烈士纪念碑设施维修和改造项目，于4月竣工，新建的革命烈士陈列馆已投入使用。

退役士兵安置接收春季转业士官1人，接收秋季退役士兵75人；发放退役士兵一次性经济补助及安置人员待安置期间生活补助费86人、共107.5万元；有62人报名参加2017至2018年江西省退役士兵职业教育和技能培训，参训率达85%。

【社会福利与慈善】 全县共有孤儿80人（社会散居孤儿76人，机构集中供养孤儿4人），并发给生活费其中，社会散居孤儿每人每月700元；福利机构养育孤儿每人每月1100元/月；社会散居残疾孤儿每人每月增加100元/月。孤儿生活保障生活费实行动态管理。

全县有1138人享受残疾人生活补贴，享受残疾人两项补贴人数1283人；没有纳入低保只享受护理补贴重度残疾人950人，共发放残疾人两项补贴资金279.965万元。

全县有福利彩票投注站31个（其中，县城10个；乡镇21个），年销售电脑彩票738.5万元；即开票15.5万元；完成市局下达任务的103.5%。

对养老服务业进行调查统计，全县养老机构有17所，其中，农村敬老院16所；县福利中心1所，拥有床位数1051床。积极向上申报东江源养生小镇（颐养园）项目，总投资4800万元，建筑面积3万平方米，工程正在有序推进。扶持社会化健康养老项目。长宁镇日间照料中心项目已经收尾，工程进入验收阶段。县综合福利院项目实行公建民营模式，通过政府采购方式，由中标方福建武平仁济医院负责具体运营。

【老龄工作】 2017年全县满80周岁以上老年人达6540人，共发放长寿补贴金663.535万元。进一步完善60周岁以上老年人普查登记和基本信息录入工作。60周岁以上老年人有39376人，占总人口的12.6%，其中，城镇11769人；农村27607人。同时，为70岁以上老人免费办理乘坐公交车意外险。

2017年百岁老人情况汇总表

表30

姓　名	性别	出生日期	民族	现住详细地址	年龄
刘宝堂	男	1917.8.29	汉	留车镇坵坊村河联	100
赖道干	男	1917.9.8	汉	晨光镇香山村桥背坑	100
刘维贵	男	1916.12.17	汉	留车镇飞龙村上岭背	101

续表 30

姓 名	性别	出生日期	民族	现住详细地址	年龄
赵德兰	女	1907.3.4	汉	长宁镇三二五村竹子排 7 号	110
刘凤秀	女	1908.5.26	汉	长宁镇城北村新路小组	109
范浪兰	女	1913.10.11	汉	文峰乡黄坳村大詹街	104
易卢玉	女	1914.10.7	汉	晨光镇新群村鸳鸯镇	103
陈六妹	女	1914.7.5	汉	南桥镇廷岭村围脚下	103
曾桂娣	女	1914.7.20	汉	项山乡聪坑村杨屋	103
谢二妹	女	1915.7.30	汉	丹溪乡岑峰村曾屋小组	102
刘庚秀	女	1915.7.1	汉	澄江镇周田村东山下组	102
钟春英	女	1915.6.2	汉	吉潭镇大坜村坝里小组	102
谢顺英	女	1915.8.15	汉	吉潭上车村口水小组	102
梅五妹	女	1916.7.2	汉	留车镇留车居委会	101
张招娣	女	1916.3.6	汉	留车镇新村村寨门	101
李四妹	女	1916.9.10	汉	龙庭西湖村果合石	101
范宝娣	女	1916.3.24	汉	三标乡黄陂村永熟坝小组	101
严丁娇	女	1917.2.4	汉	晨光镇金龙村步江下	100
陈二妹	女	1917.3.30	汉	长宁镇三二五村柯树背 4 号	100
王菊娣	女	1917.4.28	汉	澄江镇北亭村凌屋小组	100
邝福招	女	1917.3.20	汉	留车镇石贝村车贝	100
赖世英	女	1917.9.8	汉	龙廷村河晏	100
彭丙娇	女	1917.3.23	汉	南桥镇廷岭村上排	100
欧阳等娣	女	1917.5.15	汉	三标村观溪小组	100
周三凤	女	1917.5.2	汉	水源乡坳背村联民组	100
王顺秀	女	1917.5.3	汉	水源乡袁屋村上排组	100
廖道玉	女	1917.3.14	汉	文峰乡长溪村五组	100
周三凤	女	1917.5.2	汉	水源坳背村联民组	100
王顺秀	女	1917.5.3	汉	水源袁屋村上排组	100

【地名普查】 按照第二次全国地名普查工作要求，对本县区域范围内的地名及相关属性信息进行全面的调查、补充和完善，共采集 11 大类地名 5285 条，其中，行政区域类 16 条；非行政区域类 199 条；群众自治组织类 199 条；居民点类 2091 条；交通运输设施类 593 条；水利、电力、通信设施类 103 条；纪念地、旅游景点类 247 条；建筑物类 11 条；单位类 732 条；陆地地形类 565 条，陆地水系类 21 条。并着手进行第三阶段的成果上报及成果转化利用工作。

【社会治理】 已完成农村社区建设试点工作，南桥镇南龙村、项山乡卢屋村、吉潭镇圳下村 3 个申报为农村社区建设试点村，并被省民政厅命名为农村建设试点示范社区。指导基层健全和落实各项村民自治制度，切实规范基层群众自治行为。做好离任“两老”（即连续担任村党支部书记和村委员主任 10 周年以上的人员）生活补助金发放。上半年发放离任“两老”生活补助金 367740 元，发放人数 397 人；下半年发放离任“两老”生活补助金 325740 元，发放人数 348 人；

合计发放离任“两老”生活补助金693480元。

【婚姻登记】 按照民政部和省民政厅关于开展婚姻登记机关等级评定有关要求，建立健全婚姻登记档案管理规章制度，设置专职婚姻档案管理员，免费为当事人和公、检、法机关及律师提供档案查询服务。全年共办理结婚登记2304对，离婚登记602对，补发婚姻登记证857对，婚姻登记合格率达100%。依照婚姻登记规范化建设要求，补录1980年以来的婚姻档案数据，补录数据4000条，对本年度所形成的婚姻登记档案进行归类立卷，共整理档案95盒。

【收养登记】 严格按照《中国公民收养子女登记办法》《收养登记工作规范》《民政部公安部关于查找不到生父母的打拐解救儿童收养工作的通知》等政策法规及其他规范性文件的精神进行收养登记。依照《国务院办公厅关于解决无户口人员户口问题的意见》，配合公安部门解决21件被公民私自收养，且不能办理“收养登记证”或《收养公证书》未满18周岁的无户口人员的户口问题。

【流浪乞讨人员救助】 全年街面救助流浪乞讨人员102人，发放棉被33床，衣服33套以及食品、药品若干。站内救助外来流浪乞讨人员851人，其中，委托医疗机构医治精神病人26人；福利机构安置未成年人4人；成功护送返乡6人。

【殡葬管理】 积极推行绿色殡葬，实行全民遗体免费火化制度，继续保持遗体火化率100%，全年共免费火化遗体1642具，发放免费火化资金155.72万元。

【社会组织管理】 全县依法登记的社会组织170个，其中，社会团体83个；民办非企业单位90个。年内，新成立登记社会团体9个；民办非企业单位9个；注销登记社会团体11个；变更登记社会团体16个；民办非企业单位7个。推进行业协会商会与行政机构脱钩，有20个行业协会商会完成脱钩工作。做好社会组织核发统一社会信用代码工作，推进社会组织法人库建设，其中，转码核发统一社会信用代码133个；新成立赋码37个。推进“放管服”改革，做好社会组织综合监管。在“双随机、一公开”基础上，进一步明确监管对象，社会组织年检率达到100%。推进社会组织党建工作，对符合条件的社会组织，及时建立党支部；对已组建党支部和未成立党支部的社会组织，及时跟进党建工作；对新成立的5个社会组织成立联合党支部，由局党总支下派党建指导员。

（潘彩英）

公共就业人才服务

【概　况】 县公共就业人才服务局为县人力资源和社会保障局下辖的副科级事业单位，内设办公室、失业保险股、就业培训股，下辖再就业小额贷款担保中心、人才交流中心、人力资源市场。有全额拨款事业编制12名，实有人员12人。

【就业培训】 年内，城镇新增就业2504人，新增转移农村劳动力4362人；省内工业园区定向培训1460人，培训创业人员997人；“4050”（即女性40岁，男性50岁没有就业的人员）人员实现就业263人，零就业家庭就业安置38人，帮助困难群体就业（购买公益性岗位）71人；从事家庭服务业962人，培训家政服务人员420人；安排大学生见习260人，完成上级下达的各项就业指标。组织开展企业岗前培训、创业培训、电商培训、家政服务培训等各类培训50期，培训学员3569人，其中贫困人员307人，发放培训补贴34.8万元。

【就业扶贫】 落实贫困劳动力转移就业、公益性扶贫岗位安置就业、创业担保贷款扶持创业、开展技能培训提高贫困劳动力就业能力等就业扶贫措施，切实改善贫困劳动力就业现状，推进就业扶贫工作迈上新台阶。年内，实现3150名贫困人口就业。其中，外出务工1851人，扶贫车间引导就业501人，县内就业1299人，公益性扶贫岗位就业823人，自主创业及能人带动就业435人。

【失业保险】扎实推进失业保险扩面征缴发放工作，不断扩大失业保险覆盖面，失业保险征缴业务实现“统一申报、统一参保、统一缴费、统一稽核”的要求。全年失业保险参保人数为1.07万人，征缴失业保险费198.4万元；失业保险金发放2109人（次），发放金额246.5万元。

【创业担保贷款】建立创业贷款一站式服务平台，降低申贷门槛、简化申贷手续、加快放贷速度，全年发放创业担保贷款7837万元，扶持个人创业664人。其中，扶持妇女创业277人；扶持劳动密集型企业9家，带动就业人员2854人。

【孵化基地】扶持寻天下电子商务有限公司、黄蜡石一条街、三二五村返乡农民创业园3个孵化基地，对入驻基地的创业实体按孵化基地有关政策给予场地租金、水电费、物业费等实际费用50%的补贴，孵化基地已入驻小微企业及个体工商户385家（个），带动就业613人。

【人力资源市场】完善人力资源市场的配套设施。设立招用工信息发布栏5块，招用工信息查询触摸屏一台，信息发布电子显示屏一块，配备专职人员1名。为人力市场提供失业登记、就业登记、就业援助、招工服务和创业贷款等方面的信息与服务。2月1日（农历正月初五）和9月30日，先后在县城北广场举办春季、秋季招聘大会，共有172家县内外用工企业和个体工商户参加现场招聘，分别提供管理、文秘、专业技术等就业岗位11000多个，涉及陶瓷、电子、科技贸易、农业开发等行业。当天进场咨询、求职人数达3万多人次，发放招聘信息1万多份、有5100多人与用人单位达成就业意向，使县工业园区企业和其他民营企业用工紧缺问题得到有效缓解。

（沈潇萍）

社会保险

【概　况】县社保局内设办公室、机关事业养老保险股、企业和个体养老保险股、社保基金管理股、离退休人员管理股、稽核股、信息统计股、社保业务服务中心。全额拨款事业编制16名，现有干部职工14人。2017年被评为全市、全省养老保险综合先进单位，全市人社系统文明窗口，全县综治工作先进单位；1人被评为全县综治工作先进个人，1人被县委评为优秀共产党员，1人被评为全县精准扶贫优秀第一书记。

【养老保险扩面征缴】到12月31日，全县城镇被征地农民参保人数为8775人（在职6378人；已领取基本养老金人数为2397人），三标乡“两个半村”被征地农民已参保缴费人数为981人。为有困难参保人员37人落实助保贷款优惠政策，发放贷款资金85.45万元。

【机关事业人员养老保险】2016年10月正式启动全县机关事业单位人员养老保险业务经办工作。参保的机关事业单位共176个，参保在职人数为6630人。

8月29日，正式启动机关事业改革后基本养老金改办和准备期费用结算工作。机关事业单位所有符合条件的工作人员（包括分流人员、公益一类、公益二类分类到位的自收自支人员）已全部纳入机关事业单位养老保险管理信息系统，机关事业参保单位过渡期“中人”待遇改办工作已全面完成。

【养老保险基金管理】8月底，全县历年政府挂账资金已全部清偿到位。县财政拨付被征地农民历年政府挂账资金5138.6万元；县财政拨付村干部养老保险补助县级负担部分及市级补贴缺口资金364.56万元；县财政拨付两笔企业挂账及三笔补助资金合计1417.02万元，其中，2014年以前汽修厂等11家改制企业养老保险挂账资金253.7万元；园艺场改制企业养老保险挂账资金1041.37万元；军转干部及参照退役士兵生活补助资金18.34万元；乡（镇）分流人员（非工聘干）养老保险补助资金84.29万元；“第二类人员”（即民办代课教师、单位临时聘用人员、大集体人员）养老保险补助资金 19.32 万元。

年内，全县城镇企业职工养老保险累计结余 6.86 亿元。按现有企业职工基本养老金发放水平测算，可静态支撑 66 个月，基金未来的压力较小，企业职工基本养老保险基金的支付能力不断增强。

全年社保业务工作经费由原来的 30 万元增加到 147 万元，保障各项业务工作有序开展。

【养老金待遇发放】 当年全县企业退休人员月人均调资额 130.51 元，机关事业单位退休人员月人均调资额 170 元。7 月 19 日，已完成全县退休人员基本养老金调待工作。积极与县财政等部门沟通协调，统筹安排资金，确保企业、机关事业单位退休人员上调的养老金在 7 月底前按时足额发放到位。每年 4—6 月对全县参保离退休人员开展领取养老金资格认证工作，并推出便民举措，简化认证程序，6 月底前完成资格认证，认证率达 100%。

【社保关系转移接续】 至 12 月底，县社保局已受理转移业务 307 笔，其中，转入 258 人，基金转入 5589449.2 元；转出 49 人，基金转出 1186744.66 元。养老保险关系转移接续办理率达 100%。

【统计数据】 截至 12 月底，全县城镇职工参保人数（含离退休人员）为 36363 人。其中，企业参保人数 5101 人；机关事业单位参保人数 6630 人；个体工商户及参照个体工商户参保人数 15782 人；离退休人数 8850 人（企业 5651 人，机关事业 2583 人，大小集体 616 人）。

当年征缴基本养老保险基金总额达 34133 万元，同比增长 17758 万元，增长率为 108.44%。其中，企业 4182 万元；机关事业 11083 万元；个体工商户及自由职业者 10065 万元；清收旧欠及清偿挂账 2068 万元；一次性预缴 6735 万元。

当年为离退休人员按时足额发放基本养老金 23147 万元，社会化发放率为 100%。其中，企业离退休人员基本养老金 11139 万元；机关事业退休人员基本养老金 10712 万元；大小集体及知青改办退休人员养老金 1296 万元。城镇职工养老保险参保率为 98.06%。城镇企业职工养老金平均水平为 1779.08 元 / 月 · 人。

（古叶琳）

【农村养老保险】 到 12 月，城乡居民养老保险历年累计参保总人数达 165351 人。其中，2017 年 16—59 周岁续保缴费人数为 98322 人，扩面参保新增 9467 人，收缴保费 1329.72 万元；对 60 周岁以上符合领取条件的 35400 人发放养老金 3506.02 万元，其中发放基础养老金 3387.56 万元。完成全年民生指标任务 139698 人的 102.49%。对符合参保条件的建档立卡贫困户，由县财政代缴保费，全年共为 29950 人代缴基本养老保险保费 299.5 万元。

（廖梦恬）

医疗保险

【概　况】 县医疗保险事业管理局为县人力资源和社会保障局下辖副科级事业单位，内设办公室、职工保险管理股（含职工医疗、工伤、生育保险）、城乡居民保险管理股、基金管理股、医务监督股、稽核审计统计股、信息中心、医保业务服务中心 8 个职能股室。有全额拨款事业编制 20 名，干部职工 18 人。2017 年被省社保中心评为“全省社会保险民生工程目标绩效考核先进单位”。

【民生工程】 全县基本医疗保险参保缴费人数达 328224 人，其中，城镇职工参保缴费人数 21181 人；城乡居民参保人数 307043 人。基本医疗保险基金收入总额 21448.03 万元，其中，城镇职工基本医疗保险基金收入 5149.91 万元（含征缴收入 4647 万元）；城乡居民基本医疗保险基金收入

16298.12万元（含征缴收入3398.85万元）；工伤保险参保人数13724人，征缴工伤保险基金163万元；生育保险参保人数10948人，征缴生育保险基金148万元。

【医保整合】 在完成职能、人员、编制、经费、档案等移交后，经过对基础数据的不断修正比对和填充完善，并对基础数据作进一步的采集和修改，4月16日率先在全市实现城乡居民医保并网运行。同时，各乡（镇）医保所及乡村定点医疗机构也与赣州医保系统顺利联网，实现城乡居民基本医疗保险的"八个统一"，城乡居民医保整合工作已完成。在全省首创城乡居民医保费用由银行代缴代扣的做法。

【健康扶贫】 为解决异地就医、转外就医贫困人员及县内医疗机构的垫资问题，出台《寻乌县健康扶贫"四道医疗保障线"周转金使用管理办法》，设立健康扶贫"四道医疗保障线"周转金，由县财政拨付给医疗机构周转金800万元，用于代付"一卡通"前的大病保险、补充保险资金，待承保保险公司理赔后归还，使"四道医疗保障线"的报销给付实现一次受理、一站式服务、一次性完成。4月28日，率先在全市推出健康扶贫"四道医疗保障线"一卡通即时结算方式，到12月底，全县贫困人口住院22337人次，总费用11825.9万元，共补偿11160.1万元，补偿比例为94.37%。其中，城乡基本医疗保险支出6979.38万元，报销比例为59.02%；大病保险基金支出150.97万元，补偿比例为1.28%；二次补偿基金支出681.23万元，补偿比例为5.76%；贫困人口疾病补充保险支出3211.02万元，补偿比例为27.16%；民政医疗救助137.49万元，补偿比例为1.17%。农村贫困人口慢性病门诊13145人次，总费用983.46万元，其中，统筹基金支付479.87万元；大病保险支付2.05万元；二次补偿94.86万元；补充保险268.28万元；民政救助4.95万元。到12月底，已发生的贫困人口疾病补充保险应支付资金3479.3万元，年末补充保险保费结余685万元。

出台《寻乌县非贫困人口疾病"暖心基金"补偿办法（试行）》，设立非贫困人口疾病"暖心基金"，对非贫困人口（含干部职工），特别是贫困边缘人口的医疗费用进行再次补偿。"暖心基金"共筹集资金140万元，从10月1日施行至年底，共补偿119人次62万元，年末结余78万元。享受"暖心基金"人员的医疗费用报销比例由原来的55.63%提高到71.22%，有效减轻患者的负担。

【医保"两定机构"监管】 进一步完善基本医疗保险信息管理系统，规范"两定机构"（定点医疗机构、定点药店）服务行为。县医保局除开展日常监督检查外，9月起，对县内的医保定点医疗机构每月进行一次健康扶贫"四道医疗保障线"医保稽核专项督查。严格执行《关于进一步深化寻乌县基本医疗保险支付方式改革的实施方案》规定，对违规的如数扣减医保基金；对定点零售药店严禁销售伪劣药品、生活用品、化妆品等。定点医疗机构、定点药店必须严格按照"两定协议"的规定进行检查、治疗、用药，切实履行协议。

县医保局制定《寻乌县基本医疗保险定岗医师管理试行办法》（寻医保〔2017〕32号），实行定岗医师管理，规范医疗行为，促进合理检查、合理用药、合理治疗，用比较经济的费用提供比较优质的医疗服务，维护参保人员的合法权益，建立和谐的医、保、患关系。

（潘齐姗）

住房公积金管理

【概　况】 归集住房公积金13183.78万元，同比增长16.67%；向全县384户家庭共发放住房公积金贷款14750.1万元；实现业务收入1922.68万元，业务支出1560.12万元，增值收益362.55万元；资金运营安全、良好，贷款逾期率为0.0012‰；提供城市廉租房建设补充资金129.02万元。

办事处内设财务科、归集科和信贷科。有干部职工7人。

【归集发展】 规范住房公积金归集管理，归集住房公积金同比增加2411.61万元，新增单位25家，新增缴存职工88人，实现缴存人数、覆盖率、归集额指标年递增目标。

规范住房公积金缴存。进行住房公积金缴存审核工作，将新增津贴纳入缴存范围，确保职工住房公积金缴存基础为全额工资，维护广大缴存职工权益，人均住房公积金缴存基数提高500元。

提高行政事业单位住房公积金财政配套标准，行政事业单位配套住房公积金部分财政按职工工资总额的8%纳入预算，教育系统单位配套住房公积金财政按职工工资总额的10%纳入预算。财政配套3500万元，较2016年增加2183万元。

规范个体工商户建制缴存。调查经营状况，核实人员状况，杜绝非个体户员工通过"挂靠"形式缴存住房公积金，排除不稳定因素；个体工商参缴住房公积金必须缴社保1年以上，确保参缴人员的"优质"，增加个体工商户缴存住房公积金的"稳定性"；对贷款后欠缴住房公积金的个体工商户进行逐一排查，通过政策宣传，欠缴单位已缴清拖欠的住房公积金。

【信贷业务】 加大信贷力度，凸显公积金改善职工住房支撑作用，促进当地房地产市场持续稳定发展。加强服务，提高效率，优化业务办理流程，信贷人员加班加点整理报送资料，缩短贷款办理时限；向上争取资金，最大限度的满足职工购房贷款需求；在资金紧缺实行轮候制的情况下，根据购房情况的不同，合理协调安排放贷，解决贷款需求持续增大和资金紧缺日渐突出的矛盾。

【风险管理】 严格执行"贷前严审、贷中规范、贷后跟进"贷款风险管理机制，强化日常监控，时时跟踪各开发企业经营情况，加强与房管、税务、银行、民政等部门的联系、协查；针对贷款逾期问题，进行专项催收。采取有效措施查处骗提套取住房公积金行为。通过完善业务办理程序、加强与智能部门的协查等方式加以防范，加强业务培训，提高工作人员识别骗提的能力。

（钟　涛）

乡 镇

长宁镇

【概　况】 位于县境中部，县人民政府驻地。镇人民政府驻县城新桥西路。面积 11.56 平方千米，其中耕地面积 474.8 亩，林地面积 11175 亩。辖城北、三二五、石圳 3 个村民委员会和中山、岳家庄、河东、城南、广场、城西、新东、君水 8 个居民委员会，242 个村（居）民小组，户数 19944 户，人口 52468 人。产业以交通运输、仓储物流、批发零售、住宿餐饮、金融、房地产和租赁服务业等为主；财政收入 20170 万元，同比增加 2161 万元，增长 12%；农村居民人均可支配收入 9531 元，同比增长 12%，城镇居民人均可支配收入 24567 元，同比增长 10%。2017 年，长宁镇被评为全县“党管武装先进单位”“计划生育工作综合一等奖”“农村生活垃圾专项治理工作二等奖”“土地房屋征收工作一类先进乡（镇）”。

【机构队伍】 长宁镇内设机构 4 个：党政办公室、经济发展办公室、社会事务办公室、村镇规划建设管理办公室。事业单位 7 个：农业服务中心、人口和计划生育服务中心、民政和社会保障服务中心、综合文化站、林业工作站、财政所、扶贫工作站。共有编制 67 名，其中行政编制 29 名、事业编制 38 名。年末在职人员 59 人。

【脱贫攻坚】 落实产业、教育、兜底等八大帮扶措施，确保每户贫困户都能享受到应该享受的扶持政策；引导贫困户发展“五小创业”（即小加工、小电商、小摊点、小作坊、小家政），为 162 户贫困户申请 737 万元产业扶贫贷款，落实 55 户贫困家庭子女教育帮扶资金 8.1 万元；每户贫困户享受光伏电站分红 500 元；为 61 户贫困户实施棚改政策，维修加固 27 户贫困户的房屋；组织贫困对象开展以种养、电子商务等为主要内容的创业就业技能培训 3 期，培训人数 580 人次；为 114 名贫困劳动力申请交通补贴 4.65 万元；全镇 312 人次享受医疗“四道保障线”资金 482.57 万元。经初步评估，全镇 3 个村 60 户贫困户达到预脱贫条件，减少贫困人口 210 人。

【服务城区建设】 开展向阳大道、城北三路、中山西路、电商产业园、物流园、富阳生物科技等 32 个重点项目征拆工作，征收土地 1246.7 亩、房屋 1103 户、10.28 万平方米。

【现代农业发展】 发展花卉苗木、猕猴桃、瓜果、蔬菜等特色种植业面积 1300.5 亩，以及山羊、番鸭、生猪、三黄鸡等养殖 3280 只。落实农作物综合补贴 22.1 万元。

【生态建设】 建立完善村级垃圾清运长效管理机制，采取市场化运作，生活垃圾日产日清。推进“河长制”工作，开展马蹄河主河道及 14 条支流水环境治理和村内主要道路沿线、河塘、公共场所等区域“八乱”现象整治，实现出境断面水质达标。实施县城山体复绿1800亩，新征收林地585亩。

【城镇建设】 完成肖木坑整体搬迁和西岸工程贯通；拆除“两违”建筑70处1.95万平方米；做好820户棚户区（城中村）改造工作，完成签约818户，拆除房屋9.3万平方米。县城学校周边房屋征收工作按时间节点全部签约，并有序拆除。

【综合治理】 开展居家精神疾病患者关爱帮扶小组创建和“治安志愿者服务队”创建，畅通社情民意渠道，引导群众理性表达诉求，化解不稳定因素；年内，共调处矛盾纠纷420起，调解成功率达98%；处理信访43件，完善防汛、防震、防火、地质灾害、公共突发事件等各类灾害应急预案。

【社会事业】 继续开展农村最低生活保障、农村养老保险、新型农村合作医疗和新农保工作，提高农村低保保障标准和居民医保、新农合补助标准，扩大高龄老人长寿补贴发放范围，落实困难群众大病救助及“救急难”制度，实现城乡居民最低生活保障和城乡居民医疗保障全覆盖。发放各类救济款922.04万元、高龄补贴64.6万元；新增城乡低保户182户361人，发放低保金599.87万元；为722户2574人办理失地农民证；开展公共文化服务均等化工作，以中山社区、石圳村等文化广场为阵地，开展以社会主义核心价值观和宣传中共十九大精神为主题的各项文体活动，丰富居民群众的精神文化生活；落实计生奖励优惠扶助政策和服务，人口出生政策符合率达88.19%，出生率为14.09‰，育龄群众计划生育基础知识知晓率达100%。

【党的建设】 投入10万元，对河东社区党支部场所进行装修；每个村（居）集体经济年均收入达5万元以上；打造河东、城南等4个“党建+”服务型党组织示范点，全县村级集体经济发展工作现场会在长宁镇召开，河东社区和城南社区党支部分别作为全县党建流动现场会现场参观点并接受县委检阅；落实党风廉政建设“两个责任”，运用监督执纪“四种形态”，对28名党员干部进行提醒谈话或警示谈话，对2名党员进行立案查处；党管武装不断加强，完成优质兵源输送。

（温艳君）

晨光镇

【概　况】 晨光镇位于县境西南部，镇政府驻沁园春村，距县城38千米，面积180.36平方千米，其中耕地面积20755.5亩，林业用地面积7470亩，森林覆盖率为77.2%。辖金龙、岭背、竹背、公平、黄坑、沁园春、新群、香山、大仙背、司城、高布、江下、溪尾、六社、桂花、湖岽、民裕、金星、河角、龙图、岭阳21个村民委员会，户数7450户，人口27322人。有百亩以上农业产业基地17个，发展猕猴桃、罗汉果、杉木、蔬菜、药材、锥栗、养蜂等产业；财政收入1441万元，同比增长18.88%；上缴税收280.57万元，同比增长165%；农村居民人均可支配收入5651.5元，同比增长7.8%。在2017年年度乡镇目标管理综合考核中，晨光镇取得前所未有的好成绩，被评为全县“乡镇年度目标管理综合第一名”“脱贫攻坚第一名”“基础设施攻坚第一名”“现代农业攻坚第二名”“现代服务业攻坚第二名”“党建工作第二名”“河长制工作第三名”“平安寻乌建设暨社会治安综合治理先进单位”“党管武装工作先进单位”“征兵工作先进单位”“森林防火工作先进乡镇”“春季森林防火平安乡镇”“争取非普惠制项目资金超额完成任务奖”“土地房屋征收综合奖”。镇团委被评为“全市‘五四’红旗团委”，金龙村、岭背村被评为“市级生态文明示范村”。黄坑村、岭背村、龙图村被评为“全县脱贫攻坚红旗村”，高布村、黄坑村被评为“全县先进党支部”。

【机构队伍】 晨光镇内设机构有：党政办公室、

纪委办公室、党建办公室、扶贫工作站、人武部、共青团、妇联、医疗保险事业管理所、卫生和计划生育办公室、农业服务中心、综治中心、综合文化站、民政和社会保障服务中心、财政所、林业工作站。共有编制66名，其中行政编29名、事业编37名。年末在职人员51名。

【脱贫攻坚】 抓精准识别整改，年内，共清退错评农户250户1009人；新增漏评贫困户196户736人，脱贫回退贫困户12户。至年底，全镇共有贫困户1492户5946人。通过产业、金融、项目等措施扶贫，全年脱贫548户2146人，贫困发生率降至2.00%。发展百亩以上产业基地17个，光伏扶贫264户，贫困户产业扶贫覆盖率95%以上；发放产业奖补156.783万元。发放204户贫困户产业扶贫信贷通贷款912.85万元、教育补助326人27.825万元。确定搬迁对象80户348人，其中建档立卡贫困户40户165人，一般农户40户167人。实施社会兜底保障低保户703户1763人，其中，贫困户1490人，五保贫困户103人，两项制度衔接率84.5%。探索建立的“五四三”低保整治实践经验，被市民政局转发全市学习。为232名贫困人口落实“四道医疗保障”政策，报销医疗费用55.882万元，贫困户看病报销比例平均达96.69%。设立扶贫车间4个，160名贫困劳动力实现家门口就业；落实农村保洁、山林防护等公益性扶贫岗位政策，帮助149名大龄贫困劳动力就地就近就业。推进项目建设扶贫，全年共实施342个项目，资金9240万元。

【基础设施】 中菖公路建成通车；G236国道即将全面完工；完成X545县道342户399亩土地征收、24栋房屋征拆；投入资金2809.3万元，硬化有25户以上自然村组道路（含桥梁工程）和入户小道。完成黄坑水库、篁乡河晨菖一标段小流域综合治理工程资金780万元，河角温泉小流域治理工程资金450万元，龙图河防洪工程资金1700万元，农田水利工程资金1050万元，香山猕猴桃基地及晨光镇低压灌溉管道工程资金400万元，桂花村安全饮水工程资金110万元，温泉小镇安全饮水工程资金300万元。

【现代农业】 发展猕猴桃、罗汉果、杉木、大棚蔬菜、药材、锥栗、养蜂等转型产业，打造百亩以上产业基地17个，其中，香山万亩猕猴桃示范基地1个（已具雏形），百亩猕猴桃基地2个，百亩罗汉果基地5个，百亩蔬菜基地4个，百亩中药材基地1个，百亩百香果基地1个，百亩蕉芋基地2个，百亩锥栗基地1个。香山万亩猕猴桃基地，被选为全县农业产业发展暨产业扶贫流动现场会参观点。建立柑橘黄龙病防控体系，清查失管果园1687.65亩，砍除病树101253株。申报市级柑橘标准化生态示范园1个、县级柑橘标准化生态示范园1个。规划河角、金星、龙图、溪尾、江下、香山等6个村高标准农田项目，覆盖农田4690.5亩。完成全镇21个村198个村小组5560户农户的土地确权和一户一档资料整理。

【现代服务业】 全县“三号”工程东江源特色养生小镇项目成功落地并全面启动；发展电商物流，建立服务站26个。其中，邮政电商服务站14个，供销电商服务站5个，赶街电商服务站（分中心）7个。

【生态攻坚】 加强农村生活垃圾治理，通过承包保洁服务公司，实行市场化运作，生活垃圾日清日运；抓好河道“八乱”问题集中整治，实现出境断面水质达标；启动实施低质低效林改造，加强生态公益林管理，做好松线虫病防控；加强稀土整治巡查，全年未发现非法开采稀土矿点。

【环境整治】 年内，制止违章建筑16起，拆除违章建筑10起935平方米，拆除农村“空心房”23.5万平方米，完成民房立面改造18万平方米；推进新农村建设“七改三网”“8+4”项目建设，完成改水2503户、改厕761户、改沟10千米。

【社会治理】 排查各类矛盾纠纷33起，成功调处28起，化解重大疑难纠纷5起，成功处置“河角热水征地邱某某等19人集体赴省上访事件”等事件。

【民生事业】 继续实施农村最低生活保障、农村养老保险、新型农村合作医疗和新农保工作；稳妥有序实施两孩政策；投入资金3000万元，用于住房安全保障项目，解决869户村民住房安全问题，其中新建保障房73套；推进乡风文明建设，各村成立红白理事会，开展“三沿六区”乱埋乱葬专项整治，倡导厚养薄葬，建立黄坑村村级公墓1座。

【党的建设】 整顿新群、江下村软弱涣散党组织，增强党组织抓班子、带队伍能力。完善晨光果业协会、高布村“党建+”示范点建设；加强党员队伍建设，发展党员23名，持续深化农村党员“1893”培养发展工作，实施农村村级后备力量“333”培养工作；村村有光伏发电站，集体经济收入年均达2万元以上，彻底改变“空壳村”现象。运用“四种形态”抓好问题线索处置。办理问题线索22件次，已办结18件次，立案审查6人，给予党纪处分4人，诫勉谈话4人，函询谈话13人，警示谈话11人，提醒谈话9人。

（刘经焕　凌春娣）

留车镇

【概　况】 位于县境西南部。镇政府驻留车村，距县城43千米，面积213.29平方千米，其中耕地面积26992.95亩，水田21280亩。辖留车、余田、水背、飞龙、庄干、鹅湖、石马、陂下、坩上、大同、黄姜、石牛湖、贵石、雁洋、佑头、芳田、族坑、石贝、新村、坵坊、上寨21个村民委员会，户数9025户，人口33728人，有劳动力资源15862人。甜柿、罗汉果、百香果、石榴、蔬菜、养蜂等百亩以上产业基地16个；养殖大户56户；国民生产总值1.97亿元，同比增长6%；农村居民人均可支配收入5832元，同比增长9%。在2017年目标管理综合考核中，留车镇被评为全县“党建工作第三名”“综治工作第一名”“现代农业攻坚第三名”“基础设施攻坚第三名”“招商引资工作第二名”“武装工作先进单位”“土地房屋征收工作优秀乡镇”“平安寻乌建设暨社会治安综合治理先进单位”。

【脱贫攻坚】 打造飞龙、族坑、雁洋、大同、陂下等5个村扶贫样板。发展甜柿、罗汉果、百香果、石榴、大棚蔬菜、养蜂等100亩以上产业基地16个；130户贫困户安装光伏发电设备，畜禽存栏量10万头（只、羽），各类养殖大户56户，年产值达200万元，实现农民人均增收600元，全镇贫困户产业扶贫覆盖率达70%以上。落实产业扶贫信贷通帮扶政策，落实336户资金1598万元。建成飞龙、石贝、黄姜、留车、陂下、大同等6个扶贫车间，解决农户1000人就业，其中贫困户400人。雁洋石崆寨旅游区安排就业100人。2017年，计划搬迁97户453人，其中，建档立卡贫困户69户334人，一般农户28户119人。完成32户68人易地搬迁。落实贫困学生寄宿生补助376人次，发放补助资金59.5万元。实施兜底保障帮扶757户1798人，其中，低保贫困户661户1693人，五保户贫困户96户105人。

【产业发展】 抓好柑橘产业管理，开展柑橘产业复种。利用梅州流动党支部的人脉优势，积极开展招商引资，全年引进电子厂5个，制衣厂6个，村级扶贫车间6个。抓好石崆寨漂流、花卉主题文化园、卡通田园等农庄发展规划。利用赶街、供销e家、农村e邮等资源力量，推动各村电商点建设。

【设施建设】 完成S458省道南桥至吊神排段公路（留车段）和X545县道河角至留车公路改扩建土地房屋征收。抓好各村通组路及入户路建设工程，完成各村错车道建设。抓好留车河综合治理，清理河床6.35千米，修砌河堤8.36千米，积极申报并启动留车河河道治理工程。

【生态建设】 农村生活垃圾专项治理实行市场化运作，生活垃圾日清日运。开展评选“清洁村居”“星级文明户”等活动。严厉打击盗采稀土和滥砍滥伐行为，全年植树造林1800亩，砍除松材线虫病树1.15万株，制止滥砍滥伐行为50起，查处非法收购木材案3件。全面整治在禁养区养殖、在限养区超规模养殖和污水直排等行为。先后发出整改通知书96份，强令关闭禽畜养殖场5个。

【住房整治】 开展“空心房”整治。飞龙村在全县率先完成县级验收并得到表彰。推进农村超高超大建筑整治工作，按时按量完成“两违”整治任务。建立每月定期收集材料、现场踏看、开会审批工作机制，畅通农村建房审批渠道。对现住土坯房的贫困户，采取自主维修和村级代工的方式，优先从项目资金中给予解决。对现住土坯房的一般农户，落实奖补政策，鼓励其修缮粉刷。全镇458户维修对象已完成229户。

【综合治理】 构建“镇、片、村、组”矛盾纠纷四级“大调解”组织网络，实行定领导、定人员、定措施、定时间的领导包案制，1—11月，排查调处各类矛盾纠纷135起，其中重大矛盾纠纷12起。抓好肇事肇祸精神病人、社区管理网格化、校园周边治安环境整治等工作。

【党的建设】 落实考核问责机制，确定班子成员每人1个党建联系点，将干部述职、评议、考核、任用与党建工作挂钩，并对全镇21个村党支部书记落实主体责任进行约谈；制定出台《留车镇领导干部问责办法》等制度。全年召开专题研究会38次，查摆整改问题45条；对全镇812名党员组织关系进行1次拉网式排查，健全党员档案，完善党员基本信息；在流动党员比较集中的坳上村扶贫互助社和非公企业党支部，委派支部书记和党建指导员。突出“三会一课”制度，每月召开1次支委会、党小组会；每季度召开1次党员大会、上1次党课。对上寨、贵石2个软弱涣散村党支部进行集中整顿，提出整顿措施13条；建立乡镇自筹、项目帮扶、社会捐助的党建经费筹资投入模式，按照“六有”标准对新村、上寨等5个危旧狭小村级组织活动场所进行装修并投入使用。

（刘招娣）

南桥镇

【概　况】 位于县境南部。镇人民政府驻南桥村，距县城23千米。面积138.15平方千米，其中耕地19669.5亩，山地140299.5亩。辖南桥、罗陂、廷岭、高排、冠州、黄塘、上游、下廖、满坑、古坑、珠村、长江、南龙、车头、团建、团红、黄坝、金桥18个村民委员会，户数7632户，人口32500人。有蔬菜、油茶、果蔬、百香果、龙脑樟等种植基地、投资3.8亿元“十馆一长廊三中心”的田园综合体蔬菜主题文化园；对国省道沿线、项目用地等区域内的房屋进行统一外观风貌打造；先后被评为全市“计划生育工作综合先进乡（镇）二等奖”“消防工作先进乡（镇）”，全县“现代服务业攻坚工作先进乡（镇）第一名”“现代农业攻坚工作先进乡（镇）第一名”“城镇建设攻坚工作先进乡（镇）第一名”“招商引资工作一类乡（镇）第一名”“争项争资工作争取非普惠制项目资金超额完成任务奖”“土地房屋征收工作综合奖励二类先进乡（镇）”“平安寻乌建设暨社会治安综合治理目标管理先进单位”“农村生活垃圾专项治理工作先进乡（镇）二等奖”。

【脱贫攻坚】 开展“精准识别”回头看，印制《整村入户走访表》8000余份，做到整村农户走访全覆盖。原有贫困户1468户5810人；清退不符合贫困对象459户1851人，新识别421户1679人，调整后贫困对象1425户5608人。强化镇村扶贫工作站（室）建设，配强镇村扶贫专干，完善工作站（室）办公条件、基础信息台账、一户一档、一户一袋、一证一册等贫困户信息资料。

对照村退出“八大指标”（即贫困发生率、交通方面、饮水方面、住房方面、用电方面、通讯方面、环境建设方面、公共服务设施方面）体系，用好6769万元扶贫项目资金；围绕住房安全保障、环境整治、村内基础设施、公共服务等方面申报项目246个，确保贫困村退出和非贫困村达标。规范项目建设监管管理，对50万元以内的扶贫项目（房建、桥梁除外）实行镇统一摇号发包。强化村“两委”干部、第一书记监督责任，确保项目质量；加强项目巡查督查，每个项目签订廉洁承诺书。

落实“1+1+N”系列扶贫政策，助力贫困户脱贫。能扶的扶起来，介绍贫困户到扶贫车间、工业企业、公益性岗位就业，实现务工1人保障1户脱贫；抓好蔬菜、百香果、油茶、龙脑樟等基地建设，带动贫困户发展产业和屋顶光伏扶贫产业；扶不了的带起来，密切产业基地和贫困户利益联结，把基地获得的奖补资金返还村集体，部分用于贫困户长期分红；带不起来的保起来，落实两项制度衔接工作要求，全镇2020名贫困人口享受农村低保，保障643户3542人贫困人口脱贫收入。结合新农村及百强镇、示范镇建设，开展风貌打造，提升村庄面貌。南龙、古坑、冠洲等贫困村已跻身秀美乡村行列；将田园综合体蔬菜基地、廷岭蔬菜基地、下廖油茶基地、珠村果蔬基地、冠洲龙脑樟基地，打造成带动贫困户脱贫特色产业；辉达盛电子厂、金利芳工艺品厂、金桥玻璃工艺品厂等15家扶贫车间企业，安排务工人员650人，其中贫困人口150人，带动150户贫困户稳定脱贫。通过提供种苗、技术、指导、收购、品牌五大服务，联结县乡村大棚蔬菜三级示范基地1万亩，联结贫困户3200户。

【生态建设】 加强农村生活垃圾、“河长制”、人居环境、废弃稀土矿山和农业面源污染等专项治理，出境断面水水质不断好转。做好保障房建设、“空心房”拆除、畜禽养殖整治；重点打造以“兴业富民·客家福地”为主题的和谐秀美乡村建设，对国省道沿线、项目用地等区域的房屋进行统一外观风貌打造。

【基础设施】 完成青龙岩景区大道和S458省道升级改造（含高速出口）征地、镇卫生院主体工程建设；全镇硬化村组道路31.5千米，危房改造5户，修建水圳23千米，维修水陂8座，除险加固冷水坑等3个山塘水库；开展城乡环境整治和“两违”拆除，拆除违法建筑6宗，面积574平方米。

【田园综合体】 东江源田园综合体，是寻乌现代农业攻坚重点项目，规划面积4万亩，涉及10个村，项目分三期建设，总投资30亿元。一期工程于3月开工建设，面积1.5万亩，投资10.2亿元；田园综合体的核心为蔬菜主题文化园，占地199.5亩，引进山东寿光以诚农业投资兴建，总投资3.8亿元；主要建设内容为“十馆一长廊三中心”，即五福文化主题馆、景观蔬菜馆、立体蔬菜馆、绿色沙洲馆、蔬菜育苗馆、鱼菜共生馆、科普教育馆、蔬菜采摘馆、现代种植技术馆、生态餐厅馆和蔬菜文化长廊以及研发、冷链、培训中心，是集现代农业、休闲旅游、田园社区于一体的东江流域及南方丘陵地区有代表性的田园综合体。推进现代农业、产业转型、产业扶贫、文化扶贫、田园新貌、休闲农业、产业配套服务等七大功能示范区建设。

【民生事业】 落实医疗救助、农村低保、养老保险、合作医疗等各项民生政策，全年完成新农合参合人数31168人，参合率达97.71%，完成新农保参保人数10464人。接待群众诉求98人次，受理各类信访纠纷46件，成功调解38件；开展安全生产大排查5次，发放整改通知书60份。

（廖诗妍）

吉潭镇

【概　况】 位于县境东部，镇人民政府驻吉潭村，距县城 14 千米。面积 238.49 平方千米，其中耕地面积 20146 亩，山林面积 26.9 万亩。辖上车、滋溪、榜溪、黎坑、蓝贝、吉潭、古丰、小田、圳下、团船、大坜、林田坝、剑溪、篁竹湖、汉地、赖地 16 个村民委员会，户数 7515 户，人口 28593 人。有脐橙、柑橘、甜柿、猕猴桃、密雪梨、养蜂等产业。财政收入 1365.6 万元，其中公共财政预算收入 856.01 万元。争取省市财政各类项目资金 327 万元。

【脱贫攻坚】 经核实，全年退出贫困村 6 个，减少贫困人口 369 户 1564 人；开展精准识别“回头看”，新增贫困户 436 户 1711 人，清退错评农户 503 户 1913 人。发放“产业扶贫信贷通”贷款 601 户 2727.3 万元、产业奖补与分红资金 143 万元；开发公益性岗位 132 个，引进扶贫车间 5 个，开展技能培训 620 人次；实施移民搬迁、拆旧建新、保障房建设和维修加固等措施，解决 526 户贫困户的住房问题；实施“雨露计划”、学前教育资助、义务教育寄宿生补助、高中教育助学金、职业教育和高等教育国家助学金，资助建档立卡贫困学生 624 名；落实“四道保障线”一站式服务政策，救助 269 名贫困人口，发放大病救助资金 84 人 34 万元；有 16 个村共 2016 千瓦容量的村级光伏电站全部并网发电并实现收益分红。对照贫困村退出新八大体系指标，使用县财政整合资金、国开行贷款资金、农发行贷款资金达 6841 万元，下达村级项目 223 个，完善村庄基础设施和公共服务项目建设。

【重点项目】 加强民房整治、饮水安全、乡村道路、农田水利、公共服务平台等基础设施建设，打牢农村经济发展基础。实施交通类项目 77 个、安全饮水类项目 10 个、人居环境类项目 51 个、公共服务设施类项目 18 个，建成一大批惠及各村的村组道路、饮水管道、文化广场、村级卫生室、民房维修加固等受益面广的项目工程。开工建设大湖水库供水管线、吉潭至项山县道升级改造、剑溪河道综合治理、吉潭至蕉公坳乡道升级改造、济广高速沿线与转接线民房风貌打造、高速出口绿化提升等项目工程。项山风电项目的 8 台机组率先在吉潭区域内完工并网发电。自筹 85 万元资金，建成吉潭自来水厂 300 立方米蓄水池；投入 48 万元，改造市场贸易棚。

【环境整治】 开展“城乡环境整治年”活动，累计拆除违章建筑 30 处 4528 平方米，拆除乱搭乱建 1.2 万平方米，划定道路及停车线 16 处，清运垃圾 45 吨；拆除“空心房”20.6 万平方米；审批农村建房 74 户；完成 6 个贫困村的村庄规划编制；新建大坜、古丰、剑溪、篁竹湖等 7 个村级文化广场；完成垃圾中转站、污水处理厂、农贸市场等项目建设。

【产业调整】 累计新种植甜柿 1200 亩、猕猴桃 600 亩，蜜雪梨 185 亩，发展养蜂 1200 箱；新成立种养合作社 25 个，家庭农场 7 个，种养大户 30 家。抓好黄龙病防控，清理病树 43 万株；接收柑橘无毒苗木 52 万株。完成农村土地承包经营权确权登记颁证工作并通过省级验收。

【民生事业】 履行义务教育均衡发展迎国检职责，征收 6.9 亩土地用于校舍建设，实现生均面积达标。抓好校园及周边环境整治，提升教学质量，中心校教学质量排名取得新进步；新农保覆盖面持续扩大，参合率稳定在 98% 以上；实行网上生育证登记 159 例，完成年度优生检测任务 116 例；开展低保、五保专项整治，调整 623 户 1556 人的农村低保对象，提高保障水平和供养标准；新建滋溪、团船等 2 个标准化综治中心；安全生产、信访形势、食品药品安全总体平稳，社会保持和谐稳定。

（陈盛财）

澄江镇

【概 况】 位于县境北部。镇政府驻汶口村，距县城30千米。面积191平方千米，其中耕地面积19020亩，山地面积19.95万亩。辖北亭、凌富、团丰、谢屋、王屋、汶口、周田、族亭、长畲、江贝、桂丰、桂岭、黄岗、大墩、香樟园15个村民委员会，户数8480户，人口33272人。其中北亭、汶口为畲族少数民族村，畲族人口3137人，是全县唯一少数民族人口最多的乡（镇），曾被评为“全国民族团结进步先进集体”、“全省民族团结进步模范集体”。有脐橙、柑橘、甜柿、猕猴桃、蜜枣、落叶果、苹果桃等产业。财政收入1193.02万元，财政支出1193.02万元；农村居民人均可支配收入6130元，同比增长2.1%；金融机构存款余额5.88亿元，贷款余额2.31亿元。

【脱贫攻坚】 全镇原有在册贫困户1510户6352人，通过精准识别“回头看”，全镇贫困户1466户6320人，其中，已脱贫1088户4963人，未脱贫422户1389人，贫困人口识别进一步精准。落实“1+1+N”系列帮扶政策，引导1076户贫困户发展家禽、蜜蜂等养殖和甜柿、猕猴桃、蜜枣、落叶果等种植产业；成立澄江镇桂岭天香种植专业合作社和澄江镇仙人桥养殖专业合作社；发放贫困户贷款837笔3905万元、贷款贴息161万元；移民搬迁贫困人口325人；提供公益性岗位，103名贫困户实现就业；开展兜底保障，低保户703户1783人、五保户120户122人。年内，安排扶贫资金5368万元，163个扶贫项目均已动工。

【基础设施】 年内，投资1600万元，改造圩镇排水排污及硬化圩镇街道3000米；投资50万元，在圩镇主街道安装太阳能路灯125盏；投资250万元，硬化江背溪市场22米主干道及11条支道；投资10万元，对现有主街道重新设置道路行车界线、设置停车位237个；投资40万元，对老农贸市场进行升级改造。拆除沿街店面126处2952.9平方米违章搭建铁棚、违规广告牌627块592.7平方米，清理占道经营摊点257个1103平方米、存量杂物、废弃摊点及河道垃圾106车212吨、卫生死角16处。完成汶口、周田、大墩、谢屋、桂岭5个“十三五”贫困村的村庄规划。拆除空心房4387栋21万平方米，在高速沿线的周田、长畲、族亭、黄岗、大墩、江贝、桂丰、北亭等8个村开展风貌打造。澄江防洪堤工程、110千伏输变电工程全面完工。完成澄江至罗珊县道升级改造征地及周田、北亭、汶口、长畲、桂岭、江贝、黄岗、大墩、团丰9个村170处错车道建设。

【产业发展】 抓好柑橘黄龙病综合防控工作，年内，清除病树7.5万株，建立柑橘黄龙病防控示范点3个。以“企业+合作社+农户”的经营模式，重点打造桂岭村庄仙堂沟域经济示范点及汶口村猕猴桃、大墩村千亩茶场、周田村苹果桃和谢屋村蜜枣等产业转型示范基地。挖掘澄江各村旅游资源，规划周田村与汶口村“古村+自然风光+农家乐+柑橘采摘体验”旅游线路、桂岭村“生态观光+民俗风情+客家美食品尝”旅游线路、大墩村“茶园基地+农家乐+爬山+垂钓”休闲旅游线路。

【生态建设】 发出《致农民一封信》4000份、制作宣传栏34块；在原有1000个垃圾桶的基础上，新购置垃圾桶500个，配备垃圾车15辆、洒水车1辆、保洁员100人。制订村规民约“门前三包”责任制、卫生文明户评比制度、保洁员职责及管理办法、卫生管理公约等各项规章制度。完成垃圾中转站建设，全年累计清理垃圾9904吨。落实“河长制”，治理河道50条，清淤长度达150千米。加强水环境的保护治理，疏通河道7.86千米，新建防洪堤3.8千米，护岸15.72千米。投资204.08万元，在谢屋、桂岭、大墩3个贫困村实施农村安全饮水提升巩固工程，1227户4943名群众受益。安排农田水利项目资金205.92万元，在王屋、桂岭、大墩、汶口4个村修建水渠7691

米。年内，新选聘生态护林员14名，新增黄畲山森林公园护林员4名，专职护林员14名。完成低质低效林改造400.5亩，并通过县级验收。全年砍除松材线虫病树2000株。

【社会事业】 全镇15个村（居）成立乡风文明领导小组和红白理事会，发出《乡风文明倡议书》8000份，召开各类会议30场，刊出宣传栏20期，悬挂宣传标语50条。评选出67名孝敬公婆、夫妻和睦、团结妯娌、勤俭持家、热爱劳动、团结邻里、乐于助人、积极奉献的新时代农村妇女。开展“三沿六区”专项整治，启动建设镇级公墓区。积极参加上级组织举办的各项活动，汶口村代表队参加县第四届全民健身舞蹈大赛“乡风文明行动”中荣获全县乡（镇）组一等奖，大墩村荣获市第九届文明村。全镇拆旧建新191户、维修加固329户、建设保障房68套。

【综合治理】 年内，在交通干道悬挂横幅50条，发放综治资料、防溺水宣传单12000份，设立各类警示牌60块。加强对社区矫正人员，刑满释放人员、邪教人员、重点信访人员的登记管理，登记管理人员57人。处理行政案件57人次，已送起诉7人，涉案金额21190元。加强“两违”整治，拆除“两违”建筑22处1700平方米、乱搭乱建63处920平方米。成立镇村治安巡防队伍16支170人。

【自身建设】 年内，严肃查处违规领取低保、土坯房改造、寄宿生补助等问题12起，收缴违纪款13.25万元。紧盯扶贫领域，用好执纪监督“四种形态”，受理信访举报17件（次），诫勉谈话9人次，查处违纪党员4名。

（王文娟）

桂竹帽镇

【概　况】 位于县境西南部。镇人民政府驻上坪村，距县城15千米。面积237.5平方千米，其中耕地10802.5亩。辖上坪、华星、龙归、蕉子坝、高头、白面石6个村民委员会和中排、桂峰2个居民委员会，户数3698户，人口12880人，其中有畲族人口210人。有百香果、猕猴桃、脆蜜枣、柑橘脱毒苗木繁育、花卉苗木、蓝莓苗木、养兔、养蜂等产业；有6.5万亩毛竹林，已编报“珠江防护林区”规划；国民生产总值9159万元，同比增长10%；农村居民人均可支配收入7632元，同比增长9.5%。

在2017年全县综合考评中，桂竹帽镇被评为“森林防火先进乡镇”“低质低效林改造先进单位”。

【机构队伍】 桂竹帽镇内设党政办公室、经济发展办公室、社会事务办公室、村镇规划建设办公室，事业单位有农业服务中心、计生服务中心、民政和社会保障中心、综合文化站、林业工作站、财政所。共有编制55名，其中行政编制22名、事业编制33名。年末在职人员45人。

【脱贫攻坚】 全年发放产业分红资金35.3万元，带动373户贫困户种植百香果290.55亩、脆蜜枣210亩、猕猴桃529.5亩。举办电商、猕猴桃种植、养蜂（兔）技术等专题培训班9期，培训人数300人次。新建就业扶贫车间1个，带动贫困户15人就业。与柑橘脱毒苗木、百香果种植、花卉苗木、猕猴桃种植基地等劳动密集型企业合作，带动贫困户280人就业。安排贫困户担任护林员、保洁员、农家书屋管理员、河道巡查员、公路养护工等扶贫公益性岗位75个，给予350—1000元/人·月不等的岗位补贴，实现贫困户“家门口”1人就业。安排参加进城进园河岭安置点摇号分房搬迁入住7户，动员移民搬迁67户。符合信贷条件的150户贫困户，发放产业扶贫信贷通贷款716万元。享受教育扶贫政策的贫困家庭人口194人，发放教育扶贫补助资金29.3万元。完成3个村卫生计生室规范化建设。全镇473户贫困户全部办理城镇医保、大病保险和补充保险，有99户贫困家庭享受四道保障线政策，享受金额77.96万元；落实兜底保障政策，发放低保资金200.99万元，享受人口698人。全镇共脱贫165户686人，贫困发生率由2016年的8.09%降至2.2%，高头、龙归村实现贫困村退出。

【产业发展】 华星村柑橘脱毒苗木繁育基地提供无病毒苗木300万株；发展百香果，提供苗木20万株；做好蓝莓苗木基地土地流转，流转土地349.5亩，平整土地160.5亩。采取“公司+基地+合作社+农户（贫困户）”利益联结机制，续建华星村益民养兔基地、高头农中养兔基地，引进适合本地养殖和市场销量较好的新西兰种兔，辐射带动全镇养兔户（其中贫困户51户）养兔12万只。发展蜂蜜产业，全镇养蜂6000桶，拥有蜂王6万只。

【设施建设】 G358国道路面改造工程进展顺利。启动上坪至龙归松山坳破损路面修复工程、上坪至大寨公路窄路扩宽工程征地拆迁；完成圩镇排水排污和污水处理厂建设；镇敬老院全面竣工，有11户孤寡老人搬迁入住；桂峰社区活动场所以及蕉子坝、龙归、白面石等村综合文化服务中心全面完工。实施校舍维修改造工程3个，校园环境整治工程2个，运动场建设工程1个，校园文化项目1个。安排扶贫资金3079万元，实施第一批扶贫项目18个，第二批贷款项目86个，用于贫困村、非贫困村入户道路、排水排污沟、住房安全保障、农田水利、改水改厕等八大指标体系建设；聘请专业工程项目监理，夯实镇、村项目监管责任。同时，还向上争取扶贫资金80万元，社会力量捐赠资金及物资8万元。

【生态建设】 坚持生态式开发，发展无公害柑橘苗木、猕猴桃、蓝莓苗木、生态旅游等新型产业，减少农业面源污染。加强封山育林、森林防火和森林管护，森林覆盖率89.5%；建立镇规民约，落实“全封山”政策，对野外用火实行零容忍。实施低质低效林改造工程，鼓励林农实施天然林保护，签订天然林保护面积79995亩。因造林绿化工作成绩突出，3月，华星村村主任温日仁被国家林业局评为“全国造林绿化工作先进个人”。取缔华星村鲤麻石潭畜禽养殖点、上坪村墩脚下非法电镀加工金属点，拆除生产生活设施，对违法犯罪嫌疑人移送司法机关处理。实行农村生活垃圾治理外包，建立每周一固定清扫制度，落实垃圾日常清运队伍，实现垃圾治理制度化。开展稀土非法开采污染专项治理，加大河道巡查和整治力度，使出境断面水质长期稳定达标。

【综治维稳】 每周小排查，每月大排查，及时化解矛盾纠纷，全年受理上级转办和群众举报信访件12件，调查核实并答复12件；加强对重点人员的稳控工作，定期开展走访，及时了解思想动向。开展地质灾害、矿山、交通运输、建筑施工、加油站、学校、公众聚集场所等重点领域安全隐患排查，全年安全生产形势总体平稳。

【党的建设】 坚持问题导向，严肃查处违规违纪人员，年内，给予党内警告处分1人，运用“第一种形态”处理11人次。对38名村（居）干部建立廉洁信息档案。落实“三会一课”制度，召开“三会”会议260次，上党课41次；全年创评五星党组织2个，发展党员8名；强化党建保障，投入党建经费56万元，解决党建突出问题17个；兑现“微心愿”470个；评选六星文明家庭28户和身边好人6名。党费基本实现网上收缴。

（黄丽萍）

文峰乡

【概　况】 位于县境中部。乡人民政府驻县城江东庙路28号。面积274.98平方千米，其中耕地18930亩，林地371194.5亩。辖长溪、长举、东团、新罗、长岭、大路、杨梅、黄坳、小布、河岭、石排、上甲、双坪、图合、岗背、田背、长布17个村民委员会，户数7159户，人口29519人。有猕猴桃、杨梅、百香果、鹰嘴桃、甜柿、蔬菜、生态养殖等产业；财政收入1921.36万元，同比增长20%。在2017年度目标管理考评中，文峰乡被评为全县“脱贫攻坚先进乡镇”“党建工作第一名”“主攻工业第一名”“综合考评第二名”。

【脱贫攻坚】 健全责任体系，实行乡党委每周至少调度1次以上脱贫攻坚工作，书记、乡长各负责一片区，班子成员最少负责1个村以上脱贫攻坚工作；完善组织体系，实行脱贫攻坚专人专岗，明确乡扶贫专干4人，村级扶贫专干1人，确保办公场所、制度建设、人员配备、专项经费的落实。抓好精准识别、项目管理、兜底保障三个方面的工作。落实系列帮扶政策，因户施策，强化贫困户与农业龙头企业、合作社和种养大户等经营主体的利益联结，发展猕猴桃、杨梅、蔬菜、生态养殖等特色产业，努力打造沟域经济示范点。

【党建工作】 完善党委议事规则，明确班子的职责范围和管理权限。强化基层基础，发展壮大村级集体经济，全乡17个村结合实际，因地施策，采取用好征地管理费购置店面、用活征地政策、盘活集体资源、土地规模化经营、开发特色观光旅游等方式，确保每个村年集体收入达5万元以上。加强村组织活动场所规范化建设，对危旧狭小村小布村、田背村进行新建或扩建，大路、东团、杨梅、长溪等村进行加层和装修；下拨资金30万元，对全乡17个村的扶贫工作站进行装修，改善村级办公条件。推进“入户听诉”工作，全年走访农户4042户，走访率为93.7%。

【黄龙病防控】 抓好柑橘黄龙病防控，完善干部责任包干、清理进度排名考核、黄龙病清理情况核查等制度和“组普查、村清理、乡核查”工作模式，截至年底，全乡砍除黄龙病树9万株。

【棚户区改造】 组建由乡班子成员、乡村及抽调干部等180人组成的棚改工作队伍，整合成26个工作队，落实“分户包干、一跟到底”的责任机制，做好长举、新罗五子排、城南出口路等棚改工作，截至年底，全乡共有棚改户723户，其中长举606户，签约征收585户，拆除588户；新罗五指排53户，签约征收52户，拆除52户；河岭出口路64户，签约征收60户，拆除64户。

【服务城区建设】 新东大道提升打造、银河湾BD地块项目等土地征收的难点节点上取得较大突破。完成生态文化科技城项目用地、废弃矿区治理用地、G236国道、诺通光伏电站、引农进园安置点、高速连接线景观提升、广寻商会扩征、城区建筑余土消纳场用地、河岭安置区等项目征地拆迁任务；推进大路弃土场、县自来水厂等项目宗地的土地征收工作。完成征地面积8509.5亩，山体复绿面积5250亩，征收果树43.2万株，房屋830户，迁移地坟766座。

【“两违”整治】 建立覆盖17个村的“两违”基本信息，对在建、已建各类房屋进行照相、登记，健全“一违一档”登记台账。拆除违章建筑254处、面积83600平方米，扣压一批工程车、搅拌机、铲车等建筑工具。开展农村建房整治，拆除大路村蒋某的超高超大建筑。

【社会事业】 整合项目资金2030万元，对新罗、大路、杨梅、河岭、黄坳、石排、双坪等村房屋进行风貌打造；设立红白理事及重大事务公示栏，对各村孝敬老人、邻里和睦等进行红黑榜公布，并在每村评选1名最孝敬和最不孝敬的典型案例；开展“身边好人榜”“最美家庭”“星级文明家庭”评选活动；开展“三沿六区”乱埋乱葬整治，全年共迁移地坟109座。

2017年，全乡共出生婴儿419人，其中男婴221人，女婴198人；政策内出生379人，其中一孩出生144人，二孩出生210人，多孩出生65人（其中政策外40人），政策内生育率90.45%。优生检测124对；办理生育证171人，享受阳光助学3人；享受各项奖扶608人，发放奖扶资金188360元。

【生态建设】 制定《文峰乡农村生活垃圾治理工

作目标考核办法》，建立覆盖全乡的保洁员队伍，兴建垃圾中转站1座，垃圾焚烧炉2个，设置垃圾箱1480个，垃圾清运车17辆，聘请保洁员87名，对17个村各责任区域实现全天候保洁清理。建立“河长制”长效机制，实施“一河一策”管理，选优配强17名河段长、57名河道管理员、176名沟渠长。加强河道垃圾清理，清理垃圾60吨，打捞河流漂浮物80次，清理河道长度52千米、淤泥251立方米；加强突出问题整治，打击非法捕鱼5起、采砂5起，关停畜禽养殖场3个，拆除养殖场1个，备案整改66个。推进农村环境整治，解决农村“脏、乱、险”现象，拆除空心房129000平方米。打击非法开采稀土行为，捣毁稀土尾水点5个，加大废弃稀土矿山和水土流失治理，推进矿区复垦复绿工作。启动实施低质低效林改造，加强生态公益林管理和松线虫病防控；加大对九曲湾库区、云盖岽风景区、生态公园等重点区域的生态保护力度。

【综合治理】 排查各类矛盾纠纷172起，调解成功168起，调解成功率达97.6%。抓实严重精神障碍患者排查管控。制定《文峰乡综治网格信息化考核实施方案》，建立18个综治中心机构，在17个村划分55个网格，配备55个网格员，实行网格化管理。加强学校周边环境整治，确保学校治安稳定。开展“扫黄打非”活动，对非法经营场所和政治性、淫秽类、封建迷信类出版物、地下窝点和地下销售网点，采取统一行动予以严厉打击。对生产经营单位实行不定期安全检查，对不合格单位下发限期整改通知5份。加强治安巡逻，设立报警点4个，查处赌博案件3起。

（古城晨）

三标乡

【概　况】 位于县境西北部。乡人民政府驻三标村，距县城15千米。面积202.95平方千米，其中耕地12243亩，林地272830.35亩。辖富寨、三标、胡屋、堆禾、黄陂、基田、甲子乌、长安、东江源、图岭、上下坝、大小湖岽12个村民委员会，户数4156户，人口15368人。有柑橘、脐橙、猕猴桃、甜柿、罗汉果、百香果、鹰嘴桃、红薯、毛竹林、中药材、肉牛、山羊、蜜蜂等产业，投资8.33亿元的基隆嶂风电项目并网发电。全年生产总值10460万元，同比增长4.96%；财政收入978万元，同比增长6.1%；农村居民人均可支配收入6229元，同比增长8%。在2017年度目标管理综合考评中，三标乡被评为“全县农村生活垃圾专项治理工作一等奖”。

【脱贫攻坚】 精准识别，清退贫困户172户659人，新增贫困户145户594人，在册贫困户共有604户2463人，家庭成员自然增加243人，自然减少133人；享受低保补助265户1012人。通过精准帮扶，贫困户至少享受1项以上帮扶措施；新建农村保障房周转房17套，确保17户68人住进安全房；落实奖补政策，全乡1130户农户完成房屋维修，其中贫困户193户；签订移民搬迁协议461户1830人，其中贫困户103户450人；发放大病医疗补充保险补偿402户，补偿金88.1万元；兜底保障1058人；教育帮扶175人49.14万元，产业奖补304户52.78万元，就业帮扶313人。

年内，扶贫项目建设总投资4128万元，已开工125个，完工106个。为51户贫困户贷款203万元、2个合作社贷款150万元，用于发展种养产业；发放产业奖补304户52.78万元。图岭村、堆禾村发展猕猴桃3万株；堆禾村种植甜柿1.5万株；东江源、富寨、基田村发展乡村旅游（农家乐）8家；黄陂、堆禾村养殖蜜蜂5000箱；三标村发展鹰嘴桃300亩；堆禾、胡屋村种植红薯400.5亩；大小湖岽村发展生态肉牛羊养殖200头；上下坝村发展毛竹林1999.5亩；富寨、胡屋、甲子乌村发展中药材种植300亩，形成“一村一品”新格局。

【生态建设】 完成九曲湾库区二级保护区1000亩退果还林征地；规范整治农村畜禽养殖业，引导群众种植猕猴桃、鹰嘴桃、罗汉果、百香果、甜柿子、中药材、红薯等经济作物，减少柑橘种植面积。推进农村生活垃圾及河长制工作，投入资金130万元，完成17座污水处理站建设。三标乡新环卫所、垃圾中转站在施工建设中。完成530个农村传统厕所改造；投入105.5万元，完善圩镇污水管道铺设工程。开展九曲湾库区毒鱼、网鱼、垂钓整治，推进九曲湾河道整治二期与生态修复和库区蓝藻治理工程；投资3000万元，建设生态护坡、水生态循环系统和门前坝、燕子窝、马齐田湿地公园，增强河道净化功能。保护好大湖水库水源地生态环境，开展东江源、图岭和长安村共计515户2343人的移民搬迁安置工作，完成房屋签约515户、田地果树签约515户。

【设施建设】 投资5000万元，完成寻乌至安远线（三标甲子乌至县界）11.3千米省道改建、上下坝、大小湖岽、胡屋3个村5处错车道建设及大小湖岽、堆禾、甲子乌、长安、胡屋、富寨、基田、黄陂等村14.09千米通组道路硬化，硬化入户道路45.5千米。完成农村电网低压改造3千米；投资8.33亿元的基隆嶂风电项目正式并网发电。投资302万元，开工建设三标、胡屋、富寨等村安全饮水工程，解决6025人的饮水安全问题。投资13万元，对农贸市场进行改造升级；投资1000万元，用于门前坝等湿地公园治理；拆除沿街店面85处2075平方米乱搭乱建铁皮棚、清除违规广告牌24块。实施亮化工程，为三标、富寨、基田、胡屋、堆禾等村安装太阳能路灯150盏。开展“空心房”整治，拆除“空心房”面积84572平方米。

【产业转型】 做好黄龙病防控工作，清除黄龙病树15万株。推进现代农业攻坚，打造“东江源—基隆山—寨塘坑”生态乡村旅游路线；实施以三标村为中心的千亩鹰嘴桃、胡屋村为中心的百亩红薯、基田村为中心的百亩黄栀子、上下坝村为中心的千亩毛竹林改造、黄陂与堆禾村为中心的千桶蜜蜂养殖示范基地建设。引进中药材种植项目，并在富寨、甲子乌、胡屋等村开展土地平整等前期工作。

【社会事业】 完善教育文化设施，完成三标中学教师周转房建设和学校校门及校园附属设施改造工程，改善教师生活条件和教学环境；实施三标中心校迎国检校园建设项目；新建堆禾村文化广场，富寨、黄陂、上下坝等村文化广场正在建设中；完善基田、上下坝、大小湖岽、黄陂、长安、东江源等6个村级卫生室。全乡12个村均成立乡风文明领导小组和红白理事会，发放《乡风文明倡议书》3000份，召开各类会议30次，刊出宣传栏40处，悬挂宣传标语50条。全乡新农合参合率达到99%，新农保参保率达到100%。确定311户844人享受农村最低生活保障，发放保障金231.16万元；全乡80岁以上高龄补贴对象319人，发放补贴26.12万元。

【综合治理】 实施综治“网格化”管理和治安“天网”工程；及时预防和化解各类社会矛盾和安全隐患。截至年底，受理纠纷案63件，成功调解63件，成功率100%。开展不安定因素排查，收集信息29条，妥善处置突发性事件苗头4起；完成县委督办案件32起。对辖区内的油站、烟花爆竹经销点和学校、医院等进行定期安全检查，排查整改安全隐患9起。

【党的建设】 开展“两学一做”学习教育，每月集中学习一次以上、每两个月党课辅导一次以上。新建大小湖岽、长安、上下坝等村级组织活动场所；抓实基层组织建设，党建工作覆盖全乡非公企业和社会组织。抓好党员教育管理，严把党员入口关，全年发展新党员15名；七一期间，走访慰问老党员和困难党员，送去慰问金2800元。履行“两个责任”，规范党员干部行为，注重思想教育，聘请县纪委干部对乡村干部进行案例警示教育；加大监督执纪问责力度，运用第一种形态开展约谈提醒17人，立案2起，给予党纪处分2人，受理县纪委函询件2件，转办县纪委信访件6件；以“入户听诉”工作为平台，组织党员干部进村入户，征求群众意见建议85条，并全部解决解释到位。

（陈 伟）

菖蒲乡

【概 况】 位于县境西南部。乡人民政府驻菖蒲村，距县城55千米。面积81.59平方千米，其中耕地8328亩，山林97905亩。辖五丰、坪光、徐溪、菖蒲、虎石、铜锣、黄沙、黄田8个村民委员会，户数4050户，人口1.5万人。有百香果、猕猴桃、罗汉果、南瓜、辣椒、白莲、蔬菜、柑橘、脐橙、油茶等产业。实现国民生产总值8634万元，同比增长19.2%；财政收入219万元，同比增长6.3%；农村居民人均可支配收入9302元，同比增长26.1%。在2017年全县年度目标管理综合考评中，菖蒲乡被评为全县“脱贫攻坚优秀乡（镇）”“产业转型升级第二名”“工业攻坚第二名”“社会综合治理及平安建设第二名”“城镇建设攻坚第二名”“农业产业招商引资二类乡镇第一名”“果业产业转型升级第二名”。

【机构队伍】 乡政府设有党政办公室、纪委办公室、党建办公室、扶贫办公室、医疗保险事业管理所、卫生和计划生育办公室、农业服务中心、综治中心、综合文化站、民政和社会保障服务中心、财政所、国土所、林业工作站。共有编制51名，其中行政编制27名、事业编制25名。年末在职人员39人。

【精准扶贫】 精准识别全年清退贫困对象204户790人，新增贫困户197户699人；接受省级年度第三方评估检查验收。为88户贫困户解决429万元产业扶贫信贷通贷款。推行“三送三帮”模式，帮扶贫困户种植龙脑樟、百香果、南瓜、辣椒、白莲、蔬菜等产业，实现贫困户产业全覆盖。坚持每月到贫困户家走访帮扶两次以上。严格管理50万元以上的扶贫项目，通过公开摇号的方式进行发包，项目监理全程监管，村干部、理事会定期巡查、监督。全乡145个扶贫项目进展顺利。实施“空心房”和“老人住老房”整治，拆除空心房12万平方米。通过村级代工、落实奖补等方式，完成土坯房维修169户，其中67户贫困户全部维修到位。建成保障房18套。申报整组搬迁居住在深山区农民群众11户、自主建房3户、进城入园2户。

【产业发展】 开展农业普查，完成土地确权后续工作。实施高标准农田建设。打造虎石千亩石榴基地和千亩蓝莓基地，发展罗汉果、百香果、猕猴桃等果品种植。通过赶街、供销e家、农村e邮等电商平台，网上销售脐橙、蜜橘、百香果和无花果等农副产品。同心建材厂健康运行，铜锣米粉厂建设工程基本完成并即将投产。接纳上百人在家门口就业。

【城镇建设】 完善亮化工程临篁街安装路灯两排，种上桂花树，配上社会主义核心价值观宣传横幅。完成排水排污、菖蒲大道400米道路硬化。沿菖蒲大道实施彩砖工程，施划摊板线、停车线，集中开展圩镇整治6次。抓好篁乡河河堤治理，增加亲水平台、排水沟、风景亭、葡萄架等附属设施，提升“一河两岸”档次。打造篁乡河宣传长廊和徐溪乡风文明示范点建设，徐溪村被评为全市文明村镇称号。

【综合整治】 规范农村建房行为，在全县率先拆除1例超高建房。代表全县接受保障房、危改房市级检查。围绕建设“宜居秀美乡村”，在全县率先完成空心房拆除任务，得到县委、县政府表彰，相关经验做法和典型案例先后在《赣州市农村“空心房”整治工作简报》和《赣南日报》刊出。完成生活垃圾外包工作，清理村巷道乱堆放生产工具、建筑材料236户，垃圾、杂物、淤泥障碍物411吨。建立“河长制”，完成篁乡河河道治理；徐溪河河道治理工程进入收尾阶段。对境内养殖禽畜情况进行全面普查，发出禽畜养殖整改通知书24份，关闭禽畜养殖场2个。

【国道、乡道建设】 G236国道（菖蒲段）通车。晨（光）菖（蒲）公路建设进展顺利，开工建设菖蒲至六社乡道扩建工程。完成黄田、黄砂错车道建设。

（古宏州）

龙廷乡

【概　况】 位于县境西南部。乡政府驻龙廷村，距县城50千米。面积73.23平方千米，其中耕地4428亩，林地89295亩。辖大田、西湖、龙廷、斗晏4个村民委员会，户数1844户，人口6515人。有茶叶、油茶、猕猴桃、禽畜养殖等产业，在全县2017年度目标管理综合考评中，龙廷乡被评为“生态建设攻坚工作第一名”“土地房屋征收工作优秀乡镇”“‘河长制’工作先进乡镇”“平安寻乌建设暨社会治安综合治理目标管理先进单位”“党管武装工作先进单位”“征兵工作先进单位”“森林防火平安乡镇”。

【脱贫攻坚】 落实“1+1+N”系列帮扶政策，全年累计发放“产业扶贫信贷通”贷款159户666万元、贴息贷款29.8万元、产业奖补资金5.24万元；282户贫困户享受8.46万元光伏扶贫电站补助；雨露计划就业技能培训28人，80名在校生享受寄宿生补助6.54万元；发放“四道医疗保障线”资金47.77万元；全乡112户低保户、28户五保供养户享受政府兜底扶贫帮困政策；落实民房整治资金224.72万元，实施危房改造95户；投入资金1739万元，安排扶贫项目57个。完成贫困人口脱贫41户184人。

【生态建设】 加强林业资源管控，完成低质低效林改造600亩。森林覆盖率达85%。推进畜禽养殖整治，年内，发放畜禽养殖整治通知书105份，整改畜禽养殖场所54处，拆除禁养区畜禽养殖场所7处。实施告子坑废弃稀土矿区治理、斗晏库区基础设施配套、水环境自动监测站等三个生态工程。推进“河长制”工作，国控断面水质达标率100%。

【产业发展】 抓好柑橘黄龙病防控，清理失管果园27个。阳天茶场新增黄金茶及柑橘茶，茶品种从5个增至7个；年内，生产油茶125吨，产值1000万元。抓好油茶产业低改工作，年内，完成改造面积12799.5亩，新种植面积360亩。做好县级新产业宣传承接工作，全年种植猕猴桃面积231亩。

【环境整治】 完成圩镇污水处理，村庄整治。拆除“空心房”3.5万平方米，拆除“两违”建筑10栋1223平方米。完成圩镇垃圾简易处理站和垃圾填埋场、垃圾焚烧炉主体工程建设。

【基础设施】 争取项目资金200万元，硬化圩场主要街道和水沟修砌工程。完成全乡主灌溉区水利设施建设项目；推进农村电网改造；硬化村组道路38.53千米，新修简易路3.7千米、桥梁3座。完成留车至吊神排12千米二级路面改造、大田至吾良畲5.1千米县道升级改造工程征拆任务，共完成土地征收900亩，房屋31栋、地坟180座。

【社会事业】 城乡居民养老保险实现应保尽保，城乡居民医疗保险实现全覆盖，稳妥解决老人住老房问题。各村文化广场竣工并投入使用。打造“农家书屋+电商”2个。义务教育均衡发展稳步推进，教学环境明显改善。

【综合治理】 投入3万元资金建设综治工作室。开展安全生产联合执法，对重点单位、重点区域、重点领域实行每月一排查，及时做好地质灾害预防和防火防汛工作，保障人民群众生命财产安全。

（黎美珍）

丹溪乡

【概 况】位于县境南部。乡人民政府驻丹溪村，距县城74千米。面积165平方千米，其中耕地9643.5亩，山林191299.5亩。辖彭溪、清溪、丹溪、双溪、双村、金村、上平、下平、高峰、岑峰10个村民委员会，户数3791户，人口1.52万人。有红薯、茶叶、油茶、毛竹、糯米、山花李等种植产业。实现国民生产总值8632万元，同比增长8.3%；财政收入703.69万元，同比增长7.7%；农村居民人均可支配收入8412元，同比增长11%。在全县2017年度目标管理综合考评中，丹溪乡被评为全县“计划生育工作第二名”“低质低效林改造先进乡”。

【脱贫攻坚】开展精准识别“回头看”。落实产业奖补政策591户65.55万元，资助建档立卡贫困学生446人（次），发放“四道医疗保障线”资金345万元，贫困户住院自付比例降至5%。发放产业扶贫信贷通资金185笔1007万元；实施移民搬迁13户34人，改造危房146户；组织贫困户参加种养殖及电商等技术培训班130人次，安排公益性岗位109个。10个村级光伏扶贫电站全部并网发电。对照贫困村退出新八大指标体系，投入扶贫资金4238万元，实施水电路等基础设施项目125个。

【产业发展】总投资6亿元，装机容量6.6万千瓦乱罗嶂风力发电项目完工，实现发电量1.4亿度。扩大岑峰酒业规模，提高品牌知名度。石板材、云丰竹业等企业稳定发展，实现工业入规企业1家；23座小水电发电量持续稳定，财税收入稳定增长。引导群众进行产业转型，鼓励发展茶叶、油茶、红薯、毛竹、糯米、山花李等特色产业；发展合作社、家庭农场等新型现代农业经营主体41个。抓好柑橘黄龙病防控，砍除黄龙病树1.3万株。丹溪优质农副产品红薯干在中央电视台“生财有道”节目中播出。积极引导农户利用电商销售红薯、茶叶等农副产品，拓宽农民增收渠道。

【环境治理】完成圩镇和5个村级规划编制。打击违法建筑，拆除“两违”建筑23处1494平方米，农村建房步入规范化、法治化轨道。拆除违章搭建铁棚487平方米，划定交通标识和停车位，安装路灯60盏。开展农村人居环境整治，拆除危旧土坯房、“空心房”12万平方米。

【生态建设】继续执行全封山政策，聘请生态护林员48人；完成低质低效林改造400.5亩，加强松材线虫病防控，清理病树63株。督促风电场落实环保水保措施，恢复生态环境。抓好农村生活垃圾整治，健全农村环卫保洁长效机制，新建垃圾中转站1个。落实“河长制”，开展清理河道5次，清除河道垃圾110吨；开工建设丹溪河河道综合治理工程。

【社会事业】完成低保五保调整，全乡有低保户333户857人，五保户39户41人，发放资金218.75万元。新农合参合率达95%，新农保参保率达94%。完成丹溪中心校运动场14.85亩和岑峰公办幼儿园2亩土地的征地拆迁任务。投资2亿元，开工建设吾良畲至大田21千米县道升级改造工程；完成通组路硬化32.76千米，入户路26.92千米；新建村级卫生计生室，落实二孩政策和生育登记网上办理服务。加强源头治理，化解各类矛盾纠纷，年内，排查矛盾纠纷47起，调处47起，调处率100%。

（彭江伟）

项山乡

【概 况】位于县境东部，乡人民政府驻项山村，距县城23千米。面积74.66平方千米，其中耕地8394亩，山地115354.5亩。辖项山、桥头、卢屋、中坑、聪坑、书坪、福中7个村民委员会，户数2247户，人口7889人。有脐橙、柑橘、百香果、猕猴桃、油茶、糯米、蔬菜、兰花、山羊、黄牛等种养殖产业。国民生产总值9082万元，同比增长10%；财政收入680.28万元，同比增加10%；农村居民人均可支配收入7097元，同比增长11.5%。

【脱贫攻坚】 全年退出贫困村2个，减少贫困人口350人。开展精准识别"回头看"，新增贫困户78户263人，清退错评农户100户339人。发放"产业扶贫信贷通"贷款994.7万元、产业奖补资金29.8万元；资助建档立卡贫困学生204人（次）；发放"四道医疗保障线"资金190万元，贫困户住院自付比例降至5%。完成深山区移民34户117人、地质灾害移民2户11人、就业扶贫74户120人。改造危房264栋，11套农村保障房投入使用。7个村级光伏扶贫电站全部并网发电。对照贫困村退出新八大指标体系，筹集资金3204.8万元，安排村级项目113个。

【产业发展】 全乡共有柑橘果树60万株，经全面普查发现黄龙病树4.68万株，病株率为7.8%，清理黄龙病树4.2万株，病树清除率为91%。新增蔬菜、猕猴桃、百香果、油茶等特色产业种植面积600亩。销售山羊6000头、黄牛5000头。项山甑—聡坑古村落—福中罗福嶂会议旧址红色旅游线路初步成型。福中村被评为全国乡村旅游扶贫重点村。

【生态建设】 执行全封山育林政策，森林覆盖率达83.6%，加强巡山管理，查处私自砍伐林木行为5起。完成改水236户、改厕236户、改沟1.26千米。推行"河长制"升级版，完善巡查制度，打击河道非法乱采行为4起、水源涵养区生猪养殖8起，发放整改通知28份。开展农村生活垃圾专项治理，通过政府购买服务的方式，实现垃圾处理市场化运营，全年清理垃圾1500吨。

【民生事业】 吉项公路、项山村堆禾岽至福中村天门石旅游观光路、书坪村至广东仁居升级改造工程有序推进；完成通组路建设4.8千米，新建入户便道3.4千米。实施农村安全饮水巩固提升工程3个，截至年底，全乡近3000名村民饮上安全水。乡村便民服务站以及7个村级综合服务中心实现全覆盖。建成"农家书屋＋电商"服务站点7个，"供销e家"在各村均设立物流配送网点。培训青年电商人才48人次。开展低保专项整治，规范低保申报审批程序，全年发放低保资金128.4万元、五保资金1.566万元、大病救助资金3.63万元。城乡居民医疗保险、养老保险覆盖面不断扩大，参保率分别达98.2%和86.8%。启动义务教育均衡发展"迎国检"，对5所农村义务教育学校实施营养改善计划。开发公益性岗位42个，涵盖扶贫、农村卫生保洁、农家书屋等多个行业。村级卫生服务室全覆盖。拆除"空心房"847栋6.82万平方米，拆除率为100%，修缮房屋292栋12.31万平方米。

【综合治理】 实施"心防"工程，加强肇事肇祸精神病患者人员管理，做好对肇事肇祸精神病患者的送治和有关监护工作。开展赣闽粤边三乡十村"六联六建"活动，维护边界安全。全年处理信访案件12起，调处矛盾纠纷44起。加强对森林防火、校园安全、消防安全、重点工程等领域安全管理，开展专项整治行动3次，下发整改通知6份，实现安全生产"零事故"目标。加强治安巡防队伍建设，实现综治巡逻区域全覆盖，实施"天网"工程，有效防范违法犯罪活动的发生。

【党的建设】 严格执行中央八项规定，"三公经费"大幅度下降。整治"四风"，完善干部管理制度，促乡村干部工作作风转变。开展"入户听诉"活动，全年收集群众意见及诉求182条，回访率达100%，整改到位率87.82%，党风廉政建设社会评价群众满意度排全县前列。

（潘丽萍）

水源乡

【概　况】 位于县境北部。乡政府驻龙塘村，距县城41千米。面积112平方千米，其中耕地

9313亩，林地139995亩，果业19995亩。辖周畲、大湖、载下、龙圹、坳背、河背、袁屋、径口、竹园头9个村民委员会，户数3413户，人口13345人。有脐橙、柑橘、罗汉果、百香果、猕猴桃、番薯、养蜂等产业。财政收入744.07万元，其收入全部来源于财政拨款。行政支出681.47万元。水源乡被评为县"森林防火先进乡（镇）""森林防火平安乡（镇）"。

【机构队伍】 内设机构有党政办公室，经济发展办公室，社会事务办公室，村镇规划建设管理办公室。事业机构有农业服务中心、人口和计划生育服务中心、民政和社会保障服务中心（挂社会救助所牌子）、综合文化治、村业工作站、财政所。共有编制54名，其中，行政编制22名，事业编制32名，年末在职人员41人。

【脱贫攻坚】 按照"10864"结对帮扶机制，全乡132名干部落实结对帮扶贫困户548户；严格管理村第一书记，落实每日微信签到制度，确保在村工作时间。安排资金1790万元，实施第一、二批贫困村项目55个。开展精准识别回头看，清退贫困户114户495人，新识别贫困户99户445人。按要求设立村扶贫工作室。抓好产业帮扶，引进养蜂、百香果、猕猴桃等绿色农业，贫困户种植百香果106.5亩、猕猴桃30亩、养殖蜜蜂2000桶；加强村级光伏扶贫项目建设，实现村村有集中光伏发电项目示范点；移民帮扶，持续跟进2017年度移民搬迁户的请款和后续帮扶工作；抓好教育帮扶，培训贫困人口158人，发放补贴资金3.01万元，将1名贫困户辍学儿童送赣州第十一中学就读；年内，建设村卫生室7个，为548户贫困户全部办理城乡医保、大病保险和补充保险，实现"四道防线"一站式服务政策；做好兜底保障扶贫专项整治，整户兜底保障186户，占低保户的60.2%，脱贫村周畲、径口村贫困户分别占低保户的100%和96%。

【生态建设】 年内，新增垃圾压缩车1辆、洒水车1辆、铲车1辆、新建环卫所，所产垃圾日清日运；落实"河长"制，由乡主要领导担任河长，明确各河段长，配备河道管理员8名；突出水质治理，全面禁止新建养猪场，并对全乡生猪养殖场进行摸排，对不达标的养猪场依法进行整治，确保出境水质常年达标。实行全封山政策，从建档立卡贫困户中聘请20名生态护林员。加强营林造林，对大湖水库线上水田全部实行退耕还林，对新造林加强抚育管护。完成低质低效林改造199.5亩、抚育改造300亩。

【产业发展】 做好柑橘黄龙病防控工作，年内，清理黄龙病树45万株；联合县执法队打击外来非法苗木案3起，乡组织人员捣毁非法苗木案7起；做好供苗宣传，组织申报苗木300户；打造河背远坑、径口村养蜂基地，有养蜂户100户，养殖蜜蜂2000桶；扩大罗汉果、猕猴桃、番薯种植面积。

【圩镇建设】 完善排水和亮化设施，实施圩镇主街道排水沟建设项目，新建水源大桥至樟树湾排水设施；修复樟树湾水泥路；整治圩镇乱搭乱建行为，设置圩镇道路交通线和指示牌，拓宽主街道路面，完成新市场迁移。

【环境整治】 推进农村空心房整治，拆除"空心房"10.24万平方米，平均每个村拆除1.28万平方米；狠抓"两违"整治，组建4支整治队伍，制止两违行为22起，拆除"两违"建筑16处、面积1320平方米；推进交通沿线建筑立面提升整治工程，项目计划整治民房1573栋，粉刷墙面359267平方米，至年底，完成1349栋、面积43万平方米。

【社会保障】 做好新农合（城乡居民医保）和新农保参保工作，参保率分别达到98%；落实低保、五保、大病救助、临时救助等惠民政策，惠及低保人口791人，五保户38户49人，高龄补贴255人，优抚补贴37人，残疾人补贴136人；做好困难对象节日慰问工作。

【综合治理】 以综治“三项建设”为抓手，完善乡村综治工作机构；继续实行信访领导包案制度，抓好信访事项调处；强化平安水源建设，维护社会治安，强化安全生产和森林防火工作，实现全年森林火灾零发生的目标。水源乡被评为2016—2017年度森林防火先进乡（镇）和平安乡（镇）。

【党的建设】 年内，吸收入党积极分子28名，转为预备党员9名，转为正式党员13名；新招录事业和三支一扶干部2名。开展对违规插手干预工程项目、接受“红包”、侵害群众利益专项整治，年内，查办党员干部违纪案件1起，并给予党内严重警告处分。

（邝　鑫）

罗珊乡

【概　况】 位于县境东北部。乡人民政府驻罗圹村，距县城47千米。面积128.63平方千米，其中耕地8485.5亩，山地170597亩。辖罗塘、上津、华齐、泊竹、珊贝、�竹、吴畲7个村民委员会，户数2764户，人口11290人。有脐橙、柑橘、蔬菜、蜜蜂、畜禽养殖等产业。财政收入516.72万元，占预算的100%。2017年被评为全县“征兵工作先进单位”“低质低效林改造工作先进乡（镇）”“计划生育先进乡（镇）”“春季森林防火平安乡（镇）”“森林防火先进乡（镇）”。

【机构队伍】 罗珊乡内设机构有党政办公室、经济发展办公室、社会事业办公室、村镇规划建设管理办公室、扶贫办公室。事业机构有医疗保险事业管理所、卫生和计划生育办公室、农业服务中心、综治中心、综合文化站、民政和社会保障服务中心、财政所、国土所、林业工作站。共有编制51名，其中行政编制20名，事业编制31名。年末在职人员28人。

【精准扶贫】 年内，实现129户582人脱贫，贫困发生率下降4.66%。开展精准识别“回头看”，全乡核定在册贫困户499户2000人，两项制度衔接比例达到80.7%。累计发放“产业扶贫信贷通”贷款985.5万元、产业奖补资金43.8万元，资助建档立卡贫困学生261人（次）；发放“四道保障线”资金323.6万元，贫困户住院自付比例降至5%。对照省定新八大标准体系，投资2470元，实施基础设施贷款项目104个。

【产业转型】 推动现代农业产业转型，做好柑橘黄龙病防控，在保住果业产业的同时，在华齐、珊贝等村建立5个蜜蜂产业扶贫示范基地、300亩乡级大棚蔬菜产业扶贫示范基地，全乡7个村级光伏电站建成并网发电。

【民生事业】 做好义务教育均衡发展“迎国检”工作。加大民生保障力度，推进困难群众保障房、广播电视“户户通”、综合文化服务中心等民生工程。抓好计划生育工作，做到标准不降、力度不减，被县委、县政府评为年度先进乡（镇）。做好社会治理工作，确保中共十九大等时期安全稳定，严厉打击赌博行为。

【基础设施】 实施竹村至澄江县道升级、华齐至上津村道窄路拓宽、泊竹至珊贝双车道改造等工程，优化罗珊公路交通格局。贡江流域生态治理项目（珊贝段）开工建设；实施罗塘上津河防洪堤工程项目，提升河道防洪能力。

【生态建设】 建立上津、泊竹低质低效林改造示范基地2个。健全“河长制”管理制度，实施河道垃圾清理，推行农村生活垃圾清运社会化服务模式，打击非法开采稀土行为，严厉查处生态涉刑案件，依法关停畜禽养殖场5家，全年出境断面水质稳定达标。

（曾山秀）

人物　荣誉

2017年新任职县级领导简历

温　琦　女，汉族，1980年10月出生，山西太原人。2009年6月参加工作，2001年6月加入中国共产党，博士学历，寻乌县委常委、县人民政府副县长（挂职）。

1999年9月至2003年7月，山西财经大学会计学院财务管理专业、外语学院经贸英语专业学生；2003年9月至2006年7月，贵州大学管理学院农业经济管理专业硕士研究生；2006年9月至2009年6月，西南财经大学宏观经济研究中心农业经济学博士研究生；2009年6月至2011年12月，北京商业管理干部学院合作经济研究中心助理研究员；2012年1月至2015年4月，北京商业管理干部学院合作经济研究中心副研究员；2015年5月至2016年1月，北京商业管理干部学院合作经济研究中心副主任（主持工作）、副研究员；2016年2月至2017年3月，寻乌县委常委、县人民政府副县长；2017年3月至2017年5月，县人民政府副县长。

赵　岩　男，汉族，1980年9月出生，吉林辉南人，2002年4月加入中国共产党，2003年7月参加工作，副研究员，硕士学历，寻乌县委常委、县人民政府副县长（挂职）。

1999年9月至2003年6月，江南大学生物工程学院生物工程专业学生；2003年7月至2004年9月，重庆啤酒股份有限公司质监处工作；2004年10月至2013年1月，中华全国供销合作总社济南果品研究院加工研究所干部；2013年1月至2015年12月，中华全国供销合作总社济南果品研究院加工研究所副所长（2010年9月至2013年6月，中国农业大学食品科学与工程学院硕士研究生学习；2015年9月至今，江南大学生物工程学院博士研究生学习）；2016年1月，中华全国供销合作总社济南果品研究院加工研究所常务副所长；2017年3月，寻乌县委常委，2017年5月，寻乌县委常委、县人民政府副县长。

李茂进　男，汉族，1984年12月出生，江西石城县人。2004年12月加入中国共产党，2006年8月参加工作，大学学历，文学学士，寻乌县委常委。

2002年9月至2006年7月，泉州师范学院汉语言文学专业学生；2006年8月至2007年10月，兴国

县古龙岗镇政府干部、团委书记；2007年10月至2009年2月，兴国县古龙岗镇镇长助理；2009年2月至2010年11月，兴国县古龙岗镇副镇长；2010年11月至2012年2月，兴国县委办公室副主任；2012年2月至2012年7月，兴国县委组织部副部长；2012年7月至2015年11月，兴国县枫边乡党委副书记、乡长；2015年11月至2016年9月，兴国县崇贤乡党委书记、人大主席；2016年9月至2017年12月，上犹县人民政府副县长（2016年11月至2017年10月，挂职任深圳市宝安区石岩街道办副主任）；2017年12月，寻乌县委常委。

辜青青 女，汉族，1971年1月出生，江西临川人，1994年5月加入中国共产党，1995年6月参加工作，研究生学历，寻乌县人民政府副县长。

1991年9月至1995年6月，江西农业大学农学院园艺专业学生；1995年6月至2017年6月，江西农业大学农学院工作（2001年9月至2002年1月，华中农业大学进修；2003年9月至2006年1月，华中农业大学园艺林学学院果树学专业硕士研究生；2011年9月至2012年6月，浙江大学果树科学研究所国内访问学者）；2017年7月，寻乌县人民政府副县长。

2017年获副高以上职称人员一览表

表31

姓　名	职　称	工作单位
王培龙	中小学高级教师	寻乌县澄江中学
陈宣华	中小学高级教师	寻乌县南桥中学
范荣坚	中小学高级教师	寻乌县剑溪中小学
林庆芳	中小学高级教师	寻乌县吉潭中学
黄万能	中小学高级教师	寻乌县罗塘中学
陈丽莉	中小学高级教师	江西省寻乌中学
邝灵松	中小学高级教师	江西省寻乌中学
廖通珍	中小学高级教师	江西省寻乌中学
凌传星	中小学高级教师	江西省寻乌中学
徐玉炎	中小学高级教师	江西省寻乌中学
汤锦奎	中小学高级教师	江西省寻乌中学
刘咏	中小学高级教师	寻乌县第二中学
钟斌	中小学高级教师	寻乌县第二中学
钟双亮	中小学高级教师	寻乌三中
林传亮	中小学高级教师	寻乌县菖蒲中小学
易必先	中小学高级教师	寻乌县留车镇中心校
易东宏	中小学高级教师	寻乌县澄江中心校
曾洪波	中小学高级教师	寻乌县罗珊乡中心校
黄志泉	中小学高级教师	寻乌县留车镇中心校
汪光欣	中小学高级教师	寻乌县晨光中心小学
刘桂峰	中小学高级教师	寻乌县吉潭中心校
郑佛金	中小学高级教师	寻乌县吉潭中心校

续表 31

姓　名	职　称	工作单位
骆鸿艳	中小学高级教师	寻乌县实验小学
凌丽芳	中小学高级教师	寻乌县城关小学
谢　睿	副主任医师	寻乌县澄江中心卫生院
潘瑞康	副主任医师	寻乌县吉潭中心卫生院
李启山	副主任医师	寻乌县人民医院
潘英芳	副主任医师	寻乌县中医院

2017 年获市（厅）级以上表彰先进单位一览表

表 32

获奖单位	荣誉称号	授奖部门
县医疗保险事业管理局	全省社会保险民生工程目标绩效先进单位	省社保中心
县防震减灾局	全国县级防震减灾工作先进单位	国家地震局
	全省防震减灾工作综合考核先进单位	省地震局
县市场和质量监管局	全市食品药品监管工作先进单位	市政府
县统计局	全省科学发展先进县	赣字〔2017〕59 号
	全省贫困监测优秀单位	赣贫监字〔2017〕3 号
县林业局	全国绿化先进集体	全国绿化委、人力资源社会保障部、国家林业局
	森林防火“平安春节行动”平安县	省森林防火总指挥部
	国家森林城市创建工作先进集体	市委、市政府
县环境保护局	全省环境保护先进单位	省环保局
县卫生计生委	全省计划生育工作综合先进县	省政府
	全市计划生育工作综合先进县	市政府
县城管局	国家森林城市创建工作先进县	市委、市政府
县安监局	全省安全生产监督管理工作优秀县级安监局	省安监局
县红十字会	全省“99”公益日一起捐款先进单位金奖	省红十字会
县社会保险局	全省养老保险综合先进单位	省养老保险局
县果业协会	扶贫工作先进团队	全国科技助力精准考核
寻乌中学农村科技馆	中国科技发展先进单位	中国科技发展基金会
县果业协会	全国农技科普奖	中国农技协会
县委县政府	全省脱贫攻坚工作成效考核为“好”等级	省委、省政府
国土资源局	全国国土资源行政复议行政应诉工作成绩突出单位	国土资源部
县妇联	全省实施妇女儿童发展纲要先进集体	省妇联
县维稳办	全市社会治安综合治理先进集体	市委、市政府
留车镇	全市社会治安综合治理先进集体	市委、市政府
南桥镇金桥村	全市社会治安综合治理先进集体	市委、市政府
南桥镇南龙村社区	第二批全省农村社区建设试点工作示范社区	省民政厅
项山乡卢屋村社区	第二批全省农村社区建设试点工作示范社区	省民政厅
吉潭镇圳下村井唇社区	第二批全省农村社区建设试点工作示范社区	省民政厅

续表 32

获奖单位	荣誉称号	授奖部门
县民政局	全省社会救助工作优秀单位	省民政厅
	全省民政信访工作“三无”县	省民政厅
	全省农村社区建设试点示范区	省民政厅
县委农工部	全省农工部系统工作综合考核优秀单位	省委农工部
县检察院	全省检察机关文明接待室	省检察院
	全国检察机关文明接待室	最高检察院
	市第九届文明单位	市委、市政府
	省十四届文明单位	省文明委
县公安局	全省公安机关创建信访四无基层所队成绩突出先进单位	省公安厅
	全市社会治安综合治理先进集体	市委、市政府
	执法质量考评成绩先进单位	省公安厅
罗珊派出所	全省公安机关创建四无基层所队工作成绩突出集体	省公安厅
桂竹帽派出所	全省公安机关创建四无基层所队工作成绩突出集体	省公安厅
治安管理大队	全省公安机关创建四无基层所队工作成绩突出集体	省公安厅
县法院	全国文明单位	中央文明委
县法院	优秀法院	省高院
南桥司法所	全省第二批五好司法所	省司法厅
南桥镇南龙村	全省第五批民主法治示范村	省司法厅
消防大队	市文明单位	市委、市政府
寻乌县	国家级出口食品农产品（脐橙、蜜橘）质量安全示范区	国家工商总局
寻乌县	全省科学发展综合考核评价先进县	省委、省政府
寻乌县	全市 2016—2017 年度低质低效林改造工作先进单位	市委、市政府
寻乌县	全市森林防火一等奖	市委、市政府
寻乌县	全国信访工作三无县	国家信访局
寻乌县	全省信访工作三无县	省信访联席会议
寻乌县	全市信访工作综合先进县	市委、市政府
县人力资源和社会保障局	全省劳动保障监察工作先进单位	省人力资源和社会保障厅
县机关事务管理局	全省公共机构节能优秀单位	省机关事务管理局
县行政服务中心管委会	市第九届文明单位	市委、市政府
红土地物流整合县内物流企业	AAAA 级物流企业	中国物流与采购联合会
留车镇石崆寨景区	全省 AAA 级乡村旅游点	省旅游局
南桥镇南龙村、古坑村	第五届全国文明村镇	中央文明委
南桥镇	全市计划生育工作综合先进乡（镇）二等奖	市政府
项山乡福中村	全国乡村旅游扶贫重点村	国家旅游局
县城关小学	全省省级文明校园	省文明委
县公路分局	市第九届文明单位	市委、市政府
县公路分局	省文明单位	省文明委
县公路分局	全国文明单位	中央文明委
县邮储银行	全省十优县支行	中国邮储蓄银行省分行

续表 32

获奖单位	荣誉称号	授奖部门
县太平洋财产保险	全省综合实力十强支公司	太平洋保险省公司
县财产保险公司	全省标杆县区支公司	财产保险省公司
县农商银行	全省综合考评优胜学位	省信用联社

2017 年获市（厅）级以上表彰先进个人一览表

表 33

姓　名	工作单位	荣誉称号	授奖部门
潘艳文	县防震减灾局	全国市县防震减灾先进工作者	国家地震局
		全省市县防震减灾先进工作者	省地震局
罗国镜	县农粮局	全省农业工作先进个人	省农业厅
陈惠萍	县实验小学	优秀校长	市政府
温种金	博豪中学	优秀教师	市政府
李苍龙	岑峰中小学	优秀乡村教师	市政府
李鸿万	县果业局	扶贫工作先进个人	全国科技助力精准考核
刘慧鹏	县法院	优秀工作人员	省高院
廖建强	县司法局	全省司法行政系统十佳先锋	省司法厅
廖建强	县司法局	个人二等功	省司法厅
邝作勤	县委老干部局	全省先进老干部工作者	省委老干部局
陈炳炎	县人大	全省离退休干部正能量之星	省委老干部局
温日仁	桂竹帽镇华星村	全国农村绿化工作先进个人	国家林业局

好人群像

中国好人

陈忠欧　1962年1月出生，留车镇族坑村人，寻乌县长利果业发展有限公司董事长，全县果业大户。2015 年线上线下售果 200 多万斤，无一例投诉，经常免费指导其他果农提高生产技术，帮助销售果品。2014 年全国“两会”期间，李克强总理品尝了他的脐橙，并捎来 100 元钱，一时传为美谈。先后被评为“江西省劳动模范”，2017 年 11 月荣登“中国好人榜”。

江西好人

邓运香　女，1963 年 8 月出生，留车镇芳田村村民。一位普通的农家媳妇，三十年如一日，悉心照顾丈夫的叔叔。老人已 83 岁，身体状况一年不如一年，照顾老人的重担一年重于一年，邓运香无怨无悔，用自己的勤劳朴实演绎着人间大爱，用真挚的孝心感动着众里乡亲。2017 年 4 月入选“江西好人”。

赣州好人

黄红兵　女，1966 年 9 月出生，寻乌县税务局干部。她 10 年支助贫困女孩完成学业，实现孩子的大学梦。在一次与朋友言谈中，黄红兵了解到三标乡有一个女孩，父亲早亡，母亲离开，年幼的姐弟两人与爷爷奶奶相依为命……黄红兵听得心痛，便联系上这个家庭，承担起资助女孩读书的义务，黄红兵让自己的女儿与女孩在学校结为姐妹同吃同住，假日带女孩一起回家。夏天买几条漂亮的裙子，冬季添几身厚厚的冬衣，放假给回家的路费、女孩爷爷奶奶的礼物，甚至全家人过年的新衣、年夜饭等都帮女孩一一准备，从初一开始到大学，这一支助就是整整十年。2017年3月入选“赣州好人”。

何贱兰 女，1981年7月生。寻乌县爱心服务协会会长。早年在外务工时就经常参加当地的志愿服务活动。2015年，返乡创业，组建寻乌县爱心服务协会，经过几年的发展，团队成员由最初的10余人发展到包括公司职工、个体经营者、公务员等社会各界爱心人士92人，还带动热心公益活动的爱心人士315人。累计组织开展助学、助残、助老、环保等活动40余次。2017年7月入选“赣州好人”。

何家平 男，1968年7月出生，寻乌县亿净保洁服务有限公司管理员，主要负责打捞河道的垃圾、保护河道设施等。2017年6月16日早上8点，他在东江源大桥河段巡护河道时，看见一女子跳河，因水流十分湍急，女子被冲到河道中间。“当时情况十分危急，那姑娘不断被水流往下冲，下游的河道更深，水流更急！”紧急关头，何家平没脱掉衣服就跳入河中。何家平说：“我根本不会游泳，当时没想那么多，一心想着救人要紧。”何家平凭着两年来的巡河经验，深一脚浅一脚地走到河中间，将女子救上岸。2017年10月评为“赣州好人”。

刘梅贞 女，1972年8月出生。寻乌县项山乡卢屋村妇女主任。一位普通的农家妇女，二十年多来，含辛茹苦承担起养育同村孤儿的义务，不是母亲胜似母亲，克服生活中的种种困难，用一双勤劳朴实的双手为孤儿卢美峰撑起一个温馨的家，将他养育成人，给他张罗婚事，帮他带孩子……用一颗善良无私的情怀播撒人间大爱，感动着众里乡亲，2017年12月入选“赣州好人”。

附　录

寻乌县主要机构与负责人名录

中共寻乌县委员会

书记：柯岩松

副书记：杨永飞

　　　　吴祖平（挂职）

　　　　李德伟

常委：罗承彩

　　　皮红杰

　　　钟小刚

　　　温琦（挂职，3月免）

　　　侯守国（挂职）

　　　谢清泉

　　　张翠梅

　　　严志林

　　　廖芳珍（12月免）

　　　李建华

　　　赵　岩（挂职，3月任）

　　　李茂进（12月任）

县委办公室

主任：凌　斌

副主任：陈荣华

　　　　何旦荣

　　　　汪　锋

组织部

部长：钟小刚

副部长：邝作勤

　　　　谢　丰（5月免）

　　　　彭　键

　　　　凌流斌（5月任）

宣传部

部长：谢清泉

副部长：赵春霞（兼县社联主席）

　　　　王仁锋（中宣部挂职干部、4月任）

　　　　廖光全

统战部

部长：张翠梅

副部长：王珍生

　　　　刘文华

　　　　上官名奎（10月任）

农工部

部长：林石泉

副部长：曾志坚

　　　　曾泉茂

老干部局

局长：邝作勤（县委组织部副部长）

副局长：陈晓清（5月免）

直属机关工委

书记：蓝振洲

副书记：张俊波

机构编制委员会办公室

主任：韩　晓

副主任：李　芳

信访局

局长：谢文峰（5月免）
　　　陈杰辉（9月任）

副局长：曾仁铃

接待办公室

主任：何红梅

机关事务管理局

局长：邝琳琳

副局长：潘丽红
　　　　朱　伟

党　校

校长：李德伟（兼）

行政干部教育学校校长：严志林（兼）

常务副校长：刘传健

副校长：凌　雁
　　　　钟俊萍

党史工作办公室

主任：曾令忠

副主任：曾令铭

纪委监察局

纪委书记：李建华

副书记：凌红武
　　　　潘其文
　　　　易青松（7月任）

常委：李建华
　　　凌红武
　　　潘其文
　　　易青松
　　　潘学文
　　　钟伟民
　　　曾　蔚
　　　胡丹芳
　　　侯春燕
　　　易行玲

监察局局长：凌红武

副局长：易行玲

寻乌县人民代表大会常务委员会

主任：黄志高

副主任：钟名亮
　　　　何小萍（女）
　　　　赖剑锋
　　　　钟运梅（女）
　　　　王　平
　　　　陈　敏

县人大常委会工作机构

办公室

主任：黄卫东

副主任：彭宗泉
　　　　徐　婧

农业和城建环资工委

主任：谢小明

副主任：李荣林

教科文卫工委

主任：刘忠斌

预算审查工委

主任：王正中

副主任：邝海涛（7月任）

选任联工委

主任：华卫东

副主任：朱小燕

内司和备案审查工委

主任：蓝启玉（女）

副主任：范淑筠（女）

寻乌县人民政府

县长：杨永飞

常务副县长：严志林

副县长：吴祖平（挂职）
　　　　温　琦（挂职，5月免）
　　　　侯守国（挂职）
　　　　赵　岩（挂职，5月任）
　　　　汪上红

雷　鸣

梅旭军

王双喜

王晓东

辜青青（6月任）

县政府办公室

主任：杨维彪（7月任）

副主任：刘小兰（兼寻乌宾馆总经理）

凌联军（兼县外侨办主任）

肖远松

人力资源和社会保障局

局长：严考泉

副局长：古营胜

范荣春

赖山秀

扶贫和移民办公室

主任：刘文丙

副主任：曾令铭（7月免）

刘群辉（7月免）

温建平

赖永锋（12月任）

刘安澜（8月任）

王璐（国家统计局挂职，7月任）

寇迪（国家统计局挂职，7月任）

地方志办公室

主任：陈德金

副主任：刘　斌

陈文新

曾接昌（5月免）

档案局

局长：侯文生

副局长：李少腾

廖锡天

行政服务中心管委会

主任：罗文洲

党委书记：张　斌（10月任）

党委副书记：范春潭（10月免）

副主任：范春潭（10月任）

韩梅兰

潘昌林

人民防空办公室

主任：韩世栋

副主任：郭煜辉

陈映红

振兴办

副主任：陈长鑫

政协寻乌县委员会

主席：刘琼招

副主席：黎海锋

邝　羽

陈文华

许　伟

钟　杰

秘书长：凌云南

副调研员：刘元春（7月免）

县政协工作机构

办公室

主任：凌云南

副主任：刘奎祥（6月免）

彭众林（9月任）

提案委员会

主任：林长明

副主任：陈秀莉

经济科技委员会

主任：王松林（6月免）

黄永明（6月任）

副主任：凌红珍

教文卫体委员会

主任：邝永红

副主任：杜光伟

法制社团委员会

主任：王宇红

副主任：钟　诚

人口资源环境委员会

主任：邓祖辉

副主任：彭众林（8 月免）

　　　　王显坤（12 月任）

总工会

主席：钟名亮（兼）

常务副主席：谢应清

副主席：刘明霞（4 月免）

　　　　罗桂芬

　　　　刘映辉（挂职）

　　　　陈　环（兼职）

　　　　凌艳艳（兼职）

共青团寻乌县委员会

书记：骆鸿杰

副书记：赖欣倩

妇　联

主席：张梅兰

副主席：李　英

工商业联合会

主席：许　伟

非公党工委书记、副主席：刘文华

科学技术协会

主席：周晓霖

社　联

主席：赵春霞

文　联

主席：陈晓清

副主席：钟　清（兼职）

　　　　刘杨青（兼职）

残疾人联合会

理事长：古海洋

侨　联

主席：李秀红

副主席：潘昌林（兼职）

　　　　杜光红（兼职）

　　　　潘彩霞（兼职）

计划生育协会

常务副会长：廖巨凡

副会长：曾渊丰

红十字会

会长：彭家琴

副会长：刘琴艳

寻乌县委政法委员会

书记：罗承彩

副书记：袁才军

　　　　赵林祥

公安局

局长：雷鸣

副局长：王曦辉

　　　　曾国瑞

　　　　刘春涛

副政委：曾桂珍（7 月免）

　　　　钟剑鸣（12 月任）

寻乌县人民检察院

检察长：孔小毛

副检察长：王松源

　　　　　刘玉盘

　　　　　陈军民

纪检组长：刘志丰

寻乌县人民法院

院长：吕纲翔

副院长：钟瑞华（7 月免）

　　　　凌树平（7 月免）

　　　　汪　勇（10 月去世）

　　　　刘向东

纪检组长：陈　虹

司法局

局长：谢　丰（5 月任）

副局长：黄卫兵

　　　　谢锌锋

公安局交通管理大队

交管大队大队长：邱联东

教导员：张大春（7月免）

曾桂珍（7月任）

副大队长：刘　文

袁建斌（9月免）

邱启松（9月任）

寻乌县人民武装部

第一书记：柯岩松

书记、政委：古春洪

副书记、部长：皮红杰

委　员：陈铁刚、柳德祥

中国人民武装警察部队寻乌县中队

中队长：刘乾宇

政治指导员：唐宁

公安消防大队

大队长：陈天伟

教导员：简建军（4月任）

胡江凤（4月免）

统计局

局长：刘志沂

副局长：古长青

严为民

审计局

局长：罗国庆

副局长：温俊杰

市场和质量监督管理局

局长：刘旭群

党委书记：刘志杰

副局长：谢青松

袁志强

彭寒晖

谢红阳

汤春添

李丰年

国土资源局

局长：谢小菁

副局长：赖平湖

钟碧辉

矿产资源管理局

局长：郭　俊（10月任）

曾令生（10月免）

纪检组长：王兴贱

副局长：徐　威

安全生产监督管理局

局长：李　建

副局长：潘立平

严　林

发展改革委员会

主任：林佛招

副主任：刘海平（兼物价局长）

赖格清

孙义众(6月任)

农业和粮食局

局长：古清华

总支书记：钟烨明(6月免)

副局长：刘维圣

钟立林

罗国镜

果业局

局长：彭开云

副局长：古叶青

李保炎

张智华

林业局

局长：王军刚

副局长：曾德强（正科）

林树文(5月免)

陈志强

黄月明(5月任)

水利局

局长：罗国芳

副局长：曾祥东

刘树根

水土保持局

局长：周昭凡

副局长：范志东

严红明

谢向东

刘树根（5月免）

农业机械局

局长：陈梅林

副局长：赖才华

副局长：邝先旗（10月免）

农业综合开发办公室

主任：林石泉（6月免）

刘世全（6月任）

副主任：刘琼贤（5月免）

邝先旗（10月任）

刘群辉（8月任）

森林公安局

局长：梁斌

政委：谢群林

副局长：李　炜

副教导员：刘跃生

工业和信息化局

局长：赖学洪

党委书记：陈志鹏

副局长：曾贱星

刘志鹏

邝宏伟

供电公司

经理、党委副书记：钟志军

党委书记、副经理：郑华槟

纪委书记、工会主席：陈　环

副经理：方贻鸿

陈治钦

凌　云

民营企业管理局

局长：林苑青

副局长：吴志相

罗福欢

李　龙（7月任）

工业园区管理委员会

主任：侯礼军

副主任：陈红太（5月任）

刘加辉

交通运输局

局长：梅荣辉

副局长（高速办主任）：曾伟强

副局长：赖世东

古　浩

公路管理分局

局长：温家龙

支部书记：刘希成

副局长：蓝锦洪

陈菲菲（女）

邮政局

总经理：曾汉钧（7月免）

副总经理：夏深林（7月任）

唐榆淋

城乡规划建设局

局长：古叶松（7月任）

刘世全（7月免）

副局长：林永威

上官印臣（5月任）

陈东林（12月任）

彭开华（7月免）

张柏华（7月免）

城市管理局

局长：袁建斌

副局长：曹　勇

谢光辉（5 月免）

刘　林

城市投资经营公司

经理：陈东林

副经理：郭厚利

刘　可

房管局

局长：谢文峰（5 月任）

赖义红（5 月免）

副局长：李国春

李国洪

住房公积金管理中心寻乌县办事处

主任：黎仁军

副主任：赖莉娟（女）

赖艺权

环保局

局长：古春林

副局长：汪梅社

赵志麟

财政局

局长：邱运林

副局长：罗才权

曾林金

国家税务局

局长：黄金盛

副局长：王建民

罗国才

张桂林

王福根

纪检组长：刘红斌

地方税务局

局长：赖伟民

副局长：邝辉云

黄建平（4 月任）

纪检组长：黄建平（4 月免）

袁建彪（4 月任）

金融工作局

局长：曾文浩

副局长：凌　韬

潘剑兰

中国人民银行寻乌支行

行长：曾祥金

副行长：黄常青

潘劲波

纪检组长：陈建隆

银监办

主任：凌志春

副主任：黎桂招

商务局

局长：陈永红

副局长：邝小涛

陈红云（12 月免）

曾建斌

刘二民（5 月任）

招商服务中心

主任：凌坤松（9 月任）

陈永红（9 月免）

副主任：陈红云

赖声均

潘　文

供销合作社

主任：袁晓红

副主任：王东亮

何石连

粮食流通服务中心

主任：池伟华

副主任：赵建勋

严桂萍

谢前胜（9 月任）

烟草专卖局

局长（经理）：赖晓东

副局长：唐健华（4 月免）

副经理：刘成林（4月免）
　　　　邹　霖（4月任）

盐务局

局长、经理：古佳荣
副局长：钟金勇

旅游局

主任：曾昂生
副主任：谢伟东
　　　　罗洪英
　　　　赵奇勇(5月任)

教育局

党委书记：赖义红（7月任）
局长：赖义红（5月任）
　　　黄永明（5月免）
副局长：王宏洲（7月兼任党委副书记）
　　　　古朝晖（7月兼任党委委员）
副局长：陈杰辉（10月免）

文化广电新闻出版局

局长：李文峰
副局长：邝曙光
　　　　陈洪林
　　　　钟兹旺（6月免）

广播电影电视新闻中心

主任：陈洪林
副主任：凌石铭
　　　　黎宝明

科技局

局长：廖茂根
副局长：程　燕

防震减灾局

局长：刘　碧
副局长：陈京燕
　　　　曾明英
　　　　吴功涛

气象局

局长：林山源
副局长：曹允飞
　　　　欧阳帮基

卫生和计划委员会

主任：陈远程
副主任：陈明亮
　　　　古洪斌
　　　　潘丽英
　　　　凌艳艳

体育局

局长：陈　斌
副局长：潘雪梅
　　　　钟承权
　　　　彭先进

民政局

局长：赖平川
副局长：刘　远
　　　　李德浩
　　　　严辉宝（6月任）
　　　　袁新波（5月免）

长宁镇

党委书记：古德勤
党委副书记、镇长：刘　斌
人大主席：曾超乾

晨光镇

党委书记：刘永斌
党委副书记、镇长：吴九生
人大主席：凌利盛

留车镇

党委书记：陈艺海
人大主席：钟耀辉
党委副书记、镇长：谢小明

南桥镇

党委负责人：陈文华（6月任，县政协副主席）
党委书记：刘艳萍（6月选派到厦门市挂职）
党委副书记、镇长：谢大铭
人大主席：钟保华

吉潭镇
党委书记：黄明山
党委副书记、镇长：邹文平
人大主席：黄圣流

澄江镇
党委书记：范中东
党委副书记、镇长：凌红宇
人大主席：钟裕勇

桂竹帽镇
党委书记：廖雪玲（女）
党委副书记、镇长：曹纪平
人大主席：沙渝文

文峰乡
党委书记：谢东林
党委副书记、乡长：谢金城
人大主席：曾　伟

三标乡
党委书记、人大主席：彭智军
党委副书记、乡长：刘卓林

菖蒲乡
党委书记、人大主席：曾国辉
党委副书记、乡长：甘荣坡

龙廷乡
党委书记、人大主席：邝仲
党委副书记、乡长：谢玉堂

丹溪乡
党委书记、人大主席：刘新焰
党委副书记、乡长：彭春萌

项山乡
党委书记、人大主席：凌兰妹
党委副书记、乡长：陈锦文

水源乡
党委书记、人大主席：蓝春英
党委副书记、乡长：古　赟

罗珊乡
党委书记、人大主席：温秀良
党委副书记、乡长：刘春辉

县委委员、县委候补委员名录

县委委员50人（常委按排名），其他委员以姓氏笔画排序：

柯岩松　杨永飞　吴祖平　李德伟
罗承彩　皮红杰　钟小刚　侯守国
谢清泉　张翠梅（女）　严志林　李建华
赵　岩　李茂进　王双喜（女）　王晓东
孔小毛　古叶松　古德勤　邝　仲　吕纲翔
刘文丙　刘永斌　刘旭群（女）
刘艳萍（女）　刘琼招（女）　刘新焰
严考泉　杨维彪　邱运林　陈艺海
陈远程　范中东　林佛招（女）
赵春霞（女）　凌　斌　凌兰妹（女）
凌红武　黄志高　黄明山　梅旭军　彭智军
曾国辉　温秀良　谢　丰　谢东林
蓝春英（女）　赖学洪　雷　鸣　廖雪玲（女）

县委候补委员9人，按得票数排序：

王军刚　刘世全　罗国庆　罗国芳　袁建斌
黄永明　谢小菁　骆鸿杰　赖平川

县纪委委员名录

县第十五届纪委委员共25名，按姓氏笔画排序：

邓　坤　古　松　古德钦　刘志丰　刘和来
杜炜煌　李建华　李海平　杨维彪
陈虹（女）陈治成　易行玲　易青松
罗才权　罗国庆　胡丹芳（女）　钟伟民
凌红武　彭键　曾　蔚　曾祥洲　谢升梁
廖光全　潘其文　潘学文

县第十八届人大常委会组成人员名录

主任、副主任按排位，其他委员按姓氏笔画排序：

黄志高　钟名亮　何小萍（女）　赖剑锋
钟运梅（女）　王　平　陈　敏　王正中
华卫东　刘忠斌　杨　青（女）　张梅兰（女）
范淑筠（女）　钟耀辉　侯清萍（女）
骆鸿杰　袁才军　凌利盛　黄卫东　黄利华
彭成钦　谢　丰　谢小明　谢应清
蓝启玉（女）　潘其文

县政协常务委员会委员名录

主席、副主席、秘书长按排位，其他委员按姓氏笔画排序：

刘琼招（女）　黎海锋　邝　羽　陈文华
许　伟　钟　杰　凌云南　王宇红　王志平
王松林（9月免）　邓祖辉　邝永红
李秀红（女）　李远清　李锦灵（3月免）
何红梅（女）　陈华香（女）　张智华
林长明　陈爱松　钟　清　黄永明
曾　军　曾昂生

市第五届驻寻乌人大代表名录

何福洲　黄声兰　钟　健　李石金　柯岩松
杨永飞　黄志高　温秀良　凌红宇　凌利盛
古春林　蓝启玉　刘　鑫　胡丽英　刘庆财
骆应传　范华英　李佳玲　陈爱松　温林浩
潘梅英

市政协五届驻寻乌委员名录

刘琼招　张翠梅　许　伟　赖义红　古清华
曾　军　李秀红　李远清　叶　亮

重要文件存目

中共寻乌县委及办公室文件

表34

序号	印发时间	文号	文件名称
1	3月15日	寻发〔2017〕1号	关于印发《中共寻乌县委巡察工作规划（2016—2021年）》的通知
2	4月6日	寻发〔2017〕2号	关于印发《寻乌县信访工作责任追究办法（试行）》的通知
3	5月23日	寻发〔2017〕3号	关于加强和改进机关党建工作的实施意见
4	6月20日	寻发〔2017〕4号	关于进一步加强政协工作充分发挥政协协商民主重要作用的意见
5	8月16日	寻发〔2017〕5号	关于印发《中共寻乌县委全会工作规则（试行）》的通知
6	8月17日	寻发〔2017〕6号	关于深入贯彻习近平总书记扶贫开发战略思想以脱贫攻坚统揽经济社会发展全局的意见
7	8月26日	寻发〔2017〕7号	关于深入贯彻落实《国家生态文明试验区（江西）实施方案》的意见
8	9月13日	寻发〔2017〕8号	印发《关于进一步深化医药卫生体制改革实施方案》的通知
9	11月19日	寻发〔2017〕9号	关于认真学习宣传贯彻党的十九大精神的通知
10	12月18日	寻发〔2017〕10号	关于印发《中共寻乌县委常委会工作规则》的通知
11	12月30日	寻发〔2017〕11号	印发《关于进一步推进寻乌县农垦改革发展的实施方案》的通知
12	1月8日	寻办发〔2017〕1号	关于印发《寻乌县鼓励企业上市挂牌加快资本市场建设的实施意见》的通知
13	1月15日	寻办发〔2017〕2号	关于印发《寻乌县扶持新型建材产业发展若干政策》的通知
14	1月15日	寻办发〔2017〕3号	关于加快推进猕猴桃产业发展的意见（试行）的通知

续表 34

序号	印发时间	文号	文件名称
15	1月15日	寻办发〔2017〕4号	关于印发《寻乌县猕猴桃产业技术服务体系建设实施方案》的通知
16	1月15日	寻办发〔2017〕5号	关于加强新形势下老年人体育工作的意见
17	1月25日	寻办发〔2017〕6号	印发《关于加快养蜂产业发展实施意见》的通知
18	2月6日	寻办发〔2017〕7号	关于印发《寻乌县“两违”整治工作问责暂行办法》的通知
19	3月9日	寻办发〔2017〕8号	印发《关于深入推进全县农村社区建设试点工作的实施方案》的通知
20	3月25日	寻办发〔2017〕9号	关于修订印发《寻乌县重大决策社会稳定风险评估实施办法》的通知（密件）
21	3月31日	寻办发〔2017〕10号	关于印发《寻乌县全面推进“乡风文明行动”工作方案》的通知
22	4月6日	寻办发〔2017〕11号	印发《关于进一步加强乡（镇）统计站规范化建设实施方案》的通知
23	4月18日	寻办发〔2017〕12号	印发《关于进一步加强关心下一代工作的实施意见》的通知
24	4月22日	寻办发〔2017〕13号	关于印发《寻乌县委全面深化改革领导小组会议审议事项提交办法（试行）》的通知
25	5月8日	寻办发〔2017〕14号	印发《关于完善矛盾纠纷多元化解机制的实施意见》的通知（秘密）
26	5月18日	寻办发〔2017〕15号	关于印发《寻乌县生态环境损害责任追究实施办法（试行）》的通知
27	5月19日	寻办发〔2017〕16号	关于印发《寻乌县脱贫攻坚工作问责实施办法（试行）》的通知
28	6月27日	寻办发〔2017〕17号	关于印发《寻乌县推进“两学一做”学习教育常态化制度化实施方案》的通知
29	7月3日	寻办发〔2017〕18号	关于印发《寻乌县鼓励城乡劳动力向石排工业园区集聚政策17条（试行）》的通知
30	7月3日	寻办发〔2017〕19号	关于印发《寻乌县支持机电机械产业发展人才集聚政策19条（试行）》的通知
31	7月4日	寻办发〔2017〕20号	印发《关于支持县城规划区内村集体发展集体经济的若干意见（试行）》的通知
32	7月5日	寻办发〔2017〕21号	关于印发《“十三五”时期寻乌县保密事业发展规划》的通知（秘密）
33	7月9日	寻办发〔2017〕22号	关于印发《县委理论学习中心组学习办法》的通知
34	7月14日	寻办发〔2017〕23号	关于印发《寻乌县全面推行河长制工作方案（修订）》的通知
35	7月21日	寻办发〔2017〕24号	印发《关于加强全县中小学校党的建设工作的实施办法》的通知
36	8月2日	寻办发〔2017〕25号	印发《关于发展壮大农村集体经济的实施意见》的通知
37	8月7日	寻办发〔2017〕26号	关于印发《现代农业示范园区有关扶持政策》的通知
38	8月7日	寻办发〔2017〕27号	关于印发《寻乌县鼓励建档立卡贫困劳动力务工政策20条（试行）》的通知
39	8月26日	寻办发〔2017〕28号	印发《关于大力开展全县新农村建设美丽示范“六统·四联创”活动实施方案》的通知
40	9月1日	寻办发〔2017〕29号	印发《关于深入贯彻中央八项规定精神进一步改进作风的实施意见》的通知
41	9月8日	寻办发〔2017〕30号	印发《关于完善学校基本办学条件加快推进义务教育均衡发展攻坚行动方案》的通知
42	9月8日	寻办发〔2017〕31号	关于印发《寻乌县名师评选与管理办法（试行）》的通知
43	9月30日	寻办发〔2017〕32号	关于印发《寻乌县维护社会稳定工作议稳制度》的通知
44	10月16日	寻办发〔2017〕33号	关于印发《寻乌县群团改革总体方案》及五个配套方案的通知
45	10月17日	寻办发〔2017〕34号	关于印发《寻乌县深化文化扶贫工作的意见》的通知
46	10月17日	寻办发〔2017〕35号	关于印发《寻乌县水环境质量考核管理办法（试行）》的通知
47	10月22日	寻办发〔2017〕36号	关于印发《寻乌县农村集体“三资”管理办法（试行）》的通知
48	11月9日	寻办发〔2017〕37号	关于印发《完善法律援助制度的实施意见》的通知
49	11月28日	寻办发〔2017〕38号	关于印发《寻乌县山水林田湖草生态保护修复项目实施方案》的通知
50	11月28日	寻办发〔2017〕39号	关于印发《东江源田园综合体建设方案》的通知
51	12月1日	寻办发〔2017〕40号	关于印发《寻乌县扶持机电机械制造产业发展二十二条（试行）》的通知

续表 34

序号	印发时间	文号	文件名称
52	12 月 14 日	寻办发〔2017〕41 号	关于印发《寻乌县脱贫攻坚工作问责办法（试行）》的通知
53	12 月 30 日	寻办发〔2017〕42 号	寻乌县深化国家监察体制改革试点工作实施方案
54	12 月 30 日	寻办发〔2017〕43 号	关于印发《关于进一步加强全县机关事业单位编制使用管理的意见》的通知

县人大常委会文件

表 35

序号	印发时间	文号	文件名称
1	5 月 10 日	寻常发〔2017〕5 号	关于同意寻乌县人民政府《关于提请审议将寻乌县美丽乡村建设项目纳入财政中长期跨年度预算的提请议案》的决议
2	7 月 20 日	寻常发〔2017〕15 号	关于批准寻乌县 2017 年度棚户区（城中村）改造项目和易地扶贫搬迁安置工程项目建设资金纳入财政中长期预算的决议
3	8 月 28 日	寻常发〔2017〕17 号	《关于提请审议寻乌县县道升级改造工程 X545 河角至留车公路实施方案的议案》的批复
4	8 月 28 日	寻常发〔2017〕18 号	《关于提请审议 2016 年农村公路县道升级改造工程 X549 吾良畲至大田公路实施方案的议案》的批复
5	9 月 22 日	寻常会〔2017〕19 号	关于提请撤销县人大常委会《关于同意寻乌县人民政府关于提请审议将寻乌县美丽乡村建设项目纳入财政中长期跨年度预算的议案的决议》的议案
6	9 月 22 日	寻常发〔2017〕20 号	关于提请撤销县人大常委会《关于批准县人民政府关于提请审议向农发行定南支行融资用于东江源水利治理项目有关事项的议案的决议》的议案
7	9 月 22 日	寻常发〔2017〕21 号	关于提请撤销县人大常委会《关于批准县人民政府关于提请审议中江信托集合资金信托计划还款资金列入同期年度财政预算议案的决议》的议案
8	9 月 28 日	寻常发〔2017〕25 号	关于撤销县人大常委会《关于批准县人民政府关于提请审议将中江信托集合资金信托计划还款资金列入同期年度财政预算议案的决议》等三个决议的议案的决议
9	9 月 28 日	寻常发〔2017〕26 号	同意寻乌县人民政府《关于提请审议寻乌县公共基础设施 PPP 项目政府支出部分纳入县级财政补贴并列入预算管理的议案》的决议
10	9 月 25 日	寻常发〔2017〕28 号	关于批准寻乌县 2016 年财政决算的决议
11	11 月 30 日	寻常发〔2017〕33 号	关于同意寻乌县人民政府《关于提请审议将寻乌县 2018 年度长宁镇石田心片区周边、文峰乡长举大道周边城市棚户区（城中村）改造项目（一期）资金纳入财政中长期跨年度预算的议案》的决议
12	12 月 1 日	寻常发〔2017〕34 号	关于同意寻乌县人民政府《关于提请审议将寻乌县石田心片区及长举大道周边城市棚户区（城中村）改造项目资金纳入财政中长期预算的议案》的决议
13	12 月 20 日	寻常发〔2017〕37 号	关于同意寻乌县人民政府《关于提请审议 2018 年脱贫攻坚资金筹集保障方案的议案》的决议

县人民政府及办公室文件

表 36

序号	印发时间	文号	文件名称
1	1 月 23 日	寻府发〔2017〕1 号	关于印发《寻乌县全民健身实施计划（2016—2020 年）》的通知
2	1 月 25 日	寻府发〔2017〕2 号	关于印发《寻乌县深化供销合作社综合改革的实施方案》的通知
3	3 月 6 日	寻府发〔2017〕3 号	关于严厉打击大田露天育苗和外来柑橘苗木的通告
4	3 月 10 日	寻府发〔2017〕4 号	关于禁止在寻乌县石崆寨水库工程建设征地范围内新增建设项目及迁入人口的通告

续表 36

序号	印发时间	文号	文件名称
5	3月10日	寻府发〔2017〕5号	关于表彰2016年度人大代表建议、政协提案办理工作先进单位和先进个人的通报
6	6月21日	寻府发〔2017〕6号	关于印发《寻乌县国有企业负责人履职待遇业务支出管理实施意见（试行）》的通知
7	3月17日	寻府发〔2017〕7号	关于下达寻乌县2017年国民经济和社会发展计划的通知
8	3月30日	寻府发〔2017〕8号	寻乌县人民政府关于禁止私建墓地乱埋乱葬的通告
9	4月6日	寻府发〔2017〕9号	关于表彰2016年农村“空心房”先进单位的通报
10	4月14日	寻府发〔2017〕10号	关于在全县江河水域加强禁渔管理的通告
11	4月22日	寻府发〔2017〕11号	关于取消和调整一批行政权力项目等事项的通知
12	5月5日	寻府发〔2017〕12号	寻乌县政府投资项目基本建设程序的补充通知
13	6月20日	寻府发〔2017〕13号	关于寻乌县2017年度东江源流域生态环境保护和治理实施方案的通知
14	6月15日	寻府发〔2017〕14号	关于严谨非法抢建抢栽抢种等行为的通告
15	6月21日	寻府发〔2017〕15号	关于表彰2016年度综合治税工作先进单位和先进个人的决定
16	7月12日	寻府发〔2017〕16号	寻乌县电动汽车充电基础设施建设专项规划（2017—2030）的通知
17	8月23日	寻府发〔2017〕17号	关于取消和调整一批行政权力项目等事项的决定
18	8月30日	寻府发〔2017〕18号	关于进一步推进户籍制度改革的实施意见
19	9月7日	寻府发〔2017〕19号	关于表彰2016—2017学年度教育工作先进个人和尊师重教单位的决定
20	9月9日	寻府发〔2017〕20号	关于进一步完善乡镇国土规划建设管理体制机制的意见
21	9月12日	寻府发〔2017〕21号	关于统一换发《居民户口簿》的通告
22	9月18日	寻府发〔2017〕22号	禁火令
23	9月18日	寻府发〔2017〕23号	关于表彰2016–2017年度全县森林防火工作先进乡镇、先进单位、先进个人和优秀防护林员的决定
24	9月20日	寻府发〔2017〕24号	关于印发《寻乌县社会信用体系建设实施方案（2017—2020年）》的通知
25	10月22日	寻府发〔2017〕25号	关于加强全县农村留守儿童关爱保护工作的实施意见
26	10月24日	寻府发〔2017〕26号	寻乌县人民政府关于进一步规范山地林果开发防止水土流失的通告
27	12月16日	寻府发〔2017〕27号	关于调整2项行政审批项目的决定
28	10月26日	寻府发〔2017〕28号	关于规范柑橘无病毒苗木供应的通告
29	12月15日	寻府发〔2017〕29号	关于公布规范性文件清理结果的决定
30	12月12日	寻府发〔2017〕30号	寻乌县人民政府贯彻落实国务院、省政府关于优化建设工程防雷许可决定的通知
31	12月24日	寻府发〔2017〕31号	关于加强东江源平胸龟国家级水产种质资源保护渔政管理的通告
32	1月14日	寻府办发〔2017〕1号	关于印发《全面治理拖欠农民工工资问题的实施意见》的通知
33	1月20日	寻府办发〔2017〕2号	关于印发《寻乌县关于加快推进解决园区企业招工难的实施意见》的通知
34	1月26日	寻府办发〔2017〕3号	关于印发《寻乌县村镇规划建设管理办法》的通知
35	1月26日	寻府办发〔2017〕4号	关于印发《寻乌县农村集体土地建房管理暂行办法》的通知
36	1月26日	寻府办发〔2017〕5号	关于印发《寻乌县县城规划区规划建设管理办法（试行）》的通知
37	2月17日	寻府办发〔2017〕6号	关于印发《寻乌县行政审批事项并联审批管理办法》的通知
38	2月20日	寻府办发〔2017〕7号	寻乌县城规划区山体复绿工程、低质低效林改造及九曲湾退果还林工程资金筹集使用管理办法（试行）
39	8月12日	寻府办发〔2017〕8号	关于印发《寻乌县城镇居民独生子女父母奖励办法操作细则》的通知

续表 36

序号	印发时间	文号	文件名称
40	2月28日	寻府办发〔2017〕9号	关于印发《寻乌县扶持食品产业发展若干政策》的通知
41	3月17日	寻府办发〔2017〕10号	关于印发《寻乌县使用中国农发建设基金项目资金管理暂行办法》的通知
42	3月22日	寻府办发〔2017〕11号	关于印发《寻乌县人感染H7N9禽流感应急预案》的通知
43	3月30日	寻府办发〔2017〕12号	关于印发《寻乌县天然气林保护工作实施方案》的通知
44	3月22日	寻府办发〔2017〕13号	关于印发《寻乌县2017年地质灾害防治方案》的通知
45	4月5日	寻府办发〔2017〕14号	关于印发《寻乌县推进医疗卫生与养老服务相结合实施方案》的通知
46	4月6日	寻府办发〔2017〕15号	关于建立保护发展森林资源目标责任制的通知
47	4月22日	寻府办发〔2017〕16号	关于印发《寻乌县医药产业发展扶持政策二十一条》的通知
48	4月22日	寻府办发〔2017〕17号	关于印发《寻乌县企业上市挂牌奖励扶持办法（试行）》的通知
49	4月22日	寻府办发〔2017〕18号	关于印发《寻乌县工业项目建设用地若干政策措施》的通知
50	5月6日	寻府办发〔2017〕19号	寻乌县医疗扶贫“四套保障线”周转金使用管理办法
51	5月5日	寻府办发〔2017〕20号	寻乌县关于培育“四上”企业申报入库的实施意见
52	5月5日	寻府办发〔2017〕21号	关于调整我县财政扶持政策的通知
53	5月16日	寻府办发〔2017〕22号	关于印发《寻乌县防汛抗旱应急预案等3个文件》的通知
54	5月17日	寻府办发〔2017〕23号	关于印发《寻乌县社会保险事业管理局主要职责内设机构和人员编制规定》的通知
55	5月17日	寻府办发〔2017〕24号	关于印发《寻乌县产业扶持资金拨付管理办法》的通知
56	5月16日	寻府办发〔2017〕25号	关于印发《寻乌县人民政府办公室主要职责内设机构和人员编制规定》的通知
57	5月26日	寻府办发〔2017〕26号	关于印发《关于加强防空地下室建设和防空地下室易地建设费征管工作的意见》的通知
58	5月27日	寻府办发〔2017〕27号	关于印发《寻乌县县城棚户区（城中村）改造房屋征收住房保障办法（试行）》的通知
59	5月27日	寻府办发〔2017〕28号	关于印发《关于进一步推进城乡建设用地增减挂钩试点工作的意见》的通知
60	6月5日	寻府办发〔2017〕29号	关于印发《2017年寻乌县金融机构支持地方经济发展考核奖励办法》的通知
61	6月5日	寻府办发〔2017〕30号	关于印发《寻乌县推进“一窗式”审批服务模式改革实施方案（试行）》的通知
62	6月21日	寻府办发〔2017〕31号	关于印发《寻乌县国有企业目标管理考核办法》的通知
63	7月13日	寻府办发〔2017〕32号	关于印发《寻乌县国有企业投资项目资金管理办法》的通知
64	7月17日	寻府办发〔2017〕33号	关于印发《寻乌县土地房屋征收管理办公室主要职责内设机构和人员编制规定》的通知
65	7月31日	寻房办发〔2017〕34号	关于进一步加强我县房地产市场调控工作的通知
66	8月12日	寻府办发〔2017〕35号	关于印发《寻乌县2017年农村住房安全保障奖励办法》的通知
67	8月18日	寻府办发〔2017〕36号	关于加快我县管道天然气利用的实施意见
68	8月20日	寻府办发〔2017〕37号	关于推进海绵城市建设的实施意见
69	8月23日	寻府办发〔2017〕38号	关于印发《寻乌县地方政府性债务风险应急处置预案》的通知
70	8月23日	寻府办发〔2017〕39号	关于印发《寻乌县政府性债务管理办法》的通知
71	9月1日	寻府办发〔2017〕40号	关于印发《寻乌县城市规划区外农村个人建房审批细则（试行）》的通知
72	9月4日	寻府办发〔2017〕41号	关于加快我县竹产业发展的实施意见
73	9月7日	寻府办发〔2017〕42号	关于呈送《寻乌县公共租赁住房租赁补贴实施办法（试行）》的通知

续表 36

序号	印发时间	文号	文件名称
74	9 月 7 日	寻府办发〔2017〕43 号	关于印发《寻乌县创建国家食品安全示范城市工作方案》的通知
75	9 月 8 日	寻府办发〔2017〕44 号	关于贯彻落实《江西省食品小作坊小餐饮小食杂店小摊贩管理条例》的通知
76	9 月 11 日	寻府办发〔2017〕45 号	关于印发《寻乌县县城医疗共同体试点工作实施方案》的通知
77	9 月 18 日	寻府办发〔2017〕46 号	关于印发《寻乌县推行行政执法公示制度执法过程记录制度重大执法决定法制审核制度试点实施方案》的通知
78	9 月 22 日	寻府办发〔2017〕47 号	关于进一步加强扶贫领域工程质量监管的意见
79	9 月 28 日	寻府办发〔2017〕48 号	关于印发《寻乌县推进落实"多证合一、一照一码"登记制度改革实施意见》的通知
80	9 月 28 日	寻府办发〔2017〕49 号	关于印发《"十三五"职业病防治规划》的通知
81	9 月 28 日	寻府办发〔2017〕50 号	关于印发《寻乌县"十三五"商标品牌战略实施意见》的通知
82	10 月 17 日	寻府办发〔2017〕51 号	关于印发《寻乌县村级光伏扶贫电站运行维护管理办法（试行）》的通知
83	10 月 24 日	寻府办发〔2017〕52 号	关于印发《对寻乌县独生子女死亡的计划生育特殊家庭发放一次性抚慰金》的实施意见
84	10 月 24 日	寻府办发〔2017〕53 号	关于印发《寻乌县村级光伏扶贫电站收益分配管理办法（试行）》的通知
85	10 月 24 日	寻府办发〔2017〕54 号	关于印发《寻乌县整合规范公共资源交易平台的实施方案》的通知
86	10 月 30 日	寻府办发〔2017〕55 号	关于印发《寻乌县居民家庭经济状况核对办法》的通知
87	10 月 30 日	寻府办发〔2017〕56 号	关于印发《寻乌县特困人员救助供养实施细则》的通知
88	11 月 18 日	寻府办发〔2017〕57 号	关于寻乌县完善集体林权制度的实施意见
89	11 月 20 日	寻府办发〔2017〕58 号	关于公布乡镇政府权责清单的通知
90	11 月 22 日	寻府办发〔2017〕59 号	关于印发《寻乌县推行行政执法公示办法等三项制度》的通知
91	11 月 18 日	寻府办发〔2017〕60 号	关于印发《群众参与评价行政许可和公共服务投诉举报及意见建议处理暂行办法》的通知
92	11 月 24 日	寻府办发〔2017〕61 号	关于印发《寻乌县人民政府行政应诉工作规则》的通知
93	11 月 24 日	寻府办发〔2017〕62 号	关于印发《寻乌县网络市场监管与服务示范区创建工作方案》的通知
94	11 月 24 日	寻府办发〔2017〕63 号	关于加快推进"放管服"改革工作的意见
95	11 月 30 日	寻府办发〔2017〕64 号	关于印发《寻乌县城乡建设档案管理办法》的通知
96	11 月 29 日	寻府办发〔2017〕65 号	关于印发《寻乌县法治政府建设考评方案》的通知
97	12 月 8 日	寻府办发〔2017〕66 号	转发赣州市人民政府关于进一步加强基层民政能力建设的实施意见的通知
98	12 月 7 日	寻府办发〔2017〕67 号	关于进一步加强行政应诉和行政复议工作的意见
99	12 月 9 日	寻府办发〔2017〕68 号	关于印发《江西政务服务网寻乌县分厅运行维护管理办法（试行）》的通知
100	12 月 12 日	寻府办发〔2017〕69 号	关于印发《寻乌县城中心城区及规划控制区集体经济组织成员个人住房问题解决办法（试行）》的通知
101	12 月 12 日	寻府办发〔2017〕70 号	关于印发《寻乌县县城中心城区及规划控制区非集体经济组织成员个人住房问题解决办法（试行）》的通知
102	12 月 12 日	寻府办发〔2017〕71 号	关于印发《寻乌县气象灾害应急预案（修订）》的通知
103	12 月 16 日	寻府办发〔2017〕72 号	关于印发《寻乌县食品安全突发事件应急预案》的通知
104	12 月 20 日	寻府办发〔2017〕73 号	关于印发《寻乌县艰苦边远地区乡村医生生活补贴发放管理办法》的通知
105	12 月 27 日	寻府办发〔2017〕74 号	关于印发《江西省寻乌县畜禽养殖污染防治规划》的通知
106	12 月 30 日	寻府办发〔2017〕75 号	关于印发《2017 年财税部门工作经费补助办法》的通知

政协寻乌县委员会文件

表 37

序号	印发时间	文号	文件名称
1	2月5日	寻协字〔2017〕1号	关于召开政协寻乌县第十三届委员会第二次会议的通知
2	3月6日	寻协字〔2017〕3号	关于赴安徽休宁县福建武平县调研跨流域生态补偿工作调研报告
3	3月22日	寻协发〔2017〕3号	关于印发《政协寻乌县第十三届委员会常务委员会2017年工作要点》的通知
4	6月28日	寻协发〔2017〕4号	关于调整县政协班子成员分工的通知
5	11月17日	寻协字〔2017〕6号	关于对我县精准扶贫农村住房安全保障工作的视察报告
6	11月22日	寻协办字〔2017〕3号	关于要求设立寻乌县政协委员联络服务中心的请示

2016—2017年统计提要

土地总面积和人口

表 38

乡（镇）	土地总面积（平方公里）	年末总人口（人）		
			非农业人口（人）	农业人口（人）
合　计	2351.55	330601	66695	263906
长宁镇	18.68	52461	51283	1178
晨光镇	183.21	27201	686	26515
留车镇	230.88	32975	925	32050
南桥镇	143.52	33446	1933	31513
吉潭镇	249.72	26593	461	26132
澄江镇	180.71	33134	5726	27408
桂竹帽镇	232.97	12696	567	12129
文峰乡	262.5	28967	1667	27300
三标乡	212.38	15372	0	15372
菖蒲乡	80.11	14722	0	14722
龙廷乡	77.04	6528	0	6528
丹溪乡	163.79	14512	0	14512
项山乡	74.66	7780	1120	6660
水源乡	112.76	14250	2327	11923
罗珊乡	128.63	9964	0	9964

说明：人口数为公安统计年报数

主要经济和社会发展指标（一）

表 39

指　　标	单位	2017年	2016年	同比±%
土地总面积	平方公里	2351.55	2351.55	平
#城区建成面积	平方公里	10.77	10.47	2.9
年末实有耕地面积	亩	232197	208975	11.1
年末总户数	户	95392	96117	-0.8

续表 39

指 标	单位	2017 年	2016 年	同比 ±%
年末总人口	人	330601	330514	0.0
#女	人	156931	156865	0.0
1. 农业人口	人	263906	270838	-2.6
年末总人口中：城镇人口	人	126433	120947	4.5
少数民族人口	人	3898	3680	5.9
年末常住人口	人	296234	294731	0.5
城镇化率	%	42.68	41.04	1.64
年平均人口	人	330558	329369	0.4
年内出生人口	人	6853	5037	36.1
人口出生率	‰	20.73	15.29	5.44 个‰
年内死亡人口	人	5372	1112	383.1
人口死亡率	‰	16.25	3.38	12.87 个‰
年内迁入	人	1518	565	168.7
年内迁出	人	3043	658	362.5
人口自然增长率	‰	4.48	11.91	-7.43 个‰
地区生产总值	万元	708160	626871	9.3
1. 第一产业	万元	212126	185613	5.2
2. 第二产业	万元	212917	185016	9.2
#工业	万元	192472	167687	9.3

主要经济和社会发展指标（二）

表 40

指 标	单位	2017 年	2016 年	同比 ±%
3. 第三产业	万元	283117	256242	12.1
农林牧渔业总产值	万元	396167	367511	5.1
森林覆盖率	%	—	81.63	—
当年造林面积（成活率 85% 以上）	公顷	1073	400	168.3
规模以上工业增加值	万元		120177	10.2
用电量（供电公司提供）	万千瓦时	45136.38	56344	-19.9
500 万元以上固定资产投资	万元	489557	426330	14.8
社会消费品零售总额	万元	217271	194727	11.6
出口总额	万美元	5339	4580	16.6
实际使用外资	万美元	2430	2209	10.0
财政总收入	万元	80008	68600	16.6
#公共财政预算收入	万元	48851	48251	1.2
财政总支出	万元	261000	240200	8.7
金融机构人民币年末存款余额	万元	1168366	986369	18.5
#个人存款余额	万元	648413	542169	19.6

续表 40

指　标	单位	2017 年	2016 年	同比 ±%
金融机构人民币年末贷款余额	万元	706703	560080	26.2
城镇居民人均可支配收入	元	24068	22024	9.3
农村居民人均可支配收入	元	9424	8444	11.6

主要经济指标年人均水平

表 41　　单位：元 / 人

指　标	2017 年	2016 年
人均地区生产总值	23966	21160
人均农业总产值	13407	12496
人均固定资产投资	16568	14496
人均社会消费品零售总额	7353	6621
人均财政总收入	2708	2333
# 人均公共财政预算收入	1653	1641
在岗职工年平均工资	61941	57903
城镇居民人均可支配收入	24068	22024
农村居民人均可支配收入	9424	8444
人均居民储蓄存款余额	21944	18331

农林牧渔业服务业总产值及增加值

表 42　　单位：万元

	按当年价格计算			按可比价格计算		
	2017 年	2016 年	±%	2017 年	2016 年	±%
一、农林牧渔服务业总产值	368542	376960	-2.26	396167	376960	5.1
（一）农业产值	235558	252144	-6.58	268438	252144	5.76
其中：粮食	41719	36572	12.34	42043	36572	13.01
蔬菜	29822	27193	8.82	29682	27193	8.39
（二）林业产值	11763	11240	4.45	11592	11240	3.04
（三）牧业产值	97593	91312	6.88	93028	91312	2.76
其中：猪	57750	56375	2.38	56840	56375	0.82
家禽	29136	25240	13.37	26885	25240	6.12
（四）渔业产值	17486	16594	5.10	16967	16594	2.20
（五）农林牧渔服务业产值	6142	5670	7.68	6142	5670	7.68
二、农林牧渔业增加值	215755	188705	14.33	198528	188705	5.21
（一）农业增加值	150254	127980	14.84	135082	127980	5.28
（二）林业增加值	8705	8356	4.01	8578	8356	2.59
（三）牧业增加值	40402	37200	7.93	38853	37200	4.25
（四）渔业增加值	12765	12077	5.39	12386	12077	2.49
（五）农林牧渔服务业增加值	3629	3092	14.00	3629	3092	14.00

农林牧渔服务业总产值和商品产值（一）

表 43　　　　单位：万元

	总产值				商品产值
	按当年价格计算		按可比价格计算		
	2017 年	2016 年	2017 年	±%	2017 年
农林牧渔业产值	368542	376960	396167	5.1	349379
一、农业产值	235558	252144	268438	5.76	230356
（一）谷物及其他作物	50201	47028	50032	6.39	12865
1. 谷物	37939	36229	38487	6.23	7430
2. 薯类	861	605	851	40.75	689
3. 油料	2669	2468	2475	0.25	2135
4. 豆类	2918	2428	1705	11.42	2335
5. 未加工烟叶	276	370	247	–33.33	276
6. 农作物副产品及其他农产品	5538	4928	5267	6.89	
（二）蔬菜及食用菌	29822	27193	29682	8.39	17175
1. 蔬菜	28105	25292	27657	9.62	15458
2. 食用菌	915	661	792	19.54	915
3. 花卉	250	607	651	–4.52	250
4. 盆景及其他园艺产品	552	558	582	4.3	552
（三）水果、坚果、饮料和香料	155535	177923	188724	8.54	200316
1. 水果（园林水果）	154473	177122	187704	8.44	199423
2. 食用坚果	54	71	58	–18.18	46
3. 茶叶	1008	730	962	35.29	847
二、林业产值	11763	11240	11592	3.04	5607
（一）林木的培育和种植	6709	6393	6773	2.66	1321
1. 育种育苗	196		179		196
2. 造林	6189	5925	6095	0.55	1125
3. 幼林、成林抚育管理	324	468	499	6.47	

农林牧渔服务业总产值和商品产值（二）

表 44　　　　单位：万元

	总产值				商品产值
	按当年价格计算		按可比价格计算		
	2017 年	2016 年	2017 年	±%	2017 年
（二）竹木采运	2556	2805	2370	–15.48	2418
（三）林产品	2498	2042	2449	19.91	1868
三、牧业产值	97593	91312	93028	2.76	93436
（一）牲畜的饲养	8496	8079	7426	1.88	8332

续表 44

	总产值				商品产值
	按当年价格计算		按可比价格计算		
	2017 年	2016 年	2017 年	±%	2017 年
1. 牛	7404	7088	6400	-9.71	7275
2. 羊	1092	991	1026	3.53	1057
（二）猪的饲养	57750	56375	56840	0.82	56595
（三）家禽饲养	29136	25240	26885	5.55	25763
1. 肉禽	16162	14749	16162	9.58	14069
2. 禽蛋	12974	10491	10723	-0.12	11694
（四）捕猎和捕捉的野生动物	221	198	208	5.00	189
（五）饲养的其他活动物	2938	1420	2549	34.73	2557
家兔	987	827	855	3.46	809
四、渔业产值	17486	16594	16967	2.2	15087
其中：养殖	16674	16192	16219	2.41	14357
1. 鱼类	13425	12690	12979	2.27	11433
2. 虾蟹类	3282	3183	3260	2.39	2953
3. 贝类	176	161	159	-0.93	158
4. 其它	603	560	569	1.52	543
五、农、林、牧、渔服务业	6142	5670	6142	14.00	4893

农村基本情况

表 45

	单　位	2017 年	2016 年	±%
一、农村基层组织情况				
1. 乡镇政府	个	15	15	
其中：镇政府	个	7	7	
2. 村民委员会	个	173	173	
3. 村民小组	个	2092	2092	
二、农村基础设施				
1. 自来水受益村	个	159	155	2.52
2. 通汽车的村	个	173	173	
3. 通电话的村	个	173	173	
三、乡村人口与从业人员				
1. 乡村总户数	户	75793	75089	0.93
2. 乡村总人口	人	288858	289456	-0.21
（1）男	人	151512	151311	0.13
（2）女	人	137347	138145	-0.58
3. 乡村劳动资源数	人	163012	161374	1.00
（1）男	人	84823	83393	1.69
（2）女	人	78189	77981	0.27

续表 45

	单 位	2017 年	2016 年	±%
4. 乡村从业人员数	人	149793	151375	-1.06
（1）男	人	70865	81208	-14.60
其中：从事农业人员	人	50454	55150	-9.31
（2）女	人	71697	70167	2.13
其中：从事农业人员	人	48369	49707	-2.77
按国民经济行业分组				
（1）农业	人	98823	104857	-6.11
（2）工业	人	18896	14651	22.47
（3）建设业	人	10001	8000	20.01
（4）交通运输、仓储及邮政业	人	4756	3439	27.69
（5）信息传输、计算机服务和软件业	人	1123	1065	5.16
（6）批发和零售业	人	6515	5079	22.04
（7）住宿和餐饮业	人	5898	3494	40.76
（8）其它行业	人	3780	10790	-185.45
5. 外出（离乡）的从业人员	人	38651	37755	2.32
其中：出省从业的	人	29778	27274	8.41

耕地面积情况

表 46 单位：亩

	年初耕地总资源	年末耕地总资源	1. 常用耕地面积			2. 临时性耕地
				其中：水田	水浇地	
寻乌县	231447	232197	195120	176749		37077
长宁镇	570	450	385	230		65
晨光镇	20759	20613	13797	12601		6816
留车镇	26886	27008	23987	20910		3021
南桥镇	23989	24024	21473	19037		2551
吉潭镇	24339	24462	21593	19502		2869
澄江镇	19025	19190	17936	17172		1254
桂竹帽镇	10752	10830	9632	9052		1198
文峰乡	17304	17362	16179	13533		1183
三标乡	16812	16880	11281	10783		5599
菖蒲乡	14677	14757	12069	11369		2688
龙廷乡	7519	7559	6189	5489		1370
丹溪乡	14645	14730	13573	12415		1157
项山乡	13060	13112	9394	8224		3718
水源乡	10814	10861	9083	8758		1778
罗珊乡	10296	10359	8549	7674		1810

农作物面积和产量

表 47

	播种面积（亩）			产量（吨）		
	2017 年	2016 年	±%	2017 年	2016 年	±%
总计	416791	394211	5.42	197946	182652	7.73
一、粮食作物	347744	328468	5.54	120586	112642	6.59
（一）谷物	326441	310894	5.00	115667	108651	6.07
1. 稻谷	318588	303469	4.75	113902	107033	6.03
（1）早稻	150260	139272	7.31	52649	47447	9.88
（2）中稻及一晚	25900	23891	7.76	9023	8566	5.06
（3）二季晚稻	142428	140306	1.49	52230	51020	2.32
2. 玉米	7853	7425	5.45	1765	1618	8.33
（二）豆类（大豆）	10997	9983	9.22	2653	2381	10.25
（三）. 薯类	10306	7591	26.34	2266	1610	28.95
二、油料（花生）	12418	12395	0.19	2426	2420	0.25
三、烟叶（烤烟）	210	310	–47.62	46	69	–50.00
四、蔬菜（含菜用瓜）	47486	45377	4.44	62606	57114	8.77
五、瓜果类	8963	7661	14.53	12282	10407	15.27
附记：花卉种植面积（亩）	165	85	48.48			
食用菌产量（吨）				150	128	14.67
1. 干品				134	110	17.91
其中：香菇				115	96	16.52
黑木耳				19	14	26.32
2. 鲜品				16	18	–12.50
其中：蘑菇				5	4	20.00
蔬菜大棚（个）	439	62	85.88		0	
蔬菜大棚面积（亩）	2700	339	87.44		0	

茶叶、水果生产情况

表 48

	单位	2017 年	2016 年	±%
一、茶叶总产量	吨	115	85	26.09
二、园林水果	吨	328543	321913	2.02
1. 柑橘类	吨	323696	318235	1.69
其中：柑	吨			
橘	吨	84607	95156	–12.47
橙	吨	238585	222899	6.57
# 脐橙	吨	238585	222899	6.57
柚	吨	504	180	64.29
2. 梨	吨	101		100.00
3. 其他园林水果	吨	4746	3678	22.50

续表 48

	单位	2017 年	2016 年	± %
其中：桃	吨	1120	795	29.02
猕猴桃	吨	1780	450	74.72
葡萄	吨	680	155	77.21
柿子	吨	156	253	–62.18
四、年末实有茶园面积	亩	2379	1440	39.47
其中：当年采摘面积	亩	1354	775	42.76
当年新增面积	亩	939	665	29.18
五、年末果园面积	亩	296886	332408	–11.96
1. 柑橘园	亩	268362	328988	–22.59
其中：柑	亩			
橘	亩	100528	145930	–45.16
橙	亩	167611	182913	–9.13
# 脐橙	亩	167611	182913	–9.13
柚	亩	223	145	34.98
2. 梨园	亩	66		100.00
3. 桃园	亩	2252	630	72.02
4. 猕猴桃园	亩	14520	650	95.52
5. 葡萄园	亩	1019	220	78.41
6. 其他果园	亩	10667	1920	82.00

林业生产情况

表 49

	单位	2017 年	2016 年	± %
一、林业生产情况				
（一）人工造林面积	公顷	1000	1000	0.0
（二）当年新封山育林面积	公顷	667	1333	–50.0
（三）末实有封山（沙）育林面积	公顷	9599	10932	–12.2
（四）退化修复面积	公顷	687	687	0.0
（五）森林抚育面积	公顷	7667	10932	–29.9
（六）四旁（零星）植树	株	360000	948569	–62.0
（七）当年苗木产量	万株	80200	80000	–99.9
二、主要木材、竹材产品产量				
（一）原木采伐	立方	1428	9769	–85.4
（二）薪材采伐	立方	74.91		
（三）毛竹采伐	万根		72.99	
三、木竹加工产品产量				
锯材	立方米		1200	
四、林产品产量				
（一）油茶籽	吨	1463	1626	–10.0

续表 49

	单位	2017 年	2016 年	± %
（二）油桐籽	吨	24	23	4.3
（三）棕片	吨	46	45	2.2
（四）竹笋干	吨	47	50	-6.0
（五）五倍子	吨	21	20	5.0
五、油茶与花卉产业发展情况				
（一）年末实有油茶林面积	公顷	6420	5887	9.1
（二）花卉产业发展情况				
1. 年末实有花卉种植面积	公顷	3	6	-50.0
2. 盆栽植物产量	盆	500000	543500	-90.8
3. 观赏苗木产量	株	92000	80000	15.0
4. 花卉企业	个	2	1	100.0
5. 花农	户	10	10	0.0

畜牧业生产情况

表 50

	单位	2017 年	2016 年	± %
一、生猪出栏	头	231000	229110	0.82
二、牛出栏	头	16890	17031	-0.83
三、羊出栏	头	18200	17580	3.41
四、兔出笼	只	329000	318000	3.34
五、家禽出笼	百羽	42885	35000	18.39
1、鸡	百羽	31733	23974	24.45
2、鸭	百羽	5432	5346	1.58
3、鹅	百羽	5720	5680	0.70
六、禽蛋产量	吨	14466	14200	1.84
七、蜂蜜产量	吨	180	100	44.44
八、肉类总产	吨	28883	28541.2	1.18
1、猪肉	吨	19620	19450	0.87
2、牛肉	吨	2265	2180	3.75
3、羊肉	吨	364	400	-9.89
4、兔肉	吨	515	690	-33.98
5、禽肉	吨	6069	5821.2	4.08
九、兔存笼	只	50101	49101	2.00
十、养蜂箱数	箱	15125	12000	20.66
十一、牛存栏	头	44126	43026	2.49
十二、家禽存笼	百羽	26423	25000	5.39
1、鸡	百羽	20502	19140	6.64

续表 50

	单位	2017 年	2016 年	± %
2、鸭	百羽	3150	3100	1.59
3、鹅	百羽	2771	2760	0.40
十三、生猪存栏	头	139578	138000	1.13
十四、羊存栏	头	16437	18000	−9.51

渔业生产情况

表 51

	单位	2017 年	2016 年	± %
一、水产品总产量		9375	8977	4.43
（一）养殖产量	吨	9150	8760	4.45
1、鱼类	吨	8306	7928	4.77
2、甲克类	吨	474	474	0
3、贝类	吨	160	160	0
4、其它类	吨	210	198	6.06
（二）捕捞产量	吨	225	217	3.69
1、鱼类	吨	184	177	3.95
2、甲克类	吨	33	32	3.13
3、贝类	吨	8	8	0
二、养殖产量按水域分	吨	9150	8760	4.45
1、池塘	吨	5786	5504	5.12
2、水库	吨	3117	3020	3.21
3、河沟	吨	84	80	5
4、其他	吨	155	148	4.73
5、稻田养鱼	吨	8	8	0
三、养殖面积按水域分	亩	21515	21424	0.42
1、池塘	亩	900	900	0
2、水库	亩	10209	10118	0.9
3、河沟	亩	11105	11105	0
4、其它	亩	201	201	0
5、稻田养鱼	亩	154	154	0

水利设施基本情况

表 52

	单位	2017 年	2016 年	± %
一、蓄水工程	—	—	—	—
1、水库数量	座	51	51	
2、水库库容	万立方米	15376.7	15376.7	
3、塘坝数量	座	596	596	
二、泵站数量	处	10	10	

续表 52

	单位	2017 年	2016 年	±%
三、水闸数量	座	7	7	
四、机电井数量	眼	4298	4298	
五、供水工程处数	处	355	347	2.31
（一）城乡集中式供水工程处数	处	170	162	4.94
（二）农村分散式供水工程处数	处	185	185	
六、供水工程供水量	万立方米	15200	10900	39.45
七、供水工程覆盖人口	万人	26.9	26.23	2.55
（一）城乡集中式供水工程	万人	26.8	26.13	2.56
（二）农村分散式供水人口	万人	0.1	0.1	
八、城乡居民生活供水量	万立方米	2420	1441	67.94
（一）城乡集中式供水工程	万立方米	2347	1368	71.56
（二）农村分散式供水人口	万立方米	73	73	
九、灌溉工程	—		—	
（一）规模以上灌区数量	处	21	21	
（二）渠道长度	公里	61.27	61.27	
十、堤防工程	公里	74.64	70.01	6.61
十一、河道治理	—		—	
1、有防洪任务河段长度	公里	332.26	310.36	7.06
2、已治理河段长度	公里	85.46	63.46	34.67
3、当年实施治理的河段长度	公里		21.96	-100.00
十二、除涝面积	千公顷	0.81	0.81	
十三、水土流失综合治理面积	千公顷	118.24	116.64	1.37
十四、污水处理工程	—		—	
1、入河湖排污口数量	个	2	1	100.00
2、入河湖废污水排放量	万吨	369	298	23.83
3、许可排放的废污水量	万吨	365	365	

农村水电基本情况

表 53

	单位	2017 年	2016 年	±%
一、水电设施				
（一）水电站处数	处	163	163	
其中：1 万（含）—5 万千瓦（含）电站	处	1	1	
0.1 万（含）—1 万千瓦电站	处	14	14	
0.1 万千瓦以下电站	处	148	148	
（二）水电站装机量容量	万千瓦时	115888	115888	
其中：1 万（含）—5 万千瓦（含）电站	万千瓦时	37500	37500	
0.1 万（含）—1 万千瓦电站	万千瓦时	26750	26750	
0.1 万千瓦以下电站	万千瓦时	51638	51638	

续表 53

	单位	2017 年	2016 年	±%
（三）水电站总库量	万立方米	14960.29	14960.29	
其中：1 万（含）—5 万千瓦（含）电站	万立方米	9820.00	9820.00	
0.1 万（含）—1 万千瓦电站	万立方米	3306.5	3306.50	
0.1 万千瓦以下电站	万立方米	1833.79	1833.79	
（四）水电站固定资产	万元	47651.75	46863.00	1.68
其中：本年完成投资	万元	788.75	112.00	604.24
二、水电发电量	万千瓦时	23417.82	42827.41	−45.32
其中：1 万（含）—5 万千瓦（含）电站	万千瓦时	9200	19000.00	−51.58
0.1 万（含）—1 万千瓦电站	万千瓦时	5194.27	8271.94	−37.21
0.1 万千瓦以下电站	万千瓦时	9023.55	15555.47	−41.99
三、上国家电网电量、电价				
（一）上国家电网电量	万千瓦时	23184.12	42399.11	−45.32
（二）上国家电网平均电价	元 / 千瓦时	0.32	0.33	−3.03
四、发电设备年平均利用小时	小时	2020.73	3695.59	−45.32
五、售电总收入	万元	6955.46	13916.83	−50.02
六、水电站上缴税金	万元	355.12		
七、农村水电企业从业人员	人	892	892	

农机化管理基本情况

表 54

	年末机构数（个）			年末人数（人）		
	2017 年	2016 年	±%	2017 年	2016 年	±%
一、农机化系统机构及人员						
（一）农机化管理机构	16	16		21	21	
（二）农机化技术推广机构	1	1		5	5	
（三）农机安全监理机构	1	1		7	7	
二、农机化服务组织及人员						
（一）农机化作业服务组织及农机户						
1. 农机化作业服务组织	3	3		24	24	
2. 农机户	3000	3000		6000	6000	
（二）农机维修厂及维修点	218	218		240	240	
（三）拖拉机驾驶培训机构	1	1		4	4	
（四）乡村农机从业人员				3055	3050	0.16
三、农业机械拥有量数量	数量（台 / 套）			功率（千瓦）		
（一）农业机械总动力				152645	146774	3.85
1. 柴油发动机动力				132928	127815	3.85
2. 汽油发动机动力				2655	2097	21.02
3. 电动机动力				17062	16862	1.17

续表 54

	年末机构数（个）			年末人数（人）		
	2017 年	2016 年	±%	2017 年	2016 年	±%
（二）拖拉机	285	282	1.05	3266	3096	5.21
（三）种植业机械						
1. 耕整机	4189	3847	8.16	17986	16618	7.61
2. 旋耕机	192	187	2.60			
3. 水稻插秧机	7	7		20	20	0.00
4. 排灌动力机械	1550	1550		6880	6800	1.16
5. 农用水泵						
6. 机动喷雾（粉）机	13000	13000		54000	54000	0.00
7. 茶叶修剪机	10	10		40	40	0.00
8. 联合收获机	78	76	2.56	1198	1114	7.01
9. 机动脱粒机	7608	7608		26634	26634	0.00
（四）农产品初加工机械	3638	3637	0.03	29987	29983	0.01
（五）畜牧养殖机械	65	65		975	975	
（六）林果业机械	15	15		59	59	
（七）手扶变型运输机	343	343		1550	1550	
（八）农田基本建设机械	16	16		1280	1280	

规模以上工业企业基本情况

表 55

指　标	单位	2017 年	2016 年	同比 ±%
工业总产值	万元	573759	485843	18.1
工业销售产值	万元	573759	485843	18.1
工业增加值	万元			10.2
主营业务收入	万元	566172	484423	16.88
利税总额	万元	90671	86438	4.9
# 利润	万元	66953	54388	23.1
用电量	万千瓦小时	21339.0024	32884.2609	–35.11
发电量	万千瓦小时	20904.62	28746.73	–27.28
水泥	吨	315727	336166	–6.08
能源消费总量	吨标准煤	31705.73	45569.46	–30.42

说明：增长速度是 2016 年与 2015 年同等企业数数据之比

用电量

表 56　　　　单位：万千瓦小时

指　　标	2017 年	2016 年	同比 ±%
用电总计	45136.3812	56344	–19.89
一、行业用电	31914.9265	43467	–26.58
第一产业	708.6694	603	17.52
第二产业	24927.4569	37110	–32.83
（一）工业	23956.7661	36436	–34.25

续表 56

指 标	2017 年	2016 年	同比 ±%
第三产业	6278.8002	5755	9.10
二、生活用电	13221.4547	12876	2.68
城镇居民	5339.9166	4841	10.31
乡村居民	7881.5381	8035	–1.91

说明：县供电公司提供

交通运输邮电情况

表 57

指 标	单位	2017 年	2016 年	同比 ±%
通汽车公路里程	公里	2548	2481	2.7
# 柏油路面	公里	200.922	97.138	106.8
# 高速公路	公里	129.2	124	4
水泥路面	公里	1288.022	1057.167	21.8
1. 国道	公里	193.736	73.607	163
2. 省道	公里	67.506	70.181	–3.8
公路客运量	万人	243	240	1.3
公路客运周转量	万人公里	15495	14864	4.3
公路货运量	万吨	345	343	0.6
公路货运周转量	万吨公里	62602	59338	5.5
年末汽车拥有数	辆	20523	18313	12.1
年末摩托车拥有数	辆	63997	58848	8.8
电信业务总量	万元	4224	3948	7.0
年末固定电话装机数	部	30102	30121	–0.1
年末手机装机数	部	47820	36406	31.4
邮政业务总量	万元	3071	2084	47.4
国内平常信件	万件	18.38	19.3	–4.8
订销报纸累计数	万份	18.23	18.7	–2.5
订销杂志	万份	5.11	5.2	–1.7

分所有制固定资产投资

表 58

单位：万元

指 标	2017 年	2016 年	同比 ±%
固定资产投资额	489557	426330	14.8
1. 国资企业	207498	146675	41.5
2. 集体企业			
3. 股份合作企业			
4. 联营企业			
集体联营企业			
其他联营企业			
5. 有限责任公司	119139	154003	–22.6
国有独资公司	10770		

续表 58

指　标	2017 年	2016 年	同比 ±%
其他有限责任公司	108369	154003	-29.6
6. 股份有限公司	5567	17172	-67.6
7. 私营企业	145498	107480	35.4
8. 其他企业	9011	1000	801.1
9. 港澳台商投资企业	2844		
10. 外商投资企业			
11. 个体经营			

分行业固定资产投资

表 59　　单位：万元

指　标	2017 年	2016 年	同比 ±%
固定资产投资额	489557	426330	14.8
第一产业	6100	2300	165.2
第二产业	189838	147135	29.0
工业	189838	147135	29.0
采矿业		247	
制造业	95489	63478	50.4
电力、燃气及水的生产和供应业	94349	83657	12.8
建筑业			
第三产业	293619	276895	6
交通运输、仓储和邮政业	31880	49596	-35.7
信息传输、计算机服务和软件业			
批发和零售业	16484	3496	371.5
住宿和餐饮业			
金融业			
房地产业	98237	116285	-15.5
租赁和商务服务业			
科学研究、技术服务和地质勘查业			
水利、环境和公共设施管理业	122461	92114	32.9
居民服务和其他服务业			
教育	8160	5493	48.6
卫生、社会工作	4377	2620	67.1
文化、体育和娱乐业	2027	1346	50.6
公共管理和社会组织	2960		

房地产开发投资情况

表 60

	单位	2017 年	2016 年	比上年同期增长 %
房地产开发投资	万元	58030	90511	-35.5
1. 内资	万元	58030	90511	-35.5

续表 60

	单位	2017 年	2016 年	比上年同期增长 %
# 有限责任公司	万元	58030	90511	-35.5
私营投资	万元			
2. 港澳台	万元			
房屋施工面积	平方米	298120	397128	-24.9
# 新开工面积	平方米	297360	392780	-24.2
房屋竣工面积	平方米	583778	562135	4
商品房销售面积	平方米	583778	562135	4
# 现房销售面积	平方米	583778	562135	4
商品房销售额	万元	245784	231318	6
商品房空置面积	平方米			
现房平均销售价格	元	4957	4277	15.9
# 住宅	元	4957	4277	15.9
期房平均销售价格	元	4957	4277	15.9
# 住宅	元	4957	4277	15.9

说明：表中 # 号意为其中

社会消费品零售总额

表 61

单位：万元

指　标	2017 年	2016 年	同比 ±%
社会消费品零售总额	217271.2	194726.7	11.6
一、按销售单位所在地分			
1. 城镇	156984.7	138394.4	13.4
# 城区			
2. 乡村	60286.5	56332.3	7.0
二、按行业分			
1. 批发业	66199.9	57707.2	14.7
限额以上	0	0	0
限额以下	66199.9	57707.2	14.7
2. 零售业	133116.1	120875.9	10.1
限额以上	36863.2	26044.9	41.5
限额以下	96252.9	94831.0	1.5
3. 住宿业	2533.7	2282.0	11.0
限额以上	0	0	
限额以下	2533.7	2282.0	11.0
4. 餐饮业	15421.5	13861.6	11.2
限额以上	2571.6	2509.9	2.4
限额以下	12849.9	11351.7	13.2

说明：1. 剔除烟草、石油公司数据后对比

2. 表中 # 号意为其中

对外贸易、招商引资及个体、私营企业情况

表 62

指　标	单位	2017 年	2016 年
对外贸易			
进出口总额	万美元	5339	4580
# 进口	万美元		
出口	万美元	5339	4580
外商直接投资			
签约项目	个	1	2
签约金额	万美元	2390	2860
实际使用外资	万美元	2430	2209
对外经济合作			
5 千万元以上实际引进省外项目	个	10	8
# 亿元以上项目	个	6	5
5 千万元以上实际引进省外资金	万元	201200	180700
# 亿元以上资金	万元	193800	162900
个体、私营企业情况			
户数	户	17597	16321
# 个体	户	14524	13785
私营	户	3073	2536
从业人数	人	71613	62012
# 个体	人	34811	32961
私营	人	36802	29051
注册资本（金额）	万元	1043536	748473
# 个体	万元	156288	137023
私营	万元	887248	611450

说明：表中 # 号意为其中

财政收支情况

表 63　　单位：万元

指　标	2017 年	2016 年	同比 ± %
一、财政总收入	80008	68600	16.6
# 税收收入	66364	54257	
（一）公共财政预算收入	48851	48251	1.2
1. 税收收入	35207	34523	2.0
增值税	16121	10331	56.0
营业税	9	7591	–99.9
企业所得税	3417	3647	–3.0
2. 非税收入	13644	13728	–0.6
其他、罚没、收费收入	11347	4451	
专项收入	1565	1293	21.0
（二）上划中央收入	28022	19734	

续表 63

指 标	2017 年	2016 年	同比 ±%
二、财政总支出	261000	240200	8.7
# 一般公共服务支出	17729	15216	16.5
教育支出	53170	46333	14.8
科学技术支出	6363	3982	59.8
文化体育与传媒支出	3849	3792	1.5
社会保障和就业支出	31756	29531	7.5
医疗卫生支出	34158	25908	31.8
环境保护支出	16697	13495	23.7
城乡社区事务支出	14946	6851	118.2
农林水事务支出	45853	56106	–18.3
交通运输支出	16598	18987	–12.6
资源勘探电力信息等事务支出	728	2257	–67.7
住房保障支出	1507	3705	–59.3

说明：表中 # 号意为其中

保险业务情况

表 64

	承保数量（笔、人）	保额（万元）	保费收入（万元）	赔案件数（件）	保险赔款支出（万元）
合 计	96845	4289240.21	13976.47	5292	5081.47
一、财产保险小计	91861	4279804.31	9367.37	3728	3401.07
二、人寿保险小计	4984	9435.90	4609.10	1564	1680.40

金融机构人民币信贷收支情况

表 65

单位：万元

指 标	年末	比年初
一、各项存款余额	1168366	181997
1. 单位存款	498288	66053
# 活期存款	424558	42357
2. 个人存款	648413	106244
# 储蓄存款	644020	104908
3. 财政性存款	21665	9710
4. 临时性存款	0	–10
6. 其他存款		
二、各项贷款余额	706703	146623
1. 短期贷款	345763	40229
（1）个人贷款及透支	268890	36420
# 个人消费贷款	20240	9502
（2）单位贷款及透支	76873	3809
# 经营贷款	76873	3809

续表 65

指　标	年末	比年初
固定资产贷款		
2．中长期贷款	352296	105752
（1）个人贷款	265115	52975
# 个人消费贷款	174063	47161
（2）单位贷款	25953	19216
# 经营贷款	25953	19216
固定资产贷款	61228	33561
（3）银团贷款		

说明：表中 # 号意为其中

城镇居民可支配收入和支出情况

表 66

指标名称	单位	2017 年	2016 年	比上年 ±	增幅（%）
可支配收入	元	24068.03	22024.50	2043.53	9.28
一、工资性收入	元	16432.52	14993.26	1439.26	9.60
二、经营净收入	元	1551.46	1366.92	184.54	13.50
（一）第一产业经营净收入	元	1163.49	1020.72	142.77	13.99
1. 农业	元	1115.42	980.04	135.38	13.81
2. 林业	元	17.56	16.25	1.31	8.08
3. 牧业	元	28.50	22.62	5.88	26.02
4. 渔业	元	2.00	1.81	0.19	10.67
（二）第二产业经营净收入	元	277.07	251.32	25.76	10.25
（三）第三产业经营净收入	元	110.90	94.88	16.01	16.88
三、财产净收入	元	2243.75	2112.98	130.77	6.19
四、转移净收入	元	3840.30	3551.35	288.95	8.14
总支出	元	16013.17	13673.54	2339.63	17.11
一、消费支出	元	13097.23	11877.75	1219.48	10.27
（一）食品烟酒	元	5107.78	5095.90	11.87	0.23
（二）衣着	元	826.33	744.24	82.08	11.03
（三）居住	元	4557.11	3750.01	807.10	21.52
（四）生活用品及服务	元	806.43	685.06	121.38	17.72
（五）交通通信	元	1112.59	1029.57	83.02	8.06
（六）教育文化娱乐	元	466.27	391.46	74.81	19.11
（七）医疗保健	元	158.13	134.16	23.98	17.87
（八）其他用品和服务	元	62.59	47.35	15.25	32.20
二、生产经营费用支出	元	782.64	710.89	71.75	10.09
三、财产性支出	元	361.09	0.00	361.09	0.00
三、转移性支出	元	766.29	547.42	218.88	39.98
四、部分商业保险支出	元	0.00	0.00	0.00	0.00
五、购置资产及非经常性转移支出	元	619.68	537.48	82.20	15.29

农村居民可支配收入和支出情况

表 67

指标名称	单位	2017 年	2016 年	比上年	增幅（%）
可支配收入	元	9424.35	8445.30	979.05	11.60
一、工资性收入	元	2665.52	2435.20	230.32	9.46
二、经营净收入	元	5917.45	5228.91	688.55	13.17
（一）第一产业经营净收入	元	5198.58	4572.81	625.77	13.68
1. 农业	元	4255.53	3697.75	557.78	15.08
2. 林业	元	2.86	1.65	1.22	73.74
3. 牧业	元	880.11	820.56	59.54	7.26
4. 渔业	元	60.09	52.85	7.23	13.69
（二）第二产业经营净收入	元	356.60	331.18	25.42	7.68
（三）第三产业经营净收入	元	362.28	324.92	37.36	11.50
三、财产净收入	元	66.04	56.73	9.31	16.41
四、转移净收入	元	775.34	724.47	50.88	7.02
总支出	元	10888.48	9792.73	1095.75	11.19
一、消费支出	元	7676.37	6841.94	834.43	12.20
（一）食品烟酒	元	2983.50	2946.78	36.71	1.25
（二）衣着	元	431.16	370.92	60.24	16.24
（三）居住	元	2244.06	1802.61	441.45	24.49
（四）生活用品及服务	元	387.19	338.98	48.21	14.22
（五）交通通信	元	646.19	555.74	90.44	16.27
（六）教育文化娱乐	元	747.04	626.45	120.59	19.25
（七）医疗保健	元	167.46	140.37	27.09	19.30
（八）其他用品和服务	元	69.78	60.08	9.69	16.13
二、生产经营费用支出	元	2388.66	2236.20	152.45	6.82
三、财产性支出	元	10.81	3.50	7.32	209.16
三、转移性支出	元	143.07	62.99	80.07	127.12
四、部分商业保险支出	元	1.58	0.00	1.58	0.00
五、购置资产及非经常性转移支出	元	628.23	617.48	10.75	1.74

教育情况

表 68

指 标	学校数（所）		在校学生数（人）		专任教师（人）	
	2017 年	2016 年	2017 年	2016 年	2017 年	2016 年
一、中小学合计	162	167	45663	45271	3080	3052
1. 普通中学	22	22	20591	20045	1267	1429
高中	3	3	8126	7860	500	701
初中	19	19	12465	12185	767	728
2. 小学	138	143	24816	25226	1813	1623
二、中等职业学校	1	1	233	125	17	36
三、特殊教育（盲聋哑、弱智学校）	1	1	23	18	10	10
四、幼儿园	139	128	11462	11733	732	625

教育、卫生、广播电视情况

表 69

指　标	单位	2017 年	2016 年
初中生入学率	%	100	100
初中辍学率	%	0.37	0.3
小学生入学率	%	100	100
学三年毛入学率	%	88	87
卫生机构数	个	334	329
住院病床数	张	1134	1134
卫生技术人员	人	1108	1058
# 执业医师	人	317	289
社会福利院、敬老院数	个	16	16
广播覆盖率	%	99.78	99.78
电视覆盖率	%	99.78	99.78
乡镇电视普及率	%	100	100
有线电视用户数	户	24000	26000

说明：表中 # 号意为其中

全国、全省、全市及毗邻县主要经济指标

表 70

地　区	生产总值（GDP）		规模以上工业增加值	社会消费品零售总额	
	绝对值（亿元）	增长 %	增长 %	绝对值（亿元）	增长 %
全　国	827122	6.9	6.6	366262	10.2
江西省	20818.50	8.9	9.1	7448.09	12.3
赣州市	2524.01	9.5	9.1	887.05	12.3
定南县	77.48	9.6	8.5	17.13	11.8
安远县	66.79	9.1	8.6	20.08	10.8
会昌县	104.22	9.7	9.8	32.05	11.9
寻乌县	70.82	9.3	10.2	21.73	11.6
武平县	182.50	8.0	8.9	75.78	12.3
平远县	82.13	6.3	1.1	27.57	9.7
龙川县	143.66	6.5	5.6	113.84	10.1

说明：全国未公布规模以上工业企业增加值绝对数数据，只公布增速

全国、全省、全市及毗邻县主要经济指标

表 71

地　区	500 万元以上固定资产投资		财政总收入		# 一般公共预算收入	
	绝对值（亿元）	增长 %	绝对值（亿元）	增长 %	绝对值（亿元）	增长 %
全　国	631684	7.2	172567	7.4	91448.00	7.7
江西省	21770.43	12.3	3447.44	9.7	2246.94	4.4
赣州市	2510.48	13.8	408.32	11.5	245.36	0.9
定南县	70.98	13.2	11.44	3.0	8.76	–5.2

续表 71

地 区	500 万元以上固定资产投资		财政总收入		# 一般公共预算收入	
	绝对值（亿元）	增长 %	绝对值（亿元）	增长 %	绝对值（亿元）	增长 %
安远县	41.72	14.2	8.09	11.9	5.25	2.4
会昌县	61.25	15.8	13.16	8.6	9.29	4.2
寻乌县	48.96	14.8	8.00	16.6	4.89	1.2
武平县	280.77	8.3	11.73	12.2	7.98	8.8
平远县	55.05	26.2	9.14	2.3	8.1	10.3
龙川县	42.41	14.3	—	—	6.71	7.7

说明：安远、会昌、寻乌属国家扶贫开发重点县

全国、全省、全市及毗邻县主要经济指标

表 72

地 区	实际利用外资		出口总额		城镇居民人均可支配收入		农村居民人均可支配收入	
	绝对值（亿美元）	增长 %	绝对值（亿元）	增长 %	绝对值（元）	增长 %	绝对值（元）	增长 %
全 国	1310.40	4.0	153318	10.8	36396	8.3	13432	8.6
江西省	114.64	9.8	2222.56	13.3	31198	8.8	13242	9.1
赣州市	16.67	10.03	39.66	16.7	29567	9.2	9717	11.3
定南县	0.80	10.011	0.60	6.7	26639	8.8	8806	14.1
安远县	0.31	10.019	0.39	2.7	23111	8.7	9227	10.2
会昌县	0.63	10.000	0.84	12.2	25230	9.1	9612	10.3
寻乌县	0.24	10.014	0.53	16.6	24068	9.3	9424	11.6
武平县	0.27	6.6	12.11	22.8	31027	9.1	14852	8.6
平远县	0.03	–	20.25	15.1	22431	10.4	15223	9.4
龙川县	0.1620	2354.5	20.17	14.8	21522	9	13268	10.1

说明：安远、会昌、寻乌属国家扶贫开发重点县

寻乌县主要经济指标数据及在全市排位

表 73

	单位	绝对值	全市排位	增速（%）	全市排位
地区生产总值	万元	70.82	14	9.3	9
规模以上工业增加值	万元	—	—	10.2	1
500 万元以上固定资产投资	万元	489557	16	14.8	4
社会消费品零售总额	万元	217271	13	11.6	12
财政总收入	万元	80008	18	16.6	2
# 公共财政预算收入	万元	48851	19	1.2	8
实际利用外资	万美元	2430	18	10.014	9
出口总额	万美元	5339.27	14	16.6	6
城镇居民人均可支配收入	元	24068	15	9.3	4
农村居民人均可支配收入	元	9424	12	11.6	5

说明：1. 地区生产总值、城镇（农村）居民人均可支配收入在全市排位不含开发区，数据由市统计局提供

2. 表中 # 号意为其中

分县（市、区）地区生产总值

表 74　　单位：亿元

县（市、区）	绝对数	增速（%）	县（市、区）	绝对数	增速（%）
全　市	2524.01	9.5	全南县	67.09	8.2
章贡区	387.65	10.2	宁都县	163.23	9.8
赣县区	167.70	9.2	于都县	211.15	9.7
信丰县	188.29	9.9	兴国县	158.42	9.1
大余县	112.88	9.0	会昌县	104.22	9.7
上犹县	65.51	8.7	寻乌县	70.82	9.3
崇义县	81.45	9.3	石城县	52.85	10.0
安远县	66.79	9.1	瑞金市	149.16	9.3
龙南县	153.22	9.2	南康区	214.27	9.6
定南县	77.48	9.6			

说明：分县（市、区）指标数据由市统计局提供

分县（市、区）规模以上工业增加值增速

表 75　　单位：万元

县（市、区）	增速（%）	县（市、区）	增速（%）
全　市	9.1	全南县	8.6
章贡区	9.5	宁都县	9.8
赣县区	9.5	于都县	8.8
信丰县	8.8	兴国县	8.6
大余县	9.1	会昌县	9.8
上犹县	8.5	寻乌县	10.2
崇义县	9.2	石城县	9.6
安远县	8.6	瑞金市	9.9
龙南县	9.0	南康区	9.3
定南县	8.5	开发区	8.9

分县（市、区）500 万元以上固定资产投资

表 76　　单位：万元

县（市、区）	绝对数	增速（%）	县（市、区）	绝对数	增速（%）
全　市	25104751	13.8	全南县	456858	12.6
章贡区	4141480	14.1	宁都县	909278	14.5
赣县区	1872774	13.5	于都县	1947688	15.4
信丰县	1823563	12.5	兴国县	1317881	14.3
大余县	1135348	13.0	会昌县	612479	15.8
上犹县	604325	13.3	寻乌县	489557	14.8
崇义县	517362	14.0	石城县	359602	17.2
安远县	417247	14.2	瑞金市	900883	12.4
龙南县	1708121	13.8	南康区	1967067	14.6
定南县	709774	13.2	开发区	3213464	12.8

分县（市、区）社会消费品零售总额

表 77

单位：万元

县（市、区）	绝对数	增速（%）	县（市、区）	绝对数	增速（%）
全 市	8870487	12.3	全南县	182486	11.4
章贡区	2855374	13.1	宁都县	465344	13.0
赣县区	369125	12.8	于都县	552659	12.4
信丰县	490979	10.5	兴国县	433445	12.6
大余县	307561	11.2	会昌县	320528	11.9
上犹县	180005	11.0	寻乌县	217271	11.6
崇义县	169399	10.6	石城县	136804	13.3
安远县	200772	10.8	瑞金市	428764	12.0
龙南县	346359	11.1	南康区	472840	12.2
定南县	171295	11.8	开发区	569475	12.1

分县（市、区）财政总收入

表 78

单位：万元

县（市、区）	绝对数	增速（%）	县（市、区）	绝对数	增速（%）
全 市	4083198	11.5	全南县	95451	6.0
市本级	762620	6.6	宁都县	120328	15.4
章贡区	404952	15.1	于都县	192961	14.2
赣县区	220439	4.0	兴国县	170066	13.1
信丰县	183300	11.9	会昌县	131630	8.6
大余县	124100	12.6	寻乌县	80008	16.6
上犹县	95191	14.0	石城县	79111	16.3
崇义县	119783	12.0	瑞金市	205609	17.4
安远县	80906	11.9	南康区	293299	13.6
龙南县	191872	14.5	开发区	410021	12.8
定南县	114399	3.0	蓉江新区	7157	净增

分县（市、区）公共财政预算收入

表 79

单位：万元

县（市、区）	绝对数	增速（%）	县（市、区）	绝对数	增速（%）
全 市	2453635	0.9	全南县	64507	-5.3
市本级	401645	5.3	宁都县	76803	0.0
章贡区	216685	-0.7	于都县	129953	5.8
赣县区	153366	-9.5	兴国县	78252	3.0
信丰县	118073	3.3	会昌县	92944	4.2

续表 79

县（市、区）	绝对数	增速（%）	县（市、区）	绝对数	增速（%）
大余县	78736	–5.5	寻乌县	48851	1.2
上犹县	60841	1.0	石城县	49206	–1.2
崇义县	80257	–4.0	瑞金市	123998	–0.4
安远县	52504	2.4	南康区	192363	2.2
龙南县	133561	7.2	开发区	209992	0.4
定南县	87633	–5.2	蓉江新区	3465	净增

分县（市、区）实际利用外资

表 80　　单位：万美元

县（市、区）	绝对数	增速（%）	县（市、区）	绝对数	增速（%）
全　市	166738	10.03	全南县	7234	10.007
章贡区	12985	10.033	宁都县	7060	10.010
赣县区	10873	10.014	于都县	10354	10.047
信丰县	10834	10.068	兴国县	9468	10.000
大余县	11002	10.007	会昌县	6337	10.000
上犹县	7503	10.010	寻乌县	2430	10.014
崇义县	1848	10.027	石城县	2602	10.006
安远县	3104	10.019	瑞金市	7424	10.016
龙南县	11347	10.017	南康区	16978	10.012
定南县	8006	10.011	开发区	19350	10.086

分县（市、区）出口总额

表 81　　单位：万美元

县（市、区）	绝对数	增速（%）	县（市、区）	绝对数	增速（%）
全　市	396608.03	16.7	全南县	14274.27	7.1
章贡区	57884.03	11.9	宁都县	3922.89	12.3
赣县区	28486.27	3.3	于都县	13729.09	14.1
信丰县	23098.68	94.5	兴国县	3541.08	9.3
大余县	4714.15	10.6	会昌县	8354.95	12.2
上犹县	12069.77	65.4	寻乌县	5339.27	16.6
崇义县	10743.50	14.2	石城县	3582.17	8.1
安远县	3928.30	2.7	瑞金市	31322.17	18.2
龙南县	68175.42	18.7	南康区	20974.44	27.1
定南县	6010.43	6.7	开发区	76457.15	10.0

分县（市、区）城镇居民人均可支配收入

表 82　　单位：元

县（市、区）	绝对数	增速（%）	县（市、区）	绝对数	增速（%）
全　市	29567	9.2	全南县	24629	8.8
章贡区	34878	9.4	宁都县	22691	9.2
赣县区	26741	9.5	于都县	26513	9.3

续表 82

县（市、区）	绝对数	增速（%）	县（市、区）	绝对数	增速（%）
信丰县	28056	9.3	兴国县	26044	9.1
大余县	26110	9.0	会昌县	25230	9.1
上犹县	24393	9.2	寻乌县	24068	9.3
崇义县	24982	8.9	石城县	22951	8.9
安远县	23111	8.7	瑞金市	27597	9.1
龙南县	27482	9.2	南康区	28034	9.0
定南县	26639	8.8	开发区		

分县（市、区）农村居民人均可支配收入

表 83　　单位：元

县（市、区）	绝对数	增速（%）	县（市、区）	绝对数	增速（%）
全　市	9717	11.3	全南县	7802	14.1
章贡区	14078	10.3	宁都县	9559	11.0
赣县区	9542	11.1	于都县	9793	11.3
信丰县	11909	10.2	兴国县	9729	10.6
大余县	10657	10.3	会昌县	9612	10.3
上犹县	9407	10.7	寻乌县	9424	11.6
崇义县	9390	10.3	石城县	8435	14.0
安远县	9227	10.2	瑞金市	10301	11.8
龙南县	10481	10.3	南康区	10165	10.9
定南县	8806	14.1	开发区		

寻乌县扶持机电机械制造产业发展二十二条（试行）

为进一步促进我县机电机械制造产业发展壮大，延伸产业链条，积极培育扶持智能装备制造业，参照省、市有关文件精神，结合寻乌实际，特制定本扶持办法。

第一条　机电机械制造产业主要包括：智能装备制造、工程机械加工、通用和专用设备（如空压机）及核心部件（如高效节能电机）、基础零部件和原材料及应用、通用电子产品及应用。凡在我县实际投资固定资产 5000 万元以上且符合我县机电机械制造产业发展规划的项目，特别是智能装备制造项目，在享受国家、省、市、县现有相关优惠政策的同时享受本办法。

第二条　符合《寻乌县工业项目建设用地若干政策措施》（寻府办发〔2017〕18 号）用地政策的，享受首位产业用地优惠政策。

第三条　对生产性实体企业租赁园区标准厂房的给予 5 元 / 平方米·月租金补贴政策，补助期为两年。

第四条　对新引进的固定资产投资 5000 万元以上的机电机械项目，从实现税收之日起，企业年纳税额（增值税、企业所得税，下同）达到 200 万元以上的，其所缴纳增值税和企业所得税的县财政实得部分，县财政按 65% 的比例给予奖励；固定资产投资 1 亿元以上的工业项目，从实现税收之日起，企业年纳税额达到500万元以上的，其所缴纳增值税和企业所得税的县财政实得部分，县财政按70%的比例给予奖励，用于企业扩大再生产或技术改造，期限为五年。

第五条 对新引进的省级以上（含省级）的高新技术机电机械企业或企业产品获得省级以上（含省级）自主创新产品认定的，在高新技术企业有效期内，企业年纳税额达到100万（含）—300万元（不含）的，其所缴纳增值税和企业所得税的县财政实得部分，县财政按60%的比例给予奖励；企业年纳税额达到300万元（含）以上的，其所缴纳增值税和企业所得税的县财政实得部分，县财政按70%的比例给予奖励，用于企业扩大再生产或技术改造，期限为五年。

第六条 对新引进的机电机械产业项目经认定为总部企业的，企业年纳税500万元（含）以上1000万元以下的，按其缴纳增值税和企业所得税的县财政实得部分的80%给予奖励；企业年纳税1000万元（含）以上2000万元以下的，按其缴纳增值税和企业所得税的县财政实得部分的85%给予奖励；企业纳税2000万元（含）以上3000万元以下的，按其缴纳增值税和企业所得税的县财政实得部分的88%给予奖励；企业年纳税3000万元（含）以上的，按其缴纳增值税和企业所得税的县财政实得部分的90%给予奖励，期限为三年。

符合以上第四至第六条所述中多项奖励的企业，择其标准最高的一项予以奖励，不重复享受。

第七条 物流补贴。自企业投产之日起5年内，第1—2年按年度缴纳增值税、企业所得税县财政实得部分（扣除已享受纳税奖补部分）40%奖励；第3—5年按年度缴纳增值税、企业所得税县财政实得部分（扣除已享受纳税奖补部分）20%奖励，补贴企业物流成本。

第八条 对购入生产性新设备且在两年内竣工投产的机电机械制造企业，按其项目设备（单台新购100万元以上）投资额（凭正式发票）的3%以内给予一次性补助，单个企业最高补助额不超过300万元。鼓励企业应用工业机器人、高档数控机床、自动化成套生产线、先进检测与测试设备等智能制造装备（达到工业3.0及以上标准），推动智能化改造，实现企业资源管理（ERP）等系统与工厂车间制造执行系统（MES）的融合，经工业领导小组认定，对购置设备（软件）投资额50万（含）以上100万元（不含）以下的，按实际购买价格的10%给予补助；100万（含）以上500万元（不含）以下的，按实际购买价格的15%给予补助：对超出500万元的，按实际购买价格的20%给予补助，单个企业最高补助不超过400万元。

第九条 对列入国家《首台（套）重大技术装备推广应用指导目录》产品的企业，给予100万元一次性奖励；对认定为江西省智能制造试点示范企业、江西省制造创新中心企业、江西省两化深度融合示范专项企业分别给予50万元一次性奖励。

第十条 外贸出口奖励。对当年新发生出口业绩且出口额达100万美元以上的企业，一次性给予20万元人民币奖励；出口额在100万美元以内的企业，可按1美元奖励0.03元人民币标准执行；对已发生出口业绩的外贸企业，年出口额在100万美元（含）—200万美元的奖励人民币4万元，年出口额在200万美元（含）—500万美元的奖励人民币8万元，年出口额在500万美元（合）—1000万美元的奖励人民币12万元，年出口额在1000万美元（含）以上的奖励人民币15万元；并对其新增部分按每新增1美元奖励0.03元人民币。

第十一条 产业发展扶持政策。工投公司设立5亿元产业发展引导基金，用于扶持机电机械产业发展。

第十二条 加大财税支持力度，拓宽融资渠道，对符合条件的机电机械制造企业，可授予1000万元以内的“财园信贷通”融资贷款。对通过融资租赁模式购入生产性设备的，按融资贷款银行基准利率的50%予以补助，最高不超过100万元。

第十三条 对经省级以上（含省级）批准立项新上的技改项目、科研项目、高科技项目，通过贷款贴息、以奖代补等方式予以扶持，单个项目扶持资金最高不超过200万元。

第十四条 对落户我县的机电机械企业，将研发中心或区域总部迁入我县的，经县商务局认定后2年内对其研发投入采取“后补助”的方式，给予投入总额3%的补助，最高不超过100万元。企业为开发、研制成套设备需进口的部分关键零部件、原材料，符合政策规定的，免征关税和进口环节增值税。

第十五条 用工及人才政策。按《寻乌县支持机电机械产业发展人才集聚政策19条（试行）》（寻办发〔2017〕19号）文件执行。

第十六条 新引进规模以上机电机械制造企业（固定资产投资1亿元人民币以上，或现汇进资500万美元以上外资项目）用户新装高压专用线路费用，由县财政补贴30%，最高不超过20万元。对达到投资强度且当年达到纳税要求的，用电价格由县财政补贴0.05元/千瓦时，最高不超过200万元，补贴期限不超过三年。

第十七条 对属于战略性新兴产业的机电机械成套设备制造，以及手机、智能穿戴设备、机器人、电脑等智能终端产品制造的机电智能装备制造企业予以重点扶持：

（一）政府按企业的规划设计要求新建厂房，两年内免租金提供给企业使用。鼓励企业新建、扩增标准厂房，对新建符合要求标准厂房的，按建筑面积一次性给予每平方米25元，最高不超过100万元的支持。

（二）对万级以上无尘车间、实验室等装修，经专业机构认证后，按实际装修面积、实际装修价格给予企业装修补贴，每平方米补贴不超过700元，补贴总额不超过1000万元。

（三）加快高速宽带网络等信息化基础设施规划布局、在基地较好的工业园区优先推进智能工厂数字化接口、工业大数据中心等设施建设，鼓励和引导企业使用云平台服务。同时，推进市级层面及各园区信息化平台建设，完成与省级平台的对接互联，构建省、市、园区、企业四级联网信息平台，实现工业园区管理信息化平台全覆盖。

第十八条 对新签约的单个固定资产投资5亿元以上的机电机械制造产业项目（含上下游产业链抱团项目），实行“一事一议”政策。

第十九条 加大招商引资力度，鼓励通过商（协）会等专业招商机构引进县外机电机械制造企业落户我县的，参照《寻乌县委托招商管理办法》（寻府办字〔2016〕171号）文件执行。

第二十条 本办法中涉及的各种奖励由企业向寻乌县开放型经济工作领导小组办公室申报，并由寻乌县开放型经济工作领导小组进行评审认定后报县政府审批。

第二十一条 本办法中相关条款与我县其它文件中相关条款标准不一致时，对同一项目采取“不重复、就高不就低”的原则执行。

第二十二条 本办法由寻乌县工信局负责解释并制定操作细则。

关于进一步深化医药卫生体制改革实施方案

为进一步深化医药卫生体制改革，推进健康寻乌建设，根据《中共中央办公厅、国务院办公厅转发〈国务院深化医药卫生体制改革领导小组关于进一步推广深化医药卫生体制改革经验的若干意见〉的通知》（厅字〔2016〕36号）、《国务院关于印发“十三五”深化医药卫生体制改革规划的通知》(国发〔2016〕78号)和《中共赣州市委、赣州市人民政府关于进一步深化医药卫生体制改革的实施意见》(赣市发〔2017〕17号)等文件精神，结合我县实际，制定本实施方案。

一、指导思想

以党的十八大和十八届三中、四中、五中、六中全会精神为指导，牢固树立创新、协调、绿色、开放、共享的发展理念，认真贯彻落实党中央、国务院关于深化医药卫生体制改革的决策部署和全国、全省卫生与健康大会精神，紧紧围绕县委、县政府关于"七大攻坚"的战略部署，坚持正确的卫生与健康工作方针，以改革创新为动力，以促健康、转模式、强基层、重保障为着力点，更加注重预防为主和健康促进，更加注重工作重心下移和资源下沉，更加注重提高服务质量和水平，实现发展方式由以治病为中心向以健康为中心转变，防止"因病致贫、因病返贫"，显著提高人民健康水平，切实提高群众的满意度和获得感。

二、工作目标

到2018年，初步建立医疗、医保、医药"三医合一、县乡(镇)联动"体制机制，公立医院综合改革取得新突破，医疗卫生服务能力明显提升，基本医疗卫生服务可及性明显提高，群众就医费用负担进一步减轻，"看病难、看病贵"问题得到进一步缓解。

到2020年，基本建立比较完善的分级诊疗、现代医院管理、全民医保、药品供应保障、综合监管等五项制度，基本建立"三医合一、县乡(镇)联动"体制机制，基本建立覆盖城乡居民的基本医疗卫生制度，基本解决"看病难、看病贵"问题，居民主要健康指标优于全市平均水平，孕产妇死亡率控制在18/10万以下，婴儿死亡率控制在7.5‰以下。

三、主要任务

(一)建立现代医院管理制度

1. 调整充实公立医院管理委员会，推进管理体制改革。

调整充实县政府县长担任主任的县公立医院管理委员会，作为推进管理体制改革的决策机构，并以出资人身份履行政府办医职能。制定《公立医院章程》。公立医院作为事业法人，依法自主运营管理。组建公立医院监事会，履行监督职能。县卫生计生行政主管部门从直接管理公立医院转为行业管理。逐步取消公立医院行政级别，卫生计生行政部门负责人不兼任公立司医院领导职务。实行总会计师制度。总会计师承担医院财务、成本、预算管理和会计核算、监督等职责，由县公立医院管委会选聘或委派，不定行政级别，年薪由县财政支付。

2. 落实政府办医责任，推进运行机制改革。

一是落实政府投入政策，设立县、乡两级公立医疗机构改革发展专项资金，县财政每年预算安排2300万元，用于县、乡两级公立医疗机构符合规划的基本建设、县级公立医院大型设备购置、乡(镇)卫生院基本诊疗设备更新添置、重点学科发展、人才培养、政策性亏损、承担公共卫生任务和紧急救治、支边、支农公共服务以及传染病、职业病、精神病防治等，并要随着经济社会发展水平的提高相应提高。

二是按照锁定存量、控制增量、分级分类、综合施策的原则，县财政逐步化解符合规定的县级公立医院和乡(镇)卫生院长期债务。

三是进一步破除以药补医机制，所有公立医院取消药品加成(中药饮片除外)，建立以成本和收入结构变化为基础的医疗服务价格动态调整机制，按照"总量控制、结构调整、有升有降、逐步到位"的原则，降低CT、核磁共振等大型医用设备检查价格，合理提升诊疗、手术、护理、中医等体现医务人员技术劳务价值的医疗服务项目价格，并做好与医保支付、分级诊疗、费用控制等政策的相互衔接，提升的医疗服务价格纳入医保支付范畴，确保不增加群众看病就医负担。

四是采取医疗费用控制综合措施，建立招标监测体系，坚持合理用药、合理使用耗材、合理检查，严格控制医疗费用不合理增长。

3. 实行编制备案制，推进用人机制改革。

按照以服务人口和医院规模定编制和床位、以编制和床位定用人控制数、在用人控制数内科学设岗、以用人控制数定补助及职称基数的原则，创新公立医院人员编制管理和人事管理制度。在用人控制数内的在岗人员全部纳入县财政人员经费补助范围。在岗位设置、收入分配、职称评定、管理使用等方面，统筹考虑编制内外人员待遇。实行聘用制度和岗位管理制度，实现人员由身份管理向岗位管理转变。简化医院用人招聘程序，医院可自主公开招聘所需人员，招聘结果报县编制、人社部门备案。

4. 建立绩效考核评价体系，实行全员目标年薪制。

一是建立以公益性为导向的绩效考核机制，定期对公立医院进行绩效考核，将医院的质量安全、服务能力、运行效率、费用控制、指令性任务完成、社会满意度等作为考核的重要指标，考核结果与医保支付、财政补助、院长任免与年薪、职工薪酬总数等挂钩。

二是根据经济发展、财政状况、工作量、服务质量、公益目标完成情况、成本控制、绩效考核结果等，按照“允许医疗卫生机构突破现行事业单位工资调控水平，允许医疗服务收入扣除成本并按规定提取各项基金后主要用于人员奖励”的要求，在现有水平基础上合理确定公立医院薪酬水平和绩效工资总量，稳步提步提高医务人员薪酬水平，调动医务人员积极性。

三是实行公立医院院长目标年薪制，经费由县财政全额负担。根据公立医院考核评价结果、个人履职情况、职工满意度等因素，合理确定院长薪酬水平，薪酬水平应高于本院平均薪酬水平，并与本院职工薪酬水平保持合理关系。

四是将公立医院在职在岗的医生（技师）、护理、药剂、行政后勤等人员全部纳入目标年薪管理，按照不同系列和岗位，实行分等级的年薪制，年薪等级由医院自主确定，实行“定性工分、定量工分”年薪计算工分制，年薪资金由医院自行负担。

五是医院在核定的绩效工资总量内根据考核结果自主分配绩效工资，个人绩效工资分配不与药品、耗材、医学检查、床位费等业务收入挂钩，严禁给医务人员设定创收指标。

六是医院制定绩效分配办法要充分发扬民主，广泛征求职工意见，充分体现医、护、技、药、管等不同岗位差异，兼顾不同学科之间的平衡，向关键和紧缺岗位、高风险和高强度岗位，高层次人才，业务骨干和作出突出成绩的医务人员倾斜，向人民群众急需且专业人才短缺的专业倾斜，体现知识、技术、劳务、管理等要素的价值，避免大锅饭。适当提高低年资医生薪酬水平，统筹考虑编制内外人员薪酬待遇，推动公立医院编制内外人员同岗同薪同待遇。

（二）建立高效运行的全民医保制度

1. 完善基本医疗保障制度。进一步提高城乡医保制度统筹运行质量。完善基本医保支付项目，适时将临床必需、安全有效、价格合理、使用广泛的诊疗项目和医用耗材纳入医保支付范围。区分不同级别不同类别医疗机构，明确自费比例管理目标，降低参保人员个人自付比例。扩大家庭门诊补偿金的使用范围、开展门诊特殊慢性病和特殊检查、治疗费用统筹。加强医疗保险信息化建设，强化参保地与就医地协作，加快建立异地就医直接结算机制。2017 年，基本实现符合转诊规定的异地就医住院费用直接结算。到 2020 年，健全基本医保稳定可持续筹资调整机制，基本医保参保率稳定在 95% 以上；建立医保基金调剂平衡机制，基本医保政策范围内报销比例稳定在75%左右。

2. 创新基本医保经办服务模式。鼓励和支持商业保险机构参与医保经办服务，形成多元经办、多方竞争的新格局。探索以政府购买服务的方式委托具有资质的商业保险机构等社会力量参与基本医保经办服务，承办城乡居民大病保险。

3. 推进医保支付方式改革。减少按项目付费，全面推行按病种付费为主，按人头、按床日、总额预付等多种付费方式相结合的复合型付费方式，鼓励实行按疾病诊断相关分组付费（DRGs）方式。健全各类医保经办机构与医疗机构、药品器械生产企业之间公开、平等的谈判协商机制和风险分担机制，扩大纳入医保支付的医疗机构中药制剂和针灸、治疗性推拿等中医非药物诊疗技术范围，探索符合中医药服务特点的支付方式。试行以健康与慢病管理为核心的总额预付制度，促进医疗保险由疾病保障向疾病与健康保障相结合的新型保障模式转型。到2020年，医保支付方式改革逐步覆盖所有医疗机构和医疗服务，全县范围内普遍实施适应不同疾病、不同服务特点的多元复合式医保支付方式，按项目付费占比明显下降。

4. 完善与分级诊疗制度相适应的医保政策。明确促进分级诊疗的医保支付政策，发挥医保政策调节作用。对县域医疗共同体协作模式实行按病种、按人头付费为主的复合型医保总额预付费制。对没有按照转诊程序就医的，降低医保支付比例或按规定不予支付；对按规定转诊的患者，适当提高医保报销比例。制定和完善不同级别医疗机构医保差异化支付政策，在就医、转诊、用药、医保等方面对签约居民实行差异化政策，建立城乡居民门诊统筹制度，促进基层首诊，适当拉开不同级别医疗机构的起付线和支付比例差距。

5. 完善重大疾病保障机制。继续做好城乡居民大病保险工作。统筹涉农扶贫等资金为全县城乡贫困人口购买疾病医疗补充保险。将基本医疗保险、大病保险、疾病医疗补充保险、医疗救助、疾病应急救助、慈善救助等相关部门涉及医疗保障资金进行归口管理，充分合理地用好用活各类医疗保障资金，最大程度服务群众，不断巩固和完善“四道医疗保障线”制度，逐步形成医疗卫生机构与医保经办机构间的数据共享机制、推动城乡居民基本医疗保险、大病保险、贫困人口疾病医疗补充保险，医疗救助有效衔接，完善“一站式”信息化结算平台，全面提供“一卡通”服务，探索建立城镇职工疾病医疗朴充保险制度。

6. 推动商业健康保险发展。支持发展医疗责任保险、医疗意外保险，探索发展多种形式的医疗执业保险。丰富健康保险产品，大力发展消费型健康保险，促进发展各类健康保险，强化健康保险的保障属性。鼓励保险公司开发中医药养生保健等各类商业健康保险产品。鼓励企业和居民通过参加商业健康保险，解决基本医保之外的健康需求。

（三）建立药品供应保障新机制

1. 完善采购制度。执行以市为单位在省级药品集中采购平台组织联合带量、带预算采购，或实行跨区域联合限价采购。每种药品采购的剂型原则上不超过3种，每种剂型，对应的规格原则上不超过2种。对价格高、用量大、辅助性、营养性等药品建立重点监控目录，开展跟踪监控、超常预警。实行医用耗材“阳光采购”，开展高值医用耗材、检验检测试剂和大型医疗设备集中采购。在药品耗材统一管理的基础上，开展大型医疗设备集中采购，进一步挤压流通环节的价格水分，促进药品、医用耗材和医疗设备价格回归合理水平。

2. 实行药品采购“两票制”。实行公立医院药品采购“两票制”，即药品从药厂卖到一级经销商开一次发票，经销商卖到医院开一次发票。鼓励和促进药品经营企业整合仓储资源和运输资源，允许药品流通企业异地建仓，加快发展药品现代物流。将企业、医疗机构实施“两票制”情况纳入药品监督管理检查范围。

3. 完善基本药物制度。建立生产、配送企业约谈制度，重点提高乡村、边远地区药品配送能力，完善基本药物、短缺药品配送管理。选择若干医院和基层医疗卫生机构作为短缺药品监测点，强化短缺药品供应保障和预警。允许基层医疗卫生机构采购的非基本药物的品种、数量和使用金额，占本机构药品使用目录和医保药品使用总金额的30—40%，实行零差率销售。

（四）建立分级诊疗制度

1. 以县域医疗共同体（医共体）建设为载体，建立医疗机构分工协作新机制。综合考虑医疗机构地域布局、功能定位、服务能力、业务关系、合作意愿等因素，以县人民医院为牵头医院，乡（镇）卫生院、村卫生室为成员，组建县、乡、村一体化管理县域医共体。医共体成员单位原有的机构设置不变、行政隶属关系不变、法人主体地位不变、产权归属不变、法律责任不变、功能定位不变、职工身份不变、监管机制不变、单位第一名称不变，增挂"寻乌县人民医院医共体成员医院"牌子，形成资源共享、分工协作的管理模式。按照循序渐进的原则，2017年9月底前，县人民医院与澄江、吉潭、留车、晨光、南桥5个乡（镇）卫生院先行实施医共体试点工作，总结经验后全面铺开，符合条件的民营医疗机构可自愿申请加入县域医共体。

2. 以家庭医生签约服务为突破口，构建医疗卫生服务新模式。一是做实家庭医生签约服务，组建以家庭生（全科医生）为主、专科医师提供技术支持的签约服务团队。

二是明确签约服务主体，家庭医生为签约服务第一责任人。现阶段家庭医生主要包括基层医疗卫生机构注册全科医生（含助理全科医生和中医类别全科医生），以及具备能力的乡（镇）卫生院医师和乡村医生等。

三是积极引导符合条件的公立医院医师和中级以上职称的退休临床医师，特别是内科、妇科、儿科、中医医师等，作为家庭医生或加入基层家庭医生团队提供签约服务。

四是鼓励符合条件的非政府办医疗卫生机构（含个体诊所）提供签约服务，并享受同样的收付费政策。

五是原则上实行团队签约服务。团队原则上由家庭医生、护士和公共卫生医师（含助理公共卫生医师）组成家庭医生服务团队，在此基础上，二级以上医疗卫生机构应选派医师（含中医类别）参加基层家庭医生团队，为家庭医生签约服务及时提供全方位的技术支持和业务指导。鼓励建立"1+1+1"的组合签约服务模式，即引导签约家庭自愿选择一个家庭医生服务团队、一所二级医院、一所三级医院，在组合之内可根据需求自行选择就医机构，并逐步过渡到基层首诊。

六是签约对象原则上以户为单位签约。根据服务半径和服务人口，合理划分签约服务责任区域。鼓励和引导居民就近签约，建立有序竞争机制。签约周期原则上为一年，期满后可续约。

2017年，开展家庭医生签约服务试点，签约服务覆盖率达到30%以上，重点人群签约服务覆盖率达到60%以上，所有贫困人口纳入签约服务范围，力争实现全部建档立卡的农村贫困人口、计划生育特殊家庭和有康复需求的残疾人家庭的签约服务全覆盖。到2020年，力争将签约服务扩大到所有人群，基本实现全覆盖。探索建立慢病管理中心，积极推进高血压、糖尿病、结核病分级诊疗试点，逐步形成基层首诊、双向转诊、急慢分治、上下联动的分级诊疗模式。

3. 以信息化建设为支撑，推进区域医疗资源共享。加快推进医疗卫生信息资源共享和医疗卫生信息化建设，逐步建立基于互联网、大数据技术的分级诊疗信息系统，为实现连续、协同、整合的医疗卫生服务提供技术支撑，促进优质医疗资源纵向流动，创新驱动医疗服务新模式。2018年完成覆盖全县二级医院的远程医疗服务体系建设任务，到2020年建成覆盖县、乡的远程医疗服务体系。全县二级医院要向基层医疗卫生机构提供远程医疗服务，打造基层检查、上级影像诊断的有效模式。

4. 以强基层为核心，提升医疗服务能力。一是明确各级各类医疗机构诊疗服务功能，围绕县外转出率较高的病种，加强适宜技术推广工作，加强县级公立医院综合能力建设和学科建设。加快推进县妇幼保健院和县计划生育服务站资源整合，组建“县妇幼保健计划生育服务中心”，另行选址兴建。

二是筑牢卫生计生服务网底，加快推进基层医疗卫生机构标准化建设，打造一批示范乡（镇）卫生院、村卫生室，推进乡（镇）卫生院和村卫生室一体化管理，全面提升乡（镇）卫生院基本医疗服务能力建设，改善群众基层就医体验。

三是坚持人才下沉、实施二级医疗卫生机构对口支援乡（镇）卫生院工作。县级公立医疗卫生机构卫技人员中级晋升副高职称、副高晋升正高职称，任现职期内，必须到乡（镇）卫生院累计服务时间满1年。鼓励中级职称以上人员到乡（镇）卫生院执业。

四是加快中医药事业发展，加快推进基层中医馆建设，全面提升基层中医药服务能力，充分释放中医药健康服务潜力和活力，不断满足人民群众多层次多样化的中医药健康服务需求。

5. 以大力发展社会办医为抓手，壮大医疗资源总量。推进医疗领域简政放权、放管结合、优化服务，大力支持社会力量提供医疗服务。按照“非禁即入”的原则，对符合规划条件和准入资质的社会办医不得以任何理由限制，个体诊所设置不受规划布局限制。加快推进定安医院（精神病医院）升级改造建设，提升精神障碍患者救治能力，满足人民群众的健康需求和社会管理的需要。鼓励社会资本发展提供儿科、康复、老年护理等基本医疗服务相对薄弱且需求潜力大的专科机构。鼓励社会力量举办全科诊所和独立设置的医学检验、医学影像、病理、消毒供应中心及康复护理等专业机构，促进有实力的社会力量举办的中医诊所、门诊部等跨县连锁经营。实行医师区域注册，促进有序流动和多点执业。完善政府购买服务方式，支持符合条件的社会力量举办的医疗机构承接基本公共卫生和基本医疗服务以及政府下达的相关任务。社会办医用地纳入土地利用总体规划和年度用地计划，保障合理用地需求。到2020年，全县社会办医床位规模占比达25%以上，诊疗服务量占比明显提高。

（五）建立严格规范的综合监管新体系

1. 构建多元化的监管体系。完善政府监管主导、第三方广泛参与、医疗卫生机构自我管理和社会监督为补充的多元化综合监管体系。加强部门联动，加大监管力度，切实防止和减少损害群众健康权益的违法违规行为。引导第三方依法依规参与监管工作。利用信息化手段对所有医疗机构门诊、住院诊疗行为和费用开展全程监控和智能审核。严厉查处医药购销领域不正之风。

2. 强化全行业综合监管。整合卫生计生监督执法力量，加快成立县卫生计生综合监督执法局。推行随机抽取检查对象、随机选派执法检查人员、抽查情况及查处结果向社会公开的“双随机一公开”抽查机制。建立违法违纪“黑名单”制度。强化临床路径管理，完善技术规范，提高诊疗行为透明度。探索包容而有效的审慎监管方式，严厉打击租借执业证照开业、承包科室、虚假广告、非法行医等违法违规行为。加强对营利性医疗机构盈利率的管控，加强对非营利性社会力量举办的医疗机构产权归属、财务运营、资金结余使用等方面的监管，加强医疗养生类节目和医疗广告监管。到2020年，对各级各类医疗卫生机构监督检查实现100%覆盖。

3. 引导规范第三方评价和行业自律。完善相关政策制度，鼓励符合条件的第三方积极开展或参与评价标准的咨询、技术支持、考核评价等工作，推动医疗机构考核评价由政府主导逐步向独立第三方评价转变。充分发挥行业协会学会、高等院校、科研院所等作用，积极培育第三方评价机构。强化行业自律，推动行业组织建立健全行业管理规范和准则。加强医德医风教育，建立医生诚信档案。引导和规范医疗机构建立内审制度，加强自我管理和自查自纠。

四、保障措施

（一）强化组织领导。调整充实县深化医药卫生体制改革领导小组，由县政府县长担任组长，常务副县长和分管卫生计生工作的副县长任副组长。把涉及公立医院改革的有关医疗、医保、医药等职能部门归口管理，集中由县委或县政府一位领导分管，全面统筹医改工作。归并卫生计生、人社（医保）、发改（物价）等部门与健康保障相关的职责，实行“三医合一”。成立“寻乌县健康保障管理局”和“寻乌县医疗保险基金管理中心”，在县人社局增挂“寻乌县健康保障管理局”牌子，在县医保局增挂“寻乌县医疗保险基金管理中心”牌子。县健康保障管理局及县医疗保险基金管理中心负责配合市健康保障管理局及其经办机构制定实施医保政策、医疗服务价格动态调整、药品耗材联合采购配送与结算管理、医疗保障信息系统建设等工作，承担医保基金监督管理、医疗服务行为监督管理等。县健康保障管理局及县医疗保险基金管理中心科级干部实行双重管理，以县管理为主，任免前需征求市人力资源和社会保障局（市健康保障管理局）和市医疗保险事业管理局（市医疗保险基金管理中心）意见。

（二）强化资金保障。积极调整财政支出结构，加大投入力度，转变投入机制，切实保障医改所需资金。基本医保政府补助标准和人均基本公共卫生服务经费标准要随着经济社会发展水平的提高相应提高。县财政部门要通过制度建设和加强考核等措施，保障医改资金安全。

（三）强化督导考核。在县深化医药卫生体制改革领导小组领导下，完善以公益性为导向的监测评估机制，定期将评价结果向社会公布，发挥社会舆论监督作用。县深化医药卫生体制改革领导小组要加大督促检查力度，每年至少组织 2 次督查。

（四）强化协同推进。要围绕本实施方案的总体目标和重点任务，研究制定具体实施方案，细化分解目标任务，明确年度目标和制定配套政策的时间表，落实工作责任制。各牵头部门要按照任务分工，尽快研究制定相关配套改革文件。其他责任部门要密切配合，做好公立医院改革、全民医保体系建设、医疗服务体系建设等各项改革政策的衔接工作。

（五）强化宣传引导。各有关部门要密切跟踪工作进展，加强对医改典型经验的挖掘和宣传，反映鲜活的医改实践和进展成效，坚定改革信心，凝聚改革共识。要坚持正确的舆论导向，及时回应社会关切，合理引导社会预期，要为深化医改营造良好舆论环境。

寻乌县人民政府办公室关于加快推进“放管服”改革工作的意见

各乡（镇）人民政府，县政府各部门，县属、驻县各单位：

为认真贯彻落实国务院、省深化简政放权放管结合优化服务改革电视电话会议精神和《江西省人民政府关于加快推进“放管服”改革工作的意见》（赣府发 32 号）、《赣州市人民政府办公厅关于印发 2017 年“放管服”改革工作要点的通知》（赣市府办字〔2017〕176 号）精神，进一步将“放管服”改革向纵深推进，结合我县实际，就加快推进我县“放管服”改革工作提出如下意见：

一、指导思想

认真贯彻落实党中央、国务院、省、市关于深化简政放权放管结合优化服务改革的决策部署，坚持目标导向、创新导向、发展导向和问题导向，把“放管服”改革作为转职能、提效能、激活力、促发展的重要抓手，为促进就业创业降门槛、为各类市场主体减负担、为激发有效投资拓空间、为公平营商创条件、为群众办事生活增便利，真正做到审批更简、监管更强、服务更优，进一步优化营商环境，不断激发市场活力和社会创造力，推动全县经济社会持续健康发展。

二、重点任务

（一）持续深化简政放权

1. 进一步精简行政权力。按照“应减必减、该放就放”的要求，全面梳理行政权力事项，围绕企业和群众反映强烈的问题，2017年内再取消一批制约企业生产、投资经营活动和群众办事不便的行政权力事项。精准实施协同放权，清理或合并管理目的相同或类似的行政权力事项。加强清单标准化管理，研究制定全县各类清单统一标准。2017年内发布乡（镇）政府权力清单和责任清单，实现县、乡权责清单“全覆盖”（县编委办牵头负责）。积极推进与“放管服”改革要求不一致的规范性文件的修订和清理工作（县政府法制办牵头负责）。

2. 推进政府职能转变。强化政府部门的市场监管和公共服务职能，建立与职能相协调的经费保障和编制动态管理机制。对行政权力取消下放后职能式微的单位，要把主要精力转变到加强事中事后监管上来。（县编委办牵头负责，县财政局配合）

3. 规范行政审批中介服务。继续清理我县行政审批中介服务事项。加强中介服务“限时、限质、限费”管理，促进中介服务规范化。坚决整治“红顶中介”，防止“死灰复燃”。放宽中介服务机构准入条件，除法律、法规及国务院明确规定的资质资格许可外，其他各类中介服务机构资质资格审批和执业限制、进入条件一律取消，实行“无门槛、零障碍”入驻（县发改委牵头负责）。设立“中介服务超市”，严格规范中介服务收费，严禁垄断、联合抬价等行为，引导中介服务机构有序竞争，推动中介服务健康发展。（县行管委牵头负责，县发改委、财政局配合）

4. 优化投资审批方式。切实简化备案手续，实现告知性、全程在线备案。按照并联办理、联合评审的要求，探索建立多评合一、统一评审的新模式。探索试点投资项目审批首问负责制，明确首家受理单位，实行“一站式”受理、“全流程”服务，一家负责到底。试点企业投资项目承诺制，探索创新以政策性条件引导、企业信用承诺、监管有效约束为核心的管理模式（县发改委牵头负责）。取消投资项目报建阶段技术审查类的相关审批，探索实行先建后验的管理模式（县规划建设局牵头负责）。

5. 降低市场准入门槛。创新准入方式，畅通“大数据”等新技术、新产业、新业态、新模式的高效快捷准入渠道。进一步放宽医疗、养老、教育、文化、体育等社会领域准入门槛。大力推广政府和社会资本合作模式，引导社会资本进入基础设施、医药、教育等重点领域。（县发改委牵头负责）对接国家、省进一步放宽外资准入限制有关政策，主动承接落实外商投资实行备案管理的开放、便利措施。（县商务局牵头负责）

6. 推进工商登记便利化。落实国务院削减的工商登记前置审批事项。对工商登记前后涉及的信息采集、记载公示和管理备查类的各种涉企证照事项，能整合的尽量整合、能简化的尽量简化。2017年9月底前全面实行“多证合一、一照一码”。推动商标注册便利化改革，依托江西工商企业网上注册服务平台，加快推进工商登记全程电子化。2017年内全面实施企业简易注销登记，缩短企业注销时限。（县市场和质量监督管理局牵头负责）

7. 加强涉企收费管理。加强全县政府性基金、行政事业性收费目录清单的动态管理，2017年内调整并公布全县涉企经营服务性收费清单，确保清单之外无政府定价收费。取消和放开一批经营服务性收费，加强涉企经营服务性收费监管，多措并举降低企业用能、用地、用网、物流、融资等各方面成本（县财政局牵头负责，县发改委配合）。进一步清理规范行政事业性收费和政府性基金，取消政府提供普遍公共服务和体现一般性管理职能的收费，财政供养事业单位的收费要全面纳入预算管理（县财政局牵头负责）。有序推进第二批行业协会商会与行政机关脱钩工作，重点规范行业协会商会涉企收费行为，严禁以各种方式强制企业或个人入会、摊派会费、派捐索捐、强拉赞助等（县民政局牵头负责）。加强对涉企收费的审计、督查力度，对各类乱收费行为要抓典型，公开曝光、严厉惩处（县审计局牵头负责）。

（二）切实增强监管能力

1. 建立“宽进严管”监管体系。严格落实“谁主管谁监管”的要求，把更多力量放到市场、放到监管一线，对违法违规、影响恶劣的市场主体要坚决依法追究责任。（县有关部门按职责分工负责）

2. 深入推进“双随机、一公开”监管。建立随机抽查事项清单动态管理制度，进一步健全随机抽查系统，完善相关细则，确保监管公平公正、不留死角。充分发挥“双随机、一公开”行政执法监督平台作用，实现全县“双随机、一公开”监管全域推开、事项全项进入、执法全程监管、结果全部公开，确保实现全县“双随机、一公开”监管随机抽查事项全覆盖。（县政府法制办牵头负责）

3. 推进综合执法体制改革试点。加大执法机构整合力度，强化执法合力，探索实行相对集中行政执法权，逐步实现“多帽合一”，解决多头执法、重复执法问题。积极探索乡镇综合执法体制改革。深入推进城市管理、环境保护等领域的综合执法体制改革，推动执法重心下移（县编委办牵头负责，县环保局、县规划建设局、县政府法制办配合）。探索跨部门执法，严格规范公正文明执法。创新执法资格证件改革，有效解决执法人员执法资格、范围受限等问题。（县政府法制办牵头负责）

4. 探索建立“网格化”管理。积极探索“网格化”管理方式，利用“网格化”管理、“组团式”服务机制，把城乡按照一定的标准划分成为单元网格，通过“网格员”对网格实行精细化管理，采取信息化手段将问题传递给相关部门的综合服务平台，确保及时高效处置。（县有关部门按职责分工负责）

5. 有效实施分类监管。积极探索对新技术、新产业、新业态、新模式的包容审慎监管，对于有发展前景的，量身定制适当的监管模式。对潜在风险大、社会风险高的领域，以及社会信用等级低、隐患较多的行业和企业，切实加大监管力度，消除风险隐患。（县有关部门按职责分工负责）

（三）大力提升服务水平

1. 开展“减证便民”行动。在完成行政许可事项证明材料清理的基础上，对其他行政权力和公共服务事项涉及的各类证明和盖章环节进行全面清理，依法规范办事要素材料。凡没有法律法规依据的一律取消，能通过个人现有证照来证明的一律取消，能采取申请人书面承诺方式解决的一律取消，能通过网络核验的一律取消，最大限度减少办件材料。对必要的证明，有关部门和单位要加强互认共享，减少不必要的重复举证，并纳入清单实行动态管理、向社会公开（县编委办牵头负责）。坚持问需于民，不断推出公共服务事项，进一步方便基层群众办事创业（县行管委牵头负责）。

2. 推进政务服务事项标准化。强化县级公共服务事项清单动态管理，2017 年内公布全县乡（镇）政府政务服务事项清单（县行管委牵头负责）。制定全县统一的政务服务事项标准，完善政务服务办事指南，编制政务服务事项目录，推行政务服务事项编码管理。推进政务服务标准化建设，按照全县统一标准规范，分阶段、有步骤地制定政务服务事项标准，2017 年内基本完成县本级行政许可标准化建设。2018 年全面开展县级行政许可标准化建设，实现相同行政层级的行政许可事项名称、流程相统一、数量大体相同，以标准化促进行政许可规范化（县编委办牵头负责，县市场和质量监督管理局、县法制办、县行管委配合）。推动政务服务平台向基层一线延伸拓展，优化乡（镇）便民服务中心功能，力争 2017 年内实现有条件的行政村（社区）便民服务点全覆盖，切实提高政务服务的均等化、普惠化水平。[各乡（镇）人民政府牵头负责]

3. 推动政务服务事项集中办理。按照“三集中、三到位”工作要求，将部门行政审批职能向一个股室集中，承担审批职能的股室向行政服务中心集中，行政审批事项向电子政务平台集中，做到审批事项进驻中心到位、授权到位、电子监察到位。不断提升实体政务大厅服务功能，推进实体政务大厅向网上延伸，整合业务系统，统筹服务资源，统一服务标准，提升线上线下一体化政务服务能力。开展政务服务“一窗式”受理、“一站式”办理、预约办理、全县通办、委托代办等服务，真正使“群众跑腿”向“数据跑路”转变，打通服务群众的“最后一公里”。（县行管委牵头负责，县编委办、县信息化办配合）

4. 推动公用事业提质增效。大力提升与群众生活密切相关的公用事业服务质量和效率，强化对供水、供电、供气等公用事业单位及银行等服务机构的监管，引入社会评价机制，促进其提高服务水平，对群众反映强烈的要及时督促解决。加快推进公用事业领域改革，打破不合理垄断，鼓励社会资本进入，以竞争推动服务质量提升。（县发改委牵头，县有关部门按职责分工负责）

5. 参与建设全省统一的政务服务热线。整合全县非紧急报警类政务服务热线资源，全面参与打造“江西 12345”全省统一政务服务热线平台，集中接受社会各界咨询、求助、意见、建议和投诉，切实解决各类政务服务热线“号难记、话难通、诉难求、事难办”等问题。（县政府办牵头负责，县行管委配合）

三、工作要求

（一）加强组织领导

各乡（镇）、各部门要不断增强责任感、紧迫感和主动性，切实把“放管服”改革作为“一把手 " 工程，主要负责同志要成为“放管服”改革的设计者、协调者、推动者。县推进政府职能转变协调小组办公室要发挥牵头抓总“放管服”改革工作的职能，着力抓好“放管服”改革的统筹谋划和督促协调工作，推进政府职能转变协调小组办公室设在县政府办公室，县政府办要配备专职人员专抓此项工作。各有关单位要努力克服“迷权恋权”“重审批轻监管”等思想，做到自主规权、自觉监管、主动服务，形成齐抓共管“放管服”改革的良好局面，真正实现利企、便民、“促双创”。

（二）落实工作责任

县政府各有关部门要对照本工作方案，将工作任务进行细化分解，责任到人，确保各项措施有人推进、落到实处。各单位每季度将工作情况（电子版）报县推进政府职能转变协调小组办公室，县推进政府职能转变协调小组办公室定期向县政府报告有关情况。

（三）强化督促落实

各乡（镇）、各部门要通过建机构、定制度、强管理，强化政务服务工作协调管理，加大经费保障力度，加强一线政务服务窗口人才队伍建设。要对照任务，抓紧制定工作方案，逐项细化责任分工，认真制定时间表，确保各项改革任务落地生效。把“放管服”改革工作列入县督查重点，加强督促检查，并作为县直单位和各乡（镇）政府绩效考核的重要内容，推动各项措施落实到位。对工作积极、成效显著的予以表扬和激励，对落实不力的予以通报和约谈，对失职渎职的严肃追责，确保“放管服”改革各项任务落到实处、取得实效。

（四）开展社会评价

建立完善企业和群众评判“放管服”改革成效的机制，探索构建以企业申请开办时限、投资项目审批提速程度、产品质量优劣、群众办事方便与否作为重要衡量标准的评价体系。对“放管服”改革中的热点、难点问题开展调研，提升改革举措的科学性和可操作性。积极借鉴兄弟县市的好经验、好做法，及时研究解决工作推进中遇到的新情况、新问题。建立与新闻媒体沟通协作机制，加强对“放管服”改革政策措施的宣传力度，形成全社会关心、理解、支持、配合改革的良好氛围。